传统与秩序

伯克、法国大革命
与西方政治的演化

刘业进/著

TRADITION
&
ORDER

Edmund Burke,
the Revolution in France,
and the Evolution of
Western Politics

中国大百科全书出版社

图书在版编目（CIP）数据

传统与秩序：伯克、法国大革命与西方政治的演化 /
刘业进著 . —北京：中国大百科全书出版社，2024. 11.
ISBN 978-7-5202-1626-5

Ⅰ .K565.41

中国国家版本馆 CIP 数据核字第 2024NR8780 号

传统与秩序：伯克、法国大革命与西方政治的演化

著　者　刘业进

出 版 人　刘祚臣
策 划 人　赵　易
责任编辑　赵春霞
特约编辑　王宇飞
责任校对　宋　杨
责任印制　魏　婷
出版发行　中国大百科全书出版社
地　　址　北京市阜成门北大街 17 号　邮政编码　100037
电　　话　010-88390767
网　　址　http://www.ecph.com.cn
印　　刷　北京汇瑞嘉合文化发展有限公司
开　　本　710 毫米 × 1000 毫米　　1/16
印　　张　38.25
字　　数　446 千字
印　　次　2024 年 11 月第 1 版　2025 年 2 月第 2 次印刷
书　　号　ISBN 978-7-5202-1626-5
定　　价　128.00 元

本书如有印装质量问题，可与出版社联系调换。

目 录
Contents

前　言

　　《法国革命论》一书原名为《法国革命反思：兼论伦敦某些团体有关该事件的行动，一封原意系致巴黎一位先生的信》，作者系埃德蒙·伯克（Edmund Burke，1729—1797），英国议会下院议员，现代保守主义之父。1756 年，伯克 27 岁时，发表了第一篇论文《为自然社会辩护》，1757 年又发表了一篇关于美学的论文《关于我们崇高与美观念之根源的哲学探讨》，1796 年，也就是伯克辞世前一年，出版了他生命中最后一部著作《论弑君者和平信札》。1789 年，法国大革命爆发，英吉利海峡两岸许多卓越人士还在观望甚至欢呼的时候，伯克是第一个抓住革命本质并予以定性的人。他是最早的法国大革命反对者，他敏锐地嗅到了法国大革命的极权性质，并准确地预言了革命洪流将向何处去，大革命结束于拿破仑·波拿巴（Napoléon Bonaparte）的专制。阿克顿（Lord Acton）说，"在拒绝革命这一点上，伯克是正确的。革命是自由的敌人"。伯克拒绝法国大革命，并不是拒绝社会发展。相反，伯克在长期担任英国下议院议员和短暂任职行政部门过程中作为改革派一员著称。

一、保守主义的基本信条

为了让读者对所谓的保守主义有一个简明快速的了解，我们将伯克著作和其他著作罗列的保守主义信条简化为如下七条。这种简化挂一漏万，可能不严谨也不完整，读者如果想要了解更详尽准确的总结请看本书内容，当然，最好是精读伯克原著。

第一，存在永恒的秩序和自然法。这种秩序的形成和维系需要一种超验信仰作为支撑，退一步说，至少是不可知论。阿克顿说："没有宗教自我治理能力的国民，恐怕没有为享有自由做好准备。"

第二，存在之链（great chain of being）——社会连续性原则。人类在反复经历过因不遵守某些规则而带来的灾难和痛苦后，逐渐记住和遵奉这些规则。这是一种代际累积智慧观和考虑代际正义的正义观。在存在之链上，永恒的是广义文化基因，更替常新的是一代一代人，累积进化的广义文化基因不是任何特殊一代人的产物，每一代人都很普通，每一代人都是存在之链上白驹过隙般的过客。

第三，传统原则。语言、道德、社会规范、大部分习俗，都是累积文化进化的产物，凝聚了无数代人的群体智慧。传统重要并不是因为它古老，而是因为它代表着不断试错和纠错的人类长期演化进程中的经验和智慧。

第四，审慎原则。世界的本性是不确定性，人类的理性又是有限度的，以有限之人类理性追逐世界之无限不确定性，这就要求我们"审慎"。审慎是政治家的第一美德。普通人审慎也是最合宜的行为。统治者和政治家如果不遵守审慎的美德，就可能给社会大众带来灾难性后果。

第五，多样性原则。多样性是人类世界的本原特征，雷同和一律反倒是极少见到的。多样性意味着差异和不平等。在道德上和基本权利上人人平等，但在能力、地位、声望等方面人与人之间是不平等的。

第六，不完美原则与制衡原则。人的理性是有限的，人性既有善的一面也有恶的一面。社会中总是存在各种不完美，如果试图消除所有的不完美，可能导致更大的不完美。因此制衡是绝对必要的，必须以权力制约权力、以强力制约强力、以力量制约力量、以利益制约利益、以理性制约理性、以雄辩制约雄辩、以激情制约激情、以野心对抗野心……如此，我们才可能实现真正的理性。

第七，经验和实践优先原则。在抽象原则、抽象权利和经验之间，经验更值得信任，更值得珍视。

为了便于理解，我们也把与保守主义针锋相对的一方（如激进主义、唯理性主义、浪漫主义等）秉持的观点罗列一下。

第一，与宗教决裂。是人创造了上帝，而不是上帝创造了人。米歇尔·维诺克说，人类社会中政治和经济上的弊端得追根溯源到宗教异化，是宗教异化导致人受到愚弄。例如新历法全部去基督教化，改用有农业色彩的名称来命名月份。

第二，理性至上原则——理性作为新的上帝来到人世间。达尼埃尔·莫尔内就斩钉截铁地说，理性是最高的法庭，它对我们面临的一切问题拥有不可上诉的最终裁决权。承认任何事物都必须经过感觉和理性的证实。以赛亚·伯林对这一点的综述最为精辟，他说，西方思想的理性主义有一条核心线索，即奠定了乌托邦主义之基础的"启蒙运动三命题"。命题一，对所有真正的命题来说，只能有一个正确答案，其他所有答案都是错误的。如果没有正确答案，那么这个问题就不是真问题。原则上真问题都有答案且只有一个正确答案。命题二，找出正确答案的方法一定存在，答案是可知的。是否有人知道或实际上有无可能知道是另一回事。只要构建的方法正确，至少这个方法和程序原则上必定可以被认识。传授、学习、可靠的观察、合理的推理，总之，理性和科学，特别是自然科学和经验科学，是寻找到正确答案的不二手段。真理没有非理性、非科学的来源。命题三，所有问题对应的诸多正确答案之间无一例外地彼此相容。因为一个真理不可能和另一个真理相矛盾。一切正确答案都体现和依据真理，正确答案——无论它解答的是关于世界实然的，还是关于人应该做什么的问题，或者人应该是什么的问题，即无论是有关事实还是价值的答案，彼此之间永远不会矛盾。理性至上原则表现为，法律来自理性和判断力而不是习俗。托克维尔（Tocqueville）在《到 18 世纪中叶，文人何以变为国家的首要政治家，其后果如何》的文章中，写下了 18 世纪政治哲学的"唯一观念"：应用简单而基本的、从理性与自然法中汲取的法则，来取代统治当代社会的复杂的传统习惯。而这样的想法其实并不新鲜，三千年来它不断地在人类的想象中闪现。托克维尔是极具洞察力的，他的著作发表之后，"这样的想法"从法国大革命开始延续至今，甚至永远不会消失。

在理性至上原则的确立过程中，伟大的哲学家康德也要被记上一"功"。伯林在《浪漫主义的根源》一书中所揭示的浪漫主义的先驱中，康德赫然在列，只不过他属于"拘谨的浪漫主义者"。康德钟情于自由价值，然而他对启蒙的定义，隐藏着一个理性至上原则的幽灵，尽管不一定是康德的本意。康德说，"启蒙"不过是指人们自主决定自己的生活，摆脱被别人管教的能力，以及使自己变得成熟，能够决断该做什么，无论决定是善是恶，无须过分依赖权威，如家庭教师、国家、父母、传统或任何既有的负荷道德责任的价值观，个人对自己的行为负责。文明就是成熟，成熟就是自我决断——通过理性思考做出的决断。法国革命史学家罗杰·夏蒂埃也证实了这一观点，"康德认为启蒙就是人类摆脱不成熟状态。解放意味着每个人重新掌控自己理解力的运用，得以让自己从惯例和程式、机械的理智运用方式中解放出来，这些东西成了思想桎梏。因此启蒙需要和强加的、承袭的思想决裂，要求每个人践行独立思考的义务"。从康德的论述中，我们能够看到法国大革命和现代极权主义有着曲折而隐晦联系的蛛丝马迹。

第三，理性建构秩序原则。人们存在一种"决裂幻想"，能够而且急不可待地与过去决裂，奔向抽象理性思考出来的理想天国。没有（无视）自发演化的秩序，认为秩序都是理性建构的产物。革命的原则是除旧布新，阿尔贝·索布尔（Albert Soboul）认为这是"一种独特的爆炸，并立即建立起完美、永恒的制度"。如果旧社会和旧制度存在弊端，甚至邪恶，人们被引导认为旧社会是万恶的，新社会是完美的，桎梏必须被打破。那么改变的办法就是跟过去一刀两断，"大爆炸"的目的是除旧布新，而不是修修补补、添新补旧，按照理性和逻辑法则，依据统一方案，一举彻底摧毁旧事物，建立全新的社会。例如在所谓共和元年，革命政府甚至颁布了新历法，人类世界从 1792 年 9 月 22 日进入新纪元，每周 7 天改为每周 10 天。

第四，平等—契约—公意（公共意见）教义。人们生来是而且始终是自由平等的，只有在公共利用上才显示社会上的差别。一个完全平等的社会，是通过反复灌输公民美德来塑造的一个受"公意"驱使的公民社会。社会契约是所有公民社会的基础，每个人的财产、身体、生命和所有共同权利置于公意的最高领导之下。彼得·麦克菲（Peter McPhee）总结这种教义：我们作为一个整体，将每一个成员视为整体不可分割的一部分。平等也包括"职位向才能开放"这样的诉求。君主制违背理性，民主制必须取代君主制，而所谓民主就是公意的统治。法律和权力来源于同一源泉——公意。

第五，抽象原则和普遍原则。去现实化，以"抽象世界"取代现实事物的丰富性、复杂性和历史演进特征。用"普遍的人"取代活生生的人，用抽象的"人民"取代人，用抽象概念取代传统和历史经验。在政治领域，抽象原则表现为抽象的"文学政治"与实际务实的"公共事务经验"的尖锐对立。

第六，人民主权原则。人民的声音就是上帝的声音，人民永远不会出错，人民永远绝对正确。主权来自人民，也归属于人民。

第七，只要目的正当，可以不择手段。索布尔认为，革命要摧毁旧秩序，必要时可以用非法和暴力手段，恐怖统治是拯救国家必要的坏事，是一种可悲的必然。

二、何兆武译本译序解读

伯克是 18 世纪英国著名政治理论家，《法国革命论》是其代表作。英国光荣革命发生于 1688 年，100 多年后，1789 年法国发生了法国大革命，该书写成于 1790 年。伯克出生于爱尔兰首府都柏林的一个中产家庭，父亲是英国国教徒，母亲是天主教徒。伯克本人是英国国教徒。伯克毕生主张宗教宽容，认同光荣革命原则，主张限制王权，主张宗教虔诚，反对政治压迫，反对政府腐败。

伯克先后历任国会议员汉密尔顿的秘书、辉格党领袖罗金厄姆侯爵的私人秘书和国会议员及辉格党主要发言人。他的主要作品包括《为自然社会辩护》（1756 年）、《关于我们崇高与美观念之根源的哲学探究》（1757 年）、《对国家当前状况的考察》（1769 年）、《论当前不满情绪的根源》（1770 年）、《法国革命论》（1790 年）、"美洲三书"（1774—1777 年）等。

伯克主张从现实出发，从经验出发，反对抽象概念和抽象教条，反对口号，反对新名词，反对从抽象哲学体系出发指导现实。他强调换位思考，尊重自己的传统，也要尊重别人的传统；尊重国教，也要尊重天主教。他反对抽象观念至上而忽视经验现实。人类社会现实很复杂，呈现的特点多姿多彩、多因多果，存在非线性相互作用和涌现现象。因此，不是现实要服从原则，而是原则要服从现实。成为政治理论基础的，是现实生活中各种利害关系（损益计算）、社会体制、人们的情感和愿望等，而不是如天赋人权、人民主权、公意类的抽象原则。现实生活和现实政治是经验的东西，需要审慎的态度和灵活的艺术，一切抽象思辨推论和空洞说教有害无益。生搬硬套一种理论和思想给一个民族（国家），不管它多么完美，只能窒息和扼杀这个民族（国家）活跃的生命力。

伯克激烈批评法国大革命，并不是反对一切革命，相反，他赞同英国光荣革命和美国革命。他认为法国大革命是人类罪恶的渊薮，是集骄傲、野心、贪婪、阴谋诡计之大成。法国大革命砸坏一切美好的传统，用蛊惑人心的口号摧残了人的权利以及社会法治和秩序。法国大革命从根本上冲击和动摇了社会秩序的根基，动摇了自由的根基，损害或摧毁了在漫长历史过程中形成的一切美好事物和人类文明的瑰宝。因此伯克预言，法国大革命后果严重，这种毁灭性的破坏将导致一种新的专制强权出现，这种专制强权比它摧毁的要专制得多、暴虐得多。为什么会出现新专制？因为只有专制才能在废墟上建立起基本的稳定秩序；强人收拾残局，才能使社会免于全面混乱和彻底崩溃。不仅如此，伯克还预言，这种专制主义会蔓延到法国以外的欧洲区域。果不其然，拿破仑上台以后对外征战、所向披靡，建立欧洲的法兰西霸权，完全证实了伯克的预言。法国大革命以暴制暴，以纯洁之名，行专制之实。革命教导后世的人们，需要防止更坏，而不是追求无限完美。政府旨在防止恶，而不赐予人民美好幸福，美好幸福在和平正义的环境下由每个人自己追求、自我负责。伯克反对和谴责法国大革命，他认为法国大革命是激进革命，是跟传统一刀两断式的阴谋政变和社会革命。法国大革命以伯克深恶痛绝的抽象理性观念为基础。伯克认为，指导政治的理论应该是以现实生活为依据的，而不是以任何抽象的观念、空想或哲理的概念为依据。在这方面，卢梭和理查德·普莱斯（Richard Price）神父站在伯克的反面。

伯克认为，人和权利必须依据于事实，权利是事实中长出来的，不是从哪位哲学家的著作中来的。对"权利从何而来"这个长期有争议的问题，有不同的回答。卢梭认为是天赋人权，而伯克认为是人赋人权，是由历代人们之智慧结晶所赋予的，是由传统形成的。人赋人权强调的是传统形成，而传统是自然形成的，至少在好几代人中才会慢慢形成。人赋人权不是说当下的统治者给人民人权，而是说社会上约定俗成的人的基本权利。人赋人权强调自由受到特定条件的制约，强调人的能力和家庭条件等不平等是天然的。关于权利的来源，历史学派注重史实，启蒙运动者注重法理基础，伯克注重经验和传统。到底哪一种说法对呢？译者举了一个婚姻的例证帮助读者理解。古今中外的婚姻从来没有不讲条件的，纯粹无条件的爱情古今中外不曾有过，但婚姻法却不能规定婚姻必须无条件地以爱情为基础。这个例子说明，为权利提供论证，历史不能否定法理，法理也不能否定历史。人们终究还是结婚了，既存的婚姻有各种条件因素（如门当户对）介入，也有爱情的因素。

伯克偏爱英国光荣革命和美国革命，因为此二者都是以维护、发扬传统中的美好价值为目的的，而法国大革命则是以破坏传统为目的。三者的比较见表1。法国革命追求的是形而上学、抽象的自由，结果不是自由而是混乱、灾难，甚至奴役。伯克赞美英国光荣革命，对英国的君主立宪政体和普通法传统非常尊崇。伯克谴责法国大革命，其思考背景显然参照了英国光荣革命和英国的君主立宪政体。在英国君主立宪政体下，英国人民享有人身保护权、财产权、言论自由和信仰自由。这是英国的传统，也是世界一切文明应当尊重的传统，但法国大革命彻底摧毁了这些传统。

随着财产权变化接踵而至的是统治权变化。伯克代表了英国传统地主贵族观点，又代表新兴、已经强大的金融资本阶层的利益，此二者都对法国大革命的风暴满怀恐惧。

表1　美国革命、英国光荣革命和法国大革命的简单比较

国家	行政权	立法权	司法权	目标
美国	总统	国会	独立司法机构	脱离宗主国获得独立
英国	国王	议会	—	国王与议会分权制衡
法国	一院制议会取代国王，集行政权、立法权和司法权于一身			革命直接针对国王和整个旧制度，颠覆王权

英国光荣革命以后，国王与议会实现了分权，尽管议会的代表性还存在局限性。法国大革命前夕，王权仍然是封建等级制中的最高权威，分权没有通过类似英国的那种温和革命来实现。相反，大革命狂

飙首先针对的就是王权，并且要彻底取代王权，而不是让王权与议会分享行政权和立法权。巴黎著名的宗教场所巴黎圣母院竟然被改名为理性之殿，这在当时是史无前例的巨变，震撼了整个欧洲。不久，法国国王路易十六和他那庄严而美丽的王后被送上了断头台。

秩序与自由是人类社会的两块基石。伯克时代的英国两党中的托利党是保守党，倾向王权，相对更强调秩序；辉格党是自由党，倾向议会，相对更强调自由。伯克的主张实际上是两者的结合，秩序和自由都要，而且主张秩序是自由的条件，没有秩序，就没有自由。自然界是上帝的安排，社会是自然界的一部分，因此社会秩序也是自然秩序的一部分。服从社会秩序也就是服从自然秩序，服从自然秩序就是服从上帝或天意。所以，社会秩序的基础是宗教信仰。

伯克保守的自由是秩序下的自由（ordered liberty）。因此伯克很反感基于抽象原则的、无节制的、只讲权利不谈责任的自由，他更是一以贯之地反对以激烈革命求抽象自由。伯克维护的自由是现实中具体的、作为遗产继承的自由，是符合自然法和自发秩序的自由，这与启蒙哲人宣扬的抽象而普遍的自由形成鲜明对照。

尊崇作为智慧结晶的传统。国家是一个跨代际契约。传统是人类智慧的一代一代经验的积累进化。传统既然是在人类演化进程中造就的，那么就不是一成不变的教条，就像判例和普通法，它是始终进化着的，它是常新的。传统总是在不断成长、演变，调节自己以适应变动的环境和新情况，以解决新问题。传统就是解决问题的工具仓库，里面装满了各式各样的工具。良好的政策能最大限度地照顾到整个社会和其中每个人。历代形成的传统凝聚了许多先辈的智慧，可以说是一种经过检验的跨代累积进化的群体智慧，是人间最宝贵的东西，不能以暴力摧毁之。法国革命的突出特征就是以抽象的"自由、平等、博爱"为名摧毁传统。

要维护秩序就要尊重传统。宗教信仰也是一种传统，要尊重自己的宗教信仰，也要尊重别人的宗教信仰；尊重基督教信仰，也要尊重天主教信仰。尊重秩序包括尊重秩序的自发调节功能，尤其是容许社会底层有充分的上升通道。尊重秩序必须尊重自由，在经济上，表现如亚当·斯密的那种自由贸易和自由竞争的市场经济。

国家是一个文化群体，世世代代延续，延续之物是搭载在文化群体上的文化传统。传统包含了人类世世代代智慧的结晶，是一种在许多代传递中凝聚的群体智慧。传统经历了漫长时间的考验和进化，几乎等同于文明。我们对待传统应该满怀敬意，而不能全盘否定。

现实中不完美总是存在的，要与不完美妥协。应对不完美，我们需求助于传统。纯粹而完美的现实是不存在的，一味追求纯净的完美世界，通常是去小恶而得大恶，产生腐化和更绝对的专制。

伯克为北美殖民地辩护，反对英国对北美殖民地的高压政策，反对对殖民地加税，尤其反对对北美殖民地进行武装镇压。正是大英帝国强行加税导致了美国革命和独立战争。美国革命是以英国传统的自由观念为基础的，英国作为宗主国，国内人民享有的自由，殖民地人民也应当享有。伯克对待美国革命的态度与对待法国革命的态度，阿克顿认为在一定程度上存在某种"思想的紧张"。然而，如果我们从秩序与自由这两项基本价值观的角度看，这种冲突是微弱的，甚至可以忽略不计。这里之所以为伯克辩护，是因为当时亚当斯总统也认为，法、美两国奉行的不是同一个有原则，法国受到了美国革命的深刻影响，却没受到美国宪法的影响。

伯克为爱尔兰辩护，反对大英帝国对爱尔兰的高压政策。伯克反对对爱尔兰进行贸易限制，反对镇压爱尔兰天主教徒，认为这侵犯了公民权。伯克警告，大英帝国对爱尔兰和北美殖民地的高压政策会带来灾难性后果。

伯克反对东印度公司在印度的腐败，抨击英国驻印度总督沃伦·黑斯廷斯（Warren Hastings）对印度的残暴统治和掠夺。英国在北美殖民地、爱尔兰和印度的所作所为还侵蚀了英国本身的政治。

为平等和不平等辩护，为贵族制辩护。个体在道德上是平等主体，但每个人都是具体的人，天资、家庭和父母、运气、出生地、人生际遇不同是再自然不过的事情，因此这方面的种种不平等是自然的，需要被接受。不平等制度化以后，就会产生所谓名门望族或者伯克说的贵族或等级制。贵族，其实就是一个社会的精英阶层。贵族制的优点是能把自己的荣誉与公共利益和福祉联系在一起。伯克说的贵族不是血缘贵族，而是才华和德性（自然才能）上的精英。

何兆武先生对伯克的批评是，暴力革命的发生是否能仅仅归结为个人品质、德行、思想和心理？传统里的确既有好传统，也有坏传统。译者同时又批评了启蒙运动中的历史决定论。决定历史进程的，既不是人类理性，也不是大人物的品行、德行和思想认识。历史进程由多种复杂因素综合决定。译者肯定了伯克对北美殖民地、印度和爱尔兰的开明态度。

法国大革命以激进方式推动历史进程，也不能对它一棍子全打死。关于英国光荣革命和法国大革命，没有盖棺定论，永远没有"最后的审判"，而伯克显然给法国大革命判了死刑，基本上是否定的结论。伯克无视法国不是英国这个事实（国情上总存在差异），试图把英国经验强加在法国头上，把法国大革命带来的灾难归咎于人性的丑恶和个人的阴谋。今天看来，译者这个批评是中肯的。某一历史进程，往往是综合因素作用的结果，个别显赫人物，他的见识、人品和性格只是影响历史进程的一个方面。历史上的显赫人物无论多么重要，也不是魔法师。对此，伯克的论敌（也是朋友）托马斯·潘恩（Thomas Paine）曾指责伯克，只顾怜惜自己的羽毛，却忘记了那只垂死的鸟。

伯克不是严谨理论体系的构造者（事实是伯克自己既没有这样认为，也没有这样的追求），他和卢梭都是性情中人，但他非常不喜欢卢梭，书中少数几处涉及卢梭都是嘲讽之语。

伯克对法国旧制度存在浓厚的浪漫化美化倾向，之所以这样，译者认为是因为伯克生活在一个启蒙时代，一个理性主义时代，而自己却又是一位宗教信徒。而卢梭是一个生活在理性主义时代的感情的信徒。这种差别导致了伯克（和卢梭）思想中存在内在的矛盾成分。伯克的基本思想倾向是，自由与秩序融为一体。这是伯克的理想，体现这个理想的原型就是英国的君主立宪政体。当法国大革命用暴力把自由和秩序双双践踏时，伯克质问，发动法国大革命的权力是谁给的？

统治权究竟从何而来？启蒙思想家的回答是：自然、天赋、契约。这种说法是想当然，是从抽象观念立论的。在启蒙运动思想中，人生而自由平等，人生来就享有生命权、自由权和追求幸福的权利，国家是统治者和被统治者达成的一种契约，当统治者违反契约时，被统治者有权推翻统治者夺回自己的自由。这些都是理所当然、不言自明的。伯克反其道而行之，他不是从应然出发，而是从实然出发，从社会现实和利益着眼，推崇经由审慎得出的现实可行性作为行动（改革、社会变革）的唯一尺度。

伯克的著作是对当时历史大事件的反映，是见证历史大事件的重要文献，牵扯出来的理论观点仍然闪耀着光辉，永远值得后代深思。译者将伯克的光辉思想归纳为两点：第一，作为人类历代智慧结晶的文化传统是值得珍视的。文化是漫长悠久的累积进化过程的产物。轻率地抛弃传统，只能使我们愚昧；彻底砸烂传统，文明只能倒退回老祖宗的原始社会那里去。传统不等同于一个特定政权。一个政权可以被推翻，而传统一定要保存，只有保存好了才能被发扬光大，这是人类进步的必要条件（如同演化经济学所认为的，文化复制和文化继承是人类文明的必要条件）。第二，人类进步不一定要用暴力的方式来推动。凡是改良的方法行得通的地方尽量优先采用和平改良的方法，避免暴力革命。例如，英国光荣革命就是温和革命的典范。

伯克过分推崇传统，对于传统有一种宗教虔诚的倾向。但伯克推崇传统的方式是，我们只能基于传统而行事，别无他途；我们不能建设空中楼阁。启蒙运动建立起一种理性宗教，对于理性的完美抱有无限信心，这是错误的（见以赛亚·伯林关于启蒙运动的三个命题）。乌托邦从来不会实现，通往天堂的道路都是奴役的砖石铺就的。波普尔曾说过，试图在地上建立天堂的企图无一例外都建立起了人间地狱。人类向何处寻找出路呢？答案是回到传统。完美的现实不存在，完美的乌托邦也不存在。人们不能沉溺于哲学家的理性梦想中，人们应该清醒地看到现实政治的任务只在于去除弊端和纠错。传统智慧是我们所能仰赖的主要武器库，不善于运用这个武器库，人类就永远没有改进的希望。国家机体要不断改善它的体制，以适应不断改变和发展的环境。激进革命总是危险的，它可能毁灭美好的传统，毁灭长期积累的群体智慧。传统——跨代累积进化的群体智慧这个人类赖以生存和进步的基础，必须被精心、无微不至地保护，这也是一切社会科学展开分析的真正起点（我们不能凭空造出一个文化真空状态，即所谓自然状态作为起点，耳熟能详的如鲁滨逊世界假设）。传统的重要性其实就是文化对作为文化动物的人类的重要性，就像水对鱼的重要性一样。何兆武先生认为，对传统的这种虔诚其实就是某种宗教信仰行为，它是社会得以安定和稳固的基础。如果把宗教信仰置换为一个社会的思想凝聚力，那么伯克的这一观点就具有普遍意义。

中国近代以来受到让－雅克·卢梭、孔多塞、伏尔泰、笛卡尔为代表的革命派的影响远大于以伯克、约瑟夫·德·迈斯特（Joseph de Maistre）为代表的保守派，也许还包括托克维尔、伊波利特·泰纳（Hippolyte Taine）等。忽略伯克一派，是我们近代以来思想文化的损失。这种选择性的思想文化移植，偏听一面，终究难免是一种欠缺、损失，有失客观性，它甚至会对国家的历史进程产生间接的影响。

三、重读《法国革命论》：厘清正统保守主义

埃德蒙·伯克的《法国革命论》一书从出版至今已有230多年，这期间，世界发生了天翻地覆的变化：那时的帝国纷纷解体，世界经过第一次世界大战和第二次世界大战后，民族国家雨后春笋般诞生；当初的法兰西帝国、大英帝国已经转型为如今的现代国家。今天人们重读这本现代保守主义的奠基之作，不禁要问，如何客观公正评价伯克当时的观察和结论？他开创的现代保守主义对当今世界的人们有何启示？对于仍处于向现代国家转型的中国有何启示？

保守主义、自由主义和社会主义是近现代三大主要政治思想。我们把基于伯克思想的保守主义定义为正统保守主义，此后政治思想家对偏离正统保守主义宗旨的则不视为正统保守主义。此外，现实政治中具有保守主义色彩的保守党和共和党等通常被称为保守主义者，但实际上有保守主义色彩的政党因为选举竞争需要和现实政策制定的复杂性，更有可能偏离正统保守主义，而有保守主义色彩政党的每一项政策纲领都被视为保守主义的推论。例如，英国的保守党就曾经以推

行集体主义倾向的福利政策而自豪，但这不属于正统保守主义。正统保守主义大部分内容在伯克的系列著作，尤其是《法国革命论》以及1790年以后的著作中得到了揭示。

迄今为止，绝大部分对正统保守主义的质疑和挑战，要么是望文生义，要么是出自其他误解。最常见的误解如保守主义就是一味崇古和因循守旧；保守主义就是恐惧变化和不信任新事物；保守主义就是保持折中的中庸之道；保守主义就是为世袭贵族辩护；保守主义就是为现存秩序辩护；保守主义就是朝后看而不是向前看；保守主义就是反对任何革命；保守主义就是反对理性；保守主义就是反对民主；保守主义就是偏爱和维护权威；保守主义立基于或者说过于紧密地联系基督教这一特定宗教信仰；保守主义反对太多政府干预，保守主义反对启蒙运动的一切思想；保守主义反对新奇事物、新知识、新思想，只相信被经验证明有用的事物；保守主义因为尊重传统而钟情于民族主义，反对国际主义；保守主义的爱国主义热情很容易与社会主义结盟形成强政府干预和与帝国主义结盟形成扩张野心；保守主义对唯理性主义保持警惕，但滑向承认存在某个超自然知识来源的神秘主义的泥沼。以上的种种质疑都不是正统保守主义的内容。

如果一定要在埃德蒙·伯克的《法国革命论》中挑出什么毛病来，也许就是他在法国大革命推进逻辑描述中，忽略了法国大革命与外国入侵之间互动的国际因素——贵族逃亡、革命意识形态输出等引发国际警惕和担忧，反法联盟的形成和入侵与国内防范反革命行动一道共同推动革命政权走向恐怖统治。埃德蒙·伯克至少在该书中忽视了法国大革命越来越激进，并最终走向恐怖统治的国际因素。战时紧急状态迅速将人分为：爱国者与叛国者、革命者与反革命者——多么简单粗暴的划分！在举报和审判叛国者的"锦标赛"中，恐怖统治理所当然地降临了。这种忽视之所以值得提出来，是因为国际因素与大革命存在着内在的逻辑联系。暴力、恐怖和野心扩张从一开始就镌刻在法国大革命的宣言中了，它不仅要解放法国人，还要解放欧洲人和全世界人民。这导致革命政权在短暂承诺不输出革命以后，迅速推翻承诺而展示出骄傲和巨大的扩张野心。这种扩张野心的潜在性和实践都足以引起欧洲君主国家的警惕，反法同盟由此形成。

在外敌入侵的时刻，革命政权以抵御外敌入侵为名，动用全部国家资源，"法兰西民族，统一而不可分割"是革命进程中被反复宣誓的革命话语。然而抵御外敌入侵的目的是不纯粹的，革命政权动用全部资源来武装自己，其实在实现一个双重目标：打击反革命势力和抵御外敌入侵。于是恐怖统治在多重目标掩盖下获得了合法性。虽然国际因素带有必然性，但即使不考虑国际因素，伯克的推论也是成立的，因为此类革命具有内生的恐怖暴力倾向。苏珊·邓恩（Susan Dunn）指出，"革命的惯例是革命具有两面神面目：团结与驱逐、友爱与恐怖。二者并举。这一联合早已为无数革命政权，包括法国革命遗产的继承人所熟知，他们从来都是在人民的统一这一理想主义名义下暗行镇压之道。……在人民集体性狂欢中，在他们为革命事业共同献身的快感中，在兄弟般的奋斗这一崇高庄严的时刻，根本没有反对和冲突的容身之地"。

200多年以后，我们有必要实事求是地看待法国革命取得的成就。革命时期被任命为国民卫队总司令的拉法耶特（Marquis de Lafayette）将军，在法国革命中发挥了举足轻重的作用，而这位将军在赞同革命的同时又主张保卫国王和王室，因此从他眼中得到的革命印象具有一定的客观性。据苏珊·邓恩描述，拉法耶特将军在革命结束后的1800年，回到法国后看到了这样的景象："所有的封建残余皆已被清除了；

在法律面前，公民都是平等的；贵族不再是免于纳税的特权等级；继承权中人人平等原则取代了长子继承制；犹太人和新教徒获得了公民权；私生子获得了完全合法的社会地位；夫妻可以自由离婚；精英政治取代了贵族统治；'人权'原则得到了普遍尊重。"法国大革命权威史学家威廉·多伊尔（William Doyle）在《牛津法国大革命史》中从五个方面评价了法国大革命的正面成就。第一，"人民主权"原则征服世界。法国大革命的主旨是人民主权，自这个原则宣布的两个世纪以来，它已经征服了世界，尽管这个原则在实践中到底意味着什么一直存在争议，但即使是最富有绝对主义色彩的君主或独裁者，也觉得必须搞一个人民认可的仪式，以确认其权威性。1789年以后，那些认为最好不要从被统治者那里获取任何形式同意的政权越来越少了。第二，法国大革命被认为是自由的事业，恐怖统治和拿破仑专制时一度限制了自由。自始至终，法国大革命从未停止对自由的礼赞，后世争取自由的斗争都被认为受到了法国大革命的启发。"由于1789年法国取消了审查制度，没有哪个地方比革命中的巴黎享有更多的出版自由和写作自由。"当代历史学家迈克·拉波特（Mike Rapport）对此评论道。第三，法国大革命的著名箴言"自由、平等、博爱"中的"平等"深入人心。公民之间实现了权利平等，包括男女平等。第四，大革命为法国后来的经济发展准备了某些条件，如国内关税壁垒被撤销、度量衡标准化、行会的限制性规章被废除、劳工组织受到约束，以上所有这些解放了企业家精神，并赋予了法国一部统一、广泛的法典。第五，培育了新教徒和犹太人，废除了奴隶制。这也是第三条平等原则在特定人群中实施的结果。所有这些制度上重大转变带来怎样的经济效果呢？经济学家达龙·阿西莫格鲁（Daron Acemoglu）等人的研究给我们带来了新发现。

　　研究法国大革命的历史学家、政治学家一般关注法国大革命的政治和文化后果，而极少关注这一影响人类历史进程重大事件的经济后果（经济绩效）。少量研究法国大革命经济后果的传统作家有肯定的，如乔治·勒费弗尔（Georges Lefebvre）、阿尔弗雷德·索布尔（Alfred Soboul），也有否定的，如阿尔弗雷德·科班（Alfred Cobban）、乔治·泰勒（George Taylor）、富朗索瓦·弗雷（Frsancois Furet），但否定的居多。当代著名经济学家达龙·阿西莫格鲁、大卫·坎托尼（Davide Cantoni）、西蒙·约翰逊（Simon Johnson）和詹姆斯·A. 罗宾逊（James A.Robinson）用控制性比较方法研究作为重大制度变迁的法国大革命的经济绩效后果，在《从旧制度到资本主义：以法国大革命的传播为自然实验》一文中，作者们试图一改传统历史研究方法，用"实验者直接控制变量的可控、可复制的实验方法"（狭义上的标准科学方法）来研究法国大革命的经济绩效后果。当然历史无法重演，人类历史进程中的重大变迁的诸多后果无法用严格的狭义上的标准科学方法来研究。但是，通过巧妙的构思设计，作者找到制度变迁发生的实验组和对照组，其中实验组发生了制度变迁（例如被入侵和占领），而对照组没有发生制度变迁，然后观察对照组和实验组的经济绩效差异。这种方法叫作历史研究的自然实验法。在研究法国大革命与经济绩效之间的因果联系时，假设、变量、检验和结论如下。

　　基本假设是：一个社会的经济制度和政策是经济成功的关键因素。新制度经济学认为制度与经济绩效之间存在因果关系，只有保护私有产权、有利于自由进入和社会流动的制度才能促进经济增长。被解释变量是收入水平，因为历史数据难以获得，采用代理变量城市化水平。解释变量为三个：（1）曾经受法国入侵、废除了旧制度且没有发生逆转的地区；（2）曾经受法国入侵、废除了旧制度但发生了逆转的地区；（3）没有受法国入侵也没有废除旧制度的地区。

关于旧制度的描述：等级观念，封建制度特权和农奴制，贵族、教会和军队特权，对犹太人职业选择、居住地以及旅行的严格约束、缴纳特殊税赋，城市行会导致的寡头控制限制自由进入和新技术应用。

关于法国大革命发动的制度变迁的描述：改革行政和财政系统，颁布民法典（《拿破仑法典》），1825 年农业改革（退出农场领主制封建关系），教会领地世俗化，取消行会，解放犹太人。

基于以上研究框架，作者构建了德国一些样本州在 1750 年到 1910 年间的城市化水平数据，实证结果发现：（1）以居住在 5000 人以上的城市的总人口比例作为衡量标准，以 1850 年为界，1770 年到 1850 年间，未入侵地区的城市化水平高于但接近被入侵地区的城市化水平；1850 年以后发生显著改变，被入侵地区的城市化水平显著高于未被入侵地区的城市化水平。（2）以居住在 5000 人以上的城市的总人口比例作为衡量标准，以 1850 年为界，被入侵并划归普鲁士的地区和未被入侵地区的城市化水平非常接近，但略高于未被入侵地区；1850 年以后发生显著改变，被入侵并划归普鲁士的地区城市化水平遥遥领先，其次是未被入侵地区，而后是被入侵但未划归普鲁士的地区。需要说明的是，划入普鲁士的地区的特殊性在于他们没有选择性逆转法国带来的改革。

总的结论是，法国大革命带来的制度变迁具有正面的经济绩效后果。

法国大革命是人类近代以来影响最大的历史事件之一。它涉及政治、经济、宗教、文化和社会各个方面，它的影响从欧洲遍及整个世界，从任何单一侧面来观察法国大革命及其后果都是片面的。完全的赞美和彻底的憎恶这两种极端态度都难以令人信服。在对一场影响人类历史进程重大事件的判断上简单站队并不是最重要的，重要的是我们从中获得了真理——正统保守主义，它揭示了塑造和维系人类合作秩序的一般原理。

法国大革命发生的原因是什么？由谁主导？是要解决什么问题？大革命的结果是什么？围绕大革命的全部问题，自大革命一开始就争议不断，直至今天。有关法国大革命的历史学、政治学、心理学、观念史、社会学等的研究文献汗牛充栋。在丰富多样的文献基础上，基于个人的知识背景，我们提出如下解释。

中世纪酝酿的知识进步滥觞于文艺复兴。自然科学、社会科学和人文学科领域发生了一场革命，它是理性和科学革命，也是自由个人的重新发现，知识领域的进步在政治社会领域表现为所谓的启蒙运动。前二者共同作用，在技术进步、财富生产以及国民收入构成上产生重大结构性调整，又表现为社会中财产权分布的结构性调整。以上三者联合作用，以及美国革命成功引起的激励和仿效作用（作为英国的宿敌，法国因协助美国革命导致巨大财政支出，耗费10亿锂，相当于150亿法郎，是当时法国年国民收入的两倍多，也是大革命前财政危机的一个重要因素），导致政治权力革命、社会关系革命和政治文化革命，即法国大革命。

大革命结束不是故事的结束，大革命的结果，是法国作为现代国家的最终建立。

关于法国大革命中美国革命的激励和仿效因素，托克维尔的评判也许是较为客观的，即美国革命因素的影响小于法国思想的影响，"人们常将我们的革命归因于美国革命，的确，美国革命对法国革命有很多影响，但是，当时美国的作为对于法国革命的影响并不及当时法国的思想对法国革命的影响"。美国的榜样与法国激进启蒙运动思想的结合，导致了革命的爆发。图 1 简要表达了这一解释框架。

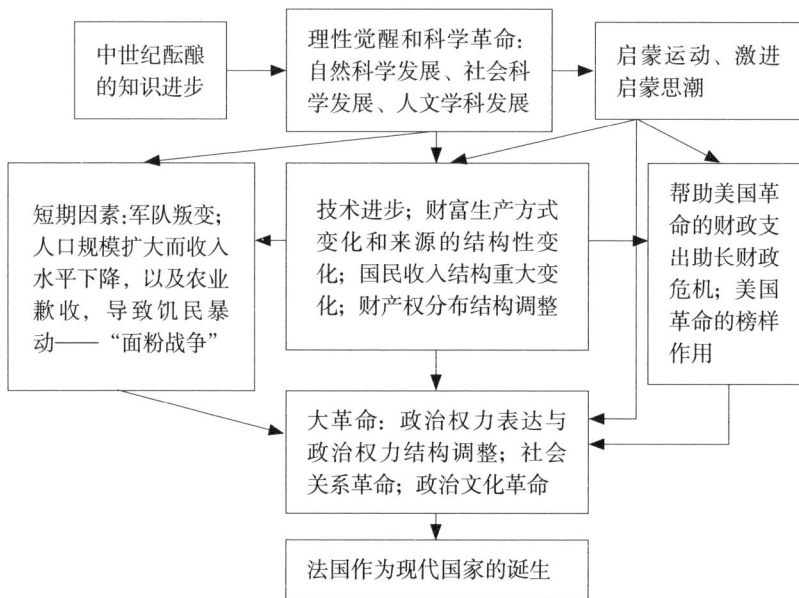

图 1 法国大革命的解释

四、使用注释的说明与创作缘起

在 Online Library of Liberty 上，伯克的全部作品集包括：伯克作品集四卷本①、《为自然社会辩护》、《〈法国革命论〉续篇》等。目前翻译

---

① 第 1 卷: *Thoughts on the Cause of the Present Discontents; Two Speeches on America*（《论当前不满情绪的根源》）；第 2 卷: *Reflections on the Revolution in France* [1790]（《法国革命论》）；第 3 卷: *Letters on a Regicide Peace*（《论弑君者和平信札》）；第 4 卷: *Miscellaneous Writings*（各种作品）。

成中文的主要是伯克最有影响的《法国革命论》这部作品，包括三个译本：何兆武译本、冯丽译本、张雅楠译本。在写作本书过程中，本人参照英文原文，同时参考了以上三个中译本；英文原文引文参照电子版《法国革命论》（*Reflections on the Revolution in France*）[①]。

　　本书奠定了伯克作为现代保守主义之父的地位，解释和传达的当然主要是伯克的保守主义思想。既然这本书已经有三个中文译本，何须再画蛇添足写这本书呢？这是考虑到伯克本身极富洞察力，他的思想有时不免晦涩难懂。伯克 14 岁之前在其家乡都柏林附近一所贵格会教徒管理的非宗派性寄宿制学校受到较好的拉丁文和古典文学教育；14 岁进都柏林三一学院上大学学习法律专业，更受到良好的以"三艺和四艺"为基础的人文和科学教育。这些教育经历加上他的天赋，使得他此后的作品（我们今天将其归属于"社会科学"名下）具有很强的文学色彩，这增加了我们理解的难度。还有一个原因是来自翻译上的困境。何兆武译本倾向于直译，冯丽译本和张雅楠译本倾向于转变为中文语境，两种风格相得益彰。译事不易，本书的写作也极大受益于以上译者。由于伯克作品本身难懂、不成系统且零散、文学色彩鲜明（这不能视为缺陷，相反应当视为优点），这使译文在表述上左右为难。有些地方，当何兆武译本直译有些生硬时，本人适当采纳冯丽译本的表述；有些地方，结合本人的知识背景来深度理解伯克思想，发现二者均不能达到我理想的译文表达时，我会用自己的译文。

　　关于书中的引文，首要的是想忠于原著。其次是何兆武译本、冯丽译本和本人的理解三者之间有差异。再次，引文代表了伯克思想深邃、极富洞察力的智力成就，令人拍案叫绝。最后是深刻思想掩映在惊

---

① 　本书电子版的网址是 http://oll.libertyfund.org/EBooks/Burke_0005.02.pdf。

艳的文采之下，语句表达惊艳，五彩斑斓，充满非凡的想象力，让你阅读到这些内容时"屏住呼吸、心跳加快"。文学语言的表达毕竟具有模糊性，而社会科学思想的表达需要精确性，这让翻译有时处于两难境地。

本书的创作缘于刘国庆先生和王瑛女士的邀请，他们让我给企业家们做一个关于"伯克保守主义思想"的讲座。后来在连续写作过程中，我越来越感觉到兹事体大，有必要写一本完整的关于《法国革命论》的讲稿。这一念头越来越强烈，遂丢下其他事务专注于本书写作。因此本书写作的根本动因还是出自一种学术判断，出自某个学术议题重要性的判断。在写作本书过程中，由于伯克的文章文学性很强，法国大革命历史背景复杂，伯克的思想深邃，在看英文原文时，有很多拿捏不准的地方，庆幸王瑞昌教授不吝赐教。王瑞昌教授早在2001年就参与翻译过伯克的著名文集《自由与传统》。瑞昌兄心仪中国传统文化，更对保守主义深有研究，英文水平高，是我在英文翻译和保守主义思想研究上经常请教的好友兼同事，帮助我解决了一些翻译问题。感谢冯克利教授曾鼓励我写作《演化论与伯克的保守主义》并推荐到《政治经济学评论》发表。我把本书初稿发给在夏威夷度假的汪丁丁教授以后，汪教授给予了肯定性评价，并给出补充"演化论保守主义视角下的伯克保守主义与中国儒家传统思想之间的异同"的宝贵建议，还细致地帮我指出书稿中的错讹之处。感谢韦森教授给予我的极大鼓励和支持。韦森教授来北京出差时，我和莫志宏教授前去与他相聚。韦森老师对埃德蒙·伯克著作"令人拍案叫绝"的评价深深印在我的脑海，这也是我完成本书的动力之一。感谢刘军宁先生。军宁老师出版的《保守主义》再版热销，对于保守主义思想在中国的普及功不可没。感谢冯克利教授、冯兴元教授、朱海就教授、莫志宏教授、王华春教授等师友给我带来的长期的积极的学术影响。此外"演化社会科学：自由、保守和演化"微信群中身在美国的好友"洛伦慈蝶"及时提供了部分疑难英文翻译问题上的帮助。感谢博士生杨美荣，硕士生徐利萍、张晓丽、宋金津、张宏芝、温馨、王文杰、谢瑶、王德玲等在讲座录音和文稿校对整理上提供的巨大帮助，特别是徐利萍同学承担了整本书稿的文字校对工作，并协助打理微信公众号。身在高校，除了到学校上课以外，大部分时间是在家里与女儿桐桐度过。十岁的桐桐只知道我每天忙于打字、查文献，她对本书内容一无所知。在写作的日子里难免有忽视陪伴孩子游戏和玩耍的时候，因此我带着一份歉意感谢女儿桐桐的宽容和陪伴。

需要特别指出的是，本书是对埃德蒙·伯克《法国革命论》一书的导读和讲解，补充了原著有所涉及但读者不熟悉的历史背景知识，特别是演化经济学和制度经济学的背景，这与传统上政治学和历史学的解读可能有较大差异。本书纠正了中译本中的一些错误，但不可避免仍有错讹之处，甚至本人引入新的错误。此外，对法国大革命的理解和解释众说纷纭，经典学派认为是大革命资产阶级与贵族阶级之间的阶级冲突，最终导致资产阶级经济和社会权力的兴起，资本主义的到来是大革命的结果；修正主义学派认为法国大革命就是一个错误，一场灾难；托克维尔则认为大革命就是国家力量的强化和集中，没有任何阶级在竞争中获胜，结果是一个比绝对君权更专制、更具官僚主义的政权诞生。而在中国，近期涌现出一小股保守主义思想热潮，以刘军宁先生为代表；而另一种，也就是本书所秉持的"演化论保守主义"。二者的共同之处远比差异要多。本书的解读只是一家之言，理解（包括对英文原文的语义理解和保守主义思想的理解）不准确甚至错误之处难免，请方家不吝指正。

第 1 章

选择我们自己的统治者

1790 年 11 月，埃德蒙·伯克的著作《法国革命论》出版。在许多有产精英仍在观望、对法国大革命持保留意见的时候，伯克即已决定警醒国人，使他们觉察到法国革命中所隐藏的危险。他惊骇于法国的革命进程，也非常恐惧在英国可能出现类似的变化。

——哈里·狄金森（Harry Dickinson）

真正的盎格鲁保守主义、"英格兰古老的自由"能教会你的只有敬畏和谦卑。

——刘仲敬

一、理性的自由精神

《法国革命论》是伯克写给巴黎的朋友杜邦（Mons.de Dupont）的一封信，杜邦曾访问英国，于 1789 年给伯克写信，想请伯克表达一下他对法国所发生的重大事件（1789 年法国大革命）的看法。伯克给杜邦的回信完成于 1789 年 10 月，后扩展为一本书，正式出版于 1790 年 11 月。伯克表示，扩展后的内容所表达的观点已经大大超出了一封普通私人信件的容量，但他依然保持了书信的形式。杜邦将该书译为法文。在《法国革命论》前言的简短说明中，伯克已经向读者表明，他认定法国当时发生的重大事件可能是当时和以后最引人注目的事件，这显示他置身历史洪流中保持着对重大事件的敏感性。其实历史上每一次重大事件发生时，大多数人都是无感的，或者对事件的感知停留在切近的狭小范围内，或者做出完全错误的判断。关于看问题的立场，伯克言明，"我并不是为了某一类人，也不是站在某一类人的角度写的"。该书被今人视为保守主义的奠基之作，但我们需要知道伯克写作此书的立场，他并不是站在国王、第三等级、贵族、教会等任何一方的立场，也不为任何一方辩护，而是对此等重大事件做一个超然于外的观察、判断和理解。不过伯克写此书时并没有将其作为保守主义奠基之作的野心，"我个人的看法微不足道，没有到担心是该公开传播还是藏起来的地步"。

伯克首先直言自己的价值趋向和立场：我期待法国能拥有理性的自由精神，"我的确衷心期待法国被一种理性的自由精神所激励鼓舞，以及你们在诚实正直政策约束下，会建立一个有效的、永久性机构，其中，保存着自由精神并能发挥其作用"。伯克期待法国新建立的国民议会是一个保存和支持自由精神的永久性机构。然而不幸的是，伯克发现他对法国最近事情中产生的一些实质性问题有很大的疑问。

伯克首先将关注的目光投向活跃在英国伦敦的两个俱乐部：宪法协会（Constitutional Society，又名宪法信息协会）和革命协会（Revolution Society）。这两个协会与当时的法国革命中刚刚成立的最高权力机构国民议会有联系，公开郑重支持和认可法国革命。俱乐部当时在英国伦敦很盛行。伯克肯定没有参加上述两个俱乐部，但参加了其他几个俱乐部，他参加的俱乐部都对英国宪法和光荣革命原则高度尊重。伯克坦陈，"我自认为自己位于以最大热忱来维护（英国）宪法以及这些原则的最大纯洁性和活力的前列"。而革命协会和宪法协会则成了对光荣革命和宪法怀有巨大热情的托词，屡屡背离其真实原则，随时准备背弃光荣革命原则和英国宪法精神。

宪法协会是促进书籍流通的慈善机构。根据英国历史学家哈里·狄金森所述，这些书籍主要是激进主义宣传小册子。通过这个机构，一部分在英国销路不好的书出口到了法国。伯克对这个协会和他们促进流通的书籍持明确的批判态度，"我从未听说过一个有着正常判断力或具备最起码知识的人，说过一句赞扬该协会发行的大部分出版物的话，也不认为他们的行动带来了具有什么重要意义的后果"。

不过，伯克重点关注的还是革命协会。根据哈里·狄金森所述，这个革命协会是为纪念 1688 年英国光荣革命一百周年而创立的。革命协会成员坚持认为光荣革命的根本原则是激进的人民主权原则，而它最激进的信条就是后文伯克要严厉批评的所谓人民三权利。革命协会比宪法协会似乎名声更大，影响力也更大。国民议会将"一个国家的全部感人的谢意都留给了革命协会，而宪法协会只是分得一杯羹而已"。法国选择革命协会作为感谢和赞扬的主要目标，法国国民议会通过接受这个组织以表达对其重要性的认可。作为回报，革命协会以在英国的一个委员会身份行事，以发扬国民议会的原则。这样一来，革命协会就必须被视为有某种特定权力的人，而不是外交机构中可等闲视之的小辈。鉴于革命协会的重要性，伯克将关注焦点放在了革命协会上。伯克讽刺道，这也是给予无名小卒以光辉，将名声赋予优劣难辨之人的"革命"之一，因为，法国大革命的一个方面就是根据人民主权原则将地位、权力和声誉赋予"所有平等的人"。不过，按照伯克掌握的情况，其实，革命协会的"思想"远没有那么大的影响，他们在英国的市场仅限于他们自己的圈子。

伯克多少有些惊讶地发现，革命协会已经形成了一个传统，即在1688 年革命周年纪念日那天，会在他们内部的某个教堂布道；他们自己节日的正式主题是评判某项公共措施和政治制度之优劣以及某国宪法之优劣；他们以一种公众的身份，通过祝贺词的方式，对法国国民议会行为的权威性给予认可。1789 年 11 月 4 日晚上，革命协会一位叫理查德·普莱斯（见图 1-1）的非国教教士领袖，公开支持法国大革命，正是这件事促使伯克提笔反击。伯克对此警惕的原因是多重的，一是法国正在发生的重大事件对法国的影响；二是英国国内有人和机构与法国革命议会联系，既可能推销错误的英国宪法和光荣革命原则给法国人，也可能将法国正在发生的事情的原则引入英国。伯克既要以此以正视听，也要阻止邻国革命的这把火殃及池鱼。我们注意到，早在 1789 年之前，英国社会、经济变革已经刺激了激进主义的产生，而法国发生的事情则进一步激起英国内部围绕宪法改革的激烈政治辩论，鼓舞了英国"雅各宾派"的兴起，这使伯克深受触动。

伯克强调，虽然自己谈论巴黎共和国已经发生的和正在发生的事

图 1-1 理查德·普莱斯（1723 年 2 月 23 日—1791 年 4 月 19 日），英国道德哲学家、政治小册子作家、牧师和数学家，积极从事激进主义、共和主义和自由主义事业，与美国建国之父们有密切联系

情，但是自己跟革命协会没有任何关系。作为一个特定国家的个人，谈论这些事情并无不可。但是，伯克批评革命协会以负有一种普遍的使徒使命的方式，在没有自己所在国政府授权的情况下，与一个事实上存在的外国政府公开正式通信，至少是不合适也是不合常规的。

伯克用"事实上存在的政府"来指法国政府，是因为当时国民议会实际上以一种不合法的方式篡权而获取政权，法国君主政权已经被推翻，但国民议会所代表的法国新政权并没获得国内外的普遍认可，尽管如此，当时法国实际上的权力中心就是国民议会。伯克这里批评的公开通信是指 1789 年 11 月 4 日革命协会向法国国民议会发出的贺信。同时，伯克还批评了革命协会此封通信模棱两可的表述和操作中的其他政治欺骗手段。这封信其实就是一种个人行为，但是它给人以误导：好像这种法人团体中的个人行为，被王国法律所承认，并被王国授权阐述其意义。英国下议院根本就不会对这种东西授权，相反，一般都会驳回，更不用说如下戏剧化场景：你们打开会客厅的折叠大门，伴随着巨大的欢迎喧闹声，以庆典仪式和游行的方式，将他们引领进你们的国民议会，好像代表整个英格兰民族的王室来拜访你们。这一段假想的场景，有对革命协会和法国事态的双重讽刺、批评的含义。

当时伯克一定对法国人民向国民议会提交陈情书、请愿书以及国民议会大厅内旁听席上多达 1200 名"人民"直接向议会代表请愿的混乱场景极为反感。这种场景鲜明地展示了发生在 18 世纪末期的一场在抽象的人民主权、平等和人权概念指引下的民主混乱剧（荒诞剧、悲剧）。这个协会（中译本将 society 译为"社会"，显然错误且易引起歧义理解）发出去的只不过是一份社团表决和决议（only a vote and resolution），因此它的内容无所谓合适不合适，而仅仅取决于权威尤其是个人权威采纳与否，但在伯克看来，这些人都缺乏权威（few of whom appear）。之所以这样说，是因为当时英国国内的政治氛围比较活跃，有激进派，比较著名的代表人物有理查德·普莱斯、托马斯·潘恩等；有保守派，代表人物有埃德蒙·伯克、约翰·鲍尔斯（John Bowles）、阿瑟·杨（Arthur Young）、威廉·佩里（William Paley）等。整体上看，激进派未成气候而保守派占据上风，自然英国也没有发生法国式的大革命。

在评价法国大革命同期发生在英国的激进派与保守派之间的对垒时，哈里·狄金森说，"保守主义最终在反攻中占了上风，这是法律及社会秩序力量的一次成功，也是一次宣传的胜利"。伯克建议，这些人在给国民议会的信中最好把签名附在文件上，这样，全世界就会知道他们有多少人、都是哪些人，并能从他们的个人才能、知识、经验或者他们在国家中的领导地位和权威性看出他们的意见价值几何。伯克对革命协会的这种略显不太光明正大的操作表示了轻蔑和鄙视："这个行动看起来有点儿太精致、太机敏了，太多政治计谋的味道，还打着一个冠冕堂皇的名义。一个俱乐部的公开宣言根本就不配有这样的重要性。这就是一个夹杂着太多阴谋诡计的策略。"以其见识和立场，伯克自然对国内激进主义的种种行为不满，同时，伯克认为自己有责任揭露这些激进派的错误思想和不太光明正大的政治计谋。伯克《法国革命论》的写作很大程度上就是受到革命协会的这次布道所宣扬的激进主义思想激发，所以对这个协会、他们的布道、他们给国民议会的公开信着墨较多。

伯克声称自己热爱自由，但自己所热爱的自由是"一种高尚的、有道德、有规矩的自由"（a manly, moral, regulated liberty），并声称在自己参政的生涯中，充分证明了自己始终忠诚于这种自由价值。伯克称自己羡慕自由，但不会"以赤裸裸的、孤立的形而上学的抽象手段，剥离事物与其周围事物的联系，简单地称赞或责备与人类行为和关切有关的任何事物"。这里伯克的批评也是有所指的。哈里·狄金森写道，"法国革命爆发的消息传到英国，激进派欢呼雀跃，把它当成一个自由的新时代唾手可得的可信证据，它对英国政治产生了充电一般的效应。它引发了一场波及整个欧洲的政治地震，对英国的影响扩散到了全社会"。激进派代表人物约翰·卡特莱特（John Cartwright）公开宣布："法国人，不但伸张了他们自己的权利，也促进了全人类的普遍自由权利。"另一个激进派代表理查德·普莱斯说："这是多么重要的时刻，我如此感恩，在我有生之年可以目睹……人的权利较之往昔得到了更好的理解。每个国家都在绘制自由蓝图……我见证人民争取并扩展自由的深深期盼。人类历史将开始一场普遍的修正。"

那么如何避免赤裸裸、形而上学抽象地看待自由呢？伯克论证道，"具体环境（很多先生对此不以为意）在现实中赋予每一个政治原则属于它自身的显著色彩和独特效果。依据具体环境，才能知道每一个社会方案和政治方案究竟是有益于还是有害于人"。伯克指出，抽象地说，政府、自由都是好东西，但情势在变化，此一时彼一时。十年前法国政府是个好政府，但现在政府的性质、治理特征还是那个好政府吗？自由是个好东西，但抽象的、无条件的自由是个好东西吗？伯克举了一个例子说明什么是抽象的自由："是不是因为抽象的自由是人类的福祉，因此我就要对一个疯子逃出监禁室而祝贺他享受光明和自由？""我是不是要庆祝一个逃出了监狱的强盗和杀人犯恢复了他的天赋权利呢？"伯克用堂吉诃德曾释放罪犯——理由是人人享有自由权——的例子来讽刺抽象的自由。

健全的自由总是与责任紧密联系。伯克解释了自己热爱的自由，与自由联系在一起的是责任担当和强烈的原则。法国大革命追求的自由不是联系着责任和原则的自由，因此伯克认为"法国的新自由"（讽刺语）不值得祝贺，除非法国的这种"新自由"与责任和原则紧密联系起来。"我将暂缓对法国新自由的祝贺，直到我被告知，这种自由是如何与政府结合在一起的，如何与公共力量结合在一起的，如何与军队的纪律和服从结合在一起的，如何与一种有效而分配良好的征税制度结合在一起的，如何与道德和宗教结合在一起的，如何与和平与秩序结合在一起的，如何与政治和社会习惯结合在一起的。"伯克还从正面表述了自由如何与环境相联系，如何与周围其他事物相联系。伯克认为必须与上述罗列的事物联系在一起，才是值得追求的真正的自由，而没有与上述事物联系在一起的自由即便获得了，也不会长久。

自由对于个人而言，意味着可以去做使自己高兴的事情；当人们集体行动时，自由便是权力。而权力如何被运用，尤其是新人手中的新权力如何运用（新人指法国革命者，新权力指国民议会的权力），尤其值得关注。

伯克得到革命协会的出版物后，看到当时在革命协会布道的理查德·普莱斯的布道词（其实偏离了宗教布道），看到当时法国革命政府国民议会议长艾克斯（Aix）主教的信函以及法国国民议会的《人权与公民权宣言》（即《人权宣言》），他深感不安和担忧。因为革命协会想把法国革命思想输入到英国，引导英国模仿法国国民议会的意图非常明显。

伯克要揭露法国革命整套思路和做法的真正性质，他认为，常见的审慎是保持缄默，但在某些情势下（尤其是大是大非面前），清晰地谈出自己的思想是更高一级的审慎。由此看出，伯克的保守不是犬儒主义，不是怯懦，不是无原则退让。"更高一级的审慎"是在大是大非问题上，在关乎文明存亡的重要价值的捍卫上旗帜鲜明地表明立场，不能有妥协和模糊空间。在法国大革命、东印度公司、北美殖民地、苏格兰天主教等大是大非问题上，伯克毫不含糊。

伯克发现革命协会和法国国民议会的思想虽然在英国还没有什么影响，但在法国，这种革命思想时时刻刻都在增强其力量而成为崇山峻岭并且有向上天宣战的气势。伯克担心法国的这种危险势头会殃及池鱼（英国）。作为英国的邻居——法国起火了，伯克要用救火车浇水灭火，他不仅要灭邻居的火，同时给自己家洒点水也是不错的选择。"我主要担心自己国家的和平，也担心邻居法国的命运。"面对潜在的危险，一个保守主义者该如何做？伯克说，"过分警惕而遭受轻蔑要比过分信赖一种安全感而被毁灭好得多"。伯克所谓的"过分警惕"，就是说他警惕法国大革命这把熊熊烈火的潜在巨大危险。此刻他宁可选择警惕，而不是信赖。

接下来，伯克对法国大革命的一番"炮轰"可谓将他的警惕展现得淋漓尽致，同时也体现出他惊人的洞察力，因为置身于历史洪流中而又能看清历史走向的人历来很少。伯克说，"法国大革命乃是世界上迄今为止所发生过的最为惊人的事件。最可惊异的事件，在许多事例中都以最为荒谬和最荒唐的手段并以最荒唐的方式发生了，而且显然是用了最为可鄙的办法。在这场轻率而残暴的奇异的混乱中，一切事物似乎都脱离了自然，各式各样的罪行和各式各样的愚蠢都搅在了一起。在观察这场邪恶的悲喜剧的场面时，极其相反的各种感情必然相继而来……它们交替呈现为鄙夷和愤怒，交替呈现为欢笑和眼泪、蔑视和恐惧"。惊人事件、荒谬、可鄙、轻率、愚蠢、残暴、邪恶……这就是伯克对法国革命的看法，但这只是刚刚开始，更严厉的谴责还在后头。

二、关于三项权利的"革命布道"

革命协会的人如何看待法国大革命呢？他们是兴高采烈、大喜过望的，他们看到的是一种对自由的坚定追求——那种在整体上与道德、虔诚融合一致的自由。他们发出马基雅维利式的（Machiavellian，政治权力不受道德约束的）世俗性欢呼，他们把它作为抒发对宗教虔诚之情的主题。显然，对待法国大革命，伯克的态度与革命协会的态度截然不同。

伯克肯定了理查德·普莱斯在革命协会布道中提出的关于道德和宗教的观点，但严厉批评了其中掺杂的政治见解，尤其是他推崇的法国大革命原则。伯克认为理查德·普莱斯的布道和国民议会的革命原则是一脉相承的，并视其为文学界的阴谋论断与国内外神学政客勾结的公开宣言。伯克将理查德·普莱斯描述为一个"神谕哲学家"（卡尔·波普尔语），批评他借宗教之名推销革命原则之实。在伯克看来，教堂里除了基督仁爱的救苦救难的声调以外，不应该听到任何别的声音；如果人类的纷争和敌对有被允许休战一天的地方，那就是教堂。理查德·普莱斯甚至轻率地提出要建立一套单独的理性和高尚的教宗崇拜。他的布道不是要传播真理，而是要散布矛盾。伯克提醒人们警惕革命协会布道里的"危险的新颖性"和"对国家安宁"的威胁，认为里面充满了"大喊大叫的荒唐言论"，影响了英国宪法。

伯克把理查德·普莱斯称为政治布道师（批评理查德·普莱斯并不是一个虔诚的基督徒，而是热衷于激进革命的政治布道）。这篇政治布道宣称，世界上唯一合法的国王是由人民选择而取得王冠的国王，通过其他一切手段登上王位的都是篡位者。伯克讽刺理查德·普莱斯是"人权大祭司"，拥有类似12世纪的教皇英诺森三世（Innocent III，曾把当时英王约翰和德国皇帝奥托革除教门）一样的无上权威，能勘定哪个国王具有合法性，哪个没有合法性。伯克反对卢梭的人民主权学说，质疑理查德·普莱斯判定国王合法性的所谓唯一原则。在伯克看来，这个所谓唯一原则用到英国君主身上，是一种"最没有根据、最危险、最非法、最违宪"的立场。理查德·普莱斯这位"政治上的精神科医生"认为国王陛下的王冠不是出自人民的选择，那么他就不是合法国王。而大不列颠的国王肯定不是任何形式的人民选举产生的。

伯克批判政治福音宣扬者们一致宣传的原则——人民的选举是政权合法存在的必要条件。今天看来，这种主权在民的观念已经普遍传播和深入人心，伯克的观点貌似有些过时和荒诞，但我们看看今天那些维持自由和繁荣的民族国家里，王室依然是按照血缘继承的，典型如英国王室和日本皇室（虽然中间有些插曲）。至少，从伯克时代以来，大不列颠王室王位一直采用继承的方式传递着（1625 年到 1649 年查理一世统治结束后被奥利弗·克伦威尔、理查德·克伦威尔两届共和国打断，此后回归旁系亲王或直系血缘国王继承传统）。我们摸索不清在遥远的过去，例如 1000 年前，国王究竟是如何产生的，但伯克时代的英国国王是"按照自己国家的法律、根据固定的继承法则而成为国王，并且在履行了主权合约的法定条件后，他就拥有了他的王冠"，而不需要革命协会宣称的所谓选举。国王陛下的后裔和继承者们将顺序地继承王位，不需要什么选举。

我们也不要误解伯克是约瑟夫·德·迈斯特式的神权君主专制主义者。在伯克时代，英国君主制度在 1215 年、1640 年、1688 年历经数次重大改革嬗变，终于成为君主立宪政体，君主行政权受到议会的实质性约束。随着议会代表性的不断强化以及君主权力"虚君化"，伯克为王位继承的辩护其实是为英国君主立宪政体辩护。伯克拒绝让

"人民主权"的神圣权利等任何普遍原则影响自己，他最关心的、终身为之奋斗的是实质自由的现实安全。

关于王位继承，尤其是关于统治权的合法性来源，革命协会歪曲英国宪制原则精神，将其总结为"人民拥有如下三项基本权利"（读者注意要具体问题具体分析，在启蒙运动的主权在民观念已经传播了几百年后的今天，我们认为伯克对如下三点的批评并不准确，但我们要回溯到当时的历史语境中来理解）：

（1）选择我们自己的统治者（To choose our own governors）。

（2）因其行为不端而罢黜他们（To cashier them for misconduct）。

（3）为我们自己建立一个政府（To frame a government for ourselves）。

伯克驳斥道，"这种新的闻所未闻的权利法案尽管是以全体人民的名义发表的，却只属于这些先生和他们的派别"。也就是说，英国人民并不这样认为，英国人民并不认可这种歪论，相反，他们捍卫着国王继承的历史传统。革命协会故意扭曲了 1688 年光荣革命的传统，他们故意说正在发生的法国大革命和 1688 年英国光荣革命是一脉相承的，这是把两种迥然有别的事物混为一谈。伯克的任务是明确地、清晰地将二者区分开来。1688 年英国光荣革命的真正原则体现在《权利法案》中，这是由当时伟大的法律家们和伟大的政治家们所制定的最严肃、最深思熟虑的法案，而法案没有提到"选择我们自己的统治者""因其行为不端而罢黜他们""为我们自己建立一个政府"。

三、"臣民的权利与自由"和"王位继承"

《权利法案》是 1688 年英国光荣革命的一项重大遗产，是英国宪法的基石。伯克提醒人们注意，这是一项宣布臣民的权利与自由、确定王位继承的法案。也就是说，王位继承与臣民的权利和自由是一同得到认可和宣布的，权利和自由与王位继承不可分割地联系在了一起。

这一段历史非常微妙，简单地说，政治的本质就是妥协。当时詹姆士二世被推翻，但并没有被处死，在宣布王位继承时，没有死的国王能不能指定人继承他的王位？当时这件事还引起了很大的争议。总之，詹姆士二世得到了善待，新的王位被威廉三世亲王（查理一世的外孙）和玛丽女王（詹姆士二世的女儿）继承，两位都是国王，但由威廉国王出面统治。威廉三世国王和玛丽女王必须按照英格兰古老的法律来统治，并且明确了继承顺序，以及以最明确、最严肃的方式宣布了《权利法案》。

就《权利法案》的具体内容来说，是针对倒行逆施的詹姆士二世的。詹姆士二世侵犯立法机构的职权，对于人民（及其代表）谦恭的请愿犹如对待罪犯一样，非法压迫教会，未经国会同意擅自征税，在和平时期维持常备军，侵犯选举自由，扰乱司法程序，等等。因此光荣革命中诞生的非常国会宣布：国王未经国会批准，不得向臣民勒索金钱；不经国会同意，不得维持常备军；认可臣民请愿权；选民有权自由选举代表；国会有权自由讨论；国民有权根据法律维护司法。同时确定王位继承顺序如下：威廉和玛丽共享王权，二者都在世时，亲王单独主持政务。威廉国王百年之后，国王归玛丽的后裔继承；玛丽绝嗣，王位归安妮及其后裔；安妮绝嗣，王位归威廉后裔继承。

王位继承顺序的确定解决了威廉三世国王以后出现的继承问题。威廉三世和玛丽女王统治 14 年（1689—1702）后，玛丽绝嗣，王位按照事前的约定传递给了安妮（Anne），安妮是 1688 年光荣革命被推翻的国王詹姆士二世的女儿、玛丽的亲妹妹。这个继承完全是按照早前严肃宣布的《权利法案》进行的，而没有按照革命协会宣称的选举原则产生。因为"世系继承对于本国的和平、安宁和安全乃是绝对必要的，而且对他们同样迫切的乃是'由此维持一种继位的确凿性，使臣民可以放心地寻求他们的保护'"，也就是王位继承与臣民的权利和自由同时得到保障。这一次和平的权力交接，伯克如此评价：它把看似相互矛盾的两种必然性统一成了一种制度。

需要注意的是，伯克在这里为王位继承辩护的制度背景，是英国当时已经初步形成了王权和议会的权力制衡，而不是绝对君主专制制度。

由于詹姆士二世"把国家投入血泊之中，以及把他们的宗教、律法和自由带回到他们刚刚逃出的那种危险之中"，因此"《权利法案》是必要的"。然而，《权利法案》的起草人萨默斯勋爵（Lord Somers）认定詹姆士二世逊位后，应尽可能追溯古老的继承顺序，提议威廉三世和玛丽共同为英国国王。现在看来，当时这样一种安排充分体现了两党和议会领袖们巧妙又审慎的智慧：一方面因为历史特殊境遇而与严格的继承顺序相比有所偏离，另一方面又没有完全偏离。威廉三世和玛丽女王继承了詹姆士二世的王位，稳稳当当维持了 14 年统治，然后又出现了特殊情况：玛丽女王绝嗣。这样，革命者主张的"选举我们的统治者"的机会又来了。但是，事实上没有选举国王，安妮公主继承了王位。王位继承的确定性，这是光荣革命想要确定的。如果王位继承人得不到确定，那么，可疑的继承权就类似于异常选举了。而王位选举，在伯克看来，会彻底毁灭这个国家的统一、和平和安宁。为避开这种危险，就必须避免选举国王的现象。伯克特别提请人们注意《权利法案》的完整内容——关于人民的权利与自由，与王位继承同时予以肯定，合二为一、不可分割地联系在一起，它是"一项宣布臣民的权利与自由和确定王位继承的法案"。伯克高度评价体现在这部法案中英国民族的智慧，这种智慧将两种看似全然相反的事物统一起来了。

革命发生了，王位继承制度没有被废除，而是被精心、审慎而虔诚地保护下来了，这就是英国光荣革命。议会从国王那里分权的目的大功告成（以《权利法案》的形式授予议会不可剥夺的权力，同时对国王的收入进行了约束），但任何一种"倾向于削弱王位继承权的情形都加上了一层精心编制的政治幔纱（a politic well-wrought veil）"，因为"这个国家的统一、和平和安宁，在上帝之下，完全依赖于王位继承的确定性"。1688年光荣革命的最终解决办法，伯克称之为"人类取得的最完美成就之一"。光荣革命的改良和继承性特征还体现在，《权利法案》特意引用了伊丽莎白女王法案中的一项最庄严宣誓："精神和世俗两界的贵族们以及平民们，以上述全体人民的名义，永远使自己和子孙后代，最谦卑、忠诚地委身于国王陛下，并承诺尽最大的力量拥护、支持、保卫国王陛下和对国王的种种限制（这里对国王的限制指国王只能是英国国教徒而不能是天主教徒）。"与伯克的高度评价一样，历史学家托马斯·麦考莱（Thomas Mcaulay）这样总结1688年光荣革命："法律的权威、财产的保障、个人自由在新制度下和谐一致，为亘古所未有。秩序和自由相得益彰……人类编年史无此先例。"

在相对和平中发生的光荣革命为什么能实现如此完美的结局，而没有走向法国大革命的激进化道路？回顾历史，至少包含以下两大原因：第一是科学革命的兴起。轴心时代的形而上学转向观察和实验的物理学，经验主义和怀疑主义逐渐获得广泛认同，而科学革命教导人们，纯粹的逻辑无法探知复杂现象。科学革命在兴起之初，并没有与技术进步紧密联系起来，因此并没有激发人们对科学的向往，即通过理性和社会工程来全盘改造社会的设想。第二是新教改革走向深入、资本主义兴起得到普遍认同和权力制衡逐步完善。新教改革侵蚀了英国传统上的封建制度而为自由资本主义开辟了道路，类似法国大革命中的土地改革在英国以无声无息的和平方式逐渐完成了。代表新教的议会力量完成了对王权的制衡，但又没有强大到可以颠覆王权。

第 2 章

论平等与不平等

法国大革命最初获得了人类普遍认可。……伯克开始的时候也曾叫好。但他不愿意听信托马斯·潘恩的说法，潘恩的主张是那场革命的思想源泉之一，他曾向伯克保证，三级会议必然会促成另一个议会的建立。后来，伯克曾说，《人权宣言》才让他睁开了眼睛，看清了真相。……美国人的看法与伯克的看法差距不大。在那个夏季，杰斐逊就觉得，所有该得到的东西都已经得到了。富兰克林在 7 月时对当时的事态警觉起来，华盛顿和汉密尔顿不久以后也产生了怀疑。

——阿克顿

一、对抽象的首次批判

纵观全书，伯克的思想根基里始终存在对政治实践中滥用抽象概念的警惕和批判。什么是抽象？何兆武在一处译注中曾给予一个通俗解释，"抽象一词带有贬义，因为政治家所处理的乃是实际上可行的，而不是理想上完美无瑕的"。伯克曾说过"不使自己纠缠在形而上学的迷宫里面"这样的话，从另一个侧面表明了他批判的抽象其实有具体所指。在詹姆士二世因为其破坏国王与人民之间的契约、颠覆宪法而被罢黜以后，如果是詹姆士二世刚出生的儿子詹姆士·爱德华（1688 年 6 月 10 日出生）继承王位而不是其女儿玛丽，这将导致问题无解。而另一方面，如果按照当时力量占上风的议会的建议完全通过选举的方式来选举国王，这就完全脱离了王位继承传统。这两种主张，在伯克看来都是政治实践上的不成熟，是纠缠于抽象理念：要么是百分之百的有直系血缘关系的男性继承人继承王位；要么是抛弃王位继承传统通过选举选出一个国王。光荣革命的伟大智慧在于没有纠缠于抽象理念，而是采取了"有所保留又有所偏离"的解决之道，实现了"固定的规则与偶然的偏离的调和"。演化的核心特征乃是添新补旧，与"有所保留又有所偏离"具有异曲同工之妙，而抽象原则拥护者从未理解过这一演化机制。

抽象的另一个典型例子是伯克所厌恶的卢梭的人民主权观念——"卢梭最先进之处是认为人民不会犯错误，人民是必定正确的信条。卢梭把'人民的声音即神的声音'格言应用到国家治理上"。

伯克认为，依照传统和惯例，类似上议院解散下议院、上议院解散自身、君主因为想要抛弃君主制而逊位、下议院放弃自己享有的权威等的侵权和弃权都不被允许。

伯克反对任何抽象原则（如主权在民、选举统治者），这里的抽象是指"理想上完美无瑕的事物"，而与之相对的概念是保守和传统，指的是"实际上可行的事物"。

光荣革命时，国家凭借武力和机缘获取了全部权力。王位空缺，议会作为当时实际最高权力机构完全可以废除君主制。但是他们没有这样做，"他们并不想做出如此之勇敢的变更"。权力的天平倒向议会一方时，议会的权力需要受到制约。这或许不得不归功于当时没有出现类似法国大革命前激进的启蒙运动，没有出现激进启蒙运动所宣传的理想价值和民情基础。伯克通过区分"抽象权能"与"道德权能"的不同对此加以解释："要对纯粹抽象的最高权力（例如当时议会行使的权力）加以限制的确是很困难的。但要对最高权力的道德能力加以限制，哪怕是在最无可争议的君主权威之下，使偶然意志服从于永恒真理并服从于信仰、正义和既定的基本政策，则是完全可以理解的，并且完全可以制约一个国家中以任何名义、任何资格而行使任何权威的那些人。"类似于"一切权力属于人民""一切权力属于议会""一切权力属于国王"的陈述，都极容易滑向对抽象概念的执着。在实际的政治实践中，伯克举例道："上议院确实没有资格解散下议院，甚至也不能解散它自身，也不能（假如它愿意的话）放弃它在英国立法体制内的职责。""尽管一个国王可以为了他本人而逊位，却不能为了君主制而逊位。""同样，下议院也不能放弃它所应享有的权威。"之所以要遵从既定惯例保持王位继承传统以及各权力主体恪守各自权力边界，原因在于王国的各个组成部分，以及所有在约定之下得到任何重大好处的人们，有义务遵守彼此的约定，相互支持他们的信念，原因也在于要防止强权即真理的危险局面的出现。

二、为基于传统和法律的王位继承制度辩护

赋予权力合法性的终极权力从何而来？传统、惯例、法定继承顺序？伯克明确指出，这种终极权力来源于国家的共同约定和原始约定——国民的全体同意。这种原始同意既制约着国王，也制约着人民。政治体制（君主立宪）是不变的，变动不居的是表达这种政体的国王和人民、上议院和下议院那些具体的人。

法定的继承顺序也不是绝对不能改动，在极端特殊情况下，例如詹姆士二世因为残暴统治，等同放弃了他与国家和人民的约定，所以非常议会认为詹姆士二世已经逊位，哪怕王位空缺。但这种极端特殊情况下的改变，仅仅限于偏离部分，正如特殊情况下解除詹姆士二世的王权，但不能废了整个君主立宪政体一样，所以詹姆士二世的女儿

玛丽继承了王位（与其丈夫威廉三世亲王共享王权）。这种改变不具有颠覆性，不至于引起整个公民群体和政治群体的解体。这种审慎的安排，是为了"要从社会的原始因素中衍生出一种新的公民秩序来"。

伯克用一座受损的古老大厦的修复来形象地比喻：整个国家就是一座古老的大厦，这座古老大厦局部出现了损伤，例如因为各种原因出现王位空缺，那么我们并不能因为局部损毁而推倒整座大厦，而是保留完好的部分，修复受损部分；保留的部分恰如其原状，修复的部分能够适合这座大厦。威廉国王不是詹姆士二世国王的直系子嗣，但玛丽女王是詹姆士二世的长女，威廉国王是查理一世的外孙，因此这种偏离并没有如脱缰的野马那样完全脱离，它仍然属于一个血缘系统中的前后因袭，也符合新教信仰要求。

光荣革命以后，英国君主立宪政体给王室增加了一个约束，就是继承王位的人必须信仰新教（英国国教为新教三派之一的"圣公宗"，例如詹姆士二世的儿子信仰天主教而不能继承王位）。这是在传统王位继承原则上施加的一个新约束，是导致光荣革命发生的直接原因——詹姆士二世强行在英国推行天主教。作为天主教教徒的詹姆士二世强行推行天主教引发革命的主要原因包括：天主教与国教之间的矛盾，姑息作为潜在外敌的法国势力增长，通过在宗教、司法、行政和军队中的天主教教徒实施专制统治。

保留与改变是伯克同等强调的社会演化的两个方面，"一个国家没有某种改变的办法，也就没有保全它自身的办法。……保留和改变是两条原则，都在'复辟'与'革命'这两个关键时期强烈地起过作用"。

伯克为光荣革命中王位继承过程中出现的微小偏离辩护时，还追溯了英格兰以前的历史，认为诺曼征服以后就产生过继承合法性问题，即继承到底是"按人头计"还是"按支计"（per captia or per stirpes）。实际情况是，某种标准不可行时，另一种继承标准就会被采纳；某种教派信仰退了位，另一种教派信仰就会被采纳。就这样，"世袭原则经历了一切轮回而生存下来"。

　　革命协会这些革命派所看到的只是光荣革命这个整体事件中的背离部分，而且还进一步把这背离的部分当成原则——"王位只有选举的才是合法的"。这在伯克看来完全是罔顾事实。如果真的如革命协会的理解，是不是诺曼征服至光荣革命期间所有世袭继承的王位都是非法的呢？包括《大宪章》《权利请愿书》《人身保护法》等在内保障人民自由和权利的一系列法律是不是都要废除呢？事实上，在王位继承方面，被推翻的詹姆士二世的王位是合法继承的，由此而下，威廉三世和玛丽二世、安妮女王、乔治一世、乔治二世、乔治三世（伯克所在时代的君主）都是合法继承王位，而不是靠选举获取（实际上，遵照王位继承惯例，英国王位继承一直延续到今天的查尔斯三世）。重要的是，人民的权利和自由与王位继承一道被保留下来，保持了权利和自由的神圣性，也保持了权力的和平交接。伯克赞同世袭王位的理由之一，在于"没有任何经验教导过我们，除了一种世袭的王位之外，还有任何其他的渠道或方法能够使自由得以延续下去，并作为我们世袭的权利而保持其神圣性"。为确保王位继承万无一失，威廉三世和玛丽女王登基时，与当时的议会达成协议并将王位继承顺序写进《权利法案》中。可见，伯克深远思虑的是，为了保障我们的自由，世袭的、神圣的自由，只有与世袭的、神圣的王位继承原则一并保存时才是可靠的。"不受干扰的王位继承制是对我们宪法其他部分稳定性和持久性的一种保证。"至少在当时的历史条件下是如此。在任何时代、任何社会，统治权的和平交替都是一项至关重大的事，它的失败经常导致混乱、战争等灾难性后果。

至少光荣革命以来，英国君主立宪政体的信念，一直是革命的原则，也没有授权革命者随意选举国王或者毫不顾及英国古老的基本原则——"古老血缘世系＋新教"世袭继承法。

伯克对革命感到厌恶。历史学家阿克顿说，在拒绝革命这一点上，伯克是对的。革命者对一切古老制度全盘鄙弃，法国大革命正在上演这一幕。而且"革命"这种有害的风气、这种"煽动性的违宪学说"（seditious, unconstitutional doctrine），被贴上"英国原装货"标签后传播到法国，又从法国传播到英国，在英国公开讲授、公开宣传。伯克对英国国内革命协会成员扭曲英国君主立宪政体的信条并输出到法国表达了警惕，更对革命对英国的潜在危害表达警惕。

在伯克看来，当时英国王位世袭继承制度在英国历史经验中，被证明是正确的而不是错误的，是利而不是弊，是自由的保证而不是受奴役的标志，"具有不可估量的价值"。这种观点，即使在今天看来仍然正确。今天的英国、日本等保持世袭王位继承的国家，王位继承与现代民主制度和谐共处，英国和日本分别成为当今老牌资本主义和新兴资本主义民主体制代表性国家。相反，在建立现代国家的征途上与本民族过去的历史一刀两断的国家，政局动荡和血腥暴力倒是屡见不鲜。

但是，为王位继承制度辩护时，伯克也驳斥了那种教条式王位世袭制度观点，并指出革命派经常拿这个当作靶子来攻击，这是革命派的阴谋诡计。这种阴谋诡计"偷偷塞进了一种虚构的理由和一些伪造的人物"，而这些虚构的理由和伪造的人物正是拥护君主专制的。这种虚构的靶子将君主专制教条化，认定专制政府是世界唯一合法政府，一如法国大革命中宣称人民群众是权力的唯一合法来源，人民选举乃是权威的唯一合法来源一样，"就仿佛君主制比其他政府形式有着更多神权的认可；仿佛世袭的统治权在每个应该顺序继承王位的人的身上，都是严格地不可废除的，即使公民权和政治权利都无法实现了也在所不惜"，"王位是神授的、世袭的和不可取消的权利"，伯克驳斥这种对王位世袭的扭曲、刻板、教条、荒谬的看法，这是居心叵测的革命派先把王位世袭继承妖魔化，然后全盘打倒它的伎俩，提醒人们注意这种不良行为。与这种教条化的王位世袭制相反，认可的是"一种理性的、基于法律与政策的坚实原则之上的王位继承制"。

政治权力及其继承或轮替的合法性问题历来是政治领域的重中之重。和平的权力交替被视为现代国家和政治文明的主要特征之一。伯克认为，那种坚持绝对的王位世袭是权威的合法性唯一来源，一点儿不得偏离的观点，是对君主立宪政体的误解。同样，伯克认为将人民群众视为权威的唯一合法性来源，一点儿偏离不得，错误性质是一样的。伯克支持君主立宪政体，其权威的合法性来源于"一种理性的、基于法律与政策的坚实原则之上"的法定程序，而王位世袭制也必须如此理解。

三、驳斥革命协会第二条要求

首先，光荣革命中詹姆士二世的逊位并不是革命协会宣称的所谓"因其行为不端"。1690 年，议会两院在最终达成的共识中是这样描述詹姆士二世逊位事件的：詹姆士二世国王企图通过破坏国王与人民之间的契约，颠覆宪法，因而违反了根本大法，其逃亡行为抛弃了政府，所以王位出现空缺。著名历史学家麦考莱这样描述詹姆士二世的罪行：詹姆士二世侵犯了立法机构的职权，未经国会同意擅自征税，颠覆司法程序。伯克这样描述詹姆士二世的具体罪行：阴谋颠覆新教教会和国家以及他们基本的、无可置疑的法律和自由，破坏了国王与人民之间的原始契约。以上证据表明，詹姆士二世的逊位不能被描述为"行为不端"这样"一种轻松而不明确的东西"。如果仅仅依据"行为不端"这种可以无限解释的理由逼君主逊位，那么"没有一个政府可以维持下去了"。

伯克一直高度赞扬光荣革命，赞扬当时主导国会的政治家们"审慎巧妙地放弃了自身的暴力和极端行为，在光荣革命这一伟大历史事件中，能够体现全局的伟人们的忧患意识，它使光荣革命成为安定之母，而非孕育下一次革命的温床"。吊诡的是，当下各路学派中，在暴力革命议题上争议颇大。伯克在这里可以说部分提出了判断革命之合法性的标准：使革命成为安定之母，而非孕育下次革命的温床。

限制王权是光荣革命的伟大成就之一。重要的是，詹姆士二世逊位，光荣革命通过的系列法案，都不能将其原因归结于"行为不端"这种模糊、轻易而不确定的罪责，而是归因于统治者滥用权力和不遵守契约，因此采取的对策是限制权力和监督履行权力。第一，他们让之前几乎无须承担任何责任的王权置于法律的监督和评估之下。为了进一步限制王权，他们加强了国务大臣们的责任。第二，威廉国王第1号法案的目的是"确认臣民的权利和自由、确定王位继承"，而大臣们应该根据这一宣言来为国王效力。第三，他们又通过频繁地召开国会会议强化这一法案，从而使整个政府置于人民代表以及上议员经常的检查和积极的控制之下。第四，威廉国王第12号、13号法案提出一个进一步限制王权和保护臣民权利和自由的规定，即"对国会下议院提出的弹劾，不得凭英格兰伟大封玺（指以国王名义）的赦免进行抗辩"。

通过以上种种制度的设定，对王权的限制就实实在在落到实处了。伯克认为，这种审慎和务实的政治实践，相比在实践中难以操作、具有很大不确定性、常常导致严重后果的"因其行为不端而罢黜他们"的权利，提供了更好的安全保障。唯有这些审慎和务实的政治实践，才能保障人民的宪法自由，更能对抗恶政（vices of administration）。伯克提到"可操作性的弹劾权"（the practical claim of impeachment）中的可操作性与他一直批判的抽象的、形而上学观念迥然不同。

从伯克的视角看，英国光荣革命可以看作英国政治制度发展中的一次试错，即人们发现原来的制度框架下国王权力过大会导致严重后果，对此纠正的办法是进一步加强议会权力，弱化国王的权力，从而实现对王权（行政权）更有效的限制。光荣革命没有因为发现原有制度框架存在瑕疵而采取推翻整个制度框架的做法（尽管在当时的情势下议会有实力这样做），而是通过一系列正式法案，采取纠错、修补的务实办法，在权力的天平上向相对弱势的议会一方适当加码。

四、名不副实又矫情的"人民的仆人"称谓

伯克反对大臣和人民对国王公然的阿谀奉承。然而，理查德·普莱斯在布道中建议用"人民的仆人"（the servant）这种新称谓指称国王，还建议国王自己也应该把自己视为"人民的仆人"，这似乎走向另一个极端的替代。这种"自由的使徒"（伯克讽刺理查德·普莱斯之流的用语）的建议可以说因其表面上占据道德制高点而极具迷惑性、煽动性和挑唆性。彼时，约翰·洛克（John Locke）石破天惊的作品《政府论》已经发表 100 年，孟德斯鸠（Montesquieu）等人的著作也已经广为流传，君主专制正处于风雨飘摇之中。要批评这种建议，

在当时的思想潮流和舆论氛围下，可以说具有很大的挑战性。但是伯克出于深思熟虑和对真理的忠诚而大胆挑战这种蛊惑性建议。伯克的批驳如下。

第一，名义上和实质上真实的仆人（例如真实的奴隶）并不喜欢别人告知他作为仆人的处境、责任和义务。

第二，那些用最恭维的、最谦卑的称谓来自称的人，并不真实地如所说的那么谦卑。伯克说："我曾经见过非常傲慢的信件，署名却用'您最顺从的、最卑微的仆人'。"教皇经常用非常谦卑的自称"仆人的仆人"或"渔夫"，却做着践踏人民和国家的事。

第三，这一建议与"行为不端"的说法在一起被提出来，值得警惕。如果是单独提出这种建议，权当作一种轻浮、自视过高的说辞不必理会，但它是与一种激进革命思潮一道提出来的，就不能不引起人们的重视了。

第四，现实中的英国国王在通常意义上不是仆人。仆人处境的实质是听从他人命令并且可以被随意差遣。实际上，国王不服从任何其他人。任何其他人，无论是个人还是集体，都在国王之下并有服从他的法律义务。此外，既不奉承也不侮辱国王的宪法和法律没有将国王这位高级行政执法官称为"仆人"，而是称为"我们至高无上的国王陛下"（our sovereign lord the King）。伯克如此看待和描述实际政治生活中的国王：他的确不是仆人，从遵从法律的角度来说，我们称国王为"我们至高无上的国王陛下"就可以了，"我们只要学习最基本的法律语言就够了"。但是在抽象意义上，伯克也认为国王无疑是人民的仆人——因为国王的权力除了普遍的利益（the general advantage）以外没有其他任何存在的合理的目的。在这一点上，伯克是一个古典自由主义者，认为国王是某种长期功利意义上的工具性存在。在古典自由主义代表作——约翰·洛克的《政府论》中就提出，由于处于自然状态的人有各种权利，但是没有享有这些权利的足够保证，因此他们赞同联合起来以保护他们的生命、特权和地产，洛克将这些总称为财产权（即今天我们说的"洛克广义产权"）。为了实现联合，每个人甘愿放弃惩罚那些侵犯他们财产的人的权利，而保留没有明确表示放弃的权利，公民社会或者说政治社会存在的目的就是为了维护这些权利。国家为个人而存在，而不是相反。关于公民社会或者说政治社会存在的目的，伯克赞同"除了以普遍的利益为目的"以外没有任何其他理由，这与古典自由主义的结论是相似的，虽然伯克的论证过程并非按照自然状态—契约论的逻辑。

第五，国王是一种公共职位的存在。国王、上议院和下议院以及司法部门是公民社会政治结构中的分工（分权）组织。政治机构作为一个整体或分工（分权）的存在，国王也好，议会和司法也好，并不服从公民，而是要在法律上服从立法、行政和司法。英国宪法没有规定国王作为一个仆人所应承担的任何程度的责任。国王和所有政治机构"作为一个整体为了人民的福祉而存在"，但这与"这个整体或整体中的组成部分之———国王是人民的仆人"不是同一个命题。伯克对革命协会的如下具有蛊惑性、挑唆性的宣称尤其反感："国王不过是第一公仆，由公众产生，对其负责。"正是因为如此，伯克在为自由辩护时从不诉诸洛克式契约论的论证逻辑。

五、判断"暴力革命之必要性"的先决条件

伯克高度赞赏英国光荣革命，认为光荣革命先辈们以其大智慧解决了几个重大问题：如何保障自由、如何限制专断权力、如何保

障政府运作有力且人员任职稳定、如何保障国内秩序稳定。光荣革命在没有对革命对象詹姆士二世本人采取暴力的前提下实现了王权更迭。

保守主义长期以来遭受诟病且被指责的地方是其一味维护现状，反对任何形式的暴力革命。这不是事实。这里我们将清晰地呈现伯克在该书中阐明的判断"暴力革命之必要性"的先决条件。

1688年光荣革命是一次特殊的和平的权力更迭，并不是革命协会所说的，人民有"因其行为不端而罢黜他们"的权利的一次按照成文法进行的"常规"操作。从性质上看，"光荣革命是一场正义战争，除此之外的任何一场战争，特别是内战，都很少是正义的"。如何判断战争是否正义？伯克引用古罗马历史学家李维（Livy，前64—17年）所言，在不可避免时发生的战争才是正义的。詹姆士二世的专制暴政导致其被推翻不可避免。如果脱离"不可避免"的"消极标准"，而是按革命协会的"行为不端"的"积极标准"，那么推翻一个行为不端国王的行动不可能是和平的，相反，必然是一次暴力革命。在这种革命之下，法律就只能在武力之下俯首听命保持沉默，法院也将因无法维持和平而倒台。

关于"罢黜国王（或最高行政权当局）"这件事，从性质上看，永远是一个国家的非常态事件，完全不在常规法律范围之内，是一个如何处置、采取何种手段、可能有什么后果的问题，而不是一个积极权利的问题。作为一种消极权利，它不是普通的滥用权力问题，同样，它也不能由普通想法所激发。伯克的意思是，罢黜国王兹事体大而且特殊，不是通常意义上的法律赋予某些人的权利，也不是常人出于维护自己的法律权利而通过法律自然地去行使它。

以暴力革命推翻统治者的先决条件是什么？为了避免那种积极权

利的误解，伯克提出这样的问题："什么情况下不再顺从，什么情况下开始反抗？"伯克的回答是，这条临界线的划分是微妙的、模糊的、不容易界定的，它不是由一个单一行为、单一事件决定的，并给出了更清晰而具体的答案。

第一，"除非政府的确已经滥用职权并且陷入了混乱，而且未来必定跟过去所经历的一样糟糕"。

第二，事情已经陷入到一种可悲的状态，那种状态本身就会给人指明补救办法——那些人天生有能力去给一个处于生死存亡关头的动乱国家开出一个极端的、多义的（含混不清的）苦口良药。此次伯克有了用苦口良药（暴力革命）的野心（ambiguous），结合历史语境，他说的是实施革命行动进行最高权力更迭时，并不必要刻意明言暴力革命，相反，策略上保持模糊性，尽量淡化权力更迭中的暴力、一刀两断、重起炉灶色彩，甚至有意识保持与古老惯例的连续性。

第三，迫不得已的最后手段。时间、局势和挑衅会催人采取行动。智者会根据问题的严重性来决断，被激怒的人会根据对压迫严重程度的感受来决断，品格高尚的人会根据对德不配位之人滥用权力的鄙视和愤慨来决断，勇敢而胆大的人会根据在一项慷慨的事业中对"充满荣耀的危险"的热爱程度来决断。无论如何，一场革命都是善良和有思想者所诉诸的最后手段。

六、批评"为我们自己建立一个政府"

伯克驳斥理查德·普莱斯和革命协会的人主张的第三项权利——"为我们自己建立一个政府"。我们需要注意伯克时代与今天的制度背景和语境的差异。在伯克时代，分权的政府、政党政治刚刚起步，所以伯克使用的政府还是广义政府概念，相当于现代国家的行政、立法和司法集合体。在伯克看来，凭激进启蒙运动的抽象权利概念（人权、人民主权）再造一个新政府只是一种理性自负的表现。在光荣革命中，这项权利与前两项他们主张的权利一样，无论在先例上还是在原则上都没有得到任何支持。这种主张不符合我们的秉性和愿望（temper and wishes），得不到任何权威哪怕是表面上的支持。光荣革命的目标是保护我们古老的、不容置疑的法律和自由，以及作为法律和自由唯一保障的古老宪法。那么，"我们的宪法精神和主导了那个伟大时代并一直保障到今天的政策"在哪里？在我们的历史记录中，在我们议会的法案以及议会的刊物中，而不是在老犹太街的布道词和革命协会的宴后祝酒词里。伯克认为，我们历史记录中的宪法精神与革命协会的布道词是迥然不同的两种观念、两种语言风格。

组建一个新政府这种观念本身就足以让我们感到厌恶和恐惧了。我们在过去（光荣革命）和现在所希望得到的一切，都是一种作为"继承自祖先的遗产"（an inheritance from our forefathers）的存在。这里对立的是，革命协会的主张是创立新事物，伯克的主张是继承遗产，"我们小心谨慎以避免给由原初植物遗传而来的枝干上嫁接上任何违背其本性的幼枝"。伯克倾向于用"改革"（reformation）一词来描述大宪章以来英国一系列重大政治事件（例如光荣革命），他认为并主张，迄今为止以及将来英国的一切改革，都要参照古代先例类推，在权威和范例基础上小心地形成。这里读者立即会发现一个问题，就是伯克所说的古老先例本身从何而来？伯克通过对英国四份重要历史文件以及相应的三个重大历史事件的回顾和阐释，给我们解释了"保留"与"改革"并行时如何创造出新事物。历史经验的描述和演化逻辑的解释，弱化了伯克思想中"先例从何而来"的紧张。（见表 2-1）

表 2-1　截至 1790 年英国君主立宪政体形成中发挥重大作用的四份政治文件

名称	《自由宪章》（Charter of Liberties）	《大宪章》（Magna Charta）	《权利请愿书》（Petition of Right）	《权利法案》（Declaration of Rights）
时间	1100 年	1215 年	1628 年	1689 年
颁布者	亨利一世国王（1100—1135年在位）	约翰国王（1199—1216年在位）	查理一世国王（1625—1649年在位）	威廉三世国王和玛丽女王（1689—1702年在位）
核心条款	确认教会权利和特权，不勒索教会，不征用教会财产；确认贵族传统封建权利，降低对贵族征税标准并保持长期不变	非经贵族会议的决定，不得征收额外税金；保障贵族和骑士的采邑继承权；承认教会自由不受侵犯；归还原侵占的领主土地、抵押物和契据；尊重领主法庭的管辖权，国王官吏不得任意受理诉讼，对任何自由人非经合法判决，不得逮捕、监禁、没收财产或放逐出境；承认伦敦和其他自治城市的自由；保护商业自由；由领主推举25人负责监督宪章的实施	不经议会同意，任何人不能被强迫承担任何税收、馈赠、贷款或捐助；任何人不得被无故监禁	国王不得干涉法律；和平时期未经议会同意国王不得维持常备军；非经议会同意，国王不得征税；人民有向国王请愿的权利；人民有配带武器用以自卫的权利；人民有选举议会议员的权利；国王不得干涉议员的言论自由；人民有不遭受残酷与非常惩罚的自由；人民有在未审判的情况下不被课罚金的自由；国王必须定期召开议会；国王的一些行为已经违反上述约定，因此被认为是非法的；因光荣革命而逃离英国的詹姆士二世被宣布退位；罗马天主教徒不具有继承王位资格；威廉与玛丽是国王的继承人
斗争双方	教会、贵族与国王	议会与国王	议会与国王	国王获得王位以承认《权利法案》为前提

历史联系	古老的非成文自然法传统	重申《自由宪章》，且一部分内容取自《自由宪章》	重申《大宪章》	重申《大宪章》《权利请愿书》，解决王位继承中的特殊问题
是否有"为我们自己建立一个政府"表述	无	无	无	无

伯克视《大宪章》的签署为英国君主立宪政体历史上"最古老的改革"（our oldest reformation），指出爱德华·柯克（Edward Coke）大法官、法学家威廉姆·布莱克斯通（William Blackstone）等伟人们都力图证明《大宪章》与先前亨利一世国王时期的《自由宪章》之间的继承性，《大宪章》是《自由宪章》和渐成共识的自然法的"重申"（reaffirmance）。英国人民享有的权利和自由就像一项遗产一样是一个继承世系的产物，英国人民目前享有的自由是有渊源的。在英国君主立宪政体的形成过程中，法学家、立法者和英国人民，无不体现出"在内心对于古老习俗的强烈偏爱，以及这个王国将他们最神圣的权利和公民权视为一项遗产的稳定策略"。

查理一世时期颁布的《权利请愿书》也没有任何关于"为我们自己建立一个政府"的表述或暗示。在这份重要文件中，议会对国王说，"您的臣民继承了这种自由"。这份文件使用的"权利"不是革命协会的那种"作为人的权利"抽象原则（abstract principles as the "rights of men"）的概念，相反，是作为英国人所享有的源于他们祖先遗产（patrimony）的权利。伯克在这里又一次批评在政治实践中使用抽象原则的问题。《权利请愿书》的起草者约翰·塞尔登（John Selden）等先辈们对人权的熟悉程度不会比革命协会布道坛上和法国大革命讲坛上那些演说者差，不会比理查德·普莱斯和西耶士神父（Abbé Sieyès）差。《权利请愿书》的起草者们与革命协会成员和法国革命者的最大不同是，秉持实践智慧与抽象概念的差异。

伯克这里提到的西耶士是法国大革命时期最具蛊惑性、煽动性的教士，第三等级代表，他写了一本让其名声大噪、极具煽动性又具有深刻原创性的革命小册子《第三等级是什么？》。西耶士是政治上的不倒翁，他的政治生命从大革命爆发一直延续到拿破仑专制时期。阿克顿这样评价西耶士："算不上一个情操高尚的人。有些人之所以不喜欢他，因为他是个教士；另一些人不喜欢他，因为他是个脱掉教士袍的教士。他是个革命分子，所以保王党人憎恨他；但他又是个变节分子，所以共和分子讨厌他。他是个政治思想家，而不是作家、演说家或具有管理天赋的人。……我毫不犹豫地承认，伯克是他那个时代最杰出的政治思想家。西耶士，也是一个作出杰出贡献的思想家。"在伯克眼里，西耶士是法国大革命时期为人民主权抽象原则推波助澜的人。伯克和英国君主立宪政体的先辈们偏爱替代了理论科学的"实践智慧"（practical wisdom which superseded their theoretic science），偏爱成文的、有记录可循的、承袭而来的这些对所有人和公民都值得珍视的东西。相反，革命者偏爱模糊的思辨性权利（vague speculative right）和抽象原则。伯克认为，在政治实践中，思辨性权利（抽象原则）的缺陷在于"将确定的遗产暴露给将其践踏和撕裂的野蛮的"。这一缺陷的揭示的确是伯克的独特洞见。

威廉和玛丽时期颁布的《权利法案》，同样对"组建我们自己的政府的权利"只字未提。《权利法案》的全部关切在于如何保障由来已久拥有的但最近濒临危险的宗教、法律和自由。在措辞表述和宣告程序上，《权利法案》都充分体现了保守主义的智慧。光荣革命先辈们像他们的祖先遭遇到类似的情形下的反应一样，慎重地考虑最好的办法，请求国王和女王进行权利宣告，宣布那些被一度侵犯了的古老的权利和自由。他们的目的是要建立一种制度或机构（establishment）确保他们的宗教、法律和自由免于被再次颠覆的危险。《权利法案》宣告和实施的他们所主张和请求的权利和自由，都是这个王国人民所拥有的真正古老的、不容置疑的权利和自由。克莱顿·罗伯茨等认为，"光荣革命"实际含义是光荣复辟（glorious restoration），即复辟被詹姆士二世侵犯了的宪法和法治。光荣革命产生了英国新君主，但并没有产生新的君主制。当然，光荣革命也引进了新东西——对国王的财政约束。议会特意决定拨付给国王不足额收入以确保议会能够经常召开。《权利法案》确保臣民的自由，与《权利法案》一道确立的财政解决方案确保议会的权力。

总结起来，伯克认为从《大宪章》到《权利法案》的共同点是，无须参照什么普遍和先在的抽象权利概念，政治改革就是主张和确认我们从先辈那里继承而来、并将传承给我们的子孙后代的自由，这自由就像属于全体人民的一项限定遗产（an entailed heritance）。通过这种方式，我们的宪法尽管在各部分具有巨大差异性，却能保持整体的一致性：我们有世袭的王权、世袭的贵族，从一个漫长世系的祖先那里继承而来的下议院以及拥有特权、权利和自由的人民。这里有必要补充说明的是，为什么伯克经常提及人民拥有继承而来的"特权"（privileges），这个词在今天的政治话语中几乎总是一个贬义词。其实，伯克使用的"特权"类似于今天的"基本权利和自由"。在中世纪的英国，"自由""特权"有地理上的含义，它是指大修道院或统治的区域内，臣民的权利不受王权的代理人郡长的管辖。在这里，相对于王权，臣民在封建领域范围内享有的不受王权管辖的权利被称为特权。后来，时过境迁，随着君主立宪政体在英国慢慢成形，特别是光荣革命以后，英国人将中世纪的个人自由观念和个别人的特权观念转变成所有现代国家中公民享有的自由观念，自由成为政府不可侵犯的普遍权利。伯克提到的"特权"这个词其实是在光荣革命发生以后的语境中，在"基本权利和自由"的意义上使用的，今天的读者不可以将其与今天语境中的"特权"概念混同。

七、社会演化的一般逻辑

在回顾历史事件和四份重要政治文件以后，伯克总结了他的"改进—保留—改进"的社会演化一般逻辑。演化的逻辑并不专属于生物演化领域，它同样适用于人类经济社会领域。其实早在达尔文的里程碑著作之前，在社会科学领域里面就出现了演化理论。根据哈耶克的考证，达尔文的演化理论本身就很大程度上受到经济学、道德科学和语言学等社会科学的影响。演化的一般逻辑是"变异—保留—选择"机制反复迭代和累积适应演化。这一反复迭代和累积进化过程，长期中呈现出"无设计师的设计"或者说"非意图后果"现象。

英国先贤之所以采取了不同于激进革命的道路来改革制度，伯克认为这是深思熟虑的结果，又是遵循自然的结果——一种不假思索而又超乎思索之上的智慧。激进革命创新的精神往往是自私秉性和偏狭视野的产物。那些从来不去回顾他们祖先的人，也不会展望他们的后代。在君主立宪政体的形成发展过程中，英国人民很好地理解和秉持了一种"变异—保留—选择"周而复始的演化方法，"继承的观念培养了一种确定的保守原则（principle of conservation）和一条确定的传递原则（principle of transmission），而又没有将改进原则（principle of improvement）排除在外"。三者关系见图 2-1。按照这个逻辑，"它任其自行获得，但保障其所获得的"。另一方面，这三个演化机制在时间长河中反复迭代，通过迭代，适应性进化现象就会自发出现。伯克说："一个国家按照这些准则前行时，无论获得什么助益，都会被一种像家庭契约一样的东西快速锁定，就像一种永久产业一样被抓住。""通过宪法手段，依循自然的模式运作，我们接受、持有、传递我们的政府、我们的特权（今天政治语境中的基本权利），就像我们享用和传递我们的财产和生命一样。制定政策的基本原则、财富和上帝的赐予传递给我们，然后以同样的历程和次序从我们这里传递下去。"

图 2-1 伯克阐释的社会演化一般逻辑

伯克描述了社会演化机制反复迭代操作，经过许多世代的累积进化以后呈现出"适应性"的现象，这种现象我们可以恰当地称之为未经设计的设计——一种演化发明。理解社会演化需要理解二元演化本体，即复制者和互动者。互动者是一个群体（例如英国）一代一代的人，复制者是搭载在互动者上的内容，如语言习俗、制度、信仰、价值——我们可以称为广义制度系统或文化基因。相对于一代人（以 25 年计）互动者而言，复制者的生命更长。基因永存，搭载工具常新。

基于这一对概念，我们能很容易理解伯克所说的："我们的政治系统被置于与之相符合的世界秩序及由短暂组成的永恒整体的注定存在模式之上，其中，因为一种巨大智慧安排，人类整体被共同铸就成一个巨大而神奇的合作体；同时，绝不会有青年、中年和老年，而是以一种不变的连续性状态，经历持续不断的腐朽、衰落、更新和进步，然后勇往直前。"在政治制度演化进程中，伯克说："通过在国家的行为上保持这种自然的方法，我们所改进的，绝不会是全新的；我们所保留的，绝不会是完全过时的。我们坚持祖先的原则和方法，而非被古代的迷信所引导。选择了继承后，我们的政治结构被赋予了血缘关系的外形；以我们最亲密的家庭纽带来约束我们的宪法；将我们的基本法律纳入我们家庭亲情的怀抱中；用它们之间相互交融的宽厚之温情，保持和珍爱我们的国家、我们的家庭、我们的坟墓和我们的祭坛，使之不可分割。"

　　这些是伯克针对政治事务发表的言论，我们在演化生物学里能找到逻辑高度类似的表述。理查德·道金斯（Richard Dawkins）说，"选择反复进行，一个筛选过程的结果进入下一个筛选过程，以此类推，实体要经过许多代的选择或分类，某一代选择的最终产物是下一代选择的起点，这个过程要延续许多代。……由于每一代与其母代只有微小差别，因此可以预期它与祖辈的差别只会略微增加一些。这就是累积进化的含义。……累积选择每次改进无论多么微小，都被用作未来建设的基础。……事实上这就是这个星球上所发生的一切，我们人类就是最近的，或许是最奇妙的结果"。累积进化没有引入任何外在智能设计因素，却呈现出令人惊讶的智能设计的特征。相对于人类理性设计，累积进化这种设计是大自然的自然选择方法。这种"大自然的方法"是无设计世界（universe without design）的普遍方法。在人类政治和人类社会秩序领域，这种普遍方法被伯克第一次揭示并予以肯定和接纳。

为什么人们历来对这种"大自然的方法"缺乏认知甚至予以拒斥呢？道金斯细致探查了三个可能原因。第一，人的头脑似乎是特别设计出来误解演化现象和演化理论的。第二，我们的头脑处理事物在时间尺度与演化变迁过程截然不同。我们的头脑能够分辨的过程，花费的时间以秒、分、天、月、年计，最多以10年为单位，而生物演化的累积过程非常缓慢，得上百年或上万年才能完成，即便在文化和技术进步领域，在现代工业发生之前，进展也是非常缓慢的，也得以千年为单位计。直到近现代以来，技术进步才导致加速进化，但相对于个体生命周期（例如100年）而言，仍然是缓慢的。再说我们的感知早已经适应了人类进化早期的漫长时期，不可能对新近三百年的外部社会环境做出即刻响应。对于可能发生的事情，我们已经形成了直觉判断，可是面对演化就不灵了，因为差了好几个数量级。第三，道金斯认为是"我们已经成功地认识到：我们是有创意的设计者"。我们的世界充满了工程、艺术的业绩，复杂的优雅皆为深思熟虑、精心设计之象，只有以极大的想象力和洞察力才能实现跳跃，超越直觉。

伯克是在政治社会秩序中洞察了"大自然的方法"的人。伯克说，"通过保持人为制度设计与自然的一致性，并借助自然万无一失的强大本能来帮助我们，防止我们出现违背理性的错误的设计，以继承遗产的眼光看待我们的自由，这使我们从中受益良多"；通过自然教给我们的原则——对个人的尊重要依据其年龄和祖先的传承，我们实现了对文明制度的尊重。要想以继承遗产的方式看待我们获得的自由，首先，自由被视为受尊崇的祖先的化身，自由以令人畏惧的庄严受到节制（tempered with an awful gravity）；其次，继承能激发我们根深蒂固、天然的尊严感，这种尊严感能防止那些（革命）新贵们的傲慢；最后，它有家族谱系可考的祖先、自己的徽章、自己的肖像画廊、自己的题字纪念碑、记录、证据和头衔。

伯克说，我们选择我们的本性、胸襟，而革命新贵和他们的辩论家们（sophisters）选择思辨、发明设计，作为权利和特权的巨大培养室和储藏库。他们的辩论家没有提供任何比我们所采取的办法更好地保存那种理性而慷慨的自由（rational and manly freedom）的东西。只有拉长时间尺度，以文化进化的视角，我们才能理解伯克坚持英国人的自由是"继承的遗产"的观点。

八、法国具备建立君主立宪体制的基础

伯克在《法国革命论》一书中，有对法国革命的谴责，也有责备、劝诫和遗憾之意。通过比较英法两国情况，伯克认为法国其实具备建立君主立宪体制的基础和条件的。伯克充满遗憾地对法国人喊话："你们的宪政在还没有完善之前就被搁置了，但是你们曾经拥有几近完美宪法里的所有要素，如由各阶层代表组成的三级会议、君主制度、商业、财税体系和军队。"

伯克高度赞赏法国古老的三级会议制度，尽管法国三级会议自1614年到1789年一直处于停开状态，时间长达175年。伯克认为三级会议代表了各阶层、各种力量和各种利益，是一种有益的代表制度和制衡机制，"在你们古老的三级会议里，社会各阶层都有相应的代表。所有这些都在一个共同体中，利益各不相同；在自然世界和政治世界中，不同力量在相互斗争中产生了作用力和反作用力，最终产生出宇宙的和谐"。一般人们会把这种利益的对立和各种力量的斗争看作

是一种古老宪法和当前宪法中的缺陷，伯克却指出，三级会议形成的这些相互对立和冲突的利益格局会带来如下五大助益：（1）对一切仓促草率决策设置了一道有益的障碍；（2）它们使审慎成为必然而不是一种选择；（3）它们使所有的改变成为一种妥协的课题，那样自然就会带来温和的节制；（4）它们可以阻止粗暴、鲁莽和恣意妄为的改革所带来的恶，或多或少使专断权力变得永远行不通；（5）通过成员和利益的多样性，普遍自由拥有多重安全保障，正如不同阶层中的不同观点那样多，当整体受到君主专制压倒时，各单独部分就会从它各自所处位置出发来防止受到扭曲。

可是法国的革命却无视古老三级会议这个宝贵的制度遗产，相反，好像法国没有进入过公民社会（civil society）一样，将一切推倒重来（had everything to begin anew）。伯克断言，"你们一开始就错了，因为你们从鄙视你们所拥有的一切事物开始"，如此行事的时候，你们法国人其实是在"做没有本钱的生意"（You set up your trade without a capital）。伯克此番言论具有普遍意义：演化具有不可逆性；一切推倒重来，从零开始，整体建构新社会秩序是不可能的；我们总是基于特定文化和社会传统前行。先辈—我们—后代是一个不断迭代的社会演化过程，这种迭代是一种累积文化进化，累积文化进化积累起一个巨大文化存储库，因此没有任何一代人可以做到与先辈一刀两断，从零开始启动社会演化进程。这是一个永恒的迭代过程，因此"尊重你们的先辈，你们就被教会了尊重你们自己"。我们如何对待先辈的遗产，我们的后代也可以如此对待我们。

法国民族是怎样一个民族？如果革命的逻辑成立，那么等同于认同1789年之前的法国民族是一个昨天的民族，一个天生低贱、奴颜婢膝的可怜民族，直到1789年革命而获得解放。伯克说，"你们以荣誉为代价为你们的辩护士开脱（他们为你们的许多暴行辩护），你们不再满足于被当作突然从囚牢里被释放出来的一帮逃亡奴隶，因此就要宽恕你们滥用自由——你们尚未习惯和适应的自由"。可是法国不是这样一个民族！伯克说，"我一向认为法国民族实际上是一个慷慨而勇敢的民族。只是，长时间以来你们被对荣誉和忠诚的浪漫主义情感所误导，而导致你们有了劣势"。伯克又安慰道，"尽管事态已经对你们不利，但你们并没有被奴性和不自由的秉性所奴役；在你们热诚的服从中，你们为一种公共精神所激发；体现在国王身上，你们崇拜的其实是你们自己的国家"。"你们是否已经明白，在这个可爱错误的幻觉（指崇拜国王就是崇拜自己的国家）中，你们已经比你们聪明的祖先走得更远；当你们保留古老和最近时代的忠诚和荣誉的精神时，你们已经决定重启你们古老的特权；或者如果你们缺乏自信，无法清晰识别出几乎已经消失的祖先的宪法，你们可以看看你们的邻国英国，他们仍然活生生保留着欧洲古老的普通法原则和范例，只是将其加以改善以适应于现状（meliorated and adapted to its present state）。如果你们也这样的话，遵从智慧范例，你们将贡献给世界新的智慧范例；如果你们也这样的话，你们将使自由事业在每一个民族、每个有杰出心智的人眼里成为神圣庄严的事业。"伯克殷殷期待法国人民学习邻居英国，走一条既有继承又有改善、适应当前现实的保守主义道路。这里表现出伯克保守主义思想中包含着鲜明的自由主义特征，他将类似英国光荣革命这样的重大政治转型称之为"自由事业"，他强调继承传统的同时要对其"加以改善以适应现实"。

伯克痛恨专制主义，倡导法治下的自由，"通过表明自由不仅仅与法律相调和，且当它被很好约束时还有助于法律，你们将耻于这世上的专制主义"。伯克说，当你们理解和践行上述这些智慧，那么你们将拥有"自由和秩序"的美好未来：（1）你们将有一个非压迫性而是生产性的税收体系；（2）你们将有一个繁荣的商业来供养它（税收）；（3）你们就会有一部自由宪法（a free constitution）、一个强有力的君主制、一支纪律严明的军队、一个改革了的和受人敬重的教士阶层、一个谦和又意气风发的贵族阶层来引领你们的美德；（4）你们就会有一个开明的平民阶层，他们仿效并充实贵族阶层；（5）你们就会有一群受到保护的、心满意足的、勤劳而又遵从的（obedient）人民。他们将被教导在一切条件下靠美德能找到幸福。而人类真正的道德平等就在于此，不在于那种巨大虚构故事中，这种虚构故事只能加剧和恶化永远无法消除的真实的不平等。公民生活秩序（the order of civil life）的建立，是为了平等保障那些只能生活在一种平凡卑微状态的人的利益，以及那些虽然有能力过更光彩夺目的生活却未必幸福的人的利益。

伯克明确地区分了道德平等和真实生活中的结果不平等，"我们追求人类的道德平等，却不可追求因为因缘际会导致的真实生活中人与人之间在家庭、天资、财产、荣誉等方面的不平等。这种实际生活中的不平等是永远无法消除的，这是大自然赋予人类个体之间的多样性的自然事实"。几乎所有的激进暴力革命都给人民描绘一个结果平等的虚构故事。在任何社会中，光彩夺目的生活都是少数，卑微和平凡是大多数人的真实人生状态。而且，那些过着光彩夺目生活的人未必就更幸福。革命家通过描绘和宣传结果平等的虚构故事，实际上是在腐蚀人的心灵，因为永远无法实现，正如结果不平等永远无法消除一样。可是发展中的法国大革命中的种种迹象，似乎表明法国人民并未认识到这个真理。伯克为置身于革命进程愈加激进的法国人感到遗憾，"原本有一条平坦、轻松的幸福和光荣事业大道伸展在你们面前，它超越了任何世界历史记载，但你们却偏要表明，困境对人类有益"。

九、法国大革命造成的灾难性后果

　　伯克言辞激烈地谴责了法国大革命，深刻揭露了这场激进革命造成的灾难性后果，以及造成这一切的根源是什么。造成这种灾难性后果的直接原因是革命领导人的激进思想，而这种革命的激进思想在伯克看来是"过度自以为是的臆测"。这种臆测教会法国大革命领导人鄙视先辈、同时代人甚至领导人自己。法国大革命究竟让法国人民付出了什么？获得了什么？伯克谴责了革命派在革命中的种种作为。我们要知道，在当时政治和思想界对法国大革命普遍叫好时，唯有伯克发出振聋发聩的呐喊，可以说是冒天下之大不韪。"在那些错误观念的误导下，法兰西为了获得最确凿无疑的福祉，支付了比任何国家都高昂的代价，买来的却是彻头彻尾的灾难！法兰西用犯罪换来了贫困！法兰西不是牺牲了美德换取利益，而是放弃利益以出卖美德。"这是伯克对法国大革命发出的毫不含糊的否定和谴责，它使法国丧失美德、利益，得到的是贫困、灾难和犯罪。尤其令伯克感到愤怒的是法国大革命的反宗教行动，"其他民族，都是通过执行更严格的某种典礼仪式或创立某种宗教来建立新政府组织或者改革旧政府；其他的人民，都以更严格的行为举止、一套更严肃和阳刚的道德，来奠定公民自由的基础"。法国大革命却反其道而行之，反对王权、反对财产权、反对宗教。"法兰西，一旦摆脱王室权威的约束，就对极度放浪形骸的举止和厚颜无耻的反宗教言行，给予加倍的纵容；把过去视为财富和权力之疾病的各种腐败，扩散到各个阶层的生活中去。这就是法兰西新平等原则（new principles of equality）之一。"没有谁比伯克更能以如此简洁的语言将"革命以腐蚀人民心灵的方式推进其破坏性进程"揭露得如此深刻了。腐蚀人民的心灵，就是公开挑唆人民摆脱合理的约束，得到某种不可能，甚至不道德的权力和利益。这无异于打开潘多拉盒子。"这就是法兰西的新平等原则"，伯克的批评直指当时以西耶士为代表的激进启蒙运动思想。

伯克以深刻而极富洞察力的观察为基础，描述了革命爆发以来，由于革命派背信弃义以及各种所作所为，国王是如何被一步步欺骗和误导的，旧制度的声誉又是如何一步步受到侵蚀直至最终丧失殆尽的。"革命领导者们背信弃义，已经使宽容的国王内阁议会的声誉受到羞辱，解除了它最强有力的议题的武装（这里指国王内阁会议以前一直能主导政治议程）。他们那种阴暗、多疑的准则，教导国王对道德政客们（moral politicians）的蒙蔽性花言巧语感到恐惧。"如此一来，"各国君主把那些建议他们对其人民无限信任的人视为王位的颠覆者和旨在摧毁王权的背叛者（这里指欧洲其他各王国吸取教训）。因为这些道德政客们以虚假借口引导国王们恢复平易近人而善良的天性，让国王们准许这些厚颜无耻、背信弃义之徒联合参与到自己的权力圈中来"。不能不说革命派在说服和恐吓国王上有一套，正是这种说服和恐吓的手腕，让国王和整个旧制度一步步走向飘摇直至毁灭。对这样的作为，这样的后果，伯克指出："仅此一点，就对你们和全人类构成一种无法弥补的灾难！"所谓革命的成功绝不是道德正义的一方战胜道德不正义的一方，相反，伴随着欺骗、说服和恐吓及各种政治手腕，厚颜无耻和背信弃义之徒（道德政客们）以占据道德高地为幌子最终篡夺了合法权力。三级会议中充斥着许多这样的道德政客。伯克说："请记住你们巴黎的议会，告诉你们的国王，为使三个等级团结一致，国王无须对任何事情心怀恐惧——因为他们（三个等级及其代表们）只有对王室过度热烈的支持。"伯克认为，如果国王当时采取果断措施维护法律和秩序，而不听信这些人的谗言，事情可能向另一个方向发展。但是路易十六国王优柔寡断，事态一步一步滑向糟糕的方向。正是"他们的建议导致君主和国家的倾覆，对此他们应当承担他们那一部分责任"。

法国大革命一开始并不是以暴力推翻现政权为目标，而是设想经历一个"思想鼓动—错误建言—国王听信错误建言—国内局势失控—触发周边国家联合入侵—国家在危险中救亡图存—恐怖统治—处死国王和王后"过程。伯克给我们揭示了革命从最初各种狂妄思想和建议蠢蠢欲动到局势逐渐失控的场景，"如此乐观的宣言（指 1789 年 8 月 26 日法国国民议会颁布的《人权宣言》）会导致权力当局麻痹大意。它鼓励当局鲁莽地冒险实施未经试验的政策，它导致了忽视预防、准备和防范的措施，而这正是区分善行与愚蠢不可或缺的，没有它们（预防、准备和防范措施）则没有人能保证政府或自由的任何一项抽象的计划能够产生有益影响。正是缺少了这些（预防、准备和防范措施），他们目睹了为这个国家开出的药方是如何变成毒药的"。

伯克目光如炬，揭示了局势逐渐失控和恶化的真相，革命走向对国王的侮辱和施暴并最终颠覆法国君主制度。伯克的《法国革命论》出版时间是 1790 年 11 月，而国王路易十六被送上断头台则是此书出版后第三个年头，即 1793 年 1 月 21 日，同年 10 月 16 日玛丽·安托瓦内特王后被送上断头台。在短短三年时间里，法国大革命从和平建言、声索权利迅速恶化到暴力弑君和全国范围内的恐怖统治，这令人始料未及，而伯克则是那个在革命爆发初期（其实初期没有人知道这是一场革命）即发出严厉预警的人。"他们看到法国以怎样的狂怒、暴行和侮辱来反叛一位温和、合法的君主，这要比以往所知任何一个民族反抗他们最无法无天的篡位者和最血腥的暴君都要激烈。他们的抵抗针对（君主的）让步，他们能够得以反叛来自（君主的）保护，他们的拳头打击的是一只提供了恩赐、爱护和保护臣民的手。"

伯克揭示法国大革命的这一巨大反差——我们称之为"法国大革命之谜"：合法、温和、爱护人民的国王为何遭到侮辱性的、最激烈的、最暴力的反抗？为解释这个"谜"，我们可以从托克维尔的著作中找到一些线索。温和而相对开明的路易十六国王开始改革，"一向毫无怨言，仿佛若无其事地忍受着最难以忍受的法律的人民，一旦法律压力减轻，他们就将它猛力抛弃……对于一个坏政府来说，最危险的时刻通常是它开始改革的时刻。……人们耐心忍受着苦难，以为这是不可避免的，但一旦有人出主意想消除苦难时，它就变得无法忍受了。当时消除的所有弊端似乎更容易使人觉察到尚存有其他弊端，于是人们的情绪变得更加激烈。……封建制度在盛行期并不比行将灭亡时更激起法国人心中的仇恨"。当然，法国大革命走向恐怖统治还有革命引致周边国家联合入侵的原因。法国大革命政权一开始表现出和平姿态，但很快就变得具有侵略性和攻击性，引起了周边国家警惕，加上王后与奥地利国王的血缘联系，周边国家联合入侵很快变为现实。在此危急时刻，哪怕是独裁者，只要能拯救法国就行，这导致后来相对温和的吉伦特派的失势和山岳派的崛起（罗伯斯庇尔就属于山岳派）。

这种做法是反常的，因此后面的事情就不可避免地接踵而至。他们在成功中发现了对自己的惩罚。法国大革命中，新政权对一个温和君主施以侮辱和暴力，这在伯克看来是反常的。有了这个反常的开端，后面一连串灾难不可避免地来临："法律被推翻了；法庭被颠覆了；工业没有了生机；商业凋敝；人民不交税了，人民一贫如洗；教堂被洗劫一空，但国家的困境不见缓解；公民和军队的无政府主义成了王国的宪法；一切世俗和神圣的事物都成了公共信用这个偶像的牺牲品，随后就是国家破产；作为这一切的高潮，这个朝不保夕、摇摇欲坠的

新政权为了支撑整个帝国，发行指券（assignat）代替两大公认的代表
人类长久和传统的信物（指金、银），这种没有信用担保的指券沦为对
赤贫者的掠夺和乞丐的行骗道具；当财产权原则被系统性颠覆的时候，
作为财产权的产物和代表的两大传统通货就从地球上它们所产生的地
方消失并隐藏起来了。"伯克的批评中所指的每一件事都是当时正在上
演的悲剧和灾难。从表 2-2 历史事件的回顾中，我们大致可知伯克批
评所指的具体事件。

表 2-2 《法国革命论》一书出版前法国大革命中所发生的重大历史事件

时间	重大事件	伯克的批评
1789 年 5 月 5 日	三级会议召开	人员构成存在重大缺陷
1789 年 6 月 17 日	第三等级宣布成立国民议会	篡夺王权
1789 年 6 月 20 日	国民议会代表进行网球场宣言	篡夺王权
1789 年 7 月 9 日	国民议会改称制宪议会	篡夺王权
1789 年 7 月 14 日	巴黎市民攻占巴士底狱，标志法国大革命爆发	无政府主义
1789 年 8 月 4 日—11 日	制宪议会通过八月法令；废除领主土地所有制；废除什一税	推翻财产权原则、人民不交税了
1789 年 8 月 26 日	颁布《人权与公民权宣言》	乐观和抽象的政治权利概念
1789 年 10 月 5 日—6 日	巴黎妇女赴凡尔赛大游行，随后国王和王室、制宪议会被迫迁至巴黎	侮辱和暴力对待国王
1789 年 11 月 2 日	通过没收全部教会财产的法令	国家破产；反宗教、推翻财产权原则
1789 年 12 月	颁布发行指券法令	国家破产，反宗教、掠夺和欺骗
1790 年 3 月 17 日	通过出售教会产业案	掠夺和欺骗
1790 年 4 月 17 日	通过国家担负教会费用法令；强制流通指券法令	反宗教、掠夺和欺骗
1790 年 8 月	军队分裂（忠于国王的和忠于国民议会的）；南锡事件	军队无政府主义
1790 年 11 月 27 日	公布教士宣誓法令	反宗教

十、悲剧和灾难不可避免吗？

1754 年，当时的外交部长达金森（D.Argenson）在其著作中预见性地阐述了 1789 年的革命，而且觉察到革命将至，他预言革命将使教士遭到屠杀。历史决定论者会认为，法国大革命是支配人类历史进程客观规律的必然产物。伯克认为，"这些令人惊骇的事情都是必然的吗？是那些坚定的爱国者必须跋涉山水、经历鲜血与骚乱以抵达安宁、繁荣的自由之岸的不可避免的结果吗？不！绝非如此"。伯克将革命定性为鲁莽、无知和自负导致的一场灾难，"无论我们把目光投向哪里，眼前法兰西呈现的新废墟都给我们的感情以极大冲击。这不是因为国内战争的蹂躏，而是在深邃的和平时期，那些鲁莽而无知的建议所留下的惨痛而富有教益的纪念碑。它们展示的是权力不受制约和不可抗拒导致的鲁莽和自负"。

令人惊奇的是，革命派制造的灾祸竟然没有遇到什么反对，"那些将其犯罪所得的宝贵财富挥霍一空的人，那些制造了挥霍浪费和公共灾祸（指流血革命）的人，在革命进程中居然没有遇到什么反对，或者说根本没有遇到任何反对。他们的整个征程更像是一场胜利游行而非一场战争的行军"。在伯克看来，在错误的观念和思想引导下发动的这场鲁莽、无知的犯罪行为不合常理，失败才是正常的，然而它的进程势如破竹，在几无抵抗的情况下大获全胜，这倒是需要解释的。

发动革命，观念和思想先行。威廉·多伊尔认为，"法国大革命最初的动力主要是思想方面的，而不是社会经济方面的"，"他们的先驱者们（启蒙时代宣传革命思想的作家们）走在了他们的前面，将一切都践踏在自己的铁蹄之下"。法国大革命虽然不能全部归咎于激进启蒙运动思想的宣传家们，但他们至少是先驱者和鼓动者，而且他们大部分人也是后来革命的参与者和领导者，包括革命家们在内的革命派是这场革命的赢家，"他们没有人为这个被他们毁掉的国家流过一滴血，他们为这项'伟大事业'牺牲过的东西不超过几个银鞋扣"。

大革命期间，为缓解财政危机，1789 年 9 月由财政总监内克尔（Jacques Necker）提议，国民议会曾发动"爱国捐"。该税收取每个公民收入的四分之一，公民可以用现金和贵重物品支付，一些"爱国公民"捐出了自己的金银制品，包括银鞋扣。内克尔本人也捐出了 10 万锂。但"爱国捐"被证明无济于事（当时迫在眉睫的短期到期国债高达 7.07 亿锂），后来革命政权开始没收教会财产，以此作为抵押发行指券。将教会财产收归国家支配的议案在 1789 年 11 月 2 日由国民议会通过，此后进一步将指券作为法定货币强制流通。革命派没有付出多少牺牲（不过在《法国革命论》出版以后，很多革命派领导人也在革命的恐怖统治中死于非命，因为"革命会吞噬它自己的儿女"），但他们却给国王和王室、旧制度下的贵族和教会以及整个法国人民带来了深重灾难。伯克以强烈谴责之情罗列了种种暴行："他们囚禁自己的国王、残杀同胞，使成千上万值得尊敬的人和家庭陷入贫困和苦难，以泪洗面。他们的残酷甚至不是因为恐惧所致，而是要求完全安全感的结果，为此他们被批准在这片安宁的土地上反叛、抢劫、强奸、暗杀、屠杀和纵火。"

在强烈谴责革命暴行后，伯克指出，"不过，这一切的根源从一开始就非常清楚"。这个从一开始就埋下的根源是什么？那就是 1789 年三级会议的构成。

第 3 章

英法两国议会的构成

只要有人群聚合，就会有统治行为。

——迈克尔·奥克肖特（Michael Oakeshott）

在民主国家，联合的学问是学问之母。其余一切学问的进展，都取决于这门学问的进展。

——托克维尔

革命为什么能一路势如破竹、攻城略地？为什么革命遭受的阻力如此之小？为此，伯克开始关注法国国民议会及其构成。

伯克在英国为限制国王权力和保障议会权力奔走，可是一谈到法国大革命时，伯克的立场似乎走向了相反方向。是伯克朝秦暮楚吗？其实不然。

伯克讽刺法国国民议会机构乃是另一种"祭司"，因为此时伯克已经嗅出国民议会包揽一切权力的苗头，它不仅是立法机构，还要进一步篡夺国王的行政权，甚至进一步包揽司法权。伯克将自己的一生贡献给英国下议院，一生为代议制奋斗。伯克认为议员履行神圣的职责，议会中议员的品质和议员构成至关重要。

法国大革命的直接原因要从国民议会的组成中寻找，"这种不受约束的选择，这种受偏爱的邪恶选举，如果不去考虑国民议会的构成的话，对我们来说是全然不可理解的。我指的不是它当前的正式构成——尽管它已经足够引起争议了，而是构成它的大多数成员的品质，这比世界上所有的俗套形式所能产生的后果要严重成千上万倍"。

我们知道，国民议会是在原来三级会议基础上由第三等级独立出来，然后又有少数其他等级议员加入而形成的。这样的构成、这些议员的品质，能堪当大任吗？伯克严重质疑。伯克的传记作者杰西·诺曼指出，伯克认为"权力是一种信托。宪政体制有两项根本原则：民主原则（政治控制最终源于被统治者的同意）和宪制原则（人民意志应当通过制度来调节）。这些制度不与周期性选举直接联系，而是反映了其他的观点、利益和价值，允许并鼓励集体一致性眼光和长期化视角。权力追求者的合理态度应当是谦卑、节制、秉持公共责任感"。如此看来，新诞生的国民议会本身的产生程序和使命设置，以及其成员品质都是不够资格的。表面上，宣传中的法国国民议会没有什么不好，"如果我们只是看这个议会的头衔和功能，很难想象它有什么不庄重之处"。从一个探寻者眼光来看，议会受制于由全体人民的美德和智慧，有令人生威的形象，"我会犹豫不决，哪怕是去谴责它们最坏的方面。不是谴责它，而是它令人迷惑不解。我们看看国民议会的内里，看它的选举产生、组成和运作机制，问题就来了"。伯克用很隐晦的方式表达了对国民议会的严重质疑，它是在所谓"人民主权"的抽象名义上产生的，它的名义很动听，它宣称的宗旨也很美好，然而，它先天不足。特别是第三等级独立出来，公然宣称代表整个国家（尽管后来又有少数教会等级和贵族等级代表加入），形成一个一院制议会以后，距伯克心目中君主立宪政体的议会形式就更遥远了。最致命的缺陷是，国民议会对旧制度的继承严重不足，伯克认为构成立法机构的议员只能来自上帝、自然、教育和他们的生活习惯，而不是根据什么革命教义。我们从革命导师西耶士（阿克顿称他为"大革命最完美的象征"）的思想中可以一探伯克这里的批评所指。

西耶士是一名神父，作为第三等级代表进入国民议会。他将政治理解为一种探讨国家应然状态的科学，拒绝接受历史形成的结果。他拒绝宗教，认为它不过是人类幼稚时期的遗产堆积而已。第三等级是什么？他的看法是一切。迄今为止，第三等级在政治秩序中的地位是什么？他认为什么也不是。真正的国民就是那些没有特权的群众，他们有获得补偿的权利，他们有报复曾经压迫和掠夺他们的人的权利。阿克顿意识到，在西耶士眼中教士和贵族都是坏人，应当受到压制，他们如果受到伤害是咎由自取。作为折中方案，正是西耶士提议第三等级会议代表人数加倍，数量上要等于教会和贵族代表的总和，这深刻影响了国王原先召开三级会议的目的，引爆了法国大革命。

可以看出，西耶士和伯克关于议员资质和议会构成的观点是截然不同的。制宪议会（国民议会很快更名为制宪议会）成立以后的使命就是按照《人权宣言》的原则重新铸造法律，清除绝对君主制的一切残余，清除无知的传统中的一切遗产，因为它们不符合《人权宣言》的原则。同样，从大革命爆发到罗伯斯庇尔恐怖统治时期，国民议会的议员构成上，与旧制度遗产切割得越来越清晰，越来越体现"第三等级就是一切"和人民主权的革命原则。伯克讽刺道："美德和智慧都可能成为他们的选择目标，但是他们的神圣之手既没有选择美德也没选择智慧。他们没有得到自然的保证，也没有得到天启的承诺。"伯克之所以如此隐晦地表述，因为很可能被人误解和指责为歧视第三等级。伯克心仪的代议制是英国君主立宪的代议制。

一、法国第三等级的组成

统治者应当由真正的精英构成，这一点可能会引起某些读者的不适。但是从技术和操作层面冷静地想一想，保洁人员、超市收银员、小商贩、文盲、保安、农民、流水线工人……如果国会议员全部（或大部分）由他们组成，他们真的能治理好这个国家吗？他们真的能提出和通过有重大意义的法案吗？

法国国民议会组成人员的构成决定了后来革命政权的为所欲为。议会组成人员中，有个别有名望的人，但也只不过是空谈理论的人，没有一个有国家治理实际经验的人。国民议会的构成人员的素质和质量决定了将来他们的所作所为。就这一论断而言，伯克考虑可能是欠周到的，因为历史大事件的形成是诸多因素凑合在一起的结果，不能简单归因于某些人的素质、理念、趣味、才能和心性。第三等级的很大一部分成员愚蠢而又脆弱，后来组成的国民议会成为革命政权最高权力机构。这个机构，在伯克看来，成了实施各种荒谬计划的专门工具。这是一场政治交易，革命政权的领袖们向追随者低头，而追随者则不得不服从于领袖们极其恶劣的阴谋诡计。在伯克的心中，议会的组成人员应该具备怎样的资格？"这个团体应该是令人尊敬的，就生活的现状而论，由有恒产的、受过教育的、有着诸种理解力这样习惯的人所组成。"

法国大革命中第三等级的实际人员构成令伯克大为震惊，因为它大大脱离了古老的渠道。从数量上看它由约 600 人组成，其数量约是其他两个等级议会的人数总和。显然，整个议会组成中，三个等级的代表数量、人数结构不尽合理，如果就重大法案表决的话，贵族和教会力量肯定处于劣势；如果贵族和教会中出现任何非常微小的背叛，就必定把两者的权力拱手让给第三等级。

伯克心中理想的议会代表是由显赫的行政官员（我估计应当是已经不在现政府任职的）、居领导地位的律师和有名的大学教授组成。实际上法国议会代表组成却是无知无识的、不会阅读和书写的、机器般的、纯属各行业的驯服工具的成员，大部分是默默无闻的地方律师、小地方司法机关的负责人、乡村法律代理人、公证人和市镇诉讼人士、农村纠纷琐屑争执挑拨者和调解人。如果这些人魔术般地从屈从阶层中被推出来，难道他们不会陶醉于自己意料不到的伟大之中吗？伯克质问道，你真的以为引车贩浆之辈能代表人民履行代议责任吗？

伯克理想的代议机构由（当然也适用于行政和司法机构）社会贤达名流也就由精英构成。我们把权威（权力）赋予什么品质的人，我们就要接受哪种品质的人的决策带来的后果。精英需具有节制、审慎的美德，清醒地知道权力的分量。一个国家把什么样的人输送到代议机构和其他政府机构中，这个国家的国民就要准备接受什么样的后果。伯克没有说透的一点，如果我们更清晰地表述出来就是，如果大量能力较低、几无财产的人士充斥国家代议机构，我们能够期待着他们会保证财产的稳定性吗？

从行业分布来看，当时法国革命议会中第三等级的组成包括农民、医生、律师、股票和基金交易商等。伯克断言，他们的行为倾向、习惯、完成他们被委任事务的方式必然会被带入到他们权力行使方式中去，也就是说统治者的行事方式必然带着他的阶层特征、他的知识结构特征、他青少年时代的成长特征。从他们那里并不能够期待他们会给一个伟大国家带来怎样的利益，以及任何对制度稳定性的关怀。因此"精英失灵"将对国家治理带来严重不良后果。

二、一院制议会的先天缺陷

代议是神圣的事情，议员行使着神圣的正义之权利。如果代议机构的组成出了偏差，过分局限于职业和专业的习惯时，特别是某些阶层的人士事实上构成了代议机构的全体，"那么就必定成为灾难了"。因为这种有偏差的代议机构没有能力去做有赖于人类知识、有赖于复杂事务经验、有赖于各种广泛联系的事情。如果代议机构由不能胜任的人士充斥，就像法国大革命时期的第三等级（后来的国民议会）的组成那样，在伯克看来，那简直就是"骗局的统治"。想象一下英国的下院若是如此构成，那会"令人感到恐怖"。英国下议院的构成在伯克看来是成功的典范。

英国下议院向社会各阶层敞开大门，但由于各种适当原因的切实运作，事实上的下议院由有才能和一定社会地位的人员组成（至少从1832年以后，伯克所处时代更是）。

下议院是一个什么机构？伯克认为下议院是一个全然职业性和专业性机构。它被法律、习惯、理论和实践的成文规则等不可动摇的屏障所限定和封闭，被上议院所制衡，且又时时刻刻依靠王权的规定来决定延续、中止或解散。英国的下议院权力很大，但比起法国大革命建立起来的国民议会来说，只是小巫见大巫而已。

显然，伯克认为法国大革命建立起来的最高权力机构国民议会是一院制议会，它的权力太强大、太不受制约了。"国民议会自从推翻了旧秩序以来，就根本没有法，没有严格的惯例，没有受人尊敬的习俗来限制它。"国民议会不是认为自己有义务遵守一部固定的宪法，而是认为自己有权力制定一部符合自己想法的宪法。普天之下没有任何东西可以用来控制他们。任何不受制约的权力，无论是以何种名义出现，伯克都持严重质疑和警惕态度。

法国大革命中根据人民主权原则建立起来的国民议会，伯克质疑其一是不受制衡的权力；二是其人员构成，那些人在道德上、能力上不能胜任。如此一来，其邪恶、灾难性后果必定是我们所能想象的。

读者不可不察，伯克出版《法国革命论》是 1790 年，也就是法国大革命刚刚爆发的时刻，此后灾难性地展开，虽然一系列历史事件今天我们都知道了，但伯克当时身处重大历史事件进程之中而发出如此强烈而清晰的警告，不能不承认伯克深刻的洞察力和理论自信。

三、三级会议中的教士阶层

我们知道，1789 年 5 月 5 日在凡尔赛宫召开的三级会议的代表中，平民代表约 600 名，约占 50%；贵族代表约 300 名，约占 25%；教会代表约 300 名，约占 25%。这个代表结构显然不合理，伯克认为这是"一种危险的比例失调"。这种不合理为后面事态的演变埋下了伏笔。这里伯克集中分析了约占 25% 的教会代表，这一代表群体所占比例相对偏小，更重要的是其内部构成也问题重重。从图 3-1 我们可以看到，主教 48 人，约占 16%；教士 38 人，约占 13%；教区牧师 208 人，约占 71%，显然教区牧师占显著多数地位。

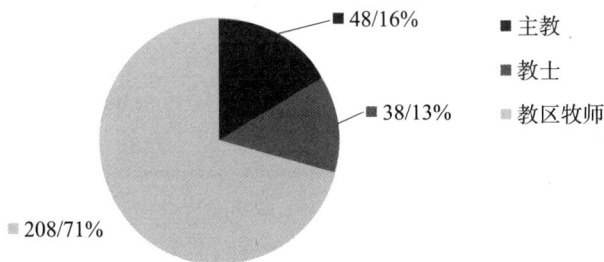

图 3-1　1789 年法国三级会议中教会代表的内部构成人数及比例

伯克指出，教会等级选举代表存在明显的缺陷，"在他们的选举原则中，根本没有顾及对财产的普遍保障或他们公共目标代理人的才能"，"把很大比例的单纯的乡村有酬牧师派来从事这项伟大而艰巨的重新塑造国家的工作"。伯克自己就是英国议员，深知议员履行神圣职责所需要的道德、财产和才能要求，这还是在一个常态运行的君主立宪政体下的王国之中的常规性工作。而法国大革命后的国民议会乃是要从事"重新塑造国家"的工作，这些人能胜任吗？这里伯克用"重新塑造国家"有讽刺之意。这些人的能力不仅不可能做重新塑造国家的工作，就是在一个常态王国中履行代议职责也是难以胜任的。因为这个乡村有酬牧师约占教会团体的 71%，这些人"只不过在图片上看过国家的人，并且对偏僻的乡村以外的世界一无所知"；这些人"沉沦在绝望的贫困之中，除了嫉妒的眼光外就不会看待财产——无论是世俗的还是教会的财产；他们中许多人怀着能够分到最微小一份财产的最小希望，就会轻而易举地参与掠夺看起来很难说他也有份的财产的活动，除非那是一场大掠夺"。

有民粹主义思想的读者看到伯克这一段论述应该是非常不服的，但是伯克此论是如此切合现实，分析是如此的冷峻。他冒着被指责的风险直言不讳地指出，履行代议职责的议员必须有财产要求和能力要求，如果大部分议员是沉沦在绝望的贫困之中、身处偏僻乡村对外面世界一无所知，他们能做出什么决策呢？瓜分财产的决策吗？伯克在议会工作的长期经验使他认识到这种议员结构可能带来的可怕结果，那些还没有摆脱贫困的乡村代理牧师们不会去制衡议会里活跃着的骗子们，而是必然会成为那些骗子的积极助手，即使往好处说也只是消极工具。教会等级这样的构成，不可能履行好教会作为一个代表阶层的代议职责。

第一等级教会本身内部的这种乡村牧师占压倒性优势的情况，再加上第二、三等级在整个三级会议中占半数的力量，两种危险性叠加在一起，结果"形成一种愚昧、粗暴、狂妄和掠夺性的冲击力，那是任何东西都阻挡不住的"。这种预测太敏锐了、太超前了。

四、财产权格局变动导致政治权力格局变动

"随着财产权变动，接踵而至的是权力格局变动。"技术进步导致
财产权分布出现结构性调整，财产权从其本性出发要求主导权，因此
必然有权力诉求，所以随着财产权格局大洗牌而来的必然是权力结构
调整，或者说，新的财产权阶层要求分享权力。如果一种理论和政治
实践声称保护财产权，那么也必然承认财产权结构性调整这种自发演
进（文艺复兴、启蒙运动、工业革命和新兴贵族的出现，这类重大事
件不是任何个人有预谋的设计）。阿克顿在《法国大革命讲稿》开篇就
提到这一原因，"这种增长的动力来自第二阶层（新兴工商业和金融资
产阶层），而古老的贵族却拒绝给予这个阶层奖赏，他们剥夺了使这个
国家繁荣富裕的阶层的权力。这个阶层的勤奋使得财产分布格局发生
了变化，财富不再是少数人独有的特权。因而，这些被排斥的多数人
认为，他们之所以处于不利地位，是因为社会不是建立在正当与正义
的基础上的。他们提出，政府、军队和教会的荣誉应该颁发给社会中
比较积极的、为社会所必不可少的人们……他们事实上已经是国家的
栋梁，他们要求获得与自己的人数相称的权力，要自己治理自己。他
们提出，国家应当进行行政改革，统治者应当是他们的代理人，而不
能是他们的主子"。

如果保守主义具有某种惰性，那么对王权的尊重是其诞生之初的
一个重要特征。但是，保守主义从其诞生之初就特别强调对财产权的
尊重。例如议会构成中，必须考虑财产权的因素，伯克也反复指出这
一点。在较大时间尺度上，人类社会历史进程随着技术进步，其财产

权分布也在剧烈调整，因此如果声称重视财产权，那么也要服从这种财产权调整，也就是接纳、承认新的有产者贵族进行权力分享。

从伯克对英国革命（清教徒革命、英国内战，伯克称之为"英格兰内乱"）的暧昧和含糊态度可以看出，伯克既有保留地赞成克伦威尔（Oliver Cromwell，英国革命时期的议会军领袖，在查理一世被处死后任共和国护国公）代表议会军对当时王权的革命，又不无遗憾地接受查理一世被议会军处死的现实。同时，对克伦威尔的共和国时期没有像法国大革命一样彻底颠覆整个社会的统治结构表达了赞许。因为，1640 年英国革命表征是"随着财产权变动，接踵而至的是权力变动"这条真理。当时工业革命引发的技术进步必然导致财产权分布的大洗牌，而财产权大洗牌不是任何个人设计和可以掌控的，完全是经济社会自然演进的过程和结果，因此像伯克这样看重财产权的保守主义者必然逻辑自洽地采取接纳态度，至少是有保留地接受这个事实。接下来我们从伯克的阐释中可以发现他对财产权—权力调整持有一种暧昧、含糊和妥协的态度。

法国大革命三级会议不合理的结构构成产生了立竿见影的后果。置身于各个等级中的人，如果玷污和侮辱他自己的等级（这里应该是指贵族等级和教会等级中的某些人）、鄙视自己的等级，那么就违反了保守主义的重要原则——尊严与荣誉。而尊严与荣誉原则，伯克赋予其重要的价值："从属于自己的同类、热爱我们在社会中所属的那个小集团——这是公共情感的第一条原则。这是我们热爱自己国家和热爱人类那条锁链的最初一环。"这就像说，尊严与荣誉原则和爱自己的亲人、爱故乡是一种自然情感。

伯克对 1640 年英国革命显然怀着某种复杂的态度，这从他的用词中可见一斑。伯克说，在我们英国内乱时期，有些人就没有遵守尊严和荣誉原则，辜负甚至玷污了自己等级的尊严。他以贵族亨利·里奇（Henry Rich，1590—1649）议员举例，里奇议员辜负了王室的恩赐。他们的理性被复杂失调的情绪所搅乱，体现出无原则的野心，牺牲了尊严，以低级的手段为低级的目的而工作，整个气质变得低级可鄙。而当下的法国（大革命时期的法国）正是如此，这样的人出现了很多，他们的行为是卑劣的、不光彩的（ignoble and inglorious）。

　　而另一些人，其他革命的参与者，伯克则持赞赏态度。这里的"其他革命"，根据伯克写作此书的时间和他一贯的态度，应该至少包括 1640 年英国革命和 1688 年英国光荣革命。他赞赏克伦威尔，此外，对法国贵族，如吉斯公爵（Duc de Guise）、孔代亲王（prince de Condé）、路易丝·德·科利尼（Louise de Coligny）、阿尔芒 - 让·迪·普莱西·德·黎塞留（Armand-Jean du Plessis de Richelie）等也是如此。这一类伯克持赞赏态度的人的特征是，他们从事革命或"共同体的变革"（changes in the commonwealth）时，旨在推进人民的尊严，从而使得自己的野心得以圣洁化。

　　首先，伯克的措辞是共同体的"变革"，而不是共同体的"革命"（revolution），说明伯克比较警惕和厌恶暴力革命。同时，英国革命又确确实实是暴力革命，但革命的宗旨是什么，伯克借此持反对或赞赏的态度。伯克举例的克伦威尔这类人具有伟大政治天才和军事才能，从事"共同体变革"是为了治理好国家而不是毁灭国家，言下之意，法国大革命分子的所作所为是毁灭国家。由于对英国革命怀着复杂的心情，因此伯克把克伦威尔称为"老式的伟大的坏人"，并引用当时诗人的话赞赏了他：

　　　　正如您静静地升起，国家也升华了，

> 当它由您加以改变的，并不是一片混乱；
> 就像世界伟大的场景在改变，无声无息，
> 升起的太阳摧毁了黑夜的庸俗之光。

克伦威尔这样的"老式的伟大的坏人"不像法国革命者这样的篡权者，他的升起是来照亮和美化世界的。他征服对手（克伦威尔代表的议会军打败王军），是以自己的光芒盖过了对手的光芒。伯克身处历史风云波涛之中，或许并没有接受或意识到"随着财产权变动，接踵而至的是权力格局变动"这条真理，所以随后伯克又批评了克伦威尔，"我并不是说，这些人的德行可以看作是对他们罪行的一种平衡"；但又表扬一句，"但是它们却是对他们罪行效果的某种矫正"。伯克依然给克伦威尔的革命行动贴上了"罪行"的标签，为什么？因为克伦威尔是王位的觊觎者，因为英国革命是发生在王室力量与议会力量之间的斗争。伯克始终对王权保持应有的尊重，也为王权辩护，但他从不认为王权可以为所欲为，而是应当受到制约。

伯克所赞赏的以上第二类人虽有污点，但他们不曾有害死他们国家的心灵。一种自觉的尊严、一种高贵的骄傲、一种强烈的荣誉和竞争意识，并没有被消灭。法国大革命，则与此截然相反，打击了（法国）生命源泉本身，使得法国上下荣誉原则遭到摧毁，法国社会整个结构和秩序被搅乱了。

五、平均主义、平等与不平等

良好的社会秩序是使每个人都各就其位、人尽其才，也使物尽其用。与此相反的原则是行不通的，也违背自然常理。伯克指出，"凡

是企图使人平均的人，绝不会使人平等。在由各色公民组成的一切社会里，某类公民必定是在最上层的。因此，平均派不过是改变和颠倒了事物的自然秩序而已。他们使得社会大厦不堪重负，因为他们把结构的坚固性所需放在地上的东西置于空中"。我们将伯克这个观念称为"为不平等辩护"，这在现实中是极为自然不过的事情了。设想，一所大学里的清洁工能够与一位校长或在职教授享有相同的地位、荣誉、收入吗？一位在公司看门的保安或流水线上的操作工能够与总经理替换位置轮流领导公司吗？若真的要这样平等，一所大学、一家公司，不出一个月就要垮掉。同样的道理，一个国家中实际统治或治理国家的人，行政、立法和司法机关中的那些人，不可能基于绝对平均主义原则，让任何人都可以从事那个职业，享有那份职权。

伯克讽刺道，三级会议开幕时法国财政总监"用一番华美的辞令说，'一切职业都是荣誉的'"。何种平等？如果财政总监的意思是说没有哪种正当的雇员是不光彩的，那么伯克认为是对的。但如果将其推及另一种含义就是不折不扣的谬误了，是在"向自然开战"。接着伯克举例说，一个理发匠或一个蜡烛制造商的职业，对任何人来说都不会是一桩荣誉，更不用说许多其他伺候人的雇工的职业了。在日常生活中，这的确是再自然不过的事情。父母在教育孩子时经常说，现在不努力学习将来就会扫大街，这不是隐含着对扫大街这种环卫工作的惩罚性举例吗？没有父母会这样教育孩子：现在不努力将来会当教授、总统或总经理。

平均主义者该如何辩解呢？这类人（理发匠、蜡烛制造商、伺候人的雇员）不应当受到国家的压迫，这是对所有人坚持道德上的平等之要求使然。但是更进一步地推论，允许像他们这样的人（理发匠、蜡烛制造商、伺候人的雇员）个别地或集体地来统治的话，国家就可能要遭受压迫了。如果有这样的理论，那么这种理论家"以为是在向偏见进行斗争，而实际是在向自然开战"。我相信任何不带偏见的人都会同意伯克为不平等辩护的观点，由此我们不免对约翰·罗尔斯（John Rawls）正义原则中的"差别原则"产生怀疑。伯克引用《圣经·传道书》中的文字来进一步支持自己的论点，"一个有学问的人的智慧来自有闲的机会；没有什么事情要做的人，就会变得智慧。一个扶着犁，因手持赶牛棒而洋洋得意的人，一个赶着牛忙着活计的并且谈论着牛的人怎么能变得智慧呢？每一个日夜劳作不息的木匠和工匠怎么会变得智慧呢？在公共讨论中不会征询他们，他们也不会高坐在会议席上；他们不会坐在审判官的席位上，也不会理解判决书；他们不会宣布审判和判决，并且在讲道的地方也找不到他们"，"但是他们将维持世界的现状"。

伯克认为，《圣经》中这部分论述包含着深刻的意义。

六、伯克心中真正的贵族

一个常见的误解是伯克只为世袭贵族辩护，事实并不是这样。在伯克的内心深处，他为之辩护的乃是不断流动的真贵族，用我们今天的话说是真正的精英，"我不会把权力、权威和荣誉，仅仅局限于血统、名分和头衔之下。不会的，阁下。除了实际的或设想的德行和智慧之外，政府并没有任何资格限制人们。只要是实际上发现了他们有才能和德行，他们无论在哪个国家，无论什么地位、职业或行业，都有上天的通行证，通向人世间的地位和荣誉"。这一段不是很清晰地表明了伯克为贵族辩护的真实含义，只要有美德和智慧，无论什么行业、职业、地位的人都可以进入统治者或治理者行列。也就是说，精英主要是由美德和智慧定义的，虽然伯克并没有排除世袭财产、地位和荣誉的限制。

我们用一个现代新政治经济学术语"精英失灵"来概括美德和智慧没有进入统治阶层的后果，"一个国家疯狂地、邪恶地排斥政治的、军事的、宗教的才能与德行的服务，并且把一切能让国家放射出光芒和光荣的东西贬斥到默默无闻的地步——这样的国家就有灾祸了（woe to the country）"。一个羞辱精英的国家是没有前途的，而且必然会带来灾祸。另一方面，启用无才无德之辈，也会给国家带来灾祸，"走到相反的极端，把一种低水平的教育、庸俗狭隘的眼光、一种污秽的雇佣职业，当作一种值得博取的资格——这样的国家就有灾祸了"。这是一个国家如何挑选精英治国的两类错误：弃真和存伪。此二者相伴相生，彼此依赖，启用无才无德之辈，必然排斥真精英。

机会向才能开放，这并不意味着对每一个人都毫无区别。伯克驳斥那种看似公平的轮流坐庄或抽签决定的选举方式。"没有哪种轮换制、没有哪种抽签任命的办法、没有哪种抽签制或轮换制的精神进行的选举方式，在涉及广泛目标的政府之中是普遍良好的。"伯克一贯强调实践的知识和经验，因此通往精英的道路，"我毫不迟疑地说，从默默无闻的状况通往荣名显赫的道路不应该弄得太容易，也不应是一桩过于理所当然的事"。虽然有些寒门出身的人最终爬上总统、首相或议员宝座，但他们都是从底层一步一步打拼出来的。是不是精英，需要检验，"假如说罕见的才能是一切罕见事物之中最罕见的，那么它就应该经过某种验证（ought to pass through some sort of probation）"。"荣誉的殿堂应该是坐落在卓越性之上的……德行是只有由某种困难和斗争才能得到考验的"，伯克再次确认，精英依靠的是才德卓越的资质条件，而不仅仅是血统和名分。

七、精英标志

德不配位，必有灾殃。什么人能作为代表进入贵族院和下议院？伯克认为，德行、财产和能力是必要条件。"凡不能代表一个国家的能力以及它的财产的东西，就不能成为一个国家恰当和适宜的代表"。伯克对财产与能力这两种条件做了深入和富有洞见的考察，并推论出相应制度安排上的规范含义。伯克的这一判断具有原创性，直到今天也仍然成立。

鉴于财产权之于正义社会的重要性，合法财产权必须在政治中有其代表。伯克认为，"能力因素是生气勃勃的、积极的；财产因素是呆滞的、迟钝的和畏怯的"，因此我们不能平等视之。因为二者在特性上的差异，"财产就不可能不受到能力的侵犯，除非它脱离了一切的比例而在这种代表中占主导地位"。伯克的意思是说，如果完全按照一人一票点人头的话，财产就不能很好地得到表达和代表。由于财产必须存储和累积才能形成，因此财产在人际间的分布不可能是平等的。而财产不平等分布的事实，很容易激发嫉妒和诱发贪婪，因此财产所有者必须寻求一种制度安排，排除这种被侵犯的可能性。因此他们希望在各种等级中大小财产所有者和相对于财产较少者之间能形成一道自然防御壁垒。如果一个社会中的财产分布过于平均，上述那道防御壁垒就不再起作用了，"随着它的被分散，它的防卫力量也就越发被削弱"。如果通过政府强制过程"合法"均分财产，在这个分散过程中，每个人得到的部分其实要少于他渴望得到的。总有一些思想或理论，挑唆一些人掠夺别人的财产。事实上，这是在鼓励一种非生产性活动和建立一种非生产性制度，且结果无一例外地没有挑唆者和参与劫掠的人所想象的那么美好。伯克深刻地指出："掠夺少数人，在最后的分配方案中确实会给予多数人一个不可思议的小份额。"参与劫掠的人往往并不这样想，而是总想着发一笔横财，而领导多数人从事劫掠的那个领导人，从一开始就没打算给他的追随者在革命成功以后分一笔横财。

伯克认为家庭财产继承制度，一种延续财产的权力（the power of perpetuating our property）具有非凡的社会功能。"它是最倾向于延续社会自身的那种事物。家庭财产继承制度，使得我们的弱点屈从于我们的德行；把仁爱移植到贪婪财富上来。家庭财产继承（或者说世袭）的重要性还在于，家庭财富以及伴随世袭占有而来的显赫名望的享有者，就是这种传递过程的天然保安（natural securities）"。

在英国，贵族院（House of Peers）就是依据这一原则形成的。它完全是由世袭财产和世袭名望的贵族构成的，并因此位列立法机构的第三位（其他两者是教会神职人员和下议院议员），并成了对财产进行一切再分配的唯一审判官。今天英国贵族院的组成和权限已经与伯克时代有很大差异，但在伯克时代，贵族院有着巨大的职责范围和影响力。财产权原则不仅仅适用于贵族院，事实上也适用于下议院（The House of Commons），"下议院尽管不是必然地，却在事实上且更大程度上也总是这样构成的"。如此设计有何好处？伯克说，大有产者总是有机会跻身于最优秀者之林，他们在最坏的情况下也会成为国家这艘船的压舱石。世袭财富和随之而来的地位，一方面被仰慕者过分偶像化；另一方面又被任性的、短视的、僭越的纨绔子弟们在其浅薄的哲学思辨中轻率地忽略了。事实上，一些体面的、规矩的卓越地位需要对出身有所偏重，这才是自然的、公正的、恰当的。伯克如此公开地为出身和财产及与财产相伴随的地位辩护是容易遭人指责的，尤其在今天，但只要我们回到真实社会、真实生活中去观察和思考，这一论断难道不是很恰当吗？难道不合乎道德和正义吗？

全然按照人数选举代表，伯克是不以为然的。今天的美国参议院人数100人，每州2人，不是按照各州人口数量分配的；参议院议长由副总统担任，经常在两党相持不下时投下关键一票；众议院人数558人，按照各州人口分配名额。可见美国立法机构的人员构成综合考虑了才德、地位和基于"点人头"（人口数）的民意表达。"据说2400万人应该压倒20万人，假如一个王国的宪法就是一个算术问题，答案显然如此。"但如果真把一国宪法全然视为一个简单的点人头算术问题，那么，"可以把街头的灯杆算进去"。这个讽刺和警告说法来源于当时的法国大革命，当时常常把被杀害者的尸体挂在街头的灯杆柱上示众。伯克的意思是，如果全靠点人头治国，那么暴力革命的灾难就来了。

另外，立法机构总人数也是一个必须严肃考虑的大问题。大革命中成立的国民议会总人数约1200人，而当今美国参众两院合起来也就区区664人；从所代表的总人口看，当时法国人口2000多万左右，当今美国人口3亿多。国民议会是在第三等级基础（排除了第一等级和第二等级）上成立的革命议会，是不区分上院下院的一院制议会，如此多的人数如何展开实质性的议事？

多数人的意志和他们的利益往往是有分歧的，特别是当"多数"做出一个邪恶决策时，这种分歧就会越大。伯克用寥寥数语揭示了一个深刻道理：多数人表决的决策，并不一定就真的有利于多数人的根本利益，特别是，当这种决策具有恣意和专断的再分配性质时，可能摧毁的是这个社会和做决策的"多数"的利益。例如，"多数"人以铲除不平等为由消灭资产所有者和企业家，也就同时消灭了占人口多数的普通人的就业机会。

因是之故，在伯克看来，组成法国革命政府的乡村律师代理人和名不见经传的代理牧师，为了权力而背离了信任，已经偏离了自然的大道（to have strayed out of the high road of nature）。因为财产权原则、能力原则、德行原则没有在政府中得到代表。法国大革命捣毁了财产原则，却并没得到理性的自由（rational liberty）。

什么是真正的贵族？一个社会要想存续下去，总需要"精英群体"来承担"感受重要问题"这一职能。精英通常有最丰富或最深刻的人生体验，且因此而有智慧和批判性思考能力。如果我们通俗地综合表达，精英通常是有闲暇、有财产、有知识、有德行和社会责任担当、对社会根本与重要性问题有感受能力的一群人。他们财、德、识和闲暇兼备，对国家、对社会、对人民、对未来有道德责任感和使命感。如果因为某种虚妄的观念和受到浪漫主义社会方案的引诱而打击甚至消灭这个群体，后果是社会根本与重要性问题不再有人感受、提出和应对。当危机来临之时，整个国家就像一辆冲向悬崖的高速列车，车里的人还在说笑，全然不觉，因为列车警报装置和制动系统已经被拆除了。

第 4 章

法国革命建立的新政权

那种即将主宰未来的观念尚没有极端清晰地呈现在所有人的思想中，所以他们也不可能搞清楚具有如此毁灭性的、无可抗拒的变革可能带来的后果。于是他们就将像没有罗盘那样随波逐流。这个国家一直为它的国王、它的贵族和它的锁链而自豪，也就不可能无师自通地知道，民众权力之危害与个人权力之危害是相同的。

——阿克顿

法国大革命以后，全法国被划分为 83 个行政区，今天看来，这是革命政权改天换地的中央计划经济所要求的。这些共和国（83 个行政区）能够屈从巴黎共和国吗？这些共和国将不会忍受国民议会来垄断对国王的俘虏和自称为"国民"的议会的统治。每一个共和国都将保留自己那一份教会的赃物（指法国大革命中全国剥夺教会的土地财产的行动，1789 年 11 月 2 日国民议会通过了没收全部教会财产的法令）。把国家像几何图形一样切割，这种行为在伯克看来就像征服者在处置被征服的国家——只不过，这些征服者是一群来自本国的暴徒。

当国民议会完成了它的工作时，也就意味着即将垮台。

法国大革命以后所谓的"平等"，乃是在平等借口之下诱导人民，抛弃对君主的效忠以及法国古代的宪法。

1789 年 8 月 26 日，革命政权制定了《人权与公民权宣言》；1791 年，革命政权制定了第一部法国宪法，即 1791 年宪法。伯克站在保守主义立场对新宪法的批判可谓深刻，但他也可能低估了这份人类近代史上对塑造现代国家也有其积极作用的法律文件。

革命者应该明白，在他们构建所谓"民主政府"和"共和国"时，他们事实上已经肢解了他们的国家，他们没有保留国王哪怕百分之一的权力。

巴黎共和国（革命政权）企图以军队的堕落和非法地延续议会（以选民的名义），作为延续专制主义的手段。伯克还谴责了革命政权为应付财政危机而滥发货币的行为。大革命发生后，政府财政濒于破产，于是在 1789 年 12 月依照 11 月 2 日米拉波（ Mirabeau ）在制宪议会上的动议，没收教会土地，当作国有土地出售；同时发行与其价值相等的指券，专用于购买国有土地。

革命协会和理查德·普莱斯之辈热烈祝贺法国正在发生的革命，认为当前法国革命事业有利于自由事业。伯克则基于保守主义思考无法祝贺，而是送上警惕和劝告。这些政治传教士完全因为某种非凡的计划膨胀了。所谓"非凡的计划"，伯克是指任何颠覆性改造社会的企图，它们不免总是归于某种形式的乌托邦计划。

伯克有在法国生活的经历，他认为法国以前称得上是一个自由国度。然而，事情正在发生变化，幸运地，伯克自己的祖国英国依然保有着"我们的自由这一财富"。要保卫自由，不仅要防范侵略，而且要防范败坏和腐化。这种保卫和防范，其实具有普遍意义，在任何时代任何国家，这是一项基本的公民责任，"乃是我们最佳的智慧和我们最大的责任"。"自由财富"是一项必须保障的权利，而不是一项可多可少、可有可无的要去竞争得到的奖品。

接下来伯克以十三个"是不是"的雄辩之词，质问革命协会的诸多行为和努力（他们自己所谓的"自由事业"）的目的、手段究竟是什么，质问他们是不是要学习法国革命者的做法搞乱英国。（见表 4-1）

表 4-1　伯克质问革命协会的十三个 "是不是"

	"是不是"（Are…?）	内容
1	消灭英国君主制和王国的一切法律、一切审判、一切古老的组织	反君主制
2	拥护一部几何学式和算术式的宪法；这个国家的一切路标都要被撤销	反传统的宪法
3	上议院被投票表决为无用	反传统的上议院
4	取消教区制	反宗教
5	教会土地要被出售给犹太人和经纪人，或者用于贿赂新出现的各个城市共和国（法国革命时期几乎濒临无政府状态，全国各以市镇为单位成立无数准新政府组织）	反宗教
6	税收转化为一种爱国的捐献或赠礼	反君主立宪制下的税收
7	支持英国海军，以银鞋扣替代土地税和麦芽税（当时法国海军的军费为 250 万英镑；银鞋扣带是 18 世纪欧洲上层社会流行的一种款式的鞋子上的银饰物，这里伯克是讽刺法国革命者用金银作为税收，原因是革命政府面临财政危机，滥发货币导致法币信用下降）	新税收
8	打乱所有品级、身份和区别，在无政府状态中，由三四千个民主政府组成 83 个辖区，然后统一为一个专制政府	建立革命的 "平等"
9	军队被引诱脱离纪律和忠诚	挑唆军队
10	教区牧师被引诱脱离他们的主教	挑唆教区牧师
11	伦敦的公民们脱离对国王的效忠，用同胞们的钱来养活自己	反对王权
12	王国合法硬币要被新发行的纸币取代	货币
13	所掠夺来的公共税收的剩余部分用于维持两支军队的相互监督和讨伐	内战

伯克承认，在某些人（法国革命者）眼中，英国是一个愚笨的、迟钝的民族，局面可以忍受就消极顺从，有一点点自由而永远无法获得完美自由。法国革命者一开始是仰慕英国的君主立宪体制的，但随着事情的发展，革命者开始轻蔑和鄙夷英国了。英国的革命协会成员

也开始轻蔑和鄙视自己的国家了，认为英国是不自由的了，认为英国代议制中的不平等是成了英国宪法中粗暴和显著的缺点了。

革命协会的人士认为一个王国立法体系中的代议制，不仅是其自由的基础，而且是一切"合法政府"的基础（打双引号是讽刺革命协会鼓吹的合法性唯一来源于选举）。如此观之，英国政府就是篡权政府。当代议制只是局部的，则这个王国就只是局部地享有自由，这是典型的教条式政治思想。理查德·普莱斯认为代议制有这种不合宜性乃是英国的根本大患，由于这种不完美的代议制，英国人将会一事无成，直到某种巨大的滥用权力再度激发我们的憎恨，或者某种巨大的灾难再度惊醒我们的恐惧心为止，或者是指导别的国家获得了（显然指法国）一种纯粹而平等的代议制而我们被人嘲笑只是影子的时候为止，这时候别人的获得才会唤醒我们的羞耻心。

对此，伯克认为理查德·普莱斯是完全错误的。伯克以讽刺的口吻为理查德·普莱斯增补了一条，"这样一种代议制主要是人民中少数渣滓所选举出来的，他们的选票一般都是被收买的"（指没有按照法国大革命点人头式的、完全平等的方式选举议员和确定统治者）。

革命协会成员和法国革命者的自相矛盾在于，他们以极其鄙夷的态度对待社会中较低贱的那部分人，而同时又佯装要把那部分人当成一切权力的拥有者。这一点，不能不说伯克有先知般的先见之明。举凡以穷人和弱势人群的利益为重的革命最终都没有把他们真当回事，相反，革命成功以后他们总是受到更严重的歧视和剥夺。但是，这里要解释清楚理查德·普莱斯所谓"不适当的代议制"这种谬论是很不容易的，"需要很长的论证，需要一部专著论述"。伯克只是依照事实告知，英国的老式宪法使英国长期繁荣，就实现公正而言，英国的代议制已经被发现是充分地适合于人民所期待的一种代议制。对此，伯克质问理查德·普莱斯们能够给出相反的证明吗？

在伯克眼里，值得敬畏、尊重、十分欣赏的英国君主立宪和代议制，在理查德·普莱斯眼里完全是一幅相反的图景。革命派似乎期待当前（伯克所在时代）的宪法因为权力滥用和某种巨大的灾难而被废，然后建立一部革命派心中理想的宪法。革命派醉心于法国革命政权那种"公正而平等"的代议制，而将英国下议院视为一种形式、理论、影子、笑柄甚至是麻烦。

革命派认为目前的代议制不仅存在粗暴的、显著的缺点，而且简直就是一种罪恶的存在。这种政权不会比篡权更具有合法性，不会比篡权更好。而为了驱除这种非法的、被篡夺的政府，英国需要一场革命。按照革命派的设想，他们可不是仅仅要求改变下议院的选举方式，他们要走得更远。上议院的议员显然不是人民选举的，上议院一下子成了不合法的私生子，血统不纯了（不具有人民性）。上议院根本不代表人民，形式上、意义上都不代表人民。国王的情况也一样糟糕。按照革命派确立的权威（合法性来源）标准，国王也许只能徒劳地向革命派掩饰自己了（因为国王显然不是按照革命派的"选举我们的统治者"原则产生的）。

革命派要发动革命也需要一个名义，这个名义成立不成立？在伯克看来绝不成立。接下来这一段说明，无论中文译文还是英文原文，都不好理解，因此将英文原文抄录于此：

The Revolution which is resorted to for a title, on their system, wants a title itself. The Revolution is built, according to their theory, upon a basis not more solid than our present formalities, as it was made by an house of lords（贵族院）not representing any one but

themselves; and by an house of commons（下议院）exactly such as
the present, that is, as they term it, by a mere "shadow and mockery"
of representation.

大意是，"在他们的体系中，为了一个名头而诉诸的革命，想要
的其实是那个名头本身。按照他们的理论，革命其实建立在并不比我
们当前形式更坚固的基础上，因为它由并不代表任何人而仅仅代表他
们自己的贵族院，以及一个如当前这样的下议院——正如他们所说的
仅仅是代表'影子和嘲弄'——组成"。伯克所指的"名头"，就是指
"选举产生的"以及"人民主权"的政府名头。无论讽刺还是直接陈述，
伯克指出，英国革命派想要诉诸一场革命来改变现实是师出无名的。

一、摧毁王权和教权

在一种狂热情绪笼罩下，革命派认为有必要不惜重大代价摧毁王
权和教权。按照革命派的理论，不摧毁王权和教权，他们的存在就没
有意义了。伯克认为革命派设想的可能办法，要么是要通过教权摧毁
王权，要么是通过王权消灭教权。他们必然认识到，完成对教会和国
家这场双重毁灭可能带给公众的最坏后果，但他们依然热衷于他们的
理论。他们暗示，这场毁灭导致的灾难（对于他们而言是显而易见的）
并非不可接受，但又是远离他们初衷的。革命派中的一位著名人士
说："或许我们必须等待王权的灭亡，然后这种不自然的联盟（政权和
教权）才会崩溃。那个时候无疑将是灾难性的，但是如果说政治世界
的痉挛会伴随有如此之可期望的一种效果的话，那么它又有什么可以
悲泣的呢？"

这样说话、这样看问题，简直就是邪恶了。迈克尔·波兰尼（Michael Polanyi）在《社会、经济和哲学》中指出，这样的革命理论和实践不可避免走向一种可怕的"道德倒错"和道德虚无主义。革命宣言中排除了对道德理想的任何诉求；革命者不承认存在一般道德真理，只要反对革命者反对的、赞成革命者赞成的就是他们的"终极道德真理"。既然有如此荒诞理论的支持，既然有如此的铁石心肠，再大的灾难都不会令人悲泣了。伯克讽刺道，这些先生们是以怎样一种坚定的眼光在观看可能降临到他们国家头上的最重大灾难的！

二、政治形而上学的原则

革命者似乎都有以高尚目标为由的"不惜一切代价"的行为倾向。他们仇恨国王、教会和贵族。只要不符合他们的政治形而上学理论，都成为非法的、篡夺的、作为笑柄现实存在，他们都欲斩草除根而后快。因此伦敦革命协会的人士以一种渴望而炽烈的热情观望着邻国正在发生的事件。

革命协会的人士鄙视一切古老的规范：一切先例、宪章和议会法案、祖先的实践、国家的根本法律和宪法的固定形式。而在伯克眼里，这些东西经过了长期的坚实考验并且被不断增长的公共力量和国家繁荣所证实。跟革命协会的人讲传统的优点只是枉然，他们沉浸在政治形而上学中不能自拔，他们巴不得炸毁一切不符合"合法性三原则"的旧事物。

以人权为例，在革命者的政治形而上学理论中，认为人权：

——不能有任何反对这一权利的规定；

——没有任何协定对这一权利有约束力；

——不承认任何节制和任何妥协；

——任何抑制他们充分要求的东西，都充满了狡诈和不正义；

——不允许任何政府以其延续的悠久性或以其行政措施的正义性和宽大性来反对这一权利（或者对这些权利进行部分和有限的限制）。

革命者把古老的英国传统和当前政治体制与最凶残的暴政和最积极的篡权等量齐观，因为它们不符合政治形而上学的合法性三原则，继承王权和篡权在性质上都一样。

政治形而上学还表现在，他们总是与政府在争论，焦点集中在资格、名义上，而不是在滥用权力的问题上。这一论点鲜明地揭示了伯克保守主义思想的政治实践旨趣：他不希望谈宏大叙事，他希望谈"实际上可行和有效地"防止滥用权力这样的务实问题。伯克警惕和担忧政治形而上学试图全盘性颠覆社会和传统，会像"飓风横扫大地并暴发出深处的泉水而把我们淹没"。伯克已经预感到革命可能引诱出更大的邪恶，他们要建立的新世界可能并不如他们自夸的那么好，相反，可能是灾难性、毁灭性的。

三、什么是真正的人权

伯克反对人权、自由等共和国启蒙运动以来的政治理想吗？不！阿克顿勋爵说，自由的真朋友历来很少。伯克毫无疑问是自由的真朋友，他"根本不是在理论上要否定真正的人权"。双方的不同之处在于，革命者追求的实际上是假自由、假权利，而伯克追求的是真自由、真权利。伯克并不是要否定那些真正的权利，而这些真权利恰恰是革命者要全盘摧毁的。

在关于自由和基本权利终极合法性问题上，伯克持有大卫·休谟

（David Hume）意义上的长期 / 远期功利主义和规则功利主义立场。他说，公民社会是为了人类的好处而建立的，那么所有这些"好处"就成为人的"权利"。公民社会是一种（长期）利益制度，那么法律本身就只能是经由遵守规则而实现长期利益。

那么具体而言，什么是真正的人权或者人的自由和权利？伯克所谓的"自由"基本取向上属于以赛亚·伯林定义的"消极自由"，即"免于被干涉的自由"。伯克用九个"有权"来解释保守主义的自由：

——人们有权按照有利于他们长期利益的规则生活；

——人们有权行事公正，正如在他们的同胞中间那样，无论他们的同胞担任公职还是从事平凡的行业；

——人们有权得到他们自己的劳动果实；

——人们有权使用使他们的劳动果实丰硕的各种手段；

——人们有权得到他们父辈的所有（这一条人们或许有较大争议，征收遗产税特别是累进税率的遗产税就是明证）；

——人们有权哺育他们的后代，改善他们后代的生活；

——人们有权出生时受到教育，死亡时得到安慰；

——凡是不侵犯他人而能独自决策做的事，人们有权决定自己去做哪些事情；

——人们有权公正地得到社会进步带来的利益（这一条大概对应于我们今天说的公共产品和公共服务，但也可视为整个社会劳动分工网络中得到与自己的贡献相对应的那一部分产出）。

伯克是基于更深刻的理由得出这样的结论的。伯克一贯强调社会连绵不断的"伙伴关系"本质（活着的人、死去的人和将来出生的人的关系）。在这种伙伴关系中，所有人都有平等权利，但并不是都获得同等的东西。这就是伯克的平等观——权利和机会平等而不是结果平等，特别是拥有财富的平等。其实这原本是一个显而易见的常识，但是伯克还是用一个例证来证明，"一个合伙关系中只有 5 先令的人所享有的权利正如一个有 500 镑的人享有的权利一样（不论多寡，财产权受到同样保护）。但是他在合股的收益中，却无权享有同样多的股息"。在我第一次阅读中，这一例证给我留下了深刻印象，这例子恰当而有说服力地证明了"权利平等"和所谓"结果平等"的关系。伯克进一步将这一逻辑推及统治或管理国家事务的问题上去，批评了直接民主的荒谬性（至少在近现代这样的大规模匿名合作社会中），"至于个人在管理国家事务上所应享有权力的份额、权威和方向（决策权），我决不承认它是在公民社会中人的直接和原始权利（the direct original rights of man in civil society）；因为我考虑的是'公民社会人'（the civil social man），而不是别的什么"。那是一种要由惯例和习俗（convention）来安排的东西。显然，在管理国家事务上，不是每一个国民都具有相同的发言权。例如在处理中美贸易谈判中，美方启用资深国际贸易专家罗伯特·莱特西泽（Robert Lighthizer）主导谈判，他是美墨加自贸区的设计师。美方不可能随机找一个人代表美国来谈判。这里谁有发言权谁没有发言权，谁的发言权大一些谁的小一些，既有专业知识的原因，也有才能、地位、权威性、个人经验、政策取向等各种原因，绝不是一个"人人平等"这种所谓"直接的、原始的权利"所能解决的。

四、没有人应该是自身案件的法官

伯克的人权观和权利观根源于他的公民社会观和国家观。公民社会是契约的产物，当然，伯克这里的契约不是洛克说的国家契约论。

更准确的翻译应该是，国家是习俗（隐形原始契约）的产物，这种习俗必定就是它的法。这种习俗必定限定和修饰其下形成的所有宪法条文。立法、行政、司法权力的合法性都是它的创造物。只有在公民社会之下，这些东西才存在，否则都不能存在。一个人怎么可能声称享有公民社会不存在之下的权利呢？怎么可能享有与之绝对不相容的权利呢？

　　公民社会的第一原始动因和基本规则是：没有人应该是其自身案件的法官。因为我们进入公民社会了，因此我们就要接受"没有人应该是其自身案件的法官"这一原则。因为我们进入公民社会，所以我们剥夺了自己在原始隐含契约之前的那些原始权利——可以审判自己的案件并判定自己的案件（to judge for himself, and to assert his own cause）。进入公民社会，我们放弃了自己做统治者的权利，我们放弃了自我防卫的权利，这是大自然的第一法则。因为，人们不能同时享有未进入公民社会状态的权利和进入公民社会状态的权利。进入公民社会状态，我们放弃了自己做自己案件的法官的权利；为了获取有保障的自由，我们做出让步——信赖公民社会整体。

第 5 章

论政府以及自由的限度

给知识划定范围，以给信仰留余地。

——康德

一、政府是什么

政府并不是因为自然权利而建立的，政府乃是人类的智慧为了人类的需求而提供的一种设计，人类有权使这些需求（安全、和平和自由）由这种智慧来提供。

伯克从来都反对抽象的理论化以及形而上学家们的观点。人与社会是一体两面，仅当人置身于社会中时才是人，因此伯克拒斥"自然状态"假设——不存在"自然状态"这回事。相反，他提出，人一开始就是社会动物、政治动物；人一开始就生活在社会状态中；去追溯人与其他动物世界分道扬镳的清晰分界没有意义（也不太可能）。因此伯克与所有的契约论者不同，他的分析不是从自然状态开始，而是从一个给定的已经存在的社会状态开始。人只能诞生于、生活于社会之中，否则就不会成为人。用演化社会科学的话来说，人一出生就被抛入广义文化传统的"汤"中，人类新生个体在漫长的"幼态持续"（neoteny）期，以习得广义文化传统而成长为"成人"。在人的一生中，这个广义文化传统指导和支配人的理性。因此，何来以人之理性设计我们的政府这回事呢？人类社会合作秩序、语言、道德规则、政府、婚姻家庭……都不是人之理性设计的产物，它们是漫长时期内累积性迭代演化的产物，并持续演化着。

伯克的公民社会观和政府观是非契约论的。契约论很容易推导出想要革命就可以革命的"权利"，尽管极端情况下这种权利是必要的、正义的。契约论很容易将一代人或当下人的暂时性欲望作为特权凌驾社会秩序之上（这一点经常与多数的暴政联系在一起）。换政府没有换衣服那么随性和简单。

二、自由的限度

"自然权利可以而且确实完全独立于政府而存在，并且是以更大的明晰性和更大程度的抽象完美性而存在。"此处，伯克是正话反说，他并不赞同抽象权利说。恰恰相反，伯克认为，自然权利的抽象性和完美性是它们实际上的缺点。

在公民社会中人们有安全、和平、安宁、秩序和自由等需求。而出自公民社会的、对公民们的情感加以充分约束的需求应该计入导致产生政府的那些需求中。

伯克不仅仅看到人的权利和自由（严格意义上的人必须拥有权利和自由，权利和自由是人的构成性要素），也看到了人性的幽暗。因此他提出如下方面应该受到约束：公民社会中个人的激情（passions）应该受到制约，在群众和团体中人们的激情应该受到制约，他们的倾向和意愿（inclinations）应当受到抑制，他们的意志（wills）应当受到制约。要做到这一点，需要一种出自他们自身之外的力量。这里比较难理解，伯克此处"出自他们自身之外的力量"究竟是什么。这个力量首先肯定不是一代人自己制约自己的某种制度设计，因为自己设计的自己也很容易摧毁之。其次，这里提出了因为人性的幽暗才使某种第三方强制力量有了存在的必要性，这个力量就是政府（好政府坏政府另说，"政府"这个事物得存在）。而且，这种"出自他们自身之外的力量"，我们姑且就称为政府，发挥政府功能时不能屈服于前面那种意志、激情、倾向和意愿，因为那些东西通常是短暂的、眼光短浅的。从某种意义上说，对破坏自由的因素或力量的约束是人民的权利应有之义。

为什么不能追求抽象的自由和权利？伯克提出的一个理由是，自由和对自由的约束都是随着时间和情况变化而变化的，容许有无限多的变化，所以"自由""权利"不可能被固定在任何抽象的规则上。例如，直到 20 世纪初，民主国家中的成年女性才获得选举权。

当从人的完整权利中减去任何部分的时候，使每个人自我驾驭和自我治理，忍受对权利的任何人为限制，从那一刻起，整个政府组织就变成一种便利的考虑（也就是休谟说的远期功利主义的考虑，即前述伯克所说，政府的产生是因应人的需求而产生的，注意这里的需求不能被理解为一代人或特定的哪个人，而是许多代许多人反复经验到的"需求"）。正是这一点，使得国家的宪法以及权力的配置，成为最微妙和最复杂的"技艺"（skill）。这就需要我们对如下方面具有深刻的认识：人性、人类生活之必需、促进或阻碍"公民组织或制度的机制"所追求的各种目的（例如更大范围的选举权）。政府要增强它的力量，也要有对其缺陷的补救之道。

"高谈一个人对食物和药品的抽象权利有什么用呢？问题在于怎样取得支配它们的方法。"伯克亮明了他对我们今天称之为"社会福利"的看法。我们不能提抽象获得住房的"权利"、有病得到医疗的"权利"、得到食物的"权利"，这些都不是基本权利和自由的范畴。

建设、复兴和改革一个国家，就像其他经验科学一样，并不是可以先验地教会人们的。它不是一次简短的实验可以教会的，因为社会是一个跨代际"社会实在"。

在演化理论中，某些变异开始是中性的，甚至可能有轻微的危害，而演化到后来阶段，却是特别成功的一种适应；有些变异是有益的，而演化到后来阶段却成为一种桎梏和重大缺陷。伯克深深地洞察到了这个无法在受控实验中可以验证的观点。第一种情形："道德动机的实际效果并不总是直接的。第一次就出现了偏颇的例子，可能在其更遥远的过程中是卓越的；而且它那卓越性甚至可能来自它一开始所产生的种种不良效果中。"第二种情形："各种很被称道的计划，有着令人欣慰的开端，却往往有着可耻的和可悲的结局。"

因此，"我们经常可以发现如下奇怪的现象：每个国家中都有某些看不清楚的潜伏的原因、许多乍看起来无关紧要的事情，却可能是它们的兴旺与逆境在根本上最依赖的东西"。

建立政府这门科学是如此之实际，如此有经验和传统累积进化特征，因此需要比任何一个人在整个一生中所能获得的都要更多的经验。政府、社会、国家的存续期显然超过个体生命周期，且复杂程度也更高，因此所需要的经验也更多。"一个人需要无限的小心谨慎，去冒险推翻或重建一座（社会）大厦，这座大厦曾经在漫长的时代中、在某种可容忍的限度内响应了社会的共同目标；而试图推翻和重建社会的这些人并没有什么准备好的经过考验证明为有效的模型和模式。"伯克认为，因为信息基础问题，因为复杂的经验基础问题，不要做轻易摧毁的事情，在摧毁、重建或改革国家时需要无限的谨慎小心。

伯克心里并不是要否认人拥有的自然权利，只是他的目光深远，他认为原始自然权利落实到真实政治社会中，穿上了一层外衣，因此只能谈论真实政治社会中呈现的自然权利以及如何保障自然权利，而不是一再还原理想状态的那种自然权利。伯克用一个折射的例子说明这个道理："这些形而上学的权利进入到日常生活中来，就像光线穿透一种稠密的介质，它们由于自然规律，是会脱离它们的直线传播路径而折射的……人类的原始权利经历着如此多的折射和反射，以至于谈论它们，就仿佛它们始终保持着它们原始的简单状态之中一样，那就变得荒谬了。"简单诉诸抽象权利之所以不可行，原因在于人性错综复杂且不完美和社会目标具有的复杂性（不能为任何单一目标所凌驾）。

因此任何"新的政治体制"（法国大革命建立的新专制）在寻求并且炫耀自己设计的简洁性的时候，伯克毫不怀疑地断定，设计者对自己的作为（trade）全然无知，或者根本就不懂得自己的责任。假如从一种观点来考虑社会，那么单纯的政体模式都是无限迷人的。事实上的政治社会，是无数个体、企业、社团和组织为着各自的目标，秉持各种不同的信仰在进行复杂的互动。各种单纯的（或为着单一目标的）政府从根本上就是有缺陷的。

这样就产生了两种可能性：一种是不完美的、不规则的但整体上是适应的政体模式；另一种政体模式是，某一部分得以精确安排（例如伯克批评的"选举我们的统治者"，或其他任何按照点人头方式实施的"人民主权"制度安排），而其余部分则全然受到忽略，因为备受关注的部分得到过分的照顾。这两种政体模式哪一种好呢？毫无疑问是前者。如果你接受前者，那么你就要接受"不完美、不规则"这个特点。

而法国革命者的所作所为，"全都走上了极端"，"与他们在形而上学上的真确性呈正比的是，他们在政治上和道德上的虚假性"。

回到"人权"这个具体议题，伯克指出，人权是一个中间的、不可能界定的东西，但并不是不能加以分辨的，正如黑夜和白天之间并不能精确划分，但总体上分辨黑夜和白天并不是一件困难的事情。

人权是什么？这个问题的答案很复杂。人权是各种不同善恶之间的权衡，有时是善与恶之间的抉择，有时是恶与恶之间的妥协。因此，政治理性作为一种计算原则，是在道德上而不是在形而上学上或数学上对真正的道德因素作加、减、乘、除的运算。这一论断不禁让我们看到当今观念史家以赛亚·伯林倡导的多元主义的自由主义与200多年前的伯克遥相呼应。以赛亚·伯林认为，善的、好的东西（价值）有好多种，而它们彼此之间并不一定和谐共融；恶的东西，有时是在小恶和大恶间取舍，而不是根除恶，若要根除恶，则往往导致更大的邪恶和意想不到的后果。

伯克指出，"法国革命理论家们总是混淆人民的权利与权力。无论何时，共同体（国家）采取行动时总是不会遇到有效的抵抗，但权力和权利同在时，共同体就无法不让自己的权利与美德相一致，其中尤其重要的，是所有美德中的第一美德——审慎"。权力对应责任，共同体内的权利和权力必须兼容；过分强调权利而忽视权力，或者过分强调权力而不顾权利都是不兼容的，也是非稳态和不可持久的。人们对不合理的东西（诉求）是无权利拥有的。伯克用一个古希腊罗马时代的典故来说明，鼓吹抽象人权（"诗人的特权和权利"）的人有戏剧般的愚蠢，而他写《法国革命论》的目的就是要拯救这种愚蠢的人。

伯克说他的这本书针对的是法国大革命周年纪念的种种说教。如果人们在纪念法国大革命时，对此不以为耻反以为荣，这种说教会骗得许多人脱离原则且使他们丧失所纪念的法国革命带来的好处。我们罕见地看到伯克此处明白地承认和并非讽刺地指出"法国革命带来的好处"。所以，断言伯克完全否认法国革命似乎是不确切的。

伯克对法国旧制度和法国革命的判断显然没有走到"一概否定革

命，一概肯定旧制度"的看法上去。下面一段话再次佐证了这一点："我不喜欢滔滔不绝地谈论……把为宪法开的极端药剂当成每天的面包的做法，不赞同每天周期性地服用升汞（mercury sublimate，即氯化钙，能升华为汞蒸汽所以俗称升汞，有剧毒），并为了我们对自由的热爱反复吞服斑蝥（cantharides，一种入药的昆虫，有毒，可用于以毒攻毒的药方，用于治疗经闭、顽癣、瘰疬、赘疣、痈疽不溃、恶疮死肌等）。"伯克用这样的比喻，等于承认旧制度的确有病要治，大革命是以毒攻毒的办法，但这种策略不能常态化，不能把药当面包吃。如果把药当饭吃，那么，这种病态地使用补药的办法成了习惯以后，就会"由于庸俗的药物滥用而瓦解并消耗本来要在伟大场合施展的那种精神资源"。

即使是追求自由的事业，那种滥用漫无节制的夸张的思辨（speculation）的方法也是不可取的。伯克举了一个例子，古罗马最具容忍的时期，"杀暴君"居然成了学校儿童的日常作业。这样的常态教育太可怕了。

伯克提到了共和派、革命思想家、托利党人三类人，批评的重点还是革命思想家。在受到革命派思想感染以后，共和派（相较倾向于王权的托利党人）也迅速变成谄媚者和朝廷宠臣。共和派原本是抵抗王权专制的，他们马上把抵抗的事业交给了那些革命思想家。共和派遵从的主义是反对王权专制的，结果他们看起来似乎并不比托利党人高明多少。从革命思想家们的身上可以看出，崇尚抽象思辨的后果都一样。"那些革命思想家一旦发现自己的极端原则不适合时，就连公民社会的、合法的（civil and legal）抵抗也放弃了。"他们追求的，要么是一场革命或战争，要么什么都不是，没有中间地带存在的空间。

革命思想家的一个重要的特征是具有对社会全盘性改造的理性设

计思维，我们姑且称之为"社会工程师思维"。这类人热衷于自己的"政治规划"，愿意以微小的利益抛弃重要原则。没有什么东西可以使议会中的革命思想家们放弃他们的政治规划，这些政治规划总是想改变教会和国家的某些部分。当他们盘算着自己的政治规划的时候，总以为自己的纯思辨设计有着无限的价值，而国家当时的实际制度安排则什么也不是，即使不认为什么也不是，他们也会采取漠不关心的态度。革命思想家们看不到"公共事务的良好治理"的优点，也看不到"公共事务的罪恶治理"的缺点，或者说，他们更青睐后者，因为那样更有利于革命。革命思想家们对任何事、任何行为、任何政治原则只有一个标准："能促进他们的政治规划实现的就是优点，阻碍他们的政治规划实现的就是缺点。"

伯克提醒人们警惕，当革命派的权力与其意志相称的时候，他们什么事情都能做出来，能把他们的政治规划变成现实。

因此，革命派没有原则的行为特征，意味着什么事情都做得出来。伯克预测，"他们在某一天会采取最强暴和滥用的君权，而在另一个时候采取对自由最放肆的民主观念，他们从一个原则过渡到另一个，丝毫不顾及什么原因、人物或党派"。这是社会工程师思维的必然结果，他们为了实现理性设计的完美方案，一切手段都被认为是正当的。果不其然，1793 年雅各宾派开始进行恐怖统治，先后出现了罗伯斯庇尔和拿破仑这样残暴的专制统治者。这不能不说伯克具有先见之明。

三、革命布道者的激情

革命协会的理查德·普莱斯们、革命派思想家们，"他们在宗教的名义下所宣传的只不过是凶残而危险的政治主张"。伯克声称自己不可能与这种宣传极端原则的人友好相处。

这些人宣扬的革命政治主张的最大危害在于："锻炼情感以变得冷酷，为的是可以在极端情况下采取不顾生死的出击，即使心灵受到无谓的玷污、人的道德情感蒙受损害。"

革命派对自己的人权（rights of man）理论如此感兴趣，"却全然忘记了人性（nature of man）。他们并没有开辟一条关于人的理解力（understanding）的新路，反而堵塞了通往人心（heart）的路。他们颠倒了在自身心中和追随者心中原本安置好的人类胸膛中的同情心"。政治和政策的首要要求是适合人性，其次才是符合人的理性。人权，一个确定无疑的事实是——它嵌入社会秩序之中而非游离于社会秩序之外，而社会秩序是我们继承的遗产，我们每一代人要维护它，以及对它尽到尽可能增值的义务。脱离了社会秩序谈抽象的人权是空洞无物、毫无意义的。

在理查德·普莱斯的布道中，他认为只要革命成功，几乎所有的代价都是可以接受的，阴谋、屠杀、行刺，都是革命的微不足道的手段。而另一条道路，改革的道路，那是一场代价轻微的、不流血的道路，获得的将是清白的自由（a guiltless liberty）。在鼓吹革命的理查德·普莱斯们看来，改革的道路太平淡乏味了，这不符合他们的口味。革命者要的是这样的效果：一场伟大的场面变化，一种宏大的舞台效果，一种壮观的表演以激发人们的想象力（这种效果的确在法国大革命中都出现了）。用今天的话来说，革命者渴望来一场运动，至于个中原因，伯克推测，是因为法国人民已经享有长达 60 年的安宁、平淡和繁荣（至法国大革命，法国已经 60 年未曾遭受外敌入侵），当然这也是伯克对革命者的讽刺之语。

革命布道者善于激起人们的激情，当革命布道者夸夸其谈其结论时，这种激情就会燃起熊熊烈火。革命布道者很享受这烈火，就像当初摩西在比斯迦（Pisgah）上眺望迦南一样。革命布道者就像上帝俯瞰人类一样观看法国大革命带来的自由、道德、幸福、昌盛和光荣，并发出上帝般的自言自语狂欢：

> 这是怎样的一个多事之秋啊！我感激我复活了它（法国大革命）。
>
> 主啊，让您的仆人平安地离去吧，因为我已经亲眼看到了你的救赎。
>
> 我已经活着看到了知识的传布，它摧毁了迷信和谬误。
>
> 我已经活着看到了人权空前地为人所理解和那些国家对自由的渴望——他们似乎一度遗忘了自由观念。
>
> 我已经活着看到了三千万人民激愤而坚定地唾弃奴役（slavery）而以一种不可抗拒的声音要求自由（liberty）。
>
> 他们的国王被押在凯旋的行列中，一个专制君主（an arbitrary monarch）亲自向他的臣民投降了。

感情如此激昂的革命布道词确实振奋人心，伯克在援引这份布道词时，既带着讽刺又带着揭露，还有警惕。理查德·普莱斯用"奴役"来指旧制度特征显然夸大其词，但这样的布道词能打动人心，能引发群情激昂，革命布道者要的就是这样的效果。理查德·普莱斯说知识的传布摧毁了迷信和谬误，在伯克眼里，革命布道者自己的理论和言辞才是迷信和谬误。关于启蒙运动中隐藏着的理性至上的激进主义主张，读者可详见以赛亚·伯林的系列作品，如《浪漫主义的根源》《扭曲的人性之材》《启蒙的三个批评者》《自由论》《现实感：观念及其历史研究》《俄国思想家》等。

　　恰好，比伯克生活的时代早 140 多年的英国革命中，也有一位类似理查德·普莱斯的休·彼得斯（Hugh Peters，1598—1660）牧师，他显然也不受伯克待见。休·彼得斯牧师是英国独立派牧师，曾参加克伦威尔革命军，在斯图亚特王朝复辟时期被指控刺杀国王查理一世，被控叛国罪而被处死。在英国革命时期，休·彼得斯牧师很活跃，布道词也是特别热烈和激动人心，很有凯旋的样子。伯克此处提到了休·彼得斯牧师，讽刺理查德·普莱斯所布道的"伟大的知识财富"并不是首创，也不是一桩伟大发现，因为一个世纪之前已经有人（休·彼得斯牧师）启蒙过了。英国革命中，当国王查理一世被遣返回伦敦受审时，这位休·彼得斯牧师指挥队伍在国王前面骑着马凯旋。不仅如此，休·彼得斯牧师还特意选择在白厅皇家礼拜堂发表布道词：

> 我已经祷告 20 年了，
>
> 现在我可以和老西缅一起说，
>
> 主啊！现在请您让您的仆人平安离去吧，
>
> 因为我已经亲眼看到了您的救赎。

　　伯克认为羞辱甚至杀死并没有大恶的君主这种行为是不道德的、不可饶恕的。在他对彼得斯的讽刺和对克伦威尔的评价中可以看到他的态度。他说，休·彼得斯的死，是"作为大祭司（这里指英国革命领导人克伦威尔）所领导的那场胜利的牺牲品"。当然，一贯审慎的伯克并没有因此幸灾乐祸，而是补充道，"我衷心地希望他在这个国家里的后继者们没有一个会成为那样……复辟时代对待这个可怜的老好人太残酷了"。伯克认为，针对并无罪大恶极之君，弑君有罪，而处死弑君者太过残酷，每一个高尚的心灵都会感到震惊，没有比这更野蛮的了，这与未开化种族的屠杀没有什么两样。

休·彼得斯牧师和理查德·普莱斯如果在哪方面一致，"那就是他们都是热忱的革命布道者，他们都有效地驳倒、推翻一切可能妨碍他们所致力的伟大事业（这里当然指革命事业）的迷信和谬误；他们认为他们是唯一有资格被称之为人权知识领袖的人并拥有这种知识的全部光荣成果"。用现代的话来说，只有他们才有资格称得上人权知识领袖。

革命者视之为迷信和谬误的，恰恰是伯克所看重的；革命者所致力于追求的伟大事业（the great business），恰恰是伯克避之不及甚至忧心忡忡的。因此，伯克难免对革命布道者们极尽讽刺甚至愤怒。

伯克显然对英国革命中处死查理一世国王耿耿于怀，并认为当前革命协会的所作所为与当初英国革命的狂欢具有一致性。伯克如此讽刺革命协会这些革命派："政府的缔造者""君主废除者的英雄队伍""统治者的选举人""在凯旋行列里押着国王的领导人"。因为在伯克看来，一般情况下，缔造一个全新政府是理性的狂妄之举，废除君主是鲁莽之举，选举统治者（废除王位继承）也是在抽象人权和抽象的主权在民观念下的疯狂之举，在凯旋行列里押着国王更是滔天大罪（这种押着国王凯旋是亵渎宗教的，而革命布道者对此却充满邪恶的狂喜）。这种疯狂的观念已经传到了法国的国民议会那里。

伯克认为，革命布道者玷污了神殿中救世主发出的先知呼声，转而贩卖自己的革命道理，以一种不人道、不自然的狂欢的方式，将先知呼声用之于最可怖、最恶毒、最令人痛苦的场面（例如处死国王或所谓"反革命"人士）。

伯克的意思是明确的，就是讽刺和痛恨革命派押着国王凯旋这种大逆不道和疯狂之举。不过值得注意的是，伯克描绘的押着国王凯旋的场面，显然不是指法国国王路易十六出逃后被截回，因为路易十六出逃被截回是在 1791 年 6 月 25 日，被送上断头台是 1793 年 1 月 21 日，王后玛丽·安托瓦内特被处死是在 1793 年 10 月 16 日，这些事情都发生在伯克《法国革命论》成书之后。但比英国革命中处死查理一世更宏大、更果决、波及更大规模人口的场面，的确在法国发生了（例如 1792 年 9 月法国革命中处死大批贵族和反革命分子）。

　　大革命不代表法国的胜利，相反，大革命带来的是一个恐怖的法国。国民议会发现自己无力控制暴力，国民议会的辩护词可以在当时的局势之中找到，也就是说支持国民议会的合法性理据就隐含了将来的暴力和恐怖暴政。当人们赞同大革命必定带来的东西（暴力和恐怖暴政）时，他们自己身上也就有了一个腐化了的心灵的堕落选择。对法国大革命的发展趋势，伯克做出了准确的判断，并予以谴责。

第 6 章

恐怖统治的来临

热月九日事变殷鉴不远，几个坏人杀了几个坏人。没有这种党派内讧，法国人或许还在救国委员会的权杖下呻吟。

——约瑟夫·德·迈斯特

革命总是需要煽动、激情和告发。"由于害怕告发，许多人更加精力充沛地先发制人告发他们的邻居。……告发是革命中最具毁灭性的做法之一，它引起怨恨、仇恨、背叛和嫉妒，甚至家庭纽带也受到影响。……整个法国陷入日复一日的恐怖之中。这种产生于社会基层的相互窥探和猜忌形成了恶性循环，并在某种程度上预示和形塑了1793年至1794年间的制度性恐怖"。

——谭旋

场合的庄严与重要性，对名誉的顾虑，对社会一般利益的考虑，实在是对于人类主要的约束。……宇宙中秩序的因或诸因与人类理智可能有些微的相似。

——大卫·休谟

可是革命一旦发动，前进的方向就不是谁能轻易左右的了。1789年6月17日，第三等级出人意料地单方面宣布自行组织拥有最高权力的国民议会，并声明现行税制违法（这是法国大革命首次、真正重大的转折点）。国王的权威和合法性被削弱了，传统上三级会议的架构被摧毁了，而随后，构成人员本身就大有问题的教会议员大部分倒戈，加入国民议会，贵族代表部分议员也背叛了自己的阶层，倒戈加入国民议会，事情向一发不可收拾和危机的方向发展。

1789 年 6 月 20 日，国民议会转到一个室内网球场开会，发表"网球场宣言"，声称无论被驱赶到何处，国民议会都将存在，直到起草一部法国新宪法，整个国家统治的合法性正在发生可怕的嬗变。7 月，国民议会仓促组建了国民卫队。但是，这个国民议会果真具有合法性吗？果真能代表人民行使权力吗？不，"他们带着一种强迫的自愿，在一种坚定的必然性主导之下（under the dominion of a stern necessity）进行投票"，这座城市（巴黎）的宪法既不是出自国王的宪章，也不是出自他们自己的立法权。国民卫队既不是由国王的权威，也不是由国民议会自己的命令组建起来的。如果国民议会下令解散国民卫队，国民议会自己就会被立刻解散。国民议会当然不希望看到暴力蔓延，法国大革命研究者谭旋认为，"国民议会的代表，同时也是全国各地的市政领袖，为平息在整个王国蔓延的暴力和无政府状态苦不堪言。……总体而言，在 1789 年和整个大革命期间，对变革的热切期待和对未来的畅想总是与恐惧和焦虑相结合：恐惧革命带来的混乱，恐惧遭剥夺了特权阶层的报复"。诋毁和诅咒旧制度、摧毁旧制度的号角已经吹响，但这是人类任何时代、任何地区、任何民族都不可能完成的事情。谭旋说，"最难完成的是同时同地进行拆毁和重建，在间隔期间，人们必须在街上和敞篷中"。

三级会议中抱着温和原则的人（主要是贵族代表和少部分教会代表）则每天面临着狂暴的侮辱和被谋害的威胁。革命裹挟着大众，所谓多数有时是真正的，有时是号称的，国民议会议员们本身也是俘虏。伯克指责，在砸烂整个国家治理结构的情况下仓促成立的国民议会，构成本身成问题，投票规则也成问题，在这样的情况下，怎么可能推出审慎的重大决策（新宪法）呢？可是，国民议会的尴尬境地在于，它本身也是被俘虏的，却强迫一个被俘虏的国王以第三只手将革命派的诉求颁布为王室敕令（royal edicts）。这些革命的诉求，伯克将其斥为"无法无天的、最轻佻放荡的、咖啡馆里的肮脏的胡说（polluted nonsense of their most licentious and giddy coffee-houses）。更令人作呕的是，这些诉求、他们的全部措施，都是在辩论之前就决定好了的"。

大革命时期，法国各地成立了很多俱乐部，出版各种宣传手册，其中就有著名的雅各宾俱乐部，好多革命领袖都是出自雅各宾俱乐部。国民议会处在刺刀、路灯杆（暴徒们把杀死的人挂在路灯杆上示众）、对他们住宅放火的恐怖之下，不得不采纳各俱乐部提出的各种粗暴的、肆无忌惮的建议。这些俱乐部的人，伯克认为他们是"充满阴谋的、野心勃勃的、叛国的、各种荒谬绝伦的混杂体"。在革命的喧嚣中，各俱乐部、政治派别、第三等级和倒戈的教会等级、倒戈的贵族们提出的每项建议，越是"大胆、暴力和出卖别人"的越是被视为天才卓著，而人道和恻隐之心被讥讽为迷信和愚昧，对个人的温情被认为是对公众的背叛。革命开始露出它凶恶的獠牙。

悖论出现了。当财产权不安全时，自由却被认为是完美的。已经或正在筹划中的行刺、屠杀和抄家，竟然被认为有利于形成未来社会的良好秩序。暴力革命几乎总是存在着这样一种现象（悖论）：用目的为手段辩护，只要目的是好的，为了达到目的可以不择手段，暴力、屠杀（杀死反革命）、剥夺合法财产等诸种恶行在整个社会的革命情绪下，在恐怖和恐惧中，被合法化了。人世间的善与恶仿佛颠倒了。在伯克眼中，暴力革命"颠倒了一切事物的秩序"。

伯克对国民议会充满了遗憾、不满和谴责。国民议会既不自由又不体面，正在上演一出滑稽剧（其实更是一场悲剧）。革命群众是这场滑稽剧的看客并为之喝彩，但他们又是这场滑稽剧的控制者和指挥者。

革命群众"以傲慢而妄自尊大的权威，对国民议会颐指气使"。原本三级会议只是国王的一个顾问机构，因此启蒙运动（中长期原因）、国王的财政金融危机（短期原因）、饥荒恐慌（1788 年到 1789 年恶劣的天气导致粮食大幅度减产，从而导致物价上涨，产生饥荒威胁），国民议会竟然在短时间内夺取了国家最高权力（路易十六国王当时也曾有意在和平框架下利用第三等级来约束贵族力量）。这个国民议会推翻了国王和王国的议会（传统的三级会议，注意，传统三级会议中平民代表与教会代表、贵族代表都是 300 人左右），伯克认为它"并不具有一个严肃的立法团体的面貌和形象，既无国王的姿态又无任何元老的风度"。然而，"正是这个非法的最高权力机构，被赋予一种力量，一种邪恶原则的力量，做颠覆和毁灭的工作。国民议会没有进行任何建设的力量，它建造的是做更多颠覆和毁灭工作的机器"。

在这场政治恐怖运动中，知道真相、明事理和审慎的人们必然怀着恐惧和厌恶的心情躲避这场亵渎神明的闹剧和对神圣机构令人憎恶的亵渎。以国民议会为最高权力机构的革命政权既不是君主的也不是共和的，因此热爱君主制的人和热爱共和制的人都会憎恶它。

暴力革命会吞噬它自己的儿女。国民议会的成员也必定在暴政下呻吟，蒙受它的全部耻辱，对它（国民议会这个所谓最高权力机构）没有任何指导权，从它那里也得不到什么好处。面对革命进程中的各种喧闹、动荡和骚乱、屠杀和恐怖行径，国民议会的议员们作何感想呢？

1789 年 10 月 6 日（10 月 5 日巴黎妇女群体就出发了），巴黎革命群众向位于巴黎西郊的国王所在地凡尔赛宫进军，这是继攻打巴士底狱（Bastile）之后的又一重大事件。几名宫殿卫兵被袭击和杀害，数百人闯入王宫。王后和国王路易十六受到巨大惊吓，国王接受了国民

议会通过的所谓"八月法令"和宪法草案的所有条款。王室被迫迁到
巴黎市中心卢浮宫西翼的杜伊勒里。随后，国民议会也迁到市中心王
宫附近的一处马术体育馆内。

伯克视这一天（10 月 6 日）犹如遮蔽了天空上的太阳的悲剧，而
革命派则视这一天为"一个美好的日子"。王政派（维护君主的温和
派）感到极度不安和悲伤。革命派则欢欣鼓舞，认为国家正在以前所
未有的速度向复兴飞速前进。谭旋指出：革命派把革命群众的暴行视
为一种令人遗憾的必要；理性需要恐怖引导，我们才能走向自由，给
予我们伟大人民以法律；这是所有人团结一致，互称兄弟的时刻。

法国的 1789 年有多种解读，它是"自由的一年""可怕的一年"
"恐惧的一年""恐怖的一年"。毫无疑问，在伯克眼里，1789 年是可
怕的、颠倒乾坤的、恐怖的一年。这一年肇始并持续长达十年的法国
革命，困扰革命的是权力真空、反革命势力抬头问题。谭旋认识到革
命一旦发动，就会出现革命派与反革命的相互威胁和攻击、新的理想、
平民和贵族之间信任的瓦解、国王权力的被侵蚀、保守派内部的分化
倒戈、革命阵营内部的分化以及群体性暴力事件周期性爆发。

在大革命进行中，国王和旧制度经历了合法性被侵蚀、削弱，直
到最后被颠覆的过程。1789 年 9 月，全国各地群众向国民议会请愿，
主流民意还是认可君主制度是法国的统治形式的。国民议会最早的制
宪决定还是认为法国应该保有一位父系继承的君主。1790 年初，国民
议会还在给国王发新年贺词，希望国王忘掉刚刚过去的风暴时期。国
王的真实意愿和国民的真实意愿已经存在很大差异。国民议会发给国
王新年贺词旨在期待国王成就法国的"伟大的好"（the great good）。
国民议会提出的要求是自相矛盾的：国民议会保证对国王效忠，但条
件是国王不再享有任何发号施令的权威。革命派所谓的"伟大的公共

利益"竟然来自对国王的仆人们的杀害、对国王本人和他的妻儿的行刺，以及使国王本人经受的屈辱、羞耻和侮辱。革命派的逻辑推到最后，似乎得出这样的结论：国王的死亡、贵族阶层的死亡就是对法国最大的贡献，所以他们应该很高兴地去赴死。

伯克隐晦谈到引发法国大革命的一般民情的变化：法国人在求新，而英国人则宁愿守旧。例如关于礼貌的方式，法国人俘虏和侮辱国王还要以"最优美和微妙的致意语调"致贺词。

伯克警告革命派，历史会记住这一切。"历史对我们全部的行为都保持着持久地记录，并且所有统治者（例如国王、国民议会和随后的恐怖统治者）的举动都会进行令人敬畏的裁判"，历史不会忘记"这个美好的自由时代"。

历史不会忘记 1789 年 10 月 6 日这一天，这是羞辱和强制国王服从的一天，但当时谁也不会相信三年多后国王会以身首异处的惨相结束他的一生。

1789 年 10 月 6 日发生了什么？伯克做了简短描述。早晨，国王和王后在一整天的混乱、惊愕、沮丧之后，躺下来开始休息。国王到了这个时候，似乎还没有意识到这场正在发生的颠覆式狂飙革命的灾难性后果，包括对他本人和家人性命的威胁。王后被门前王室卫兵的声音惊醒，卫兵保持了忠诚，呼喊王后逃命。历史学家记载，十月事件中王室卫兵的确死了几个，有几百革命群众闯入了王宫。王后被追捕，几乎赤身裸体地逃出了暴徒的魔爪，通过暴徒们所不知道的秘密通道逃到了国王身边。从十月事件以后，国王和王后的权威被大大削弱，人身安全再也没有了保障，直至 1793 年 1 月和 10 月先后被处死。

伯克对国王和王后的遭遇耿耿于怀，对国王和王室的命运深怀忧虑，这显然是有先见之明的。果不其然，《法国革命论》成书两年多后，国王、王后以及他们幼小的孩子们受到羞辱并被处死。在伯克心中，国王（应该）是法国民族的骄傲。在十月事件中，国王被迫舍弃华丽宫殿的庇护，在血泊里离开。宫殿被鲜血所污染，断肢残骸四处可见。两个出身高贵的国王贴身侍卫被残酷地公开在王宫广场上砍头。屠杀、游街示众，甚至挑起被砍的头颅，这种残忍而表演性行为在大革命时期似乎很流行、很常见，因为革命群众认为这样代表了自由、民主、平等，代表了国家迈向的正确方向。屠杀中带着狂喜，这是革命的悲喜剧！伯克说这是"最下贱的女人撒泼的姿态，像魔鬼发疯般地展现种种难以言表的恶行"，这并不是伯克歧视女性，而是当时巴黎的女性在法国大革命中扮演了并不光彩的角色。

启蒙运动思想传播也激起了女权意识，加上 1788 年和 1789 年的灾害性天气导致的粮食短缺恐慌，巴黎的妇女们被迫凌晨就排起长队买面包，于是她们 10 月 5 日聚集起来向国王所在地凡尔赛宫进发以向国王表达诉求，甚至一路上倾盆大雨也没有阻挡妇女们的步伐。对粮食的迫切需求，加上启蒙运动激起的政治意识等多种因素混合在一起，让她们团结起来。她们的一个代表团在国民议会领袖的带领下见到了国王，国王答应了她们的诉求。参与十月事件的还有革命派拉法耶特率领的国民卫队和其他无组织的人。这使得当时国王和王室处境变得异常危险。

十月事件中，国王和王室成员被押回巴黎卢浮宫西翼的杜伊勒里宫，这里是伯克所说的国王的"巴士底狱"，国王等于从此被监禁起来了。伯克不惜笔墨描绘了这个押回国王的过程，"在持续长达 6 小时的漫长折磨而使革命派心满意足之后"（强迫和押送国王回巴黎的行动本身就是羞辱国王，就是展示革命派的胜利），国王被安置在了巴黎的一所旧皇宫（杜伊勒里宫）里。

这场"凯旋"值得庆祝吗？值得满怀感恩地纪念吗？伯克说，不，这场闹剧是一场革命协会的狂欢节，这不是喜剧而是悲剧，这不是文明的胜利而是野蛮的凯旋。伯克多次用"老犹太"（Old Jewry）指称革命协会的那些人，尤指理查德·普莱斯一干人，因为信奉非国教的革命协会聚会的教堂在伦敦的老犹太街，读者不应误认为伯克对犹太教本身有敌视。这一点，海峡对岸的大英帝国人民不会受到煽动，"只能点燃（英国）极少数人心灵中的预言热情"。

伯克说他对十月事件中这场毫无防备、意料之外的流放（transport exile）事件的爆发完全不知所措。革命派很享受君主受苦受难这道"精神美味"。民情已经向旧制度全面开战，从国王到整个贵族阶层、教士阶层，羞辱甚至屠杀旧制度的一切在道德上都被认为是值得赞许的，也是正义的，是推动国家进步的。这种革命的激情、蛊惑人心的喊叫——"把所有的主教都吊死在路灯杆上"正在向一发不可收拾的危局发展。

伯克把法国大革命想要建立的理想国比喻为千禧至福王国，正如英国革命时期某些宗教狂热分子想要建立以基督为首的普世王国（后被克伦威尔镇压，揭示了其荒诞性）的幻想一样。暴力革命吞噬自己的儿女，这几乎是一条铁的规律。伯克因此指出，在这种欢乐之中却有着某种东西在锻炼这些可敬的先生们的忍耐心，并考验他们信心的长期忍受力，这个所谓理想王国到来的"美好的日子"，还需要实际上杀害国王、王后和他们的孩子，还需要对主教们进行杀戮——这种杀戮主教的叫喊声早就存在了而且持续存在着。

伯克在1790年革命尚在进行中的时候，已经清晰预见到革命的本质和未来局势的发展：革命要杀死国王、杀死贵族、杀死教会，在废墟上建立新的王国。伯克观察到，"有一些弑君和亵渎神明的屠杀，确实已经被勇敢地策划出来了……在这次屠杀无辜者的伟大历史场面中，却不幸始终没有完成"。这里是指十月事件，也就是国王和整个王室被押回巴黎的事件，事件中国王和王后并没有受到生命威胁，但伯克隐约感受这一天迟早会不幸到来，他写道："在人权学派里究竟由哪位大师的大笔（hardy pencil）可以完成，今后就要拭目以待了。"在发表《法国革命论》后的第六年 1796 年（法国革命进入督政府时期），伯克对雅各宾派的暴行予以更强烈、更深刻的控诉和谴责："他们的共和国建立在与欧洲各国的建国基础全然对立的三个基础之上——弑君、雅各宾主义、无神论，以及一系列与此相联系的原则、确保其运作的各种手段和建制……我将其称为一个弑君共和国，它为所有政府（无论是民主政府还是篡权政府，在伯克看来，1789 年以后直到 1797 年伯克去世之间法国革命建立的政府本质上都是篡权政府，它们不过披着民主政府的外衣而已）设定了一项基本原则，一条牢固的自然法。在弑君者共和国里，所有国王都是篡权者，一个人只是因为他是国王就应该被处死，连同他的妻子、家人和追随者。遵从这种原则的共和国，在取缔了所有宗教节日以后，选择谋杀君主这种最骇人听闻的行为作为永久纪念庆典，并强迫所有人服从——这就是我所说的'基于建制的弑君（regicide by establishment）'。"

一、流亡国民议会议员的目击证词

基于一位法国大革命目击者的记述，伯克充分意识到这场革命带来的巨大的危害，远远不是法国一国之事。在伯克自己的注释中详细记述了这位目击者的见闻和感受——令人震惊、倍感恐怖。伯克说这位目击者是国民议会的一员，后被迫退出国民议会，成为一个自愿的流亡者。这位议员诚实、睿智，是国家最积极和最热心的改革者之一。这位议员名叫拉利·托伦达，鉴于这场虔诚的胜利带来的种种恐怖，以及从种种罪行中获益而掌握公共事务领导权的那些人的品质，托伦达决定退出国民议会成为流亡者。既然是国民议会议员，那么托伦达肯定一度是一位革命派，但这是一位诚实而有良知并走向了自我反思的革命者。

托伦达说："那座罪恶的城市，那个罪恶的议会……使我不可能去尽我的职责了……长期支持这种恐怖是超出我的力量之外的。那绞死王后、把国王沦为奴隶的凶手进入了巴黎，而领头的则是国王那些不幸的各级官吏、那些倒戈的禁卫军、那些凶手、那些吃人的女人们、那些叫喊'把所有的主教都吊死在路灯杆上'的人，正是在这个时刻，国王和他的两位顾问主教进入首都。让·西尔万·贝利（Jean Sylrain Bailly，1736 年 9 月 15 日—1793 年 11 月 12 日）先生称它是一个美好的日子——那天早晨，议会已经冷酷地宣布，拥在国王的周围乃是与自己的尊严不相称的。米拉波先生在那个议会里不负责任地说，国家这艘船远不是在自己的航线上了，而是以前所未有的更快速度朝着自己的复兴跃进。巴纳夫先生在笑着，这时候血从我们身边淌过。那位德行高尚的穆尼埃（Mounier，国民议会议长，此后也被迫流亡）奇迹般地逃过了 20 次暗杀，他愿意再次使自己的头颅成为战利品。这是我决心不再涉足那个吃人的巢穴（指国民议会）之中的原因。我在那里面已经不再有发言的力量，我在那里面已经毫无用处地发过 6 星期的言。我，穆尼埃和所有正直的人都想到了，为了做好事而做的最后努力是一去不复返了。他们剥夺、没收我的财产。我曾在大地上劳动过，我却不会再劳动了。这就是我的辩护词。"

革命尚未成功，革命正在进行中，但已经发生的这一切已经让伯克感到十分震惊了。只有那些生来就是干革命的革命派感到欢欣鼓舞，热烈欢迎这一切。面对革命恐怖，伯克坦承自己的震惊、忧虑和悲伤，他说：这些受难的人的崇高地位，尤其是那么多国王和王后后裔以及（包括王室成员中的女性也在受难者行列，也没有被放过）国王年幼的儿子（他们只是幼稚无辜而感受不到父母们所经受的那种残酷虐待），大大加重了我对那种最忧伤的境遇的感受。

二、被羞辱的国王和王后

国王和王室成员被迫迁回巴黎后，被押游街的场景必定让国王倍感羞辱。国王感念他的妻子、孩子和忠诚的卫兵们，这些卫兵在国王身边遭到冷血屠杀。作为国王，他感到他那文明的臣民们奇怪而可怕的转变，他对臣民们感到忧伤更甚于他对自己的关切。羞辱事件没有丝毫贬损国王的刚毅，反而增加了他人性的荣耀。伯克非常谦卑地说道，"由我这样的人来赞扬国王伟大的德行真不合适"。

伯克对王后更是赞美有加，并对王后的遭遇感到无比愤慨。伯克曾于 1774 年见过玛丽王后。"那位伟大的夫人"也有幸挺过了那一天，而且忍受了接下来的日子。玛丽王后是奥地利女王玛丽·特丽莎之女，以一种肃穆的忍耐、以一种适合她的身份和门第的合宜姿态、以与虔诚和勇敢的君主后裔相称的态度——忍受了她丈夫受囚禁，忍受了她自己受囚禁，忍受了她的朋友们被流放，忍受了新年祝词中侮辱性的奉承，忍受了所有累积起来的所有加诸她的冤枉的重负。王后就像她母亲一样具有高尚的情操，她的情感具有罗马女主人的尊严。玛丽王后给伯克留下了深刻印象，"闪耀得像启明星，充满了生气、光辉和欢愉"。这是一场怎样的革命！伯克对此无法想象，灾难竟然要落在国王和王后身上，"我以为哪怕是一个对她带有侮辱性的眼光，都必定会有一万支宝剑拔出鞘来复仇的"。然而，革命降临，豪侠、荣誉、骑士已经从这个文明国度离去，继之而来的是诡辩家、经济学家和计算家（That of sophisters, oeconomists and calculators）的时代，欧洲的光荣永远消失了。没有人知道，如泰纳所说，"新来的革命权比神权更具压迫性也更为贪婪"。

革命来临了，而伯克认为本应极为珍视的东西消失了：那种买不到的优美、那种不计代价的保卫国家精神、那种英勇的情操和英雄事业的培育、那种对原则的敏感、那种对荣誉的纯洁感（此处伯克是对贵族阶层和教士阶层出现的部分人倒戈行为的隐晦的谴责）。这些宝贵的价值观念和行为方式作为良好社会秩序的必要条件，随着革命的降临永远消失了。这些宝贵的价值观念和行为方式，把它所触及的一切东西都高贵化了，而且邪恶本身也在它之下因失去其全部的粗暴而减少一半的罪过。

三、保守派、"反革命"分子的反应

1790 年到 1791 年间，保守派（贵族、教会上层、进入国民议会的温和派、保守派记者）嗅到了革命政权的血腥，他们目睹历史悠久的旧制度及其各种机构（行政、市镇议会、司法、警察、教会、贵族在乡间的城堡）被捣毁，工作人员被杀戮，四处蔓延着残忍和刻毒，他们认为这一切都是革命的结果，恰恰是关于自由、平等的理念才是极端愚蠢的，不平等才是这个世界所固有的；从属关系是社会的基本关系；不受管理的平民只是凶残的野兽；革命与人民主权毫无关系，革命只导致专制；革命只是一小群哲学家、新教徒和共济会的"杰作"。

保守派和"反革命"从攻击革命开始走向积极鼓励推翻革命，呼吁外国干预法国大革命，推翻雅各宾派；鼓励逃亡国外的贵族参加革命军队。

总体上，革命与反革命、温和派和激进派开始变得分明。革命派所采取的激进行动更为暴烈、血腥和恐怖，保守派只能采取守势和局部的主动攻击。革命烈火进一步燃烧，革命派对王政派、保守派的怀疑进一步加深，怀疑保守派和王室企图推翻革命政权，先发制人的攻击行为越来越多。

国王处在被囚禁的状态下，被迫同意新宪法，被迫接受自己的权力被削弱和最终被架空的结果。虽然，全体法国人、国民议会、革命派和保守派都还保持着对国王实际的尊重。但随着国王和王室成员（国王、王后和两个孩子以及随扈）1791 年出逃奥地利失败被截回，人心开始逆转。国王民心骤失，革命派的地方议员公然指控国王有叛国罪，雅各宾派最为激进。巴黎出现声讨国王的场面，高喊"罢黜国王，建立共和国"，对国王的刻薄辱骂和把国王描绘成猪、傻瓜、酒鬼的讽刺漫画充斥全国。国民议会内部也出现了温和派和激进派的内斗。社会秩序在失控，巴黎市政府采取了戒严措施，但旨在恢复秩序的暴力行为混杂着革命—反革命、温和—激进等各种动机。泰纳说，"1789年宪法原则被迥然相反的准则替代，非但没有让政府听命于人民，反而让人民听命于政府"。更大的危机正在酝酿之中。

第 7 章

习俗、道德情感和观念的革命

革命者如临大敌：如果连最信任的人都可以背叛你，那么还有谁值得信任？

——谭旋

生殖、生长、本能、理性四原则是自然中的秩序的原则。……在一个事物的连续发展之中，每一部分是由前一部分引生，而又引生后来的一部分。……我们是多么可怜的生物啊！……我确实相信，使每个人得到确当的宗教感的最好而且实在是唯一的方法，就是对于人类的悲惨和邪恶作恰当的描述。

——大卫·休谟

有学者将革命分为三个版本：政治的（换人）、经济的（夺取财产）、社会的（各方面天翻地覆）。当一场革命不仅仅涉及领导人替换、经济和政治制度安排的更替，还涉及更深层次的习俗、道德情感、观念和普遍民情时，那么这种性质的革命在短时期内往往就是一场天翻地覆的破坏性革命。一场彻底的革命就像一夜之间禁止人们使用母语而要求第二天必须使用一种新语种一样是不可能的。由于社会连续性原则在任何时候都在运作，破坏社会连续性就会导致出现短暂的权力真空期（旧制度合法性遭侵蚀，新制度合法性尚未被接受的时期），权力真空意味着类似无政府状态的恐慌、恐惧、恐怖和混乱，因此社会性质的革命，或者伯克说的习俗、道德情感和普遍民情的革命是极具破坏性的。从本章大卫·休谟的引言我们可知，全面的天翻地覆的革命实际上是不可能完成的，随后都不可避免伴随着某种矫正和回归——否则我们就观察不到它了。

与欧洲贵族、骑士和教会的传统相联系的一般见解和道德情感，尽管在历史进程中有所变化，却始终存在且影响着各个世代的漫长序列。如果毁灭这种传统，损失将是巨大的。彻底摧毁传统重建秩序是一件不可能的事情，果真有这样做的群体肯定就灭绝了。事实上存活下的革命后秩序没有一个是真正彻底摧毁传统的。伯克总结了这种传统和与之相联系的一般见解及道德情感的八大好处："正是它赋予了近代欧洲的特点（近代欧洲是文明进步的火车头）；正是它使得欧洲各国政府形式不同于造就了古代世界繁荣的亚洲近代政府形式；正是它造成了一种高贵平等而又不混淆各等级，并通过社会生活的全部等级差别而把它传了下来；正是它才把国王调和到群众中间来，并使个人建立了与国王的伙伴关系；不借助于暴力和反抗，正是它克服了骄傲和权力的凶猛性；正是它迫使国王服从社会评判这条项圈，迫使严厉的权威变得优雅，并且以柔和方式驯服了各种法律的征服者；正是它把权力驯化得温和，使人民的服从得以是自由的服从；正是它调和了生活的不同色彩（harmonized the different shades of life）；正是它把美化和驯化（beautify and soften）了的私人社会的种种情感整合到政治社会里面来。"是传统驯化了人，让人类文明起来。正是对传统和正当性规则的遵循，人才变得有理性。

以上这种种好处，都因为革命——这个"光明和理性新征服者帝国（this new conquering empire of light and reason）"的到来而毁灭了、瓦解了。所谓光明和理性的新帝国，就是指导大革命和大革命所声称的那些抽象权利和自由口号——自由、平等、博爱等。"生活中所有体面的帷幕都被粗鲁地撕毁了，由道德想象库所提供的种种附加观念被当作一种荒唐可笑而又过时的款式而被戳穿了。殊不知，这一层帷幕的重要性——那是内心所享有的，被认识所裁决的，可作为遮蔽我们赤裸裸的、颤抖的人性的种种缺陷的一种必要的装置。"伯克把人性幽暗面对比到了社会中荣誉、尊严、等级的积极功能。革命派却对此欲除之而后快。革命新人的新世界里，国王只是一个男人，王后只是一个女人，仅此而已。对王后的尊重和敬意被视为浪漫和愚蠢。弑君、弑父和亵渎神明只不过是迷信的虚幻故事，弑君是必要的，因为（旧制度的国王继承制度）破坏了法理的淳朴性而腐化了法理。杀害一个国王或王后、一个主教或一个父亲，只不过是通常的家庭内残杀。如果人民是赢家，那么这种残杀是可以被宽恕的，我们不必对其进行过分严厉地细究。正如托克维尔惊呼，革命露出了它那可怖的头颅。

革命的高速列车可以达到如此残忍的地步！伯克毫不留情地揭露："这种野蛮哲学（barbarous philosophy）乃是冷酷心灵和头脑混乱的产物，而且这种野蛮哲学缺少坚实的智慧，正如它缺乏所有品位和优雅。"这是弑君者、无套裤汉（sans-culottes，一个由劳动贫民、工匠、店铺老板、手工业者、小业主组成的无定形的主要生活在城市的群体，他们充当了革命打手的角色）、山岳派、雅各宾派等的凯旋，也是重返野蛮的开端。

革命派的哲学是野蛮哲学，革命派的法律是野蛮法律。根据革命政权的方案，各种法律就只有靠它们自身的恐怖以及每个人根据自己利益得失算计的关切来支撑。"在革命派学园（例如那些革命俱乐部和协会），每一排的尽头，你看到的只有绞刑架！革命政权的新世界里，没有任何东西是致力于共同体（commonwealth）的深情厚爱的。根据革命派的机械主义哲学（mechanic philosophy），我们的制度/组织绝不内嵌于个人身上，以在我们身上创造出爱、尊敬、仰慕或依恋。"

但是，这样做能成功吗？不能。排斥了深情厚爱的那种理性（伯克最反对的那种赤裸的理性），是无法填补具有深情厚爱的理性的位置的。"这种公共情感与习惯的结合（these public affections, combined with manners），有时作为某种补充，有时作为纠错措施，并且总是作为法律的助手"。转为今天的话来讲，正式制度总是需要相应的非正式制度和公共情感作为支持才能起作用，而且由传统搭载的非正式制度远比人们一般认识到的更重要。

"诗歌只有美是不够的，还得有深情。"

伯克洞察到一套好的法律和制度真要发挥其功能，则它们不可能是赤裸裸的可编码的文字，必须得有相应的支持（非正式制度和公共情感）才会有效运作。每个国家都应该有一套习惯的体系（a system of manners），使有良好教养的心灵愿意喜欢它。

"要使我们爱我们的国家，我们的国家就应该是可爱的。"

伯克失望地看到，习惯体系和舆论（manners and opinions）在革命风暴的打击下消失了，留下来的是这种或那种权力，而且这些权力会找到其他更恶劣的手段作为自己的支撑。在大革命时期，各种告发、陷害、杀戮事件频频爆发。为了颠覆古老的制度 / 组织（institutions），篡夺行径摧毁了古老的原则，还用获取权力的方法来保持权力。通过暴力得到的，通常也要靠暴力维持。

伯克失望地看到，古老的封建制度和骑士的忠诚精神之火在人们心灵中熄灭了，而正是这种忠诚精神使国王摆脱了恐惧，从而也使国王和臣民都放松了对暴政的警惕。革命时期谣言四起，各种阴谋论盛行，人们为了自保，告发的"军备竞赛"被激发出来了。更血腥和暴虐的事情在伯克出版《法国革命论》后仍在发生，但是，伯克早已经嗅到革命政权的血腥，"由于有先发制人的谋杀和先发制人的财产没收充公，所以可以预料到后续将会有种种阴谋和暗杀，以及一连串阴森和血腥的准则，它们构成一切权利的政治法典。当臣民们背离新原则时，国王们就是政治上的暴君"。

伯克指出，当古老的生活见解和规则被取消时，损失将是无可估量的。因为，没有行动的指南来驾驭我们了，我们也不明确我们是在驶向哪个港口。

伯克说，欧洲的将来在大革命已然完成之日，也许处于一种繁荣状态，但我们是否就能将这种繁荣归于革命呢？否！伯克认为，那种繁荣很大程度上依然应归功于我们古老的习惯和舆论（our old manners and opinions）。

一、绅士精神和宗教精神存续了社会知识

在伯克心里，一个治理良好的社会基于两种基本精神：宗教精神和绅士精神。理论的核心组成部分是一系列归因陈述，但在社会现象世界，伯克发现我们太过于轻易地以我们所发现的事物状态（结果）来考虑，而未能充分留意到产生它们的以及可能维持它们的各种原因。最确凿的例证是，在欧洲，"我们的习惯、我们的文明以及与之相联系的一切美好事物，多少世代以来都有赖于两项基本原则以及这两项原则相结合的结果，这两项原则就是荣誉和宗教，分别对应于绅士精神和宗教精神（the spirit of a gentleman and the spirit of religion）。这两种精神的承载者分别对应于贵族和神职人员（the nobility and the clergy）。这两种人，前者以职业，后者以恩宠，使保存在社会中的知识存续。而知识则回馈了从贵族和神职人员那里得到的，而且是以还高利贷的方式偿付了——开阔他们的思想，丰富他们的心智"。传统和宗教中

存储着宝贵的群体经验和智慧，而且传统和宗教传递这些经验和智慧，伯克明确将这种文化演化机制与社会中具体的人事联系起来，这种本领仿佛只有伯克有。

一个人类文化群体是一个经验和知识存储库，这些知识和经验究竟存贮在哪里？这是所有社会科学研究中最容易被忽视的一个重大问题。如何一代一代传承下去？这个问题对社会的存续至关重要——虽然一般大众置身其中而不知，也不用担忧，但思想家必须思考这个重大问题。伯克把这个角色很大程度上归功于精英群体——贵族和神职人员。伯克对此感叹道："假如他们都能继续懂得他们那种不可分解的联合以及他们应有的位置，那会是多么幸福啊！假如知识不被野心所败坏，而是始终满足于只是作为一个教导者而不是主人，那该会多么幸福啊！"

但是，革命风暴来临，知识将与它的保护者和保卫者一道，被扔进泥沼之中，遭到一群"猪一样的粗鄙之徒的践踏"。这一严厉措辞，实有所指。伯克的原著注释中提到的法国大革命时期的科学家和政治活动家贝利和孔多塞，后均被革命政权迫害致死。在伯克写《法国革命论》的时候，注释中提到贝利被处决。孔多塞是第一届制宪委员会中来自吉伦特派的 6 名核心成员之一，算得上是革命领袖成员；而贝利则是 1789 年成立的国民议会的主席，也是重要革命领袖人物。关于革命风暴来临的乱象，泰纳生动地描述："掌权者甚至还曾委任当过小学老师且百无一能的人为政治俱乐部成员，他酗酒成性，勉强认识几个字，天天在咖啡馆打发日子，就在那里签署递到跟前需要签字的文件。公安委员会的一帮奴仆组成了第二级权力机构。"

伯克时代的文学知识，实应归功于古代的习惯。被经济政治学家们奉为神的商业、贸易和制造业，也许本身只是被创造物，却被我们

挑选出来当作第一因（first causes）来崇拜。商业、贸易和制造业肯定
也是在使知识得以繁荣那种同样的荫庇之下成长起来的。知识的天然
保护原则衰落导致知识衰落，同样，也会使商业、贸易和制造业衰落。
伯克警告说："所有这些在当时的法国，它们有全部消失的危险。"

当贵族精神和宗教精神还在，与之相联系的情感还在，一个国家
需要的贸易和制造业就会得到发展。当商业和艺术在一个抛弃那些古
老而根本性原则的（社会）试验中失败的时候，一个（崇尚）荣誉和
（拥有）雄壮的骄傲的国家眼下还能拥有什么呢？将来也毫无希望！

伯克失望地看到法国将走向一种"可怕和令人厌恶的局面"。国
民议会和他们的教导者，"已经出现一种概念的贫困、一种粗糙和庸
俗。他们的自由是不自由，他们的科学是自负的无知，他们所宣扬的
人性／博爱是野蛮和粗鲁"。

英法自古相互影响，伯克谦逊地承认法国文化部分是英国文化的
摇篮。伯克当然担忧海峡对岸的法国正在发生的事情影响到英国。"当
你们的泉水被阻塞和受了污染的时候，泉水在我们这里，或许在任何
国家里，就不会流得很长和清澈。"事实上，在伯克以后的时代里，法
国大革命的确将其革命激进思想传播到了整个欧洲，传播到俄国，然
后蔓延到全世界。

伯克念念不忘 1789 年 10 月 6 日的残暴场面，这是法国大革命
首次出现对国王使用强迫和暴力的场景。这是一个标志性事件、一个
标志性时刻，引发伯克深刻而沉痛的反思。这不是一场简单换个政
治领导人的政治革命，这是一场情感、习惯和道德观的全面革命（a
revolution in sentiments, manners and moral opinions），即"大革命"。革
命进程至此，一切值得尊敬的事物都被摧毁了，甚至还要进一步摧毁
人们心中每一项值得尊敬的原则，人们几乎是被迫要为怀着共同情感

的行为而道歉。在大革命时期，对旧制度的怀念、对国王和王后的尊重、对贵族和教会的尊重，都可能遭遇革命激进分子和"爱国者"的挑衅甚至人身攻击。因此，你被迫为你原本合宜的行为道歉！这就是荒谬的革命时代。

二、论道德情感倒错

理查德·普莱斯们和革命群众看来值得欢欣鼓舞的场面，伯克对此的感受却截然相反。因为，"这是自然的道德情感，我们天生就会在这种场面中（押送和羞辱国王）对非常繁荣（mortal prosperity）的不稳定性和人类伟大性的巨大不确定性，受到忧郁情感（melancholy sentiments）的感染"。正如休谟所说，理性是激情的奴隶。引申含义是理性是人类进化的全部适应（adaptation）中的一种，且并不位于至高无上的、审判一切的位置上，因此，政治和国家治理要适应人性而不仅仅是人的理性。伯克说，在这种非常场合，我们的情感教导我们的理性。在种这非常场合，国王被伟大戏剧的"最高导演"（the Supreme Director of this great drama，对革命派的讽刺语）撵下他的宝座，变成了卑贱者侮辱的对象，变成了善良者怜悯的对象。这时，事物的道德秩序灾难，犹如事物的物理秩序灾难一样！面对狂飙灾难，一个心智正常、维持着正常道德情感和理性的人都会感到震惊，"我们被震惊得陷入沉思，我们的心灵被恐惧和怜悯所净化，我们软弱的、未经思考的骄傲在一种神秘智慧的支配下谦卑起来"。但是一场全面的革命（政治、社会和道德情感）把大多数群众的理性和情感颠倒了！自法国大革命以后至20世纪上半期的人类几次重大暴力革命中，保持正常的理性和道德情感的能有几人？伯克甚至认为人世间发生过的悲

剧，以法国大革命为最，曾经为舞台上演出的悲剧而流过泪，而在法
国大革命这场大悲剧面前，那简直就是愚蠢的眼泪。这场大悲剧只值
得我们谴责和深思。

三、革命剧院与教堂

伯克用一段冗长的"剧院比喻"来揭露和讽刺革命派如何"用目
的为手段辩护"。这一长段全部是比喻，何兆武先生译本采取的直译，
不太好懂。如果采取意译，也还是在比喻故事里面打转，也不好懂。
伯克之所以采取这种长篇比喻，一是他有青少年时期的文学学习和拉
丁语学习基础，二是《法国革命论》通篇观点对当时英法两国尤其是
法国的革命政权和革命群众来说是一种极大的冒犯，因此作者用比喻
这种委婉的说辞。

在革命的抽象概念口号鼓动下，人们的激情被激发出来。人们
不再能忍受任何形式的暴政，无论是民主暴政还是君主暴政。旧制度
被革命布道者、革命俱乐部、各种革命出版物指责为完全不能容忍的
暴政，引导人们指责、羞辱、攻击，直到最后以狂飙突进的方式彻底
推翻它。而事实上，旧制度是否真的如革命布道者所指责的那样是暴
政？新政权是否像革命布道者所宣扬的那样追求和维护自由、平等、
博爱、人权？在革命的展开过程中，已经露出了它凶恶的一面。革命
鼓动和革命号召的一个后果是，人们不再能忍受过去曾经能忍受的东
西（例如贵族和教会特权）。一方面，旧制度的确存在许多需要改进
之处，另一方面，革命露出了它的凶恶的真容。因此，革命领导人（a
principal actor）必须在这个出售恐惧的商店（a shop of horror）权衡，
革命带来多少真实的罪恶，又得到多少相应的好处，一番权衡之后，

宣称好处的一端在天平上占上风。

他们忍受不了或者故意忽略，在一本总账目中居然开列着新民主制的罪行和旧专制制度的罪行的对照，而政治会计师竟然发现新民主制依然是负债，根本不能也不愿意偿付债务。这里的债务是革命进程带来的种种的犯罪和恶行。历史实践一次次表明，暴力革命通常用他们宣称的美好目的为手段辩护，因而在这种政治计算中证明任何程度的罪行都是有道理的（justify every extent of crime），用目的证明手段合法，这是革命通过一种自我合理化走向恐怖灾难的关键性步骤。根据这项原则，在没有出现最坏的行动的地方，那是贵族等反革命们的幸运，而不是他们吝惜付出流血和背叛代价换来的结果。他们很快看到，罪恶手段一旦得到容忍，它就很快被人们进一步采纳。因为，这个手段相对于德行（the moral virtues）这条大道而言提供了一条更短的捷径。为了"公共利益"，已经为背信弃义和谋杀开出了合法性证明，即为了革命派所谓的"公共利益"，背信弃义和谋杀是正当的。局面出现了荒谬的反转，所谓"公共利益"很快成了借口和手段，而背信弃义和谋杀成为目的。因为在大革命时期，新政权对国王和贵族、逃亡贵族，以及与国王有联系的奥地利王室特别警惕和敏感，甚至是歇斯底里式的、草木皆兵式的敏感，认为处处都是阴谋、人人都是反革命。于是抓反革命、抓阴谋颠覆革命新政权的谋杀行为也是爱国行为。"终于，巧取豪夺、心怀恶意、报复以及比报复更可怕的恐怖行径，就能满足革命政权永不满足的嗜欲（insatiable appetites）。"泰纳感叹道，"从来没有如此巨大而密集的网络由上而下铺展开来……通过对自由、财富、生命和信仰的控制，一下子把所有人置于它的掌控之中，这就叫'革命政府'"。这样做的后果是，在这些"人权"分子的胜利光辉中，所有天然的是非感丧失了。

四、对国王的诽谤以及应该如何对待国王

因为路易十六被认为是一个专制的君主，所以理查德·普莱斯为押回国王的"凯旋"欢欣鼓舞。这个国王，恰好因为他是国王，他是路易十六，他不幸生而为法国国王，他有着悠久的家族传承和人民长期默认的君权（这些东西随着他的出生而拥有，没有他本人任何刻意追求的行动的成分）。对路易十六而言，这的确被证明是一场不幸，因为他生于王室家。但不幸不是罪行，而言行失检也绝不是最大的罪过。身为国王必然处理大量国家治理事务，难免有言行失当和决策错误发生。只要是人就难免犯错，只有天使在行为和道德上才不会出错。革命派认定生而为国王就有罪，而治理国家中偶尔的言行失当更是罪大恶极。至于在危急时刻他和王后求助于奥地利国王帮助也不能被指控为所谓"叛国"，因为在今天的人们看来，狂飙式的法国大革命给法国、全欧洲乃至世界带来了灾难，而法国迈向现代国家的进程，并不是必须通过这种狂飙突进的革命和与过去一刀两断的方式来完成。伯克愤怒地指出：我绝不认为这位国王在他的全部当政期间的各种行为乃是对他的臣民的一种让步，即国王承认自己有罪所以不得已必须对臣民让步。

实际上路易十六是一位什么样的国王？阿克顿公允地指出："他解放了王室奴隶；他改革刑法典时邀请公众予以协助；他以尽可能小的代价剥夺上层阶级的特权；他向法国平民阶层开出条件，这是法国历史上任何一个君主都不敢向他的臣民开出的条件；他取消了专断的权力和税收特权；不再未经同意即行征税；不再根据功绩以外的标准选拔官员。路易十六提出的一部自由宪法包括了宗教宽容，人身保护令状，平等纳税，取消酷刑，中央权力分散，地方自治，新闻出版自由，

普选权，在官方不提出候选人和不施加影响的情况下进行选举，定期召开三级会议，会议有通过投票决定拨款、提出立法动议、修改宪法的权利，大臣责任制，平民阶层在法国议会中拥有两倍代表人数，等等。这些让步都是国王自己施政的考虑，而不是民众的要求。"很大程度上，伯克认为路易十六是一位矢志改革的国王，是一位仁慈善良的国王，并罗列了路易十六在位时期的种种善举："他愿意降低他的权威；减少他的特权；号召人民享有他们的祖先所不知道，或许是不曾愿望过的自由（建立地方议会）。"

伯克毅然站出来为路易十六叫屈：就是这样一位国王，尽管他有与一般普通人一样的脆弱；尽管他一度认为有必要用武力来对付明显是针对他本人及其仅存的残余权威的亡命策划；尽管这一切都应考虑在内，也很难配得上巴黎和理查德·普莱斯感到欢欣鼓舞的那种残酷而侮辱性的凯旋（1789 年 10 月 6 日事件）来惩罚这位国王。伯克敏锐而深刻地指出，从如何对待国王这个事例看，我要为"自由"这桩事业而战栗；我要为对人类犯下的罪大恶极而未受惩罚的暴行的所谓"人道"事业而战栗。这是对革命布道者、革命政权和整个法国大革命所鼓吹的"自由""人道"的讽刺和控诉。革命政权不是在追求自由，而是在摧毁自由；不是在追求人道，而是在毁灭人道。革命政权的种种行为足以让人感到不寒而栗。

伯克对革命中那些背叛自己阶层的人表达了谴责。这类人是"属于低级和堕落心灵的人"。他们做了什么？他们以一种沾沾自喜、自鸣得意的敬畏之情仰望国王；他们懂得保住自己的禄位的同时严格控制自己的臣民，肯定自己的特权，以一种严厉的专制、觉醒了的警惕防范着自由到来的第一步。他们是一群背叛了原则的人，恰好被幸运所选中。正是这群人，在德行受难中看不到好的东西正在受难，在成功的篡权中看不到篡夺行为的犯罪实质。法国大革命性质上不是一场革命，而是一场叛乱和篡权。

伯克质问，如果能够证明法国国王和王后乃是顽固而残酷的暴君，那么囚禁他们是正当的。革命布道者和革命派们已经炮制了国王有意计划屠杀国民议会的谣言，那么囚禁国王还有什么正当性呢？对真正暴君的惩罚乃是正义的、高贵而令人可畏的举动，是对人类心灵的慰藉。但是要惩罚一个邪恶的国王，我应该顾及对这种罪行复仇时的尊严。"正义是庄严和郑重的，它执行惩罚更多是服从于必要而不是进行选择。"伯克写《法国革命论》时，路易十六和王后还没有被送上断头台。伯克去世是在 1797 年，因此，伯克肯定在《法国革命论》成书后知晓了国王和王后被处决这一残忍事实。如果此书出版于 1793 年之后，伯克的措辞必然会更为严厉。伯克在历数五六个历史上的暴君之后得出结论，如果这些暴君落在伯克自己手里，"我肯定我们的措施（与法国革命政权处理方式）是不同的"。

在革命之初，在路易十六被送上断头台之前（1789 年到 1793 年初）这一段时间里，国民议会（后来的制宪议会，再后来的立法议会）还需要国王，各种改革法案（没收教会财产、废除贵族头衔、通过 1791 年宪法，以及税收财政、地方议会、治安等新政权施政的各个方面）还寻求国王的合作和批准，而国王也被迫或勉强采取了合作态度。与此同时，对国王和整个王室、对教会、对贵族的羞辱和敌视在继续增加，尤其敌视逃亡到国外的贵族（逃亡贵族）。因此革命政权存在明显的自相矛盾之处。伯克说，如果国王和王后确实应该受到报复，确实要受到侮辱性惩罚，那他就不应该得到行政委托（在革命进行到第一共和国成立之前，君主立宪制仍然是革命政权和绝大多数法国人的目标，在君主立宪体制下，国王代表行政当局），也就不宜于成为一国之主了，因为他蹂躏和压迫了那个国家的人民。

一个已经稳定存在几百上千年的国家，发生暴力革命，总是要面对权力真空这个摆脱不掉的事实。整个国家秩序从基层到最高行政当局都是在一套延续了许多世代的习俗、社会规范和法律下运行，而革命总是一夜之间颠覆整个社会秩序大厦，绝大多数普通人是不可能适应的。因此新政权总是需要与它要颠覆的旧制度合作，至少在过渡期需要合作。这样，革命派一方面把国王描绘得十分邪恶，罪大恶极，另一方面又在快速紧急建立新秩序时需要国王的权威，需要国王的批准。这样就出现了伯克批评的革命派的言行不一、自相矛盾的行为，"但是先把一个人作为最坏的罪犯加以贬斥和侮辱，随后又在你们最高的关怀之中信任他是一个忠心、诚实和热忱的仆人，这和理性思维是不一致的，在策略上是不慎重的，在实践上是不可靠的"。这就说明，革命派对国王的抹黑、指责和侮辱是道德上不诚实的、是恶意的。因此伯克推断说：能够做出这样一种委托的那些人，必定要犯下比其他任何罪行更加犯有肆无忌惮的破坏信任罪。我的结论是——这些（对国王）骇人听闻的含沙射影（these horrid insinuations），是没有任何根据的，其他造谣诽谤也是没有任何根据的。

伯克书写法国大革命时，心里自然想着自己的祖国。伯克非常警惕法国激进革命思想传播到英国，并且用实际行动表达对英国君主立宪政体的捍卫。他指出："在英国，对国内外企图诋毁法国王室的人我们都不会寄予任何信任。法国逃亡到英国的法国朝臣和贵族，我们带着反感和义愤藐视和拒绝他们对王后的诽谤。对英国国内的乔治·戈登（George Gordon，类似理查德·普莱斯的英国贵族，上议院议员）勋爵，我们以诽谤法国王后罪给他判刑，他潜逃至欧洲大陆，后返回英国，说自己改宗犹太教；他还曾经鼓动暴民拆毁我们的监狱（伯克这里有比照法国大革命攻打巴士底狱的隐含意思）。英国保障了乔治·戈登勋爵的自由，可惜他却没有以有德行的方式使用它以配得上那种自由。对于那些诋毁法国王后的人，我们用监狱等着他们。他像犹大出卖耶稣基督一样出卖了自己阶层的荣誉。英国人不会剥夺教会的财产，英国人也不会靠掠夺教堂济贫捐赠箱来充实国库（暗讽法国新政权发行指券导致通货膨胀，剥夺教会的土地和其他财产）。"总之，英国人明智地躲过了法国大革命可能带来的灾难，英国人因为其苏格兰启蒙运动传统避免了法国式灾难。

第 8 章

论英国社会的稳定性及为宗教辩护

1750 年，在伯克从政之前十年，他已经在智识上确定了自己的立场。……1790 年代，伯克的核心政治与智识目标变成了这样一种需求：保护欧洲社会免遭毁灭以及保护其系列制度免遭革命观念——其中许多源自卢梭——扩散的侵蚀。

——杰西·诺曼

　　实际上，没有什么比创造一个全新的制度更加困难了，所以将一个制度嫁接到另一个制度上是必需的，也是常有的。

——斯塔尔夫人（Madame de Stael）

　　在美洲人民的性格中，对自由的热爱是压倒一切的特征。殖民地的人民是英国人的后裔，而英国仍然是一个珍视自由的民族。当殖民者离开您移居美洲时，即带走了这一嗜好、这一倾向。因此他们不仅热爱自由，更以英国的观念、英国的原则深爱自由。抽象的自由，如其他纯抽象的东西一样，天下是找不到的。自由内在于某一具体的事物。

——埃德蒙·伯克

一、英国的民情

　　伯克认为安宁有序又保有自由的英国君主立宪政体的维系，恰恰是因为反对革命协会主张的人（及他们从事的一系列激进启蒙行动）在英国占绝大多数的结果。革命协会的系列行动在英国成不了大气候。他何出此言？根据何在？伯克说："我是根据观察而不是根据权威发言。但是我的发言根据是与这个王国的各色人等十分广泛多样的交往，以及我从早年开始并持续了将近40年的长期仔细的观察而得到的经验。"伯克在英国有长期从政经历，积累了丰富的国家治理经验。可是，法国人对英国人的经验却知道得如此之少，以至于激进启蒙思想甚嚣尘上，成了气候。伯克怀疑法国人是从某些激进启蒙运动思想出版物上形成了对英国的判断，其实这不代表英国的主流信条，那种观点是极其错误的。那只是几个小小的阴谋家，他们的虚荣、不安和阴谋诡计，我们英国人其实是轻蔑和鄙视的，而你们法国人以为我们是默认那些阴谋家的观念。事情绝不是这样。

以休·彼得斯、理查德·普莱斯为代表的这些革命派，只是"生活在蕨类植物里的半打蚱蜢，他们扰人的、喧嚣的声音形成一个野生圈，但几千头大牲畜在英国橡树下歇息，悄无声息地反刍"。伯克惯用比喻修辞，意思是有激进启蒙运动思想的人在英国只是为数极少、影响力极为微弱的群体，成不了气候，他们（半打蚱蜢）与英国的主流民情（几千头大牲畜）不是一个数量级。而你们法国人误以为那些不成气候的半打蚱蜢就是田野上唯一的居留者。末了，伯克还不忘讽刺这些革命派，虽然说他们不过是——其实就是说他们只不过相当于——"小小的、枯干的、微弱的、跳跃着的、高声喊叫而令人讨厌的、生命短促的昆虫罢了"。

伯克估计，英国人参加革命协会这场"凯旋"的可能性连百分之一都没有。如果法国国王、王后和他们的孩子们由于战争的机缘落到了英国人手中，即使在浓厚的仇恨（英法之间曾经发生过百年战争，1337—1453）下，他们也不会受到如此羞辱对待；而是相反，会以另一种凯旋进入伦敦，受到有尊严地对待。

百年战争期间，英国人的确曾俘虏过一位法国国王约翰二世（Jean II，1350—1364 年在位）。1356 年夏初，英国国王之子爱德华（著名军事统帅"黑太子爱德华"）带领英国军队进行了一次远征，行程纵贯法国，从英吉利海峡一直打到地中海。当时法国国王约翰二世率军来追，双方在普瓦捷开始对阵。法军在英军强大的攻势下开始溃败，法国国王约翰二世本人被俘虏，被迫签订条约割让法国的阿基坦等地，交了 50 万英镑赎身，并在付清前留下儿子做人质。后来被俘的国王儿子跑掉了，约翰二世于是主动回去向英国人自首。此轮战役英国胜利了，但没有历史纪录表明约翰二世和他的儿子在被俘时受到了羞辱对待。

伯克说，英法百年战争过去 400 年了，英国还是原来的英国。这是因为"多亏了我们对变革的坚韧抗拒；多亏了我们冷峻持重的国民性"——这就是我们今天通常说的"民情"，因此我们得以保留我们祖先的特征。

很多读者会对伯克批评 innovation（创新）而感到疑惑不解，的确，伯克多次提到对"创新"的质疑和批评，实际上批评所指的是那种对本民族优秀文化传统不尊重、瞎改革、瞎折腾的所谓"创新"行为。现实政治中，打着改革的旗号瞎折腾的还少吗？即使在当代法治比较完备的美国，民主党奥巴马总统执政时期推出的"奥巴马医保"创新也备受争议。保守主义一贯坚持，对于文化传统、社会规范、习俗和惯例、政治先例等如无必要，不要创新。即使真有必要创新，也是"去弊"重于"获利"。

伯克对激进启蒙思想运动的批评中提到几个他比较反感的名人，如卢梭、伏尔泰和爱尔维修（Helvetius），其中最为讨厌的莫过于抽象大师和浪漫主义者卢梭。"我们并没有丢掉第 14 世纪思想的大度和尊严，也没有把我们自己变成野蛮人。我们不是卢梭的使徒。"这里伯克提到的应当是指欧洲 14 世纪至 16 世纪的文艺复兴运动思想。文艺复兴运动思想有多种解读，伯克此处肯定取其符合保守主义思想的部分。伯克曾经严厉批评卢梭，"我几乎肯定他有很严重的智力障碍……但他用大胆和非常规的眼光来观察事物，而且十分雄辩"。"高贵的野蛮人"是卢梭的发明，卢梭追求人类社会重返高贵的野蛮人状态。伯克当然知道，按照卢梭的方法，"人民"的意志一旦被表达为"公意"，往后人民只有做奴隶的份了。因为公意就是人民的共同意志，人民永远正确，违反公意就是与永远正确的人民为敌。

"我们不是伏尔泰的信徒。"伯克批评伏尔泰，说他有写美文的天分，但没有人能像伏尔泰那样能如此和谐地将渎神和海淫结合在一起。伏尔泰这个启蒙运动的"大管家"以反宗教著称。

至于爱尔维修，伯克更是蔑视，"无神论者不是我们的布道者"，"疯子不是我们的立法者"（Atheists are not our preachers; madmen are not our lawgivers）。

人是文化动物，是合作的物种。人类适应自然和社会环境的全部经验、知识、技术，我们可以用"知识集合"或"信息基础"来表达。这个知识集合产生于众多人、许多代人，存贮在"社会过程"中，而社会过程是一个累积文化进化的过程。就选取任何时代的一个时空截面来观察，特定的一个人、一代人对人类"知识集合／信息基础"的贡献都是极为微薄的。因此，伯克说："我们知道我们没有发明什么，我们也不认为在道德方面有什么东西可以被发明出来。"具体而言，例如关于政府的伟大原则、关于自由的思想，在我们出生之前早已经被人所理解了，而当时英国人也在践行那些伟大原则。革命派们"粗暴的饶舌"是没有自知之明之举，"墓地埋葬了我们的妄自尊大"。

在英国，"我们还没有完全抛弃我们天赋自然的内心。我们能体验到，且珍视和培育天赋自然的人类与生俱来的情感（those inbred sentiments），这种情感是我们的责任感最可靠的保卫者和最活跃的监视者，也是一切自由、男子汉品行的支柱。英国人的内心没有被激进启蒙运动思想所掏空而像动物标本一样被填上关于人权的肮脏的废纸、谷壳和破布"。相反，"我们仍然保留着所有的、原来的、完整的自然情感"，而没有被激进派夸夸其谈和对上帝的不敬所炮制的情感所侵蚀"。伯克接着明确指出了英国人的自然情感：

> 我们敬畏上帝，
> 我们满怀畏惧地仰望着国王，
> 我们满怀深情地仰望着议会，
> 我们满怀责任感地仰望着行政官，
> 我们满怀崇敬地仰望着教士，
> 我们满怀敬意地仰望着贵族。

这才是真实的英国民情。可是，有人却歪曲英国人的形象。这个英国人到巴黎去了一趟，把那里的见闻居然解释为："（巴黎）这里人民的精神已经清除了国王和贵族所强加于他们心灵上的那一切妄自尊大的等级观念。不管他们谈论国王、贵族还是教士，他们所用的语言全都是英国人的最开明、最自由的那些语言。"伯克认为绝大多数英国人民不是上述这位革命派所描述的所谓"最开明、最自由"的；相反，英国人民敬重国王，尊敬贵族，敬重神职人员，尊重先例和传统。

英国人民为什么保留着这种自然情感和观念？伯克解释道："因为英国人民的心灵尚未受到腐蚀，自然而然地受到其影响；而其他情感（尤指法国大革命中群众的那种激情）都是虚假的、欺骗的，企图腐蚀我们的思想，败坏我们原始的道德，使我们无法适于理性的自由（rational liberty）；它通过向我们灌输奴性而又放肆无节制的傲慢，使我们得意忘形于一时；它使我们终生只适合于做理所当然的奴隶。"伯克倡导的自由是秩序下的自由，是与责任联系在一起的自由，是一种高贵的自由。总之，伯克认识到引发法国大革命和正在法国传播的那种思想、理念和情感不会局限于法国一地，它具有传染性、腐蚀性，英国人民和整个欧洲都要对它高度警惕。

二、为偏见辩护

作为一个辉格党人，伯克当然与那个时代的思想家和政治家共享大量启蒙运动思想。但是，伯克毫不含糊地为偏见（prejudices）辩护："我们是具有天然情感的人，我们不应该抛弃所有旧有的偏见，而是要在很大程度珍视它们。"理由何在？

简而言之，因为偏见存贮了智慧。正因为它们是偏见，所以我们珍视它们；它们存在的时间越长，它们流行的范围越广，我们越珍视它们。

从复制者和互动者的演化本体来看，一个人类文化群体（例如英国人或法国人分属于两个文化群体）的载体是一代一代的人，这个载体就是文化进化的"互动者"；载体上搭载的是全部人类知识集合，我们称之为"复制者"。这个复制者不是一成不变地在代际间复制或继承，而是不断添新补旧地累积进化。这里我们注意到一个重要问题：人类适应自然环境和社会环境的全部知识集合存贮在何处？如何存贮？如何不衰减地传递下去？如何增加其复杂性和完备性？这就是伯克的原创性发现之一。

伯克说："我们怕的是每个人只依靠自己个人的理性存储（也就是经验和知识）而生活和交流，因为我们认为这种每个个人的存储是微小的，如果他们能够利用各个民族和各个时代的总的（知识集合的）库存和资产的话，他们就会做得更好。"

人类千百万年来跨代际累积文化进化中所存贮的知识集合，它是一种分布式存贮，它不可能集中存贮在任何特定的个人头脑或机构中，而个人依赖于人类独特的社会性存在生活方式却能广泛利用别人的知识（祖先的、当代人的、通过贸易而利用其他文化群体的）。相对而言，任何具体的个人所知道的知识和经验只是全部人类（且不说人类，就考虑一个相对封闭的民族国家）知识集合的极小部分，微不足道。而所谓偏见，往往就是前述知识集合的存储形态之一。因此，我们不是要破除偏见，而是要发现贯彻其中的潜在智慧。因此，"最聪明的办法还是让偏见以及其中所包含的理性一起流传下去，而不是抛掉偏见的外衣而只留下赤裸裸的理性。因为偏见及其理性有一种使那种理性运行起来的动力和持续下去的热情"。

这是伯克的另一个发现，就是用知识集合得以传递和继承下去的实际有效机制来为偏见辩护。用一个不一定十分恰当的比喻来说明，两性繁殖动物要想进化出强大的异性吸引本能，只能通过两性基因重组和基因代际传递才能实现。如果这种两性吸引的本能不够强大，物种就会趋于消失，如果这种本能十分微弱，物种很快就会灭绝。那么，仅仅靠说教而把人类知识集合传递下去是否会有效呢？不会奏效。偏见，恰恰是一种巧妙的保存机制，类似于异性吸引的强大力量促进了基因的重组和代际复制，偏见（当然还有其他办法）保证了人类知识集合跨时代以尽可能高保真的精确性传递下去。偏见是人类找到的一种自动执行的知识传递动力，虽然它并不是人类知识传递的全部动力。"偏见可以在紧急情况下得以循序运用，它事先就把我们的思想纳入一种智慧和道德的稳定形式之中，而不让人在做决定的关头犹豫不决、困惑、疑虑和茫然失措。""偏见使一个人的美德成为习惯；通过偏见，一个人的责任成为这个人天性的一部分。"伯克认为偏见起作用的机制与前述两性吸引在人类基因重组和代际复制中的作用机制很相似。这不是表面相似，而是具有一般性的相通之处。

与伯克为偏见的辩护相反，激进启蒙运动的说客们、激进革命派、"摆脱了偏见的人们"、"那些新政治家们"对偏见采取了否定的态度。他们不尊重别人的智慧，他们以对自己的过分自信取代了这种尊重。他们认为一种事物只要是旧的图式（scheme）就有足够的理由毁掉它；取而代之建立起来的新图式，他们丝毫不关心它的可存续性，存续性不是他们的目标。他们很少或根本不考虑以前时代所做的一切，他们把全部希望寄托于新发现上（法国大革命新政权就试图建立全新的法国）。

在科学技术领域，"旧就是差，新就是好"成立，但在人类社会领域，这一"喜新厌旧"的教义通常并不成立。在"论统一法案"的演说中，伯克说："我不想讨论求真和求稳哪个重要。就算真理重要得多吧。但同时明确把握这两个范畴几乎是不可能的，因此除非真理已显而易见、确凿无疑，否则我们会坚决选择和睦稳定，以实现宽容仁爱这一善行之中的至高美德。"在有关人类社会事物，在宗教、政治事务和公共政策考量中，这一真理难道会过时吗？在自由、和平和正义三大消极价值理想中，伯克把和睦稳定、宽容仁爱予以充分肯定。

三、英国人民拒绝法国大革命教义

伯克强调："他们（法国革命政府）系统性地相信，一切具有永久性的事物都是有害的，他们因此与一切既存事物处于一种不可调和的战争状态。"这种做法是对累积文化进化的群体智慧的直接否定。"在政治和国家治理事务上，这种人认为政府可以像换服装样式似的变换而不会有什么恶果。除非着眼于眼前的方便，否则无须坚持任何一种国家的组织原则。他们似乎认为他们与执政者有一种独特的约定，这种约定只约束执政者一方，双方没有任何对等关系（has nothing reciprocal in it）。只要它愿意，人民的威严无须任何理由有权解除这种约定。他们与国家的关系（依附国家或需要国家），仅仅是因为国家赞同他们短暂的、一时兴起的政策议程。"直白地说，国家就是工具，需要时用一下。他们与这种模式的政体的关系是开始还是终结，取决于他们暂时、临时性的见解。伯克这里是有所暗指的，即当时法国国民议会俘虏了国王路易十六，而国民议会本身又很快被巴黎暴民所控制，而暴民的意见从来不是审慎和从长计议的。

伯克心系祖国英国的安危，十分警惕法国大革命这把熊熊烈火越过英吉利海峡燃烧过来，因此他明确地澄清英国与法国大革命新政权的教义没有任何关系。实际上，当时英国国内的确存在支持法国大革命的各路人物，包括一些知识分子和友人查尔斯·詹姆士·福克斯（Charles James Fox）首相，伯克因此不惜痛苦地中止与福克斯长达数十年的私人友谊。

一种误解是，法国人说法国大革命是在学习英国。对此，英国国内也有人直接将法国大革命类比英国革命，将路易十六类比詹姆士二世。伯克认为这不是事实。法国所做的每一件事都不是来源于英国人的实践或占主导地位的见解，无论在法案中还是在行动的精神中。英国人不想从法国那里学习这些东西（激进启蒙运动思想和法国大革命教义），英国人肯定也没有教法国人这些东西。英国内部与法国革命派进行联系的阴谋分子至今只是一小撮人。这一小撮人，由于他们的诡计、煽动、出版物，以及期待源自带着法国的建议和力量的联盟的自信，他们就可以吸引相当一部分人参与他们派系的活动。如此，他们果真要在英国试图模仿法国大革命的所作所为的话，伯克斗胆预言，如果他们这样做的话，随着给自己国家带来一些麻烦，他们这一小撮人将很快自取灭亡。英国不欢迎法国大革命教义，大英帝国没有法国大革命教义的实践场所和实践机会。

伯克坚信，具有自由和保守民情的"英国人民在遥远的过去时代拒绝改变自己的法律，即使对一贯正确的教皇的尊重；同样，现在也不会改变，即使对哲学家们教义有着内心虔诚的信心。教皇以革除教门和十字军惩罚英国，英国没有改变；法国革命派以诽谤和路灯杆来行事，英国也不会改变"。

伯克对法国大革命的全面彻底的拒绝和否定，措辞可谓严厉。这不是伯克故作惊人之语，而是他切切实实地感到自己的祖国面临着一场瘟疫一样的威胁。法国大革命不仅仅属于法国人，法国大革命是属于欧洲的，也是属于世界的。一种思潮、观念和激情的传播，是不会囿于特定地理空间的。法国大革命刚刚开始时，英国人民大多只是旁观者，"因为我们不是法国公民"，伯克这里特地用"法国公民"，有讽刺的味道，但是在革命狂飙、风云突变时，当英国人民看到有人向英国人提出以法国为榜样时，英国人民不能再是旁观者了。我们必须是英国人，保守的英国人。此时此刻，"你们法国人的事务已经形成了我们的利益的一部分，在有些人（一小撮人）眼里法国经验是万灵药方，

在另一些人看来则是一场人间瘟疫！我们英国人民回避、拒绝你们的
'经验'，无论你们的经验是万灵药方还是思想病毒。我们知道这种药
方的'种种效果'。如果它是一场瘟疫，那么它就是我们要做出最严格
检疫加以防范的一场瘟疫"。不要说当时伯克所任职的英国下议院和英
国政府中同情、赞赏法国大革命的同僚，就是今天持古典自由主义立
场的人士，当看到伯克如此措辞严厉地描述和谴责法国大革命时，也
难免不对伯克有微词。是的，在伯克看来，法国大革命就是一场瘟疫，
一场暴乱。防范和阻止这场瘟疫大流行，是所有珍视自由、和平和正
义消极价值理想的人们的使命和责任担当。

四、宣传革命教义的阴谋文人集团

伯克认为法国大革命的最大推手，是他所称之为"阴谋文人集
团"中的一群激进启蒙运动文人学者，他们的思想和观念为革命政权
和暴力革命行动奠定了群众基础。当然，伯克绝不会狭隘到认为阴谋
文人集团是引起法国大革命的唯一原因。

伯克意识到，有一小撮人在宣传革命教义，而这种革命教义
正在法国变成政治实践。这一小撮人"自称是哲学家的阴谋集团
（cabal）"，其中，伯克提到了柯林斯、托伦达、廷德尔、卡布、莫兰、
博林布鲁克等人，这些人自称是"自由思想家"。他们的见解成为所有
在法国发生的事情的真正指导精神。这些粗鄙、所谓"接地气"流俗
做派的人！这些不敬神的庸俗的人！在法国，大量此类人物占领着演
讲台和政治舞台。这种人在英国也有，也曾喧嚣一时，但现在他们已
经默默无闻，没有了市场。无论在英国还是法国，这些跳梁小丑都蹦
跶不了多久。在英国，这类人无论过去还是现在，都不曾联合起来成

为有影响力的派系，更谈不上政党，"都是些完全不相关联的个人；他们保持着同类的共性，却从不合群；他们从不以团体的形式进行活动，从不在国家中以一个派别著称；他们从不以派别的名义或资格，或者为了这个派别自己的目的而试图影响我们的任何公共事务"。

伯克担忧英国人民可能受到法国革命教义的腐蚀和侵蚀，幸运的是，他发现在英国尚未出现类似法国"雅各宾俱乐部""真理之友俱乐部""八九年俱乐部""波尔多宪法之友""科德利埃俱乐部"等有政治影响力的正式派系。就宪法改革而言，英国的情形与法国的情形截然不同。"在法国，这些俱乐部不仅仅有政治影响力，而且，他们直接走上政治舞台、掌握权力，实践他们疯狂的革命教义。因为这种阴谋集团不曾在英国存在，因此他们的精神也就不曾对我们宪法的原始确立产生影响，也不曾对我们的宪法经历的几次修订和改善（注意伯克是认同 1688 年光荣革命对英国宪法的重大修改的）中的任何一次产生过影响。英国宪法的确立和多次修改完善，都是在宗教和信仰的指导下完成的，并且由宗教的法令所认可；这一切都来自我们民族特点的淳朴性，都来自天生的坦诚和直率。这种民族特性（our national character），一直是英国历代当政者的特性（characterized）。这种特性（disposition）仍然被保持着，至少是在人民的伟大主体中（意思是绝大多数英国人民没有受到激进启蒙运动和法国革命教义的腐蚀）。"

当我们读到伯克不断提及一种文化群体上的搭载物——民情、倾向、国民特性时，我们知道伯克肯定一种存在于群体中的"文化基因"，这种东西是真实存在的，并且会左右一个国家的政治文明演化进程。这说明，伯克在这个议题上与一种"原子化个人主义和自由主义"分道扬镳了，尽管他在经济议题上与同时代的亚当·斯密几乎完全一致，都主张自由贸易和自由市场经济。

五、宗教与公民社会

伯克为宗教信仰辩护："我们在内心里感觉到，宗教乃是公民社会的基础，是一切善和一切慰藉的源泉。"这是伯克一贯坚持的观点。对此他长篇引述了西塞罗《法律篇》中的内容为自己的立场辩护："因此在一开始我们必须说服我们的公民，神是我们的主人和万物的尺度，现存一切都是神的意志和权威的产物；他们又是人类的大恩人，并且关注着每个人的品行，看他做了什么事，犯了什么错误，是否虔诚地履行了自己的宗教义务；记下来哪些人敬神，哪些人不敬神。沉浸在这些思想中的人，自然会形成自己的正确有用的观念。"在启蒙运动时代，科学革命正迅猛发展，商业和市场经济突飞猛进，宗教正呈现式微之势，在此情势下为宗教信仰辩护，展现了伯克的真诚、勇气、深邃的洞察力。

英国人的宗教信仰坚定不移，99% 的英国人都不肯选择对上帝不虔诚，无论是迷信的锈蚀还是心灵中积累起来的谬误都无法改变这一点。坚定的宗教信仰，更具体地说，英国新教信仰很可能在阻挡法国大革命教义在英国的传播上起到了至关重要的作用。如何阻挡法国大革命对英国人宗教信仰的侵蚀和破坏？伯克说，我们绝不会愚蠢到邀请一个敌人来除去任何一种制度中的腐败，去纠正它的缺点或完善它的结构；我们绝不会邀请无神论者来解释宗教教义；我们绝不会以那种亵渎神明的火光（暗指法国大革命烈火）来照亮我们的神庙，它将以其他的光辉（我们的信仰的光辉）来照亮；这里容不得那些伪劣的形而上学贩子所贩运的有害废料。

对于教会的财产，伯克一贯秉持保护任何个人和团体的合法财产权的立场："我们教会的收入需要调整，那么于公于私，我们都不会以贪得无厌的态度去处理宗教献祭收入的审计、收取及其使用。"这里读者要注意，1789 年 11 月 2 日，法国国民议会通过了没收全部教会财产的法令；1790 年初，国民议会又通过了出售教会财产的法案。法国革命政权的这些公然渎神和公然破坏财产权之举在伯克看来是完全不能接受的。没收教会财产是不能接受的，这是公然践踏宗教信仰自由的行为，而宗教信仰在伯克思想中占有重中之重的位置。且不说具体的教义为何，伯克知道，仅一点就很要紧：谁畏惧上帝，谁给自己自主颁布信仰，谁就对别的东西无所畏惧。于是革命者就把那种唯一能够产生真正勇气的畏惧从头脑中斩草除根。

伯克一贯主张宗教宽容，对爱尔兰天主教持同情立场。"我们并不激烈谴责希腊的教会，不谴责亚美尼亚的教会（东正教），我们也不会谴责罗马的宗教体系，但我们选择了新教。英国人民不惜与罗马教廷决裂，选择了新教，绝不是因为新教中有更少的基督教，而是因为按照我们英国人的判断，新教中有更多的基督教。我们不是出于冷漠而是出于热忱，才成为新教徒。"这一段独白基本阐明了伯克的宗教信仰立场：一位虔诚的新教徒，同时秉持宗教宽容。

伯克敏锐地洞察到，任何再造新社会的企图，往往都伴随着反宗教甚至取缔宗教的暴行。然而，宗教信仰是人性的一部分，是取缔不了的，因此新社会必定会有一种人造宗教取而代之，这种新宗教必定是一种假宗教，必定行而不远。伯克重视宗教信仰作为公民社会的基础，既与其作为一个新教徒有关，又有其深刻的理论思考，因为即使是原始的宗教，也颁布了最早的道德规则。如果我们承认人性的幽暗面，那么我们就要承认，成为文明社会的人需要宗教"驯化"。

在废黜旧事物之前，我们事先要想清楚，新东西真的更好吗？宗教事务也是如此。"在剥夺我们现存的体制赖以维持他人尊敬的自然的、人文的手段，并使它为人所轻蔑——这正是你们法国人目前正在做的，并且理应受到惩罚——之前，我们渴望某种取代它的位置的其他类似物呈现给我们，以让我们形成我们自己的判断"。伯克如此控诉渎神的暴行，因为那个时候法国已经和正在上演羞辱和迫害神职人员、砸毁教堂、通过立法程序没收教会财产的悲剧。

伯克高度赞同、支持当时的体制（君主立宪体制）：我们决心要维护一个现有的教会，一种现有的君主制，一种现有的贵族制，一种现有的民主制（两院议会及其代表选举，议会权力和王权制衡）。革命派则对这种体制充满敌意，这种敌意已经构成一种哲学和一种宗教。启蒙时代的一个特征就是理性大觉醒，一切都要放在理性这个最高审判官的检视之下获得合法性。这个时代（启蒙时代）的不幸是每件事情都要加以讨论，就好像我们的国家体制总是有争议之物而不是一件可欣赏之物（be always a subject rather of altercation than enjoyment）。对这种不幸，对革命派来说反而是一种光荣！古罗马人就非常审慎，当他们打算创新他们的法律时（to new-model their laws），便派出使节去雅典，因为雅典是当时组织得最好的共和国。

六、宗教：凝聚的力量

伯克把尊重教会体制（our church establishment）称为他的第一种偏见。尊重教会并不是一种理性贫乏的偏见，相反，其中包含着深沉而广泛的智慧，"在我们的心灵中，宗教贯穿于开头、终止和全部中间过程。立基于我们现在拥有的信仰系统，我们按照早就接受的和始终持续的'人类感'而行动"。什么是"人类感"？用今天的话来说就是人的存在的属性——社会性生物、群体属性、文化动物、联合生存的物种、"超级合作者"。伯克认为，正是宗教信仰系统支持我们的人类感，"这种观念像聪明的建筑师一样建造起庄严的国家结构，又像有远见的业主勤于维护这座建筑以免于毁坏崩塌，使之像一座神殿，清除了一切欺诈、暴力、不公正和专制的杂质，宗教信仰系统使得我们庄严地、永远地献身这个共同体以及其中的一切公务（all that officiate）。宗教信仰系统使得代表上帝本人的在政府中任职的领导人，应该对自己的职责和使命具有崇高可敬的信念；他们的希望应该充满不朽性；他们不应该注意眼前微不足道的钱财或者满足于庸人们过眼云烟的称赞，而是要关注存在于他们天性中永恒部分的——坚固和永久的存在，关注那永久的声望和荣光，作为一份留给世界的丰厚遗产范例"。

上述崇高的原则"应该注入那些身居高位的人的头脑中，而教会则提供了使它们可以不断保持活力和得到强化的力量。有助于使人类理解，情感与上帝联系的纽带的每一种道德的、文明的、政治的制度，对增强那个精巧的结构——人而言，都是必不可少的"。伯克在这里指出，宗教信仰具有使"人之为人"的巨大作用。同样，伯克深知，宗教信仰行为让人们自己给自己颁布信仰，而拒绝他人干涉，尤其是来自世俗社会的有组织的集体干涉。"人的独特性（优越性，优先权）在于，他在极大程度上是他自身的创造物。当人按照所应该的那样被创造出来以后，就注定了要在这创造物中占据一个非同小可的位置。"

伯克重视精英在社会中的重要作用，他也是一位精英治国论者。"当一个人置于他人之上时，如身居高位时，他应该具有更优秀的性质；在那种情形下，他特别应该尽可能使自己接近自我完善。"一个良好的社会秩序，精英不能失灵，即身居高位者必须是精英，而精英也应尽可能使自己的品行臻于完善。

"通过一种国家宗教体制而献身于国家，将一种健全的敬畏之情施加于自由公民们是必不可少的，因为为了保障他们的自由，他们就必须享有确定比例的权力。在这样的社会中，一种与国家联系在一起、与公民对国家的责任感联系在一起的宗教，就比另一种社会——在被屈服的条件下人民限于私人情感和自己家庭事务的那种社会，更有必要了。这后一种社会，更像是一种专制社会、一种缺乏共同体感的原子化个人的社会，在这种社会里，宗教也许没有自由社会里那么必要。"伯克在此阐释了宗教在自由社会中的凝聚功能。从部落到城邦，从帝国到现代国家，形式都是一定数量的人口规模生活在一个共同体中，虽然我们每天生活在共同体中，但我们并不会意识到凝聚的力量是什么，它来自哪里。

在现实生活中，"拥有任何一部分权力的人都要意识到自己是一个受托人，受上帝的委托而行事。都应该强烈而又充满敬畏地烙上这样一种观念：自己只是受委托而行事，必须就自己的那种受托而向伟大的主宰、社会的创造者和奠基者（the one great master, author and founder of society）陈述自己的作为"。

第 9 章

论社会连续性

我们大家全都被一根柔韧的链条拴束在上帝的御座之下，而这根链条是在约束我们，而不是奴役我们。

——约瑟夫·德·迈斯特

一些人认为，它（法国大革命）将把人类社会推向最终的彻底崩溃，它是魔鬼在世间显灵；另一些人则在大革命身上发现上帝的福音，它不仅要更新法兰西的面貌，而且还要使世界焕然一新，可以说要创造一种新人类。

——托克维尔

与那些君主政权相比，那些集体政权中的掌权者更应该深切地把这项原则（行使国家权力是一种受托责任）印刻在自己的心灵中。缺少了手段——以宗教信仰为核心的旧制度安排（贵族、教会、议会），君主什么也做不成。当统治者运用某种支持手段时也会发现同时存在各种阻碍。他们的权力因而就不是完整的，他们也无法安然地滥用。掌权的人总是要以这种或那种方式为滥用这种委托而负责。

伯克认为，法国革命新政权就是滥用委托的政权。自始至终，伯克在全书中没有提及法国革命政权中特定的活跃人物。我们注意到伯克去世前夕要求下葬在自己庄园的无名墓葬中，就是担忧英国国内有激进人士可能采取破坏行为，但最后还是下葬在他的兄弟和儿子的墓葬旁。由此可见伯克一贯的谨慎，所以他在《法国革命论》中尽量不提及正在法国发生的事件中的具体人物，"如果他们（革命政权）不被人民的起义砍头的话，就会被那些保卫他们安全以防人民起义的禁卫军们（此处疑似是指国民议会成立以后新组建起来的国民卫队，不同于国王卫队）给吊死。因此我们看到法国国王被他的卫兵们为了增加薪水给出卖了"。

一、人民主权的本质

伯克谈道："凡在大众权威绝对不受限制的地方，人民便会对自己的权力产生一种无穷大的自信——因为他们自认为他们的权力更有（合法性）根据。"启蒙运动中夹杂的浪漫主义和激进主义成分，造成了一般民情的嬗变，君权神授思想受到侵蚀，主权在民思想逐步树立，"人民神话"慢慢显露出它的狰狞面目。革命行进到1793年到1794年间最为残暴的时期，雅各宾派当政，当时最高实际领导人罗伯斯庇尔就奉卢梭为精神导师，正是卢梭把"人民"拔高到了神的位置，而"不可腐蚀者""最高主宰"罗伯斯庇尔就是"公意"的化身。因为这种民情的嬗变，基于"人民主权"建立的政权总是自认为自己有真正的、远比过去时代掌权者更大的、几乎是无限的合法性。他们自身便是自己的手段（王权、贵族制、教会、贵族对平民的保护与平民对贵族的遵从等旧制度一扫而光，因此人民主权政权统治手段就是他们自己——一种直接民主制），他们更接近自己的目标（想通过什么法案几乎很快就通过）。

此外，他们在世界上最大的控制力是名誉和尊重感（the sense of fame and estimation）。在公共行动中，分摊到每个个人身上的臭名很可能确实很小，舆论的作用与滥用权力的人数成反比。

"一个完全的民主制就是世界上最无耻的东西，因为它最无耻，所以它也是最肆无忌惮的。"此一论断，并非故作惊人语，当时法国大革命的事实就是如此。

伯克连用三个人民整体（the people at large）来描述所谓人民主权这种政体是如何以人民整体之名义而肆无忌惮的。人民整体肯定是决不用害怕的，"因为所有惩罚都是着眼于保护人民整体的一个样例，人民整体永远也不能成为任何人手下的惩罚对象"。"人民整体"的表述，是不是杰里米·边沁（Jeremy Bentham）的"最大多数人的最大幸福"功利主义标准的操作化？我们知道果真按杰里米·边沁的"最大多数人的最大幸福"来运作实际中的政治，它绝不是普遍的幸福，而很可能是一场灾难。杰里米·边沁在启蒙运动中也算是一员猛将，按照这种逻辑，人民多数决策永不会出错，因为在逻辑上，人民多数总是为着"最大多数人的最大幸福"而决策。

伯克揭示了启蒙运动以来从"君权神授"到"人民主权"的骤然变革所遭遇的困境。伯克没有从本源上挑战人民主权，而是从法国大革命实践中的乱象质疑一种新的神话——"人民神话"。"应该说服他们，他们完全没有权利，更没有资格，为了自己的安全的考虑，而运用任何专断的权力。因此，他们不应该在自由的假象之下，实际上行使一种不自然的、颠倒的统治权；他们不应该专横地要求国家执政者卑躬屈膝地服从他们变幻无常的意志，他们本应要求国家的执政者无保留地献身于他们（人民）的利益，那才是他们（人民）的权利。如此一来（执政者屈服于人民的变幻无常的意志），消灭了所有为他们服务的人们身上的一切道德准则、一切尊严感、一切判断力的运用，以及一切始终一贯的性格；就在这一过程中，他们也使自己成了庸俗的阿谀奉承者或宫廷的谄媚者们野心的奴颜婢膝的可鄙俘虏"。回顾人类政治制度的演化史，今天我们知道，无论是帝国时代还是民族国家时代，人民主权因其根本不具备可操作性，替代性的选择是"议会主权"。经过从国王主权到人民主权的狂热，法国人最后还是选择了议会主权（此是后话）。

二、没有继承和连续性，人类犹如夏天蚊蝇般短暂

我们认为社会连续性原则是伯克保守主义思想的首要原则。"共同体和法律所要为之奉献的首要的、最重要的原则之一便是，唯恐共同体暂时的所有者和终身租用者不去考虑什么是他们从祖先那里继承得来的，不去考虑该将什么留给子孙后代，好像他们自己是十足的主人那样行事（其实每一代人都是过客）。那些理解和恪守那个首要、最重要原则的人，将不会按照他们自己的偏好摧毁整个社会原始结构，从而割断继承、糟蹋遗产。当割断继承、糟蹋遗产时，冒险留给后代的乃是一片废墟而不是一幢居所，并且教导他们的后代，如果不尊重他们的创造物，就像他们自己不尊重前人的制度/组织一样。"这一段生动的阐述体现了伯克对社会连续性原则的深刻理解。

社会连续性原则遭到破坏时，后果极其严重。所谓"大革命"与单一维度的革命不同，本质就在于前者从政治、经济、社会、习俗、宗教、民情诸方面全方位割断它们的连续性。"由于经常大量地、多方面地，凭借心血来潮的异想天开或赶潮流，而毫无原则地轻易改变国家，整个国家的（记忆）链条和连续性就被破坏了。一个世代就不能与另一个世代相衔接了。人类就会变得不会比夏天的苍蝇好多少。"

如果破坏了社会连续性，首先，人们将不再学习法理（jurisprudence）这一人类智力的骄傲了，认为它只不过是一堆陈旧的被驳倒的错。然而它连同它的种种欠缺、冗杂和错误一起，却是历代智慧的综合，它

把原始正义的原则和人类所关注的无限多样性问题结合在一起（因此在伯克看来这是一个高度复杂的人类智慧库存）。于是，个人的自以为是和狂妄自大——这是那些从未认识到存在一个高于他们自己的智慧的人的必然产物——将会窃据法庭。

社会连续性原则意味着我们敬畏代际继承而来的传统，重视传统继承。但问题的复杂性在于，前面伯克也提到，我们的传统中存在欠缺、冗杂和错误，而且，"并没有什么确凿的法律可以建立起希望和畏惧的牢固基础，以把人的行动纳入特定轨道或指引他们走向特定目标"。问题的复杂性在于，财产的占有方式和职权的运作方式中，并没有什么固定的东西可以形成一种坚实的基础，使得所有父母可以根据它教育下一代或为孩子在这个世界上选择未来的事业。问题的复杂性还在于，没有什么原则可以在早年就被铸进习惯。可能有这样的情形：一个最能干的教师一旦完成艰苦的教学任务之后，发现一切都变了。因此，我们需要一种具有某种稳定性的教育。

伯克选取几种不尊重社会连续性原则的破坏性做法予以批评，如币值不稳定（暗讽法国革命政权发行指券导致通胀）和缺乏稳定的教育。"货币化标准不断变化的国家中，当没有人知道什么是检验荣誉的标准时，谁还能葆有几乎是随着心灵的最初冲动而跳动的那种娇柔而精致的荣誉感（a tender and delicate sense of honour）呢？"生命中没有任何一部分保留下它的所获。如果缺乏一个稳定的教育和固定的原则，则会导致科学和文学的缺乏，艺术和工艺制造技术的缺乏，如此，用不了几代人，共同体本身就会瓦解，分崩离析为个体性的尘埃，最后随着天上的风而消逝。

尊重社会连续性原则，要求我们不能轻易发动一场社会变革，更不用说一场革命。反复无常和前后不一的后果，比固执和最盲目

的偏见坏一千倍。正因为如此，伯克说："我们才把国家尊为神圣
（consecrated the state），以至于不以恰当的小心翼翼就没有人可以去挑
剔它的缺点和腐败；以至于一个人决不可以梦想通过颠覆而发动一场
改革；以至于他应该接触国家的错误，就仿佛满怀虔诚的畏惧和战栗
的关切去接触父亲的创伤一样。"对社会连续性原则有了这样的深入理
解和认知，我们才能理解激进革命就像"公牛进了瓷器店"。伯克讲
道："当我们秉持这样的态度面对国家的传统时，这种聪明的偏见教导
我们要满怀恐惧地去看待他们国家的那些儿女（指革命派）——他们
不顾一切、鲁莽地将自己年迈的父亲砍成碎块，放进巫师（指革命布
道师）的釜里，希望用他们那些有毒的草药和疯狂的咒语使父亲的机
体复活，使老父亲得以重生。"

三、社会和国家的演化

从跨代际文化传递和累积文化进化的视角来看待社会和国家是伯
克的核心洞见之一。这一社会连续性观点也经常被后人引用。

社会的确是一项契约。对于那些单纯以偶然的利益为目标的各种
次级契约，是可以随意解除的。但是国家却不可被认为只不过是一些
诸如胡椒或咖啡、布匹或烟草的生意，或某些其他无关重要关切的暂
时利益而缔结的合伙协定，可以由缔约者的心血来潮而加以解除。我
们应当怀着另一种崇敬之情来看待国家，它是一切科学的合伙关系，
一切艺术的合伙关系，一切道德和一切完美性的合伙关系。每一个特
定国家的每一项契约都只是永恒社会的伟大原始契约中的一款，它联
系着低等的自然界和高等的自然界，连接着可见的世界与不可见的世
界，遵循着约束一切事物界和一切道德界不可违背的誓言所裁定的固

定了的协定。

伯克这一关于社会和国家的演化论阐释，已经超越批评法国大革命的具体语境而具有阐释社会演化的一般含义。社会是一个过程事实，或者说社会是一个演化事实。作为演化事实的社会，我们通过区分复制者和互动者，就能更好理解伯克所谓的"契约"或"伙伴关系""合伙关系"。复制者是跨代际累积进化的文化基因，最常见的习俗、偏见、惯例就是属于文化群体的文化基因。复制者不能为任何单个人全部把握和理解。复制者搭载在特定的人群上，这样的人群，即人类文化群体，它表现为特定的帝国或民族国家，表现为特定时刻、特定地点的一群人。任何文化基因总是搭载在特定的人群上，由特定人群的语言、行为表达出来。但是，每一特定世代的人群都只是匆匆过客，他们参与了搭载复制者的任务，同时把复制者传递到了下一代。每一代人都参与文化基因的修改、增补的工作，因而复制者在跨代继承中不断累积进化。

前面援引伯克的一段惊世骇俗之论，明确地指出了复制者的存在，这种存在不能为特定世代的人所完全摧毁和从事全新的重建。这里所谓"搭载"在人类文化群体上的复制者乃是一个超级复杂的知识集合，包括实现人际联合的行为规则、组织机构，以及对自然环境和社会环境适应的各种经验、技术。这个知识集合具有一般演化本体固有的复杂性，它的一个特征是添新补旧、错综复杂。正如解析人类基因组，试图找到每一个等位基因或一组等位基因与人类有机体的每一个适应性之间的因果关系。试图找到这个庞大的知识集合与它的适应性"功能"之间的因果联系几乎是人类理性不可及的。基于这一洞察，伯克对传统予以高度的尊重，对试图解除"合伙关系"的企图予以高度警惕。

伯克说："这一法则（law）并不屈从于某些人（暗指法国革命派）的意志，相反，这些人不得不使自己的意志屈从于那种法律。"因为，这些人必须服从无限超越于他们之上的那个存在。什么是无限超越于他们之上的存在？如果不诉诸任何宗教信仰和神秘性假设，那么这个超越于特定时代的人之上的存在就是那永恒的复制者。在社会演化理论里，特定的时代的一代人都只是匆匆过客，而长寿、永恒的乃是搭载在一代一代特定人群之上的演化着的复制者。所谓演化着的，是说复制者本身总是处在自然选择的强大选择压力之下而受到修改、改进和完善。

法国革命政权建立起来的"法兰西共和国的各个市政团体，在道义上并不刻意地为所欲为，根据自己有一种偶然改进的想法就完全拆散自己属下社团的联系，使之分解为若干基本原则之非社会的、不文明的、不相联系的混乱状态"。这里伯克具体有所指，即法国大革命的一个后果是社会自治的颠覆性改组。

四、被忽视的适度奢华

伯克认为上述理念在过去、现在、将来都是为大英帝国里有知识、肯思考的人所拥有的，也是为大多数英国人民拥有的。拥有这种理念和道德情操，就必然认识和感觉到西塞罗阐述过的古代的伟大真理："对于创造了宇宙的最高神来说，人世间最可以接受的，莫过于这种叫国家的、有组织的人类社会和人类的结合了。"对于这一伟大真理，伯克认为："给每一种真知灼见——人类的共同性和共同关系——以真正的分量和认可。他们确信做一切事情都得有所参照，一切都要参照到那指引着一切的参照点。他们认为不仅仅自己作为个人在心灵的殿堂中，或以个人身份聚合在一起时，有责任怀念自己高贵的出身和地位，而且还在于以集体的资格向文明社会（civil society）的缔造者、创立者和保护者表达全民族的敬意。如果没有文明社会，人类就绝无可能达到天性所允许的完美，也不可能遥远地、微弱地接近这种完美。他们认为，造物主（文明社会的缔造者、创立者和保护者）赋予我们由于德行而可臻于完美的天性，同时造物主也希望看到达到完美的手段。因此他要求有国家。""他"指的是"造物主"。这里反复提到的"他们"这个人称代词，就是指像伯克一样持保守主义观点的绝大多数英国人。

凡是相信造物主这种意志的人，会认为这种意志乃是万法之法、万王之王（the law of laws and the sovereign of sovereigns），这种意志绝不会非难我们团体（our corporate）的忠诚和敬意。

对一个合乎自然法和合乎道德的国家，伯克与休谟都予以肯定和赞扬，并认为赋予适度的奢华是有必要的。这里的原因比较复杂和深刻。"对如此造就的国家，在如此造就的国家中的人民，我甚至可以说，对国家本身的奉献是一种值得称道的奉献，应该以全部公共的、庄严的仪式来进行；在建筑上、在装饰上、在言论上、在人们的尊严上，都应以符合人类的天性教导他们的那些习惯；也就是说，都要以适度的奢华和真诚的形式，都要以温和的、庄严的和肃穆的场面。他们认为，为了这类目的而花费国家一部分财富，就正如用它来刺激个人的奢华是同样的有用。"

伯克为代表国家的各种设施和仪式适度奢华的辩护，貌似与现代社会中的对政府限制的观念格格不入，但却浸透着深刻洞见。一方面，人来自动物，有动物的兽性，人性的幽暗面从未完全消失；进入政治社会，人需要被驯化为文明人。伯克的这一论断，有可能与他早期著作《关于我们崇高与美观念之根源的哲学探究》有直接关系。伯克提出，崇高和优美是两种激情类型，分别植根于上帝赐予的两种基本人性本能：自保的本能和爱的本能。优美是一种社会品质，包含着一般社会中将人们联系起来的相关情感和天性；崇高是引起敬畏、恐惧或害怕的激情，也会引发遵从的行为。总之，崇高和优美的激情是形塑社会秩序的人性基础。如果私人的奢华是个人财富的"有用的用途"之一，那么国家也是如此。不仅如此，伯克还给出了更深刻的正面辩护："它是公共的装饰。它培育了公众的希望。最穷苦的人也在其中发现了自己的重要性和尊严（而私人的财富和傲慢却时时刻刻都使那些地位低微和穷困的人感到自己的低微，并贬低和诋毁自己的身份）。它是为了生活卑微的人们，它提升他们的性情（to raise his nature），使他们心目中有一个国家，在那里财富的特权将告中止，那时候他们将天然是平等的，而且由于德行还可能不只是导致平等那么简单，他们的国家的这一部分公共财富是被花费了并且是被圣洁化了。"

今天的自由主义者可能下意识不同意伯克此论。但是我们留意观察一下从古至今最好的政治制度，"国家适度的奢华"实际上持续存在着。政治学家和经济学家们在忙于为限制政府辩护的时候，很难细致入微地考察国家适度的奢华之所以持续存在的积极和消极两方面深刻原因，以及它的复杂功能和影响。

五、英国教会的独立性与自治

在政教分离的当今时代，我们似乎难以理解伯克对英国国教的捍卫。这里没有哪个正确哪个错误之分，这是政治与宗教关系的自然演化。至今，大多数美国人仍然认为自己的国家是一个基督教国家。伯克认为文明国家的宪制基础，实际上都或明或暗有其宗教支撑，人为地扫除宪制基础的宗教（或本国固有的文化传统）支撑并非明智之举。"大多数英国人都持有此见解和信念。正是根据这类原则，英国非但不认为一个全国性宗教组织是非法的，而且很难想象没有它会是合法的。英国人热爱自己的宗教（英国国教）甚于其他国家，英国人甚至可以说偏爱它。这一原则贯穿英国整个政治体制。英国人认为他们的教会对他们的国家不是出于一种便利（例如统治的方便）的存在，而是本质性的存在，认为它不是一种异己的、可分离的东西，不是为了某种方便而附加的东西，不是某种根据暂时性便利可保留可抛弃的东西。相反，他们认为它是他们整个宪制的基础，借助于宪法和宪法的每一部分，它支撑着一个牢不可破的结合。在他们的心中，教会和国家乃是不可分割的概念，很少只提到其中一个而不同时提到另一个。"

至少在伯克时代，"对宗教信仰的尊重、坚持和作为国家的本质来看待，英格兰教育的形成也肯定和加固这种印象。英格兰的教育，从幼儿到成年的所有阶段都掌握在基督教牧师（ecclesiastics）手中。即使是青年，在他们离开中学和大学进入人生中最重要时期，即开始把社会经验和学习联系起来的时候，伴随贵族的私人秘书不是那种老家仆管家，随着年轻的贵族和绅士出国的人有 3/4 都是基督教牧师。不是作为严肃的牧师，也不是单纯的随从，而是作为性格严肃的朋友和伴侣，他们（贵族的私人秘书或教师）中不少人和贵族本人一样是良家弟子。由于有着这种联系，他们通常都会终身保持着一种密切的联系；由于这种联系，我们使绅士与教堂紧密联系；我们又由于教会与国家领袖人物之间的交往而使教会得以有自由"。君主立宪制确立以后，宗教自由与宪制的亲和性得以建立起来。伯克既不支持英国封建世代的君主制，也不支持神权国家，他心仪的是拥有宗教自由和宗教宽容的 1688 年君主立宪政体。

从 14 世纪以来，英国坚持古老的教会方式和制度基本没有改变。正如坚持其他传统一样，英国坚持古老的、已经确立的信条：永远不要完全地、突然地脱离我们的传统。我们发现这些古老的制度一来有利于道德和纪律；二来可以保存科学和文学的各种遗产，对于科学和文学进步作出贡献。英国的教会方式和制度也可以加以修正和改善，而同时不改变其基础。近代世界进步的一个主要原因，就是"我们并没有蔑视我们的先辈所留给我们的知识财富（patrimony of knowledge which was left us by our forefathers）"。在伯克看来，传统就是继承的知识财富，传统就是人类知识存贮库，在各种传统中，宗教传统是最重要的传统。

伯克认为，正是由于英国对教会的遵从，这个国家才认为把全体伟大而根本利益，委诸他们根本不信赖的民事或军事公共机构的任何部分——也就是委诸个人捉摸不定的贡献，是不明智的。他们还走得更远。他们永远也不会容忍把教会的不动产转化为一种依赖于国库的财政补贴（也就是教会不再有自己的不动产，取而代之从国家财政那里领取薪金——这是法国大革命的粗暴做法），那样的话可以因为财政困难而推迟、停付、取消。这些困难有时候是政治目的的借口，其实经常是由政客们的挥霍、疏忽和贪婪造成的。伯克其实是暗批法国国民议会 1789 年 11 月 2 日通过没收全部教会财产以及紧接其后打击教会的一系列法案，然后又创造出一个财政发放年金、要求效忠宪法的"宪法教士"这个糟糕的东西。那些拒绝宣誓为"宪法教士"的人则遭到羞辱甚至伤害。法国大革命从粗暴对待教会及其财产开始，就已注定"侧滑"向一个不可控的暴乱局面。

英国人民对宗教的保卫，捍卫宗教自由，既有宗教上的理由，又有宪法上的动力。英国人民反对任何把他们独立的教士转变为国家的宗教受补贴者的计划（这是民间自治教会与国家公办教会的区别）。伯克认为，教会乃是出自自我意志的自发社群组织，这个自治组织有自己的入教和开除教籍的规则，有接纳和拒绝任何人的权力。"当教士的影响力依赖于王权时，他们就为自己的自由而战栗；当教士依附王权之外的任何其他人时，教士派系之争会导致内部的分裂、混乱，他们就会为自己的公共安宁而战栗。"因此英国人使他们的教会像他们的国王、他们的贵族一样保持独立。如果说法国大革命是对整个法国社会的一种毁灭和解体，那么它是从亵渎和摧毁宗教信仰开始的，尽管新政权用"公办宗教"维持了一种宗教形式。宗教信仰这个天然自由的领域中，"公办宗教"就像公有制企业一样不可思议。

出于宗教和宪制的综合考虑，"我们认为以可靠的方式对弱者提供安慰和对无知者提供教导乃是一种责任，因此英国就像保护私人财产一样保护教会的地产。国家无论是使用还是拥有，都不是教会财产的所有者，而是它们的保护者和规制者。他们已经规定，提供了这种制度安排就可以像脚下的大地一样稳固，就不会像湍急和方向多变的水流那样出现资金和行动的波动不定"。伯克认为，教会承担文明社会中无可替代的重要使命，需要保证教会的自治和独立；要保证教会自治和教会独立，就必须保卫教会土地和其他财产权。

国民议会通过的法令要求"完全废除封建制度"，首当其冲的就是贵族和教会。泰纳说："宗教一直是有绝对必要性的服务：慈善、信仰和教育；教会、高等教育和各种救济、公益机构，无限期维持其遗产所有权，不仅是有益的，而且是正义所需。"革命政权除了将封建土地贵族连根拔除，也将教会及其财产连根拔除。"那些有知识、有开放和直率智慧的英国领导人物，会耻于口头上宣扬宗教而行动上却表现为藐视它的做法。宗教，宣布道德世界和自然世界的伟大指导原则。如果把这种指导原则看作一种使粗野者服从的设计，那么这种行为恐怕也会挫伤他们自己心中的政治目标了。他们会发现，要使别人相信一种连他们自己明显毫不信任的制度（system）是困难的。这个国家的基督教政治家们确实首先是需要满足大众，而正因为他们就是大众，因此他们是基督教制度／组织的首要目标，也是一切制度／组织的首要目标。他们被教导，向穷人传福音的事是其真正使命的最伟大考验。因此他们认为，那些不相信它的人就不会向穷人传福音。"

"他们知道仁慈（charity）不局限于某类人，而是要应用于所有需要的人，所以他们也没有丧失对可怜的大人物的痛苦给予怜悯之情。他们并没有因为大人物的傲慢自大、自以为是，而拒绝给予他们自己精神污点和痛苦以治疗的关注机会。他们清楚地知道，宗教教导对大人物们的作用比其他人有更重要的作用，因为他们暴露在更大的诱惑之下；因为他们的错误会导致更严重后果；因为他们的坏榜样会'传染'；因为有必要让他们在谦逊和美德之轭前低下他们倔强的傲慢和野心勃勃的头；因为十足的愚蠢和严重的无知（关于人们最应当知道的重要的事物）在法庭、军队首领、上议院与在民间同样之甚。"

英国人民知道，宗教对大人物的慰藉与教导同等必要。所谓大人物也是人，也有一般人的痛苦和家庭的烦恼、事业上的烦恼，这些方面他们并不享有特权，但他们要支付所有可能的道德税（大人物位高权重，他们对社会秩序负有更大责任）。伯克还罗列了宗教慰藉为大人物所必需的其他种种方面，此处不赘。

六、教会的慈善功能

亚当·斯密说，在矫揉造作的理性和哲学时代出现很久以前，宗教，即使是它最为粗俗的形式，便已经颁布了道德规则。哈耶克认为，道德秩序是群体选择（group selection）的产物。习惯和传统都是人们对环境的非理性适应方式，在得到图腾和禁忌、神秘主义或宗教信仰——从人类以泛灵论方式解释他们遇到任何秩序的倾向中产生的信仰——的支持时，它们更有可能支持群体选择。

"英国人民知道，宗教布道者对地位悠久的权势者和新贵（大概是指资本家阶层新贵）的影响力有可能很微弱，因此，宗教布道者必须以相匹配的姿态出现。何况有些情形下他们还必须行使某种权威。假如教士团体在各方面都不如他们家仆人的地位，他们会怎样看待布道者呢？"意思是说，宗教布道如果不以相匹配的姿态出现的，宗教布道对老权势者和新贵阶层影响太微弱了。

在英国，伴随着世俗的贫穷而来的不受尊重，对教士阶层来说也难免。因此我们的富有远见的制度已经注意到那些教导傲慢无知者的人，那些对肆无忌惮的邪恶加以审查的人，既不引起他们的蔑视，也不能依赖他们的施舍过日子，还不能诱发富人忽视对自己心灵的治疗。为此：

> 我们并没有把宗教贬斥到偏僻的市镇和乡村里去，
> 我们愿意使它在宫廷和议会中高昂主教的教冠，
> 我们使它融入所有人的生活，融入社会各阶层。

法国大革命颁布了《教士公民组织法》，这项法律要"完全废除封建制度"，将宗教事务纳入类似义务教育这样的政府公共部门来管理，教士作为领取薪水的公务员，这样就出现了宣誓教士和拒绝宣誓教士两派的隔离和斗争，大约有三分之二的教士拒绝宣誓新宪法和《教士公民组织法》，这引发了极大混乱。泰纳总结道："老神父让新神父成了光杆司令，新神父让老神父面临警察的威胁。"根据泰纳的记录，从1791年开始，针对主教、神父、修女的暴行和致命攻击在各个城市泛滥开来。与此形成鲜明对照，"英格兰人民愿意向世界上所有高傲的权势者、能言善辩的诡辩家表明：一个自由、慷慨、有知识的民族尊重他们教会的高级神职人员；他们不会以财富和头衔或其他任何形式的狂妄自大，满怀蔑视地去鄙视他们所尊崇的一切，或擅自侮辱凭借后天努力博得的个人的高贵。他们希望那永远都是知识、虔诚和德行的结果，而不是报酬。他们可以看到一个主教走在一个公爵的前面，而不会感到难过或不快。他们可以看到一位达勒姆主教或一位温彻斯特主教每年有一万英镑收入……尽管实际情形可能是在主教手里的财富并没有用于喂养众多的狗和马，这笔财富本该用于喂养人民的孩子"。伯克的意思是，教会的财富用于慈善，而贵族的财富可能用于享受。虽然贵族有权利享受雍容的生活，但教会广做慈善显然是值得尊敬的。虽然教会的全部收入并非每一个先令都总是用于慈善事业（此外还有教育），但其中一部分肯定是用于慈善事业了。

"我们最好珍视慈善和人道，而把大多数事情留给自由意志，哪怕目标不能完全实现，这样总比把人作为政治慈善的工具和机器要好。整个世界只有通过自由而获得，没有自由则美德就不存在了"。伯克这是有所指的，因为法国革命政权试图用公共福利政策取代教会慈善职能。伯克的这一论点对反思当今世界普遍存在的"福利国家"政策仍然具有启示意义。

此外，伯克顺便提及，教会的收入不一定全部用于慈善，因为在伯克的宗教观中，宗教的功能显然不仅仅局限于慈善事业。如果"福利国家"是一种强制慈善和再分配，那么宗教机构做慈善则是一种"自愿慈善制度"。"整个世界只有通过自由而获得，没有自由则美德就不存在了。"无论哪一种制度安排，如果实际上削弱或取缔了自由，那么美德就不存在了，而只剩下强制服从关系了。在法国，教会被废除了，但没有任何人和任何机构废除得了宗教事务。涉及精神事务的事情议会也懂不了多少，于是议会自行决定哪些属于精神事务，并将自己的定义强加给神学家和教会法学家，于是议会成了教宗。

七、财产权是文明的道德核心

一旦国家确认了教会的财产权，那么就不会听到人们对其或多或少的评论了。因为一旦承认财产权，则"太多"或"太少"的评论都是对财产权的背叛。当至高的权威对这种财产权进行充分的、权威的监督以防止任何滥用，并在明显背离的时候就引导它趋向于符合其制度的方向时，那么不管财产权在什么人手里以及多少数量，又能产生什么恶果呢？

"在英国，我们大多数人认为，对白手起家之人的嫉妒和怨恨，并不是源自古代教会的克己和禁欲的热爱，那种嫉妒和怨恨使得一些人对于并非得自别人且与美德无关的差别、荣誉和收入白眼相看。"法国大革命的一个重要诉求就是平等，而此处伯克认为平等可能起源于对合法、合道德的差别，荣誉和收入的嫉妒和怨恨，因此伯克挖掘出所谓平等诉求的嫉妒和怨恨之根（至少部分根源是嫉妒和怨恨）。

泰纳说，根据卢梭的社会契约论，法国人将"国家之中不能有团体"确立为一项原则：除了作为全部公共权利受托人的国家，剩下的只是分崩离析的个人；没有特殊群体，没有个别性的组织，没有行业性组织，即便它们是为了履行国家无法履行的职责。这是抽象的人权和抽象的平等思想变成国家法律事实的直接后果。只有国家和个人，没有中间团体，例如宗教团体的存在，没有公民社会。泰纳说："由于宗教机构的建立，全能国家的出现便受到了阻碍。"泰纳又补充说："制宪会议宣布的抽象原则（平等），已经逐步展现其灭绝功效。由于这一原则，法国只剩下分散、无力、转瞬即逝的个人。在个人面前，唯一持久的团体已经吞噬了所有其他团体，这就是国家，一个名副其实的巨兽，它孤零零地高高矗立在所有羸弱的侏儒中间。"

事态的进一步发展印证了伯克的判断，"事情必当是各式各样的——当教会与国家的关系被改变，当人们的风尚、生活方式、整个的人类事务秩序确实都经历了一个全盘性的变化时"，法国大革命完全改变了教会与国家的关系，是整个社会秩序的大改造。这是伯克批评法国大革命的要害所在——伯克完全反对这种全盘性改造计划，虽然他并不反对"反抗暴政"。从路易十四对新教徒的迫害，到大革命对贵族和教会的迫害，导致 17 世纪末 10 万法国人流亡或被驱逐和 18 世纪末 20 万法国人流亡或被驱逐。泰纳引述一名国民议会议员得知这个数据以后欢欣鼓舞地说："那多好啊！法国被清洗干净了。"在泰纳看来，法国一半最优秀的血液已经流干了。

阿克顿说："千万不要让那些错误的学说渗透进你们的心灵。"否则，当你们从事邪恶的暴行时还以为很正当。在伯克看来，激进启蒙运动利用这种嫉妒心和怨恨做文章，而法国大革命很大程度上正是实践激进启蒙运动的思想观念。"英国人在国家危机中绝不会通过没收教会和穷人的地产充公来寻求财源。亵渎神圣和放逐不是我们的供应委员会的方法和手段。"交易巷里的犹太人还没有敢流露出希望以属于坎特伯雷大主教教区的收入作抵押的想法。伯克批评的亵渎神圣、高级教士和保守派贵族被放逐到国外（成为流亡贵族和流亡教士）、没收教会财产予以国有化，正是法国大革命政权的做法，但英国国内的激进派没敢轻举妄动。

泰纳发现，法国革命政府废除什一税的做法实际上的受益者是地产主，这一项收入为 25 亿锂。实施这一项"手术"时，给作为"公务员"的教士发薪水的责任转而由政府承担；实施第二项"手术"时，直接没收教会 40 亿锂不动产。

伯克指出："在英国这个王国中，没有一个您希望引征的公共人物、没有一个任何政治派别或行业的人不谴责法国国民议会被迫做出的那种不诚实、背信弃义的、粗暴地没收教会财产的决定的，而保护财产乃是（或者原本是）他们的首要责任。"这是伯克对法国革命政权——国民议会的一次指名道姓的、明确的批评。

法国革命政权粗暴对待教会财产国有化的行为引起了英国人民的警醒。"你们对教会的掠夺已经成了我们教会财产安全的保障，因为它唤醒了人民。"英国人民满怀恐怖和惊讶地看着这种横暴无耻的剥夺行径。对此伯克"带着一点民族自豪的得意告诉您，我们这里那些向巴黎各种社团祝贺的人们已经失望了。你们对教会的掠夺已经成为我们教会财产安全的保障（英国人民汲取了法国革命的教训）"。英国人民不会被法国大革命所挑唆，英国人民反而警醒了，英国不会发生"大革命"。"英国国内的一小撮激进派失望了。英国人民已经打开且会越来越打开他们的眼睛，看清这些阴险的人私欲的扩张和他们慷慨情操的缩小，这些阴险的人们从他们隐秘的虚伪和狡诈开始，而以公开的暴力和抢劫告终。"伯克这种斩钉截铁的断言是极其深刻和富有洞见的，因为当时法国大革命刚刚开始，更加恐怖的暴行还没有完全展示出来，而在 1790 年伯克已经发出了明确的警告。

正是基于这种深刻的洞见，伯克说："在我们国内，我们已经看见了类似的开端，我们警惕地防范类似的结局。"杰西·诺曼在《伯克传》中说，伯克认定法国大革命——通过暴力篡夺和暴力达成目的——是一种错误、专断的革命派权力主张，这完全不同于美国革命。这种暴力革命并不旨在捍卫某种既定的生活方式，而是以抽象的普遍权利的名义对法国既有社会制度进行整体破坏和颠覆，包括君主制、贵族制、教会和财产权。而这一切就发生在距离英国不足 20 海里的地方，以其力量和示范对英国本身构成了一种严重威胁，它是一场真正完全的革命。

伯克捍卫财产权的决心一贯坚定无比。当谈到法国革命粗暴剥夺教会财产、践踏财产权这个主题的时候，伯克发表了一段充满愤怒的精彩批判："我希望，我们决不能完全丧失施加于我们身上的社会规则的一切责任感，不能在任何公共利益的借口之下没收无辜公民的财产。除非是一个暴君（代表使人性腐化和堕落的一切东西），否则有谁能设想不经控告、听证、审判，就让成百上千的人去夺取别人的财产？只要还没有完全丧失人性，还有人性的一丝痕迹，谁能够想到要打倒品行崇高而职责神圣的人们？其中有些人的年纪是能立刻唤起人们的尊敬和同情的，有谁能想到把他们从国家最高位置——他们原本靠自己的土地维持生活——拉下来，使其沦落到贫困、消沉和受人鄙视的境地？"

阿克顿说，被人热爱并为人所追求的最美好的东西是宗教和自由，而不是幸福和财产，也不是知识和权力。

据泰纳记述，在革命派和宣誓教士看来，对付不服从的主教和教区神父，任何手段都合适，包括非法裁决和骚乱，他们可以自己挑唆或暗中默许民众的暴行。在巴黎的圣厄斯塔什教堂（Église Saint-Eustache），人们厉声责骂神父，有人用手枪顶着他的头，有人揪着他的头发，对他拳脚相加……

伯克痛斥法国大革命对教会的种种羞辱和剥夺行径："那些掠夺者如此粗暴地把受害者从他们自己的餐桌旁赶走之后，在这个餐桌如此美妙地展现在贪婪的觊觎者面前之后，确实会赏赐受害者一些餐桌上的残羹剩饭。但是，把人从独立地位驱除到靠施舍为生（施舍物原本就是他们自己的财富），这本身就是一种极度残暴的行径。人们在某些生活状态下可以容忍的，可能对其他事物就难以适应，当其他所有条件发生变化时，就可能发生一场可怕的革命。一个具有美德的心灵被判决了任何罪行都是痛苦的，除非这种罪行是要剥夺其生命的罪行，对这些心灵来说，贬低侮辱和名声扫地是比死亡还要严厉的惩罚。由于教育经历和他所从事的宗教职位这种双重教导而拥护宗教的人，要从掠夺了他们全部所有的那些人的亵渎、不虔诚的手中，领取他们自己过去财富的残余作为施舍；要从那些众所周知、公然宣称无神论者傲慢而脆弱的手中，而不是从信徒仁慈捐献的手中领取宗教维持费用。而上述这些人的这笔施舍是按他们所持蔑视态度的标准发放的，目的是使接受施舍的人在世人眼里变得卑贱和一文不值，那么，无疑是无限加剧了这种苦难的残酷性。"伯克宣泄式地痛斥了法国大革命对教会的羞辱是何等的冷酷和残忍。这是一种让你受辱还要说感谢的羞辱，剥夺者用被剥夺者的财富施舍被剥夺者，被剥夺了还要对剥夺者感激涕零、奔走相告，这是人性之极恶的展示。

激进启蒙运动思想为暴力剥夺合法财产提供了合法性辩护。这种攫取财产的行为，看起来好像是一种依法判决，而不是没收。他们似乎从王宫的各科学院和雅各宾派那里发现，有些人对他们依法拥有既符合习俗和法庭的裁决，又符合千百年来积累形成的惯例的财产权不拥有任何权利。他们说，教士只是虚构人格，只是国家的创造物，国家可以任意摧毁，理所当然地可以在每一个方面加以限制和改造。他们说，教士拥有的财富确切地说不是自己的，而是属于创造了这个虚构物的国家的，因此人们就不必自寻烦恼地对这种建构性人格（constructive character）的所作所为带来的自然情感和作为自然人所遭受到苦难感到担忧了。"你们究竟是以何种名义去伤害他们？去剥夺他们自己职业的正当报酬？他们所从事的职业不仅曾是国家所许可的，更是受到鼓励的，正是基于这种确定薪酬的预期，他们形成了自己的人生规划，缔结债务，并使大众形成了对他们的完全依赖"。伯克从宗教神圣和职业的世俗角度论证了革命政权对教士阶层的羞辱和剥夺，无论如何都是站不住脚的，这既不符合道德伦理也不合法，可以说是十分邪恶的。伯克愤怒谴责，只要还有一丝人性的痕迹，这种邪恶暴行是干不出来的。

第 10 章

新兴金融资本阶层、阴谋文人集团与革命政权

法兰西共和国并不是各种社会力量自发演进的结果。到底是选择最珍贵、最灵活的政治形态——君主立宪制，还是采取那种最僵硬、最贫瘠的制度——共和制度和权力不可分（非联邦的）的制度？这个问题，却由人类中的犯罪分子决定了，由比犯罪活动更可怕的恐怖行径决定了。确实有一个来世让人赎回自己的罪孽，然而，愚蠢的代价却是由后代偿付的。

——阿克顿

　　卢梭最进步的观念是人民永不出错。人民做的事从来不会错。人民绝对正确。人民的声音，上帝的声音。

——阿克顿

　　可悲的真实情况是：追求公职和希望依靠国家的税收生活，在我国已不是一个党派特有的病征，而是我们民主长期存在的重大弱点，即我们公民社会的民主集中和我们政府权力的过度集中的重大弱点。也可以说是已经腐蚀了所有旧政权和又将同样腐蚀所有新政权隐而不现的疾病。

——托克维尔

　　我倾向于认为，如果当初由专制君主来完成革命，革命可能使我们有朝一日发展成一个自由民族，而以人民主权的名义并由人民进行革命，不可能使我们成为自由民族。

——托克维尔

　　存在着社会科学的一个普遍的真理：随着财产权调整而来的必定是政治话语权的调整。无论现实政治体制是否接纳这一条真理，相应的调整都会发生。这意味着，旧制度本身需具有一定可修改的灵活性和适应性，以接纳新政治精英的融入。如果旧制度没有这种自我修改完善的适应性，那么新兴财富拥有者与旧制度的冲突就不可避免，激烈的形式表现为革命。伯克其实以隐含的方式提出一个假说：欧洲文艺复兴以来，启蒙运动、科学兴起、从农业社会向工业社会的转变正在造就一个新兴金融资本阶层，由于法国旧制度缺乏吸纳新兴金融资本阶层的能力，新兴金融资本阶层与伴随着启蒙运动兴起的文人集团结盟，向旧制度发起挑战，最终以暴力革命的形式回答了随着财产权分布调整而来的必然是权力结构的调整的问题。（见图 10-1）

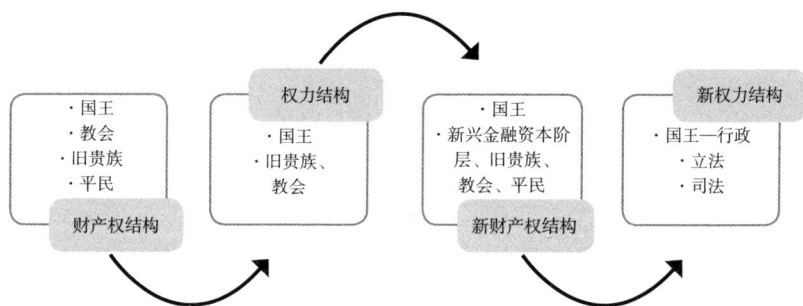

图 10-1　财产权结构调整导致权力结构调整

　　伯克说："暴君的力量是可惧的，暴君制是可鄙的。法国大革命建立的新政权残暴程度远超历史上的任何君主专制政权。那些掠夺者从他们早期的罪行中获得一种权力，使得他们可以免除曾经以及将来可能犯下的罪行惩罚，这是刽子手的鞭子，可以斥之为抢劫和谋杀的帮凶。巴黎那些能言善辩的新暴君谴责了过去时代王朝的暴君。新暴君们如此勇敢胆大，因为他们是安全的，不会被关到自己旧主人的监牢和铁笼子里去。"其实在伯克写作《法国革命论》时，大革命建立的新政权还相对温和，1793 年到 1794 年间才变得异常残暴。由此可见，伯克预言了雅各宾暴政。伯克描述的一个事实是：当代的新暴君们在我们眼前制造着更恶劣的悲剧，新暴君们的行为令人憎恨和唾弃。伯克只是诚实地说出真理。伯克的反问，面对正在发生的暴行，我们该怎么做？毫无疑问，伯克不赞同新暴君们的自由观和那种行使"自由"的行动。

当宗教力量受到有效打压以后，王权的权威和地位开始不保。在法国三个世纪的君主制中，国王拥有所有高级教士的任命权，革命政权通过剪除教会力量进而削弱了王权。

革命新政权不承认王国政府时代的一切法案，除了有关现金的合同外，认为王国政府的其他一切法案的合法性都是可疑的。新政权不承认过去的法案，反而以一种憎恶的眼光看待之，以至于在王国政府下拥有某种权利被看作一种罪行。例如教士阶层具有不纳税的特权，这种特权不久被废除了；属于教会收入的什一税、法衣费也被取消了。而在伯克看来，教士阶层为国家服务而获得报酬津贴，是所有权的一种良好基础。然而，在法国，教会即使在最为所欲为的时代（例如路易十四时代）、在最为所欲为的大臣手下都从未曾被剥夺过的财产，而今却遭到这个人权议会无情的洗劫。对这种一刀两断的做法，泰纳有一段栩栩如生的描述，"大革命一开始，他们就有一个确定无疑的信念：我不欠任何人的钱，从今以后全部结清！全村的人都来向领主说明，不会再给他缴任何捐税了。……另一些人则手持砍刀，强迫领主废除捐税。还有一些人做得更稳妥，他们冲进文书室，把契据扔进火堆……这是革命大手术的开始，我指的是全面破产，它将直接或间接摧毁法国所有的契约和债务关系"。伯克认为，"这是公共信义（public faith）的解体。这种公共信义的解体不限于这些不幸的人（教士阶层），法国革命新政权对内对外都不信守条约的约束"。

在旧制度中，国民财富在一切事物中都是法国国王的特权和欧洲任何国王的特权最少染指的。但革命政权打破了这个最珍贵的信条。革命政权没收教会财产作为抵押发行指券这种行为，意味着政府完全意义上支配了公众的口袋，这种新"恶"，远远超出了征收一种暂时的或偶然的赋税的委托权。"然而，这种危险的权力（它是一种无限的专制主义的明确标志）制定的法案却被看作是唯一神圣的。"新政权爱好这一口，这恰恰是君主权威下最可憎、最受非议的"资产"。这种行为既不符合理性，也不符合衡平法。这种矛盾和偏私究竟从何而来的呢？伯克给出了解释："在法国，财产的流通，从土地到货币与从货币到土地的双向转化是困难的。因为相比英国，法国有更严格的家族规定、贵族对土地优先赎回权、王室拥有大量不可转让的地产，所以法国的金融资本和土地资本这两种资本彼此分离。在英国，金融资本和土地资本和谐相处，彼此融通。而在法国，人们以一种邪恶的眼光看待金融资本，人们将金融资本与苦难联系在一起，金融资本遭到地产利益者的妒忌。这是因为，金融资本以一种炫耀的奢华光彩出现，使一些并无家谱世系、只有空头衔的贵族们感到黯然失色，甚至当土地贵族与其他行业联姻，那种挽回了整个家族免于破产的财富，被认为玷污和亵渎了它。原本可以使不和得到平息、使争端转化为友谊的手段，也会加剧双方之间的敌意和仇恨。而非贵族富人或新封贵族富人（都是新兴金融资本阶层），随其事业发展越发骄傲，他们满怀愤怒地感到自己地位卑下，拒不承认这种地位卑下。新兴金融资本阶层为了报复所遭受的傲慢对待和侮辱，任何手段都可以采取，他们通过王权和教会攻击贵族；他们特别攻击的是他们认为其中最脆弱的一方面，即教会的财产，它通常是由国王赏赐给贵族的。一般，主教职位和被委任的大修道院圣职都是由贵族阶级担任。"

这一段阐述表明，在法国，伴随着启蒙运动和工业革命，新兴金融资本阶层作为新的财产占有者在政治系统中并没有逐步获得相应的话语权，而旧制度也未有意识吸纳新兴金融资本阶层来更新自身的财产权基础，实际上的新贵族与旧制度下贵族之间的矛盾逐渐尖锐起来。土地作为社会主要财富的时代正呈式微之势，新的财富形式正在占据主导地位。

伯克指出："在旧有土地贵族利益和新兴金融资本阶层利益之间这场尽管不为人觉察的真正战争中，最大的力量掌握在后者手中。而金融利益在本性上更容易进行一切冒险，其拥有者也更倾向于经营任何一种新的企业；它是近期的积累，因此很自然适合于一切新事物；它成为一切希望变革的人们所追求的那种财富。"伴随着观念变革和制度变迁的技术进步是不可规划和预测的，它是综合了各种力量的结果，而技术进步的力量会改变财富形态和财富占有者的分布。历史上的财富形态从猎物、女人、奴隶到土地、金融资本、一般资本以及当代世界高技术公司的市值。当然，近代以来工业革命对财富的形态和财富的占有者分布的改变是极为罕见的、具有进化意义的重大人类进化事件和历史事件，在这一急速变化中，财富的形态经历根本性转变，财富及其财产权占有也发生了根本性改变。我们很难想象一个社会，财富生产主体和主要占有者，其政治地位和社会地位长期处于边缘。旧制度没有及时对环境变化做出响应，没有及时吸纳财富新贵和新兴阶层并赋予其政治话语权。与此同时，没落的封建特权却依然存在并越来越凸显其不公平，以致遭到广泛嫉恨和鄙视。而这一情势很大程度上是激进启蒙运动多年"经营"的结果。

前面伯克所称的"阴谋文人集团"或"政治文人"作为一种新型群体，伴随着这种金融资本阶层一道成长起来，与金融资本阶层形成一种紧密、引人注目的联盟。这些政治文人的特点是喜欢突出自己，很少反对创新，"自从路易十四的生命和伟大衰退以后，政治文人们不再得到王权的栽培，他们不能再依靠恩宠和赏赐效力旧日宫廷了。因此他们想要结成自身的团体弥补在旧日宫廷保护下所失去的东西"。伯克举了两个具体的团体，法国的法兰西学院和百科全书派，具体的人则是德尼·狄德罗（Denis Diderot）和让·勒朗·达朗贝尔（Jean le Rond d'Alembert）。

阴谋文人集团也以反宗教著称，他们制定了某种摧毁基督教的正式计划。伏尔泰这个"启蒙运动的大管家"就是嘲讽和亵渎宗教信仰的高手。他们狂热地追求这个目标，其狂热程度我们只在某些虔诚的布道者（指革命布道者）身上看到过。他们沉醉于一种极其狂幻的、使人改宗，由此很容易地就会执着于按照他们自己的办法迫害异己的精神。阴谋文人集团通过舆论媒介来实现他们想要达到的目标。为了左右舆论，他们第一步便是建立起对那些指导舆论的人的控制，他们处心积虑的是自己掌握一切通往文学荣耀的道路，而他们中的一部分人的确在文学和科学上居于很高的地位。例如为法国大革命作出"贡献"的著名学者有数学家和哲学家孔多塞、哲学家圣西门（Saint-Simon）、哲学家罗兰夫人（Manon Jeanne Phlipon）、文学家伏尔泰、唯物主义哲学家爱尔维修、唯物主义哲学家霍尔巴赫（Holbarch）、哲学家卢梭，百科全书派如文学家狄德罗、化学家安托万－洛朗·拉瓦锡（Antoine-Laurent Lavoisier）等。

法国大革命研究专家罗杰·夏蒂埃（Roger Chartier）发现："当时私下流通的禁书中三类书占主导地位：讽刺性政治性小册子、淫秽书籍、丑闻纪事。其中描述大人物道德败坏、国王堕落腐化、谴责君主专制的政治性诽谤和政治丑闻小册子的数量与色情文学大致相当。"罗杰·夏蒂埃问道："是书籍制造了革命吗？"在启蒙的 18 世纪法国，1731 年出版著作 400—500 部，1789 年前每年达到 1000—1200 部。伯克不无遗憾地写道：世界对他们是公正的，因为给予了与其才华相称的地位，而由于社会青睐一般才干竟然原谅了他们的邪恶倾向。

伯克说："我敢肯定，这种狭隘的、排他性的精神有害于文学和情趣，不亚于有害于道德和真正的哲学；他们还用阴谋诡计来补充他们才智上的不足；他们在这种文化垄断体系之上，还加上了不断积极地用一切方式、一切手段去诽谤和诋毁那些不肯参加他们一派的人；他们把语言上和笔头上的不宽容转化为一场打击财产权、自由和生命的迫害。"伯克对阴谋文人集团对法国大革命的"贡献"的归因和指控或许不甚准确或有夸大之嫌，但从他这番表述中，我们能看到他的反激进启蒙运动的态度。

伯克看到，尽管也存在对革命派的反击，但这种反击"是零散的、微弱的迫害，更多是形式上和表面上的姿态，而不是出自严肃认真的痛恨，那既没有削弱他们的力量，也没有减缓他们的努力"。伯克认为，旧制度在受到严重侵蚀和攻击的时候，革命派和激进启蒙运动人士只是受到了微弱的反抗。这种不对等似乎从一开始就埋下了大革命暴乱的种子。

伯克惊讶甚至惊恐地看到，一种世界上前所未知的强暴而恶意的狂热完全支配了这些阴谋文人的心灵，使得他们本该有趣而富有教益的言论变得令人厌恶；一种团伙的、阴谋的、叛教的精神浸透在他们全部思想、言论和行动中；争论的热情很快转变为暴力。

不仅仅是"启蒙"和宣传革命教义，阴谋文人集团还勾结普鲁士国王腓特烈大帝（Friedrich II），与他通信；他们还培植法国的金融势力；他们中的部分人通过那些身居要职而有着最广泛、最可靠的交际手段的人所提供的便利，精心地把持了一切舆论的渠道。

伯克在分析大革命的起源时把矛头指向了阴谋文人集团，这是否言过其实？可以肯定的是，大革命前民情的嬗变，与书籍出版流通和激进启蒙运动思想的传播存在直接的、紧密的联系，虽然这一点不是大革命发生的充分条件。我们用20世纪初期的法国大革命研究专家路易·马德林（Louis Madelin）的观点来佐证伯克的判断："那些有激进启蒙运动思想的'新平民们'当了群众的头目。如果大革命时代没有这种头目帮助暴动，是变不成革命的。除了哲学家之外，还有什么人能够动摇政府权威，能够夺取贵族们的武器，能够让少年平民们的头脑装满革命的精神呢？总而言之，哲学家要担负这个责任，这是无可辩驳的了。革命原是由多种事实酝酿成功的，然而若没有知识界来帮忙，却是发动不起来的，这是无疑的了。"

伯克认为，阴谋文人集团的共同行动对公共精神和一般民情的塑造有着巨大的影响。不仅如此，阴谋文人集团与新兴金融资本阶层的联盟，在消除人民对这种新兴财富的仇恨和嫉妒方面也起了了不起的作用。

阴谋文人集团是蛊惑者和挑唆分子，他们装作给予穷人和地位卑微的人以极大的热情，同时，用种种讽刺和诽谤极力夸大宫廷、贵族和教士的错误，从而使人们对之产生憎恶。阴谋文人集团成了联结不安、绝望的贫穷阶层与新兴金融资本阶层的纽带，联合起来把矛头对准国王、贵族和教士。新兴金融资本阶层和阴谋文人集团成为大革命的领导人。此二者为何联合起来并领导革命？伯克的解释是：不是根据任何法律或政策，只有一种原因——普遍的狂暴。大革命反王权、反贵族、反教会，但不反新兴金融资本阶层，这说明阴谋文人集团、新兴金融资本阶层和平民阶层三者联手发动了革命。因此一切对财富和权力的嫉妒，都被人为地导向反对"其他阶层的富人（即王权、贵族、教会）那里去了"。

伯克对革命攻击教会尤其耿耿于怀。伯克问道，我们究竟如何来解释革命攻击教会财产这个罕见的现象呢？毕竟教会财产经历长期岁月的更替和无数国内暴乱的考验，既受到正义的保护又受到偏见的保护，而现如今它竟然正在被用于偿债（指 1789 年 11 月 2 日国民议会通过没收教会财产法令，1789 年 12 月国民议会以没收的教会地产作为抵押发行指券）———一种相对晚近的、不光彩而且由一个受到诋毁和被颠覆了的政府所欠下的债。

一、1789 年法国的税收和财政

学界一般都认为财政危机是法国大革命爆发的直接原因。税收即国家，税收问题是治理国家的根本性问题。在邻国英国，"无代表不纳税"的原则已经得到确立，而王国的公共开支因为王权受到议会力量的制约，所以没有发生类似法国这样严重的财政危机。法国的财政危机直接导致了法国大革命，除了王室和政权自身的支出，当时法国在海外殖民扩张中的战争支出也是一笔很大的开销，而税收则因为各种因素赶不上支出的增长。

但是，不能把财政危机简单理解为财政赤字无法弥补，法国大革命时的财政危机乃是新旧财政制度转换的危机。雅克·索雷（Jacques Solé）认为："1789 年前的法国财政已经开始从王权与商人之间的契约关系向领取薪俸的官僚系统过渡。"

泰纳指出："大革命前，教士阶层的产业价值（主要是土地）接近
40 亿，包括每年收取 1.23 亿的什一税在内，全部年收入约 2 亿。"伯
克按照 1789 年 5 月 5 日法国财政总监内克尔公布的账目认为，法国维
持财政收支平衡并不需要征收新税。（见表 10-1）

表 10-1　财政总监内克尔 1789 报告的法国财政状况

财政收入	经常性财政支出（包括一笔 4 亿锂新贷款利息）	赤字
4.75294 亿锂	5.31444 亿锂	0.5615 亿锂（约 220 万英镑）

为了消除财政赤字，内克尔提出增收减支的计划，如果按计划实
施，则筹得款项还会超出赤字很多。伯克认为，内克尔的计划是可以
接受的，对公民们一视同仁地进行一种温和、按比例的评估，使各阶
层所有人公平分担税赋，其实是很容易做到的。

没有证据表明，内克尔所说为不实之词。伯克对内克尔怀有高度
敬意，因此不怀疑内克尔所作的财政收支报告，"不用怀疑这位日内瓦
银行家对国王的忠诚"。但最终，三级会议以后的事态发展，没有朝
向"征收温和、合理和普遍的赋税"，而是走向"求助于一种偏颇而残
酷的没收行为"。可是伯克指出，"教会方面和贵族方面可曾以特权为
借口拒绝这种赋税呢？不，肯定没有"。事实恰恰相反，教士们比第三
等级还积极，为国家缓解财政危机作贡献甚至跑到了第三等级的前面。
在三级会议召开之前，教会已经向教会代表发出明确的指示：放弃一
切使他们立足的不同于其他法国国民的税收豁免特权。在放弃特权这
个问题上，教士阶层甚至比贵族阶层更为积极。

伯克出离愤怒地指出：让我们承认内克尔弥补财政赤字的一切财
源都是厚颜无耻的，这是毫无根据的捏造。而且国民议会（或者他们

的雅各宾派贵族们）因之理应把这种赤字全部负担都加到教士阶层身上——即使我们承认这一切，需要 220 万英镑，也无法解释为什么要没收 500 万英镑之多。而把这 220 万英镑单加在教士身上是迫害性和不公正的，但这还不足以毁灭他们。因此，伯克得出结论：革命政权的真正目的已经不仅仅是弥补财政赤字，他们要改造社会，他们要消灭教士阶层。乔治·勒费弗尔（George Lefebvre）说："他们或许更喜欢公民的宗教，而公民的理想主义正以祖国的神坛、革命的节日和象征，趋向于建立一种新的崇拜。"

　　国家财政危机是法国大革命的直接导火索。伯克质问："如果国家出现财政危机，必须解决问题，那么根据衡平原则，谁应该承担责任？谁应该受损？"财政危机直接表现为政府债务危机，要还债，肯定不应该让与这一债权债务毫无关系的第三方来承担。"按照新的人权体制（the new institute of the rights of men），那些依照衡平原则应当承担损失的人，却正是那些将得到补偿的人。而那些要去偿还债务的人，既不是借方也不是贷方，既非抵押人又非受押人"。国民议会通过了法律，教会地产被没收充公，以这笔巨额财产为准备，革命政权发行指券。指券原本只是作为购买被没收的"国有土地"的特殊国债，但后来国民议会又通过法令，任何公私组织和个人必须接受指券，这样指券就成了事实上的新货币。结果清晰起来：剥夺教会财产，解决政府债务危机，并进一步摧毁旧教会制度本身。

　　伯克对革命政权以牺牲教士阶层基本权利来解决财政危机感到愤懑并予以谴责。这就是革命政权的真精神，以"新的公平和新的道德""更适合于公开的没收"。这个抄没者集团（革命政权），他们忠实于新兴金融资本阶层，对其他每一个人都无忠实可言，他们发现教士阶层是足以忍受一种"合法的债务"的。教士阶层沦为被迫害的公民，他们的权利遭到如此粗暴地蹂躏。这种悲剧旷世罕见！

伯克对革命政权独独对教会采取不公正的剥夺感到愤怒，他质问道：

"为什么不没收那些财政监督官们的地产呢？

"为什么不没收部长、财政官、银行家的地产呢？由于这些人的办法和建议而使国家在贫困之际，他们却发了财！

"为什么没收的不是拉博德先生（Laborde，银行家、贵族，抑或另一位拉博德，王室财产总管、政治家，制宪会议活跃分子）、舒瓦瑟尔公爵（duc de Choiseul，路易十五的大臣）而是巴黎大主教的地产呢？

"如果你们为了金融家的利益而必须没收旧有的地产，为什么惩罚只限于一个阶层（教士阶层）呢？

"为什么不没收艾吉永公爵（ d'Aiguilon，阿尔萨斯总督，曾犯滥用职权罪，法国最富有的贵族）的地产给所在的市镇呢？

"为什么不没收诺阿耶子爵（Vicomte de Noaille，王室仆人，得到国王室赏赐，在国民议会中提议废除一切封建特权）的地产来偿付国家债务呢？

"为什么罗什富科（Rochefoucauld，支持革命，1789年担任国民议会主席）公爵的地产比罗什富科红衣主教的更为神圣呢？如果说罗什富科公爵是一位可敬的人物，很好地使用了他自己的收入，但有足够的证据证明，罗什富科红衣主教对他自己的财富的使用要更远为值得赞许并且更富有公共精神。"

当听到这些可敬的人士被放逐以及他们的产业被没收时，能不让人感到气愤和厌恶吗？一个看到此种情况而不表达这种愤怒情绪的人，不配享有自由人这个名称。

在全盘性改造一个社会的财产权方面，革命政权的野蛮做法几乎堪称前无古人。伯克断言："几乎没有一个野蛮征服者曾在财产权上制造一场如此可怕的革命。"古罗马暴君也没有对被征服的公民的财物进行过如此巨额的出售，他们所做的掠夺很难说是冷血行为。相反，法国大革命新政权很冷血，"他们充满了复仇的情绪，充满了无数最新你争我夺和反击的血腥和掠夺。他们的情绪被点燃了，他们的脾气暴戾，他们的理智混乱了。他们由于害怕随着归还财产而把权力归还给那些被他们伤害了的家族，这种伤害已经到了绝无被宽恕的可能的程度，于是这种剥夺行为超越了一切节制的限度"。

二、教会和贵族的税收贡献

为了避免人们的误解，伯克为法国的教会和贵族对国家的税收贡献作了辩护。伯克指出，并不像人们想象的那样，教会和贵族因为有税收豁免特权，所以在法国大革命前这两个阶层对国家没有丝毫税收贡献。

教会和贵族缴纳了大量捐税。第一，教士和贵族都未享受任何消费税和海关关税或任何名目繁多的间接税豁免，而这些税收在法国和英国都在公共缴纳中占有很大一部分。第二，缴纳两种直接税。贵族要缴纳人头税以及被称为"第二十个便士"的土地税，有时高达每英镑 3—4 先令。第三，由征服而并入法国的各省中，教士们需要缴纳与贵族税率相同的人头税和"第二十个便士"土地税。在原有省份他们不缴纳人头税是因为他们用 100 多万英镑为代价赎买了他们自己的人头税。原有省份教士被免除了"第二十个便士"土地税，但他们做出了无偿捐赠，为国家借了债，以及承担其他的开销，合计为他们纯收入的 1/13。第四，教士每年还会缴纳 4 万多英镑，使自己与贵族的税额持平。第五，当巨大的剥夺恐怖悬在教士阶层的头上时，艾克斯大主教又做出了捐献。这笔捐献没有被国家债权人接受，原因是人们不想要教会来为国家服务。

三、没收教会财产

革命政权把为国家服务当成摧毁教会的借口，在摧毁教会的过程中，他们也毫不犹豫地摧毁了自己的国家。如果革命政权以敲诈勒索的计划替代没收方案，那么他们设计中的伟大目的（摧毁教会）就会遭到失败，一个与"新共和国"相联系着的、并不为自身的生存而与之相联系着的新土地利益集团就不可能产生。这就是上述巨额的赎金不被接受的原因之一。

1789 年国民议会成立以后，没收教会财产抵偿国家债务已经成为共识。令人不安和惊讶的是，1789 年 10 月 10 日正式提议用教会财产来偿付国债的是主教塔列朗（Talleyrand），他称述的理由是：教会财产并非给教士的，而是给教会的，即全体信徒的，换言之，是给国民的。信众捐赠的目的是作慈善以及一般有用的事业。代表国民的国民议会即代表信众，因此它可以收回这类财产。这个提案随即在国民议会以 568 票对 346 票通过。

对法国教士阶层而言，1789 年 11 月 2 日是一个特别的日子，这一天国民议会正式通过了没收教会财产的议案。路易·马德林指出："这是宗教所受的一个巨大打击。因为这个议案，宗教从此失其尊贵，地位一落千丈。从此以后，宗教要仰政府鼻息，教士成为领取薪水的公务员，政府掌握操纵教士之权。"从此以后，国民议会讨论的问题是如何出售教会财产的技术性手段——指券了。最终这种革命政权的新货币"几乎毁了法国，然而革命则赖以维持"。

伯克揭示，根据一开始所准备的没收计划，其疯狂性很快就昭然若揭。因为短时间变卖如此大量的地产，绝非易事。"这种数量庞大的地产，这种由于没收王室的全部广阔的领地而扩大了的地产，一下子被投放到市场，很明显会由于这种没收（事实上没有合法性因此人们并不信任），导致这些土地贬值，而使所期望的利润落空。这种突然间把全部流动资金由贸易转到土地上来，就必然成为另一种灾难。"大量出售显然不可行，国民议会没有回到教士们捐赠这条正确道路上来。在放弃了立即抛售大量地产的计划以后，另一项计划随之而来：指券方案。

其实教士阶层捐献一笔钱来缓解国家债务危机是一个不错的选项，但事情发展的结果是通过出售教会地产作为抵押发行新货币指券。伯克说："对教会的掠夺变成一切财政运作的唯一来源，变成了他们全部政策的活命原则，变成了他们权力的唯一保障。在平等的口号下，革命政权要把每一个人都降到同样的底层，并使全国都用一种罪恶的利益（指没收教会财产）来支持这种行动以及他们的权威。要做到这些，最暴烈的手段被认为是必须的。"更为可怕的是，为了迫使那些最不情愿参与他们掠夺的人，革命政权强迫一切支付都使用新货币。考虑到以上国民议会的种种行为，伯克指出，这个目标乃是它们一切计划的中心，乃是后来一切措施出台的中心。但是托克维尔不赞同此说，他认为，"大革命的根本与最终目的并非人们过去认为的那样，是要摧毁宗教权力和削弱政治权力"，"反宗教之战只是这场大革命中的一个事件，是大革命面貌的一个突出却转瞬即逝的特征，是暂时产物，而不是大革命的本身的特性"。那么什么是发生大革命的主要原因呢？托克维尔认为，"人们有理由将 18 世纪哲学视为大革命的一个主要原因……18世纪的哲学具有深刻的非宗教性"。启蒙运动是一场理性化运动，它要将一切理性化、世俗化，首当其冲的当然是教会。

发行新货币偿付国债的方案也摧毁了司法制度。旧制度下作为司法机构的高等法院原本具有制衡王权的功能，伯克指出，"人民显然可以不时求助于它并团结在古老法律的规范之下"，然而，"为了把全体事务都置于对巴黎独裁者的默默服从之下，高等法院古老的司法独立及其全部优缺点被全盘废除了"。财政危机是导火索，摧毁教会和司法等旧制度（全部封建制度），重建新社会才是大革命的目的。

发行的新货币（指券）到底被哪些人得到了呢？毫无疑问是政府的债权人，乔治·勒费弗尔认为，"第一批指券的发行意味着把教会财产交给国家的债权人，即交给金融家、供应商和官职拥有者，发行新的指券将使所有人都能取得这份产业"，因为"指券不仅用于清偿债务，而且是为了弥补财政赤字"。有了指券，革命政权仿佛发现了一座取之不竭的金矿。

高等法院被废除了，而法庭中的各种官吏都是用高价买得他们的职位的，他们得到一笔用新货币支付的补偿；律师们也得到用新货币支付的一笔补偿；新遣散的官员也从这种新货币中收回自己的（部分）财产；即使是教士阶层也要从这种贬值的新货币中得到一份可怜的补偿。"而所有那些曾被古老司法原则所哺育并且曾经是财产权坚定捍卫者的人，一定会满怀憎恶来看待"以上种种。指券在伯克眼中"带着不可磨灭的亵渎神明的烙印和他们（教会）自身毁灭的象征"，"这样一种强制性纸币给信贷、财产权和自由带来的粗暴的伤害，是任何时代、任何国家的背信弃义的联盟和暴政都很少展现过的"。伯克说这种强制性纸币并非虚言，据马迪厄（Mathiez）的说法，1790年4月17日国民议会通过的法令规定：指券在"在全国各地任何人之间，须如货币一般通用，公私机关均须将其当硬币一样接受"。"指券代替了钞票，议会在制造货币"。伊恩·戴维森（Ian Davidson）的研究表明，后来的事实是，指券在各郡都出现了贬值，贬值21%—60%不等。到1795年3月，1000锂指券仅能兑换80锂金属币。1796年，指券被明令废止，此时已是督政府时期（1795年10月督政府成立，1799年11月9日结束）。

指券计划很美，可执行起来完全不是那么回事。短时期推出如此庞大规模（约40亿锂，有人低估为18亿锂，有人高估为120亿锂）地产，立即引发地产贬值，指券也因此贬值。事实上，为了把没收的教会地产顺利出售，采取的是"按揭"方式，即首付比例12%—30%，余款分12年付清。经济中突然暴增如此庞大的事实上的新货币，而产品并没有增加，因此必然导致通货膨胀。指券和旧货币同时流通，出现劣币驱逐良币的现象，甚至出现了农民拒绝接受指券而惜售粮食的情况，而这种行为加剧了粮食短缺恐慌。

伯克分析了教会地产充公以后的出售对两类人的影响："这种规划向一批没钱的买主敞开了大门。这些买主或者不如说是受惠者，用他们积累起来的地租和从农民那里获取的高利贷来偿还。农民则委身于这些唯利是图而又恣肆专横的人们决断之下……（受到）各式各样的敲诈勒索。"伯克没有详尽分析以出售教会地产为代价发行指券的经济后果，他分析的焦点在于：剥夺教士的合法财产是公然破坏财产权，是非法的、邪恶的；摧毁教会破坏了社会秩序的根基。至于革命政权此后几乎以无锚印钞的方式发行天量指券引发通胀导致经济混乱进一步加剧，伯克没有予以深入研究。

当没收教会财产、滥发指券导致经济灾难以后，革命布道士又拿这事诋毁旧的君主政权，进而诋毁一切不同意他们的人们。伯克不无愤怒地指出："当这一切狡诈、欺骗、暴力、抢劫、焚烧、谋杀、没收、强制性纸币以及形形色色暴政和残酷都用来实现和支持这场革命而产生了它们的自然后果（恶果），亦即冲击了一切有美德和持重的心灵的道德情操时，这种哲学体系的煽动家们便立即扯起喉咙，声明反对法国旧的君主政府。当把那个已经废黜的政权抹黑之后，他们就进而论证说，仿佛凡不赞成他们这种滥用权力的人，便必然是旧的滥用权力的人的同党；而那些谴责他们残暴的自由计划（讽刺语）的人，就被当作是奴役制的辩护者。"对革命政权犯下的种种暴行，伯克认为后果最严重的莫过于敌视传统宗教，摧毁宗教。摧毁宗教的人知道，畏惧上帝的人不会畏惧人世间的恐怖统治，所以施行恐怖统治就必须铲除上帝。

四、古代暴君的专制

古罗马的掠夺者没有受到过激进启蒙运动人权思想的教导，因此仅仅是初步的暴君。他们认为有必要为自己不正义的残酷行为涂上一层伪装的保护色，他们认为被征服的一方全是叛徒，是拿起武器或以其他充满敌意的行为在反对国家。伯克说："英国的暴君亨利八世并不比古罗马的马里乌斯（Marius）和苏拉（Sulla）们更有教养，也没有在你们的新学校学习过，所以并不知道在那个大武器库中可以找到那么多有效的叫作人权的专制主义工具，当然他决心掠夺修道院之前——就像雅各宾俱乐部掠夺一切教会的财产一样——他还着手设立了一个委员会来审查这些团体所犯的罪行和滥用职权的情况。这个委员会报告了种种渎职和侵权行为，然而渎职可以纠正；个人罪行并不意味着没收团体的财产，因为在那个黑暗时代（反语），财产还没有被发现是偏见的产物，所以一切渎职还很难被认为是这样一场没收财产的充分依据。"

伯克的意思是说革命政权的掠夺是赤裸裸的、公然抢劫式的、不需要任何理由的，而即使暴君如亨利八世，行专制时还是有所顾忌的，还得找到点儿合法依据。亨利八世确实是暴君，但他在冒险向国会要求通过一项法案肯定他那邪恶的办法之前，作为必要的前奏，他要以一部分赃物来贿赂两院议员，并向他们承诺永久免税权。而这一切，在法国革命这个所谓光明时代，前奏工作都免了，只要用四个专有名词就可以完成他们的工作，省掉了一切麻烦——"哲学、光明、慷慨、人权"。伯克不是为亨利八世唱赞歌，而是指出，亨利八世这个暴君在行暴政时尚且还蒙上一层虚假保护色，而这虚假保护色至少也表明专制主义对正义的一种敬畏。古代暴君以及英国的亨利八世这个暴君，他们还保持着羞耻之心，道德感还没有在他们内心中完全被驱除。

然而，在法国大革命中，伯克谴责道，"在你们那里人类精神有了进步的状态中，却不拘这些形式。你们（革命政权）没收了 500 万英镑的岁入，把四五万人赶出家门，仅仅是因为你们高兴这样做"。这是有史以来"一种全新的专制，一种位于一切恐惧和一切悔恨之上的权力，却没有放置于一切羞耻之上"。

伯克引用 17 世纪英国著名政治诗人约翰·德纳姆（John Denham）的诗《库珀之山》中的一段来表达对法国革命政权的恐惧：

是什么罪行可能激发一个基督徒国王如此大发雷霆？
……
对没有钱的他，钱财就足以构成罪行了。
……

没有一种罪行如此大胆，

……

有谁看见了这一片狼藉而不问，

是哪个野蛮的入侵者洗劫了大地？

但当他听到不是哥特人，也不是土耳其人，而是一个基督

教的国王，带来了这片荒芜。

当我们最美好的和他们最恶劣的行动之间，

都带上热诚的名称时，

当我们的虔诚是这样一种结果时，

他会认为我们的堕落可以被宽恕吗？

"同样是这种财富——在所有时代、所有政体之下，对于贫穷和贪婪的暴政而言都是大逆和叛国——诱使你们一举破坏了财产权、法律和宗教。"

伯克问道，法国这个国家是否到了如此悲惨地步，以致除了抢劫之外就没有别的来源维持其生存？当三级会议召开的时候，法国的财政状况是否已经到了如此地步，以致各个部门按照公平和宽容原则实施节约后，也没有由各个等级公平地分担支出的任何办法？就当时的财政危机而言，如果路易十六不召开三级会议，而是在传统税制下加强税收征管，以及直接向新老贵族阶层适当增加税收，又或逐渐取消特权阶层的税收豁免的一部分，也许情况并不会那么糟糕。伯克认为，情况本没有那么糟糕，如果适当公平分担，是很容易做到的。但伴随着财政危机，激进启蒙思想早已四处传播，三级会议召开时，对代表名额的分配，甚至财政总监内克尔也同意增加第三等级人数，使其与教会等级和贵族等级的代表名额的总和相当，这直接恶化了后面的议

事程序。果不其然，后面的议事，不是讨论财政危机而是讨论"谁代表法国"这个根本社会问题和政治问题，这是走向废除君主政体、发动全盘社会改造的节奏！

自由是古代的，而专制是现代的新发明。伯克发现自由的现代敌人敌视宗教，而在伯克的心中，宗教之于社会秩序有着至关重要的地位。达尔文证明了人与动物的连续性，既然存在连续性，那么人性就有兽性的一面，人居于魔鬼和天使之间，人性中就有其幽暗面，因此人类需要驯化其兽性，宗教为此应运而生。理性是人类演化的最高峰，但防止理性的滥用需要某种解毒剂，这种解毒剂就是宗教。有理性能力的生物又面临"必死性"这一事实，因此文化进化出了宗教，以解决死后向何处去的问题。此外，宗教还是维持社会凝聚的必要条件。伯克对宗教的理解是亲身体验的、直观的、近乎本能的，甚至带着某种神秘主义神启风格。大革命欲将旧制度下的宗教系统铲除而后快，伯克基于对宗教的深入思考，对大革命摧毁宗教的行为发出最强烈的谴责和警告。

第 11 章

旧制度下取得的成就、国王的善良与软弱

在必要时，他们甚至动员穷人反对富人，平民反对贵族，农民反对领主。……法国革命既是他们的灾难，又是他们的教师。当人民在其内部摧毁贵族政治时，他们自然而然地奔向中央集权制。

——托克维尔

贵族与其说是一个真实的集团，不如说是一种社会原则，是旧世界中"差别"的象征，它须为价值的扭转付出大代价。只有把贵族从社会中排除出去，才能让新的民族契约变得合法。于是"贵族阴谋"成了平均主义意识形态的杠杆。

——弗朗索瓦·傅勒（François Furet）

一、多数暴政

阴谋文人集团和革命政权出于需要而诋毁教会、贵族和王权，发表"卑鄙无耻的谎言"：谁不支持革命谁就是为奴役辩护。他们制造出这样一种理论假象：在他们推崇的新社会与最令人作呕的暴君制之间，没有第三种选择。那么，人们当然"必须"选择支持他们。伯克说，他们这种诋毁、谎言连诡辩都谈不上，纯属厚颜无耻作祟。这些先生们只知道在君主专制与群众专制之间必须二选一，没有第三条道路，难道他们就没听说过"法治的君主制"吗？"法治的君主制"，就是伯克最心仪的君主立宪政体。

君主立宪政体好在哪里？"那是被一个国家伟大的世袭财富和尊

严所支配的制衡的（政体）。这两者又最大程度上受到理性和人民的感情以一种适度和永恒的机体所启动的明智的检查所控制。难道我们就不能发现一种没有罪恶的不良企图的和可悲的荒谬的政体——一种混合、有节制的政府，而不是两种极端形式的任何一种？难道人们可以声称一个缺少所有智慧和所有道德的国家轻易地选择了这个政府，或者不如说实际上已经拥有了这样一个政府之后就肯定了它时，就认为理所当然可以犯下一千种罪行并使国家陷入一千种邪恶之中吗？反倒还认为建立这样的政府就是为了避免那种种罪行和邪恶？关键是，法治的君主制是继承和改良的体制，而革命政权想要的是全新的大众民主制。"

伯克反问道，纯粹的民主制乃是人类社会可以投身的、唯一可容忍的形式，而任何人都不得质疑它的优点，否则就被怀疑为暴政的朋友即人类之敌吗？难道这真是一条普遍真理吗？

革命政府声称自己是一种纯粹的民主制，伯克则说："但我认为它沿着一条笔直的道路迅速地变成一种有害而不光彩的寡头制。"不幸而言中，1793 年到 1794 年出现了雅各宾恐怖统治，1795 年到 1799 年出现了寡头制"执政府"，接着是拿破仑帝国军事专制统治。法国革命政府属于哪一种政体？在伯克《法国革命论》成书的 1790 年，根据伯克的观察和判断，他说："不过目前我承认它的性质和效果是它自己所称的那种设计。"所谓"它自己所称的那种设计"——纯粹的民主制，其实就是暴民统治。

伯克自称并不会根据任何抽象原则来谴责任何政府形式，相反，他认为，可能会有某些情势使纯粹民主制的形式变成必要，例如小国。在译注中，何兆武先生提到热那亚、威尼斯和瑞士等小国。也许，这些小国实现某种纯粹民主制是可行的，类似古希腊时期城邦国家的那种政体。而大国例如法国这等人口和领土规模的国家呢？伯克认为纯粹民主制是不可能的，"直到目前为止，我们还没看到过大规模民主制的先例"。伯克援引古希腊智者为自己的观念辩护。亚里士多德的观点是："一种绝对的民主制（an absolute democracy），就像绝对的君主制一样，都不能算作政府的合法形式。……与其说是一种健康的共和政体，不如说是它的腐化和堕落。民主制与暴政有许多惊人的相似点。"

洞悉"多数暴政"，伯克走在了托克维尔的前面，"我敢肯定的是每当（绝对）民主制政体出现（往往必定出现）严重分歧时，公民多数便能够对少数施加最残酷的压迫；这种对少数人的压迫会扩大到更多的人身上，而且几乎会比我们所畏惧的单一王权统治更加残暴。在这样一种群众迫害下，每个受害者就处于一种比其他任何迫害都更为悲惨的境地"，这一命题我们可以称为"伯克多数暴政律"。

伯克进一步比较了多数暴政与君主专制暴政的异同，"在一个残暴君主统治下，他们可以得到人们的慰藉和同情，以缓解他们的刺痛；他们可以得到人们的称赞，在他们的苦难中激励高洁的恒心。但那些在群众之下遭受伤害的人却被剥夺了一切外界的安慰。他们似乎被人类遗弃，在整个物种的共谋下被压垮了"。在君主专制暴政下，尚且有一线出路，一点可能的救济；而在多数暴政下，少数被宣布为"与人民为敌"，逃无可逃，只有绝望一途。所以，在欧洲封建社会条件下，人们过着"有自由而无民主"的生活；而在多数暴政下，则人民既无自由又无民主。多数暴政是一种比君主专制暴政更残暴的政体。

二、革命不可避免？

君主政体真的如阴谋文人集团和革命政权所说的那样完全不包含

任何值得称道的东西了吗？换言之，当时的法国，旧制度已经溃烂到无可救药的地步，必须重起炉灶——革命是不可避免了吗？伯克历数旧制度下种种事实和理由后，得出的结论是，这不是事实。

英国安妮（Anne）女王时期的博林布鲁克首相是伯克讨厌的一个人物，但伯克还是认为他的如下观点不乏深刻和分量：君主制优点胜于其他政体，因为你可以更好地把任何一种共和政体移植到君主制上，而不能把君主制的任何东西移植到共和政体的形式之上。这说明君主制具有较大的包容性和可改良性。

伯克说自己不屑于扮演一个讽刺家和演说家的角色，尤其是作为有独立精神的人在思索政体这种对人类如此严肃的事务时，"我知道谈论已经成为过去的伟大政权的错误是何等容易；通过国家的一场革命，昨天摇尾乞怜的谄媚者就会转变为今天的严厉批判者"。

伯克也没有一味为法国旧制度唱赞歌，而是尽可能对它客观公正地描写和评价："法国君主制有着君主制中最好的名声，但仍然充斥着对权力的滥用，这种权力滥用在时间的长河中积累起来……我对这个被推翻了的法国政府的缺点和错误并不陌生……我并不倾向于颂扬任何一种正当而自然的遭人责难的对象。"按照托克维尔的研究，旧制度并不旧，至少从路易十四国王以来，大革命的中央集权因素已经渗透进法国封建制度。泰纳谈到，旧制度中的确存在两个根本弊端，故必须进行两项重大改革。第一是特权者已经不再提供服务了，因此应该废除了；第二是拥有绝对权力的政府使用公共事物就像使用私人物品一样，十分随意，浪费严重。因此两项重大改革必须推出：第一是税收面前人人平等；第二是没有纳税人的同意不得征税，纳税人的代表必须控制国家的钱袋子。

但核心的、根本的问题是："现在的问题并不在于那个君主制的弊病，而在于它的生存权。"这就引出了体现伯克保守主义思想核心之一的问题：改革还是革命。法国旧政府是不是真的无法改革或者不值得改革，以至于绝对需要立刻把整个组织推翻？

其实，即使在 1789 年初期，改革的舆论依然占主导地位，各地区给代表的"陈情表"，"都充满了改革政府的种种方案，而丝毫没有涉及要摧毁它的计划"。弗朗索瓦·傅勒认同这一观点："君主制人际关系和民主人际关系在 1789 年初还和平共处，那时候路易十六还下诏要国民起草陈情书及派代表到凡尔赛宫。……没有什么东西显示社会政治肌体会突然破裂，大革命的大人物们是从 1789 年的选举中冒出来的，但革命的语言尚未见于陈情表里。陈情表讲的不是民主语言，而是旧制度仪轨策士的语言……表达的是与革命风马牛不相及的东西。"也许泰纳的论证更加开门见山："它拒绝国王的提议，拒绝有限的改革，拒绝渐进的改造……每一代人（包括大革命那一代人）都只是临时管理者，他们都是从上代人那里接收并负责传给下一代的珍贵和光辉产业的受托保管者……应该预先清扫一切，还是废除或者仅仅改革等级和团体呢？"这是一个真问题，而且是一个事关重大的问题。

然而，革命的狂飙突进不可预测，伯克说："人们有时候是逐渐地被引导向前，也有时候是急急忙忙地冲向某些事物，这些事物如果他们能全部预见到的话，他们根本就不会去接近的。"三级会议召开时各地区发给代表们的指示（陈情书），除了对滥用权力要求改革以外并没有其他问题。但是就在那些陈情书发出与大革命爆发的间隙期，事情改变了形态（things changed their shape），"今天真正的问题乃是：那些主张进行改革的人和那些主张进行摧毁的人，究竟谁是对的？"伯克毫无疑问赞同改革的主张。泰纳不无遗憾地感叹道："一个优良的上议院的所有材料都已具备，要做的无非是把他们召集起来。一旦接触实际事务，上议院的议员们就会毫无困难地从危险的理论转向合理的实践。"我们知道，法国大革命一开始就采取了危险的"一院制"议会，这为此后"纯粹民主的暴政"埋下了伏笔。

三、旧制度下法国取得的成就

革命的意识形态和社会舆论其实在 1787 年初就已经形成了。矮化、诋毁国王和贵族成为时尚，伯克说："谈起法国王权统治，就像是在说伊朗征服者凶暴的刀剑，或至少描述的是土耳其那种野蛮无序的专制主义，那里的世界上最宜人的气候、最美好的国家却被和平所浪费，更甚于其他国家被战争所困扰。""在那里人们不知道艺术，那里的制造业奄奄一息，那里的科学荡然无存，那里的农业衰颓，那里的人种自身也在观察者的眼前消失。"阴谋文人集团、激进启蒙运动思想家、革命活跃分子，例如革命巨头之一马拉（Jean-Paul Marat，《人民之友》创办者，后来的革命领袖之一）等人极尽丑化旧制度下的法国。然而，伯克问道：这是法国的情形吗？回到客观公正的立场，伯克回答：事实并不支持这种说法。"君主制本身带着许多弊端，也有一些好东西；法国的君主制毕竟曾从宗教中、法律中、习俗中、舆论中得到过对自己祸害的某些矫正（some corrective to its evil），这就使它成为一个不如说是表面上的而非真实意义上的专制政体。"伯克不忘补充道："尽管它绝非一个自由的、因而也绝非一个良好的政体。"基于这一基本事实判断——法国君主政体绝非是道路黑暗、邪恶到无法容忍、不可能矫正的暴政，因此伯克的推论当然是对旧制度进行改革而不是革命。接下来，伯克用财富、人口、公共设施等各方面的事实和数据证明了旧制度下法兰西王国取得的种种成就。

1690 年前后法国人口约 1800 万人；1730 年前后，法国人口约 2200 万人；根据财政总监内克尔最可靠的估计，1780 年法国人口约 2467 万人。总之，伯克认为，法国人口在最近一段时期内有了可观的 增长；法国的人口增长远高于英国，甚至远高于英格兰这个联合王国 中人口最稠密的部分。

在伯克看来，人口数量是观察一个国家治理和国家繁荣程度的重 要指标之一。"一个国家如果人口繁盛并持续增长，就不会有一个作 恶多端的政府。"而法国并不算是一个土地肥沃的国家，它有相当一 部分是荒芜不毛之地。在这片土地最为得天独厚的部分内，人口数量 与大自然的恩惠是相符合的。一个最有力的例证是利勒（Lisle）财政 区，面积约为 404.5 平方里格（1 里格 ≈ 3 英里），10 年前人口 73 万， 即每平方里格 1800 多人，而法国其他地区每平方里格的人口数中间值 （the middle term）约为 900 人，由此可见这里的富庶程度。伯克并不 是把人口的繁荣归功于被推翻的政府，而是想指出，"这个被谴责的政 府并没有阻碍，反而极可能有助于那些因素（土地的因素和人民的勤 劳）发挥作用。它们在整个王国中造成了如此巨大的人口数目，并且 在某些个别地方（利勒财政区）展示了那样的人口奇迹"。那么，伯克 质疑道，一个根据经验被发现是包含着有利于人口增长原则的那种国 家组织，怎么可能是一切政治制度中最坏的呢？

再看国民财富这个指标。通过这个指标，我们可以判断某个政府 在整体上是保护人民还是摧残人民的。伯克认为法国在财富生产上远 逊于英国，无论是财富总量、分布上的平等性还是流通便利性上。而 这种差别，英国占优势的原因在于政府形式。这里，伯克显示了他的 制度—经济绩效分析逻辑，即主要是制度因素决定经济绩效。法国的 财富生产虽然比不上英国，但仍然达到了一个很高的富裕程度。伯克引用当时法国财政总监内克尔的数据，1726 年到 1784 年间，法国铸币厂所铸造的金银货币总量达到 1 亿英镑，作为财政总监，内克尔的这个官方记录数据应该是不会错的。1785 年，法国流通中的硬币大约为 8800 万英镑，而且正在以 2% 的年增长率持续增长中。据此伯克认为："这是多么巨大的财富！根据这些数据显示的法国状况，可以推断法国政府绝不是一种十足的灾难、绝对的邪恶，更不是除了通过一场全盘革命这样一种暴力（不确定的）药方之外就没有救了。"

即使对财政总监内克尔报告的财政收入（包括发债的收入）打个折扣，剩下的仍然是一笔巨大数目。伯克反问道："如此强大的获得和保留财富的原因，不可能出自一个有衰落的工业、一种没有安全保障的产权的一个专事破坏的政府之下。"显然，阴谋文人集团和革命激进分子夸大了旧制度的"坏"和"恶"。

伯克历数了法国旧制度下取得的伟大成绩。那许多富庶的城市、宽阔的大陆和桥梁的壮观与实用；那在如此辽阔的大陆上为水上交通提供便利的人工运河和水道；港口和海湾的雄伟工程；全部的军用与商业船队；那众多的用如此大胆而巧妙技术建造的防御工事，建造和维护费用不菲，对各方面的敌人都设置了一道武装防线和不可渗透的障碍和防御工事；那广阔的土地上只有那么小一部分是没有耕作的，那高度完美的农艺给法国带来最美好的产品；那优异的制造业和纺织业（仅次于英国）；那些公共的以及私人的伟大慈善基金会；那使生活美化和精致的一切艺术；培养出来的那些在战争中扬名的人；那能干的政治家、大量高深的法学家和神学家、哲学家、批评家、历史学家、古藏收藏家、诗人、宗教和世俗演说家……我在这一切之中看到了某些令人敬畏、使人浮想联翩的东西，正是这些东西把人们的心灵扼制在轻率和不分青红皂白的苛责的边缘。这就要求我们应该严肃检查一下，究竟潜伏的祸害是什么和有多大，才使得我们有权一下子就把如此宏伟的结构夷为平地。

通过以上一连串气势恢宏的排比，伯克引领我们看到了旧制度下取得的伟大成就，虽然旧制度下维持的制度和取得的东西也有瑕疵甚至腐朽不堪，但是总体上，一下子废弃甚至夷为平地，这是保守主义者感到无限惋惜的。

路易十六王室政权在大革命发生前数年已经着手方方面面的改革，在做着"一种朝向国家繁荣和进步的真诚努力"。伯克坦陈，"必须承认这个政府长期以来一直致力于，在某些情况下是要彻底清除、在许多情况下是要大力纠正这个国家过去所流行的各种滥用权力的做法和习惯"。但是情况在改变，"对于她的臣民人身的无限权力——那无疑是与法治和自由不相容的——在一天天地越来越缓和了。政府本身没有拒绝改革，而是以易受指责的便利程度向着这方面的各种提案和提议者开放着"。伯克倒是认为，君主政府被过多地赋予革新精神的面貌，结果一些改革举措转而反对那些支持君主政府的人，并以他们的灭亡而告终。这里伯克所指的是那些具有改革精神的"王党"或持有保守主义主张的神职人员和贵族。

冷峻和客观地判断，君主政体被推翻，不是因为它缺乏勤勉和公益心，而是因为在一些计划上的轻率和缺乏判断而受到致命打击。例如因为战争筹款而举债、加征新税而召开已经长期未开的三级会议、在召开三级会议时投票规则的轻率修改以及三个等级代表名额分配的轻率调整等等。

革命激进分子、阴谋文人集团、社会舆论指责路易十六政府在挥霍浪费方面和权力的严厉行使方面是不足为信的，例如有些人攻击路易十六对宠臣的赏赐、宫廷的靡费，以及象征君主专制的巴士底狱的恐怖，都是些言过其实的谎言。这一点伯克得到了财政总监卡隆（Calonne）所提供的信息证实。长期以来，内克尔是路易十六的财政总监，后来先后被卡隆、洛梅尼·德·布里安接任。大革命前夕内克尔又被召回任财政总监。卡隆告知伯克，那些抹黑王室的人，其邪恶目的是要煽动群众犯下各式各样的罪行。

四、新建立的革命政权

在古老的君主制废墟上建立起来的新体制表现如何？伯克认为用"新体制"来称呼新政权都不配。革命政权是否更好地让这个国家发挥人口和财富的作用？这是大可置疑的："我体会到这场变革不是带来改进，而是需要一段漫长的时间才能多少弥补这场哲学式革命（philosophic revolution）产生的后果，才能使国家回到它原先的立足点。"

伯克对革命政权的评价是倒退而不是进步，而且这种倒退的后果，需要很长时间才能恢复到倒退发生那一刻的状态。革命政权受着"博学的哲学家们"指导在运作。就从人口数来说，1789 年以前，法国人口一直处于不断增长之中。大革命以来，许多法国人选择逃亡，逃到英国、北美以及其他欧洲国家；再考虑到大革命恐怖暴政期间遭到屠杀的人口，估计人口减少是必然的。革命政权发行新币，旧币硬币消失了，财政收入锐减。巴黎的人口数大大减少了，维持这些人口的生活必需品只需要以前的 4/5 就足够了（意指巴黎人口差不多减少了 1/5）。巴黎成了囚禁王室和国民议会的所在地，有 10 万人失业，街头出现了大量"令人震惊和厌恶的"行乞现象。国民议会甚至投票通过了法案，设立了处理行乞现象的委员会，为此国民委员会配备了强大的警力，第一次开征了济贫税。为了缓解目前的贫困，那一年公共支出账目上出现了大笔数字，这也说明至少局部"饥荒"的确是存在的。

而同时，形成反讽的是，"那些立法俱乐部或咖啡馆的领袖（革命领袖一般都身在其中）却陶醉在对他们自身明智和才能的歌颂中。他们以至高无上的权威鄙视着世界，他们安抚这些被他们弄得褴褛不堪的人民说，他们乃是一个哲学家的民族"。不仅如此，革命者们"时而用各式各样骗人的游行、表演、骚动和叫嚣的手法，时而用阴谋和入侵的警报企图淹没发自贫困者的呼声，转移旁观者对这个国家残破和苦难的视线"。

大革命让法国人民得到了什么？失去了什么？伯克的论断是：得到了奴役，失去了自由。"一个勇敢的民族肯定宁可选择一种与有德的贫穷相伴随的自由，而不会要一种富裕而腐化的奴役状态。但是，在付出安乐和富裕的代价之前，人们应该十分确定所购买的乃是真正的自由，那是没有别的代价所能购买的。然而，我总是认为，一种不是伴随着智慧和正义的自由看起来是可疑的，而且其后果也不会导致繁荣和富足。"伯克的自由是秩序下的自由，革命哲人的自由是抽象的自由。托克维尔说，"大革命开始后，人们对自由的酷爱时隐时现，而与此同时，对平等的酷爱则实质占据着人们的内心深处，它最先征服人心；前一种激情随着事件的变化而不断改变，而后一种激情则始终如一，永远以执着、盲目的热忱专注于同一个目标，乐于使得到它的人牺牲一切，乐于为支持和讨好它的政府提供专制制度统治所需要的习惯、思想和法律"。托克维尔又说，"当人民执意要当奴隶时，谁也无法阻止他们成为奴隶"。J.-P. 迈耶（Jacob Peter Mayer）说，"托克维尔力图唤醒我们对革命的一种忧虑，即新专制主义的确立，民主的或军事独裁的专制制度，会抹杀个人，无视权利，由中央吞并所有地方生活，并吞并消灭各部门的一切生命力"。这种悖谬的后果恐怕也出乎1789 原则指挥者和捍卫者所料。获得平等，失去自由，这就是新政权带给法国人民的"礼物"。

五、惩处贵族的理由以及国王的软弱

革命几乎总是挑起人们对过去的憎恶和仇恨。这场革命的辩护士们不满足于夸大他们的旧政体的弊病，他们还把几乎所有可以吸引外国人注意的（贵族和教士）都作为恐怖的东西用以打击国家声誉。如果仅仅是诽谤，那它还不算严重，但它有着比诽谤更严重的实际后果。伯克引用一段典故来说明：过分地批评、苛责历史上那些反抗海盗、骑士因为世仇出击抢劫商旅、军事贵族统治，也许是不可取的，因为比起法国大革命制造出的恶，它们都算不上什么。法国大革命大不一样，它不是保卫自己的财产而战斗，不是为了世仇而报复，也不是单纯的军事专制统治。

法国革命政权是全新的政权。革命发生后，"公正和仁慈的伟大雕像被暂时掩盖起来了，道德规则被暂停运转了"。伯克非常遗憾地指出，革命到来之际，有一部分原本支持君主政体或君主立宪政体的贵族和教会人士，会在革命大潮的裹挟下发生背叛行为，"而那些最憎恶流血、背叛和专横的没收的人们，则可能在这场两种邪恶之间的内战面前，始终是沉默的旁观者"。这里伯克指的是教士阶层尤其是高级神职人员阶层，他们的土地和财产被没收，什一税被停止，按理说他们最痛恨革命暴力，然而他们采取了"沉默的旁观者"姿态。邪恶当前时，沉默就是犯罪。沉默没有带来安全，旁观没有躲过迫害，大量贵族和高级神职阶层后来即使服软也遭受屠杀、流放或逃亡，或被迫效忠新宪法，被称为"宪法教士""积极公民"。

迫于财政危机，1789 年三级会议在凡尔赛召开，按照国王敕令来到凡尔赛的贵族们和他们的代表，难道是十恶不赦的歹徒吗？在此后疾风暴雨的革命进程中，他们被放逐或选择流亡国外；他们有人遭到追捕、殴打、刑讯；他们的家庭离散；他们的住宅被化为灰烬；他们这个等级要整个被取缔；如果可能的话，还要消除人们对这个等级的记忆，办法是强迫他们改变通常为人所知的真实姓名。

可是，贵族们也如其他任何等级的人们一样，热情地呼吸着自由的精神，同样强烈地称赞着改革。他们（贵族）自愿放弃了自己在赋税方面的特权，正如国王一开始就放弃了自己对征税权的一切要求一样。

伯克对贵族的遭遇，对贵族与国王已经采取行动与法国向着某种君主立宪制方向迈进的事实陈述，字里行间表达了对贵族和国王的同情以及对革命派激进无理行为的义愤和谴责。就当时整个法国的社会形势而言，"绝对君主制已经结束了。它没有呻吟、没有挣扎、没有痉挛地呼吸了最后一口气"。然而就是在这样的情势下，革命激进分子还是要穷追猛打，不把旧制度消灭干净誓不罢休。在一个专制的民主制与一种相互制约的政府的一切斗争和分歧中，胜利的一方是革命派——持有与英国君主立宪政体原则相反的那一派。

伯克比较了亨利四世和路易十六国王。因为法国一直以来对亨利四世尊崇和赞扬有加，而伯克认为，路易十六并不比亨利四世差，甚至更开明但也更软弱。亨利四世一生为法国王权的加强和威望提升及国家统一与发展贡献巨大，被认为是法国最有威望的国王之一。法国人民像崇拜偶像一样崇拜亨利四世甚至到了完全幼稚的程度。伯克很鄙视这种对亨利四世的恶毒吹捧，并一针见血地指出，使用这部机器最起劲的人，正是那些推翻他的继承者和后裔（路易十六）的王座的人。路易十六像亨利四世一样天性善良，完全同样地热爱自己的人民，并且比亨利四世这位伟大的君主在纠正国家历来的弊端方面做出了更大的努力。那些对路易十六的诌媚者（往往也是背叛者），幸好不是要对付亨利四世，因为亨利四世是一个坚定、积极、精明的君主。

伯克在对比亨利四世和路易十六二者之间的差异后带着无限惋惜："路易十六太过于软弱了。亨利四世确实具有人道主义和温良的性情，但那是一种绝对不会妨碍他（国王）利益的人道主义和温良性情，他绝不把自己首先置于让人恐惧的条件下寻求被爱戴。"亨利四世使用温和的语言，而伴以坚决的行动，在整体上确定和维持自己的权威，而只在细节问题上做出一些让步。亨利四世慷慨地花费君权收入，但小心翼翼地不去损害这笔资财。亨利四世一刻也不放弃他在基本法中所规定的任何要求，也不惜让那些反对他的人流血——一般是在战场上，有时也在绞刑架上（亨利四世对反对者也很强硬）。因为亨利四世懂得怎样使那些忘恩负义之徒尊敬他的功德，所以他博得了这些人的称赞。这些人（类似路易十六时代的背叛者）如果生在亨利四世时代，国王就会把他们关进巴士底狱，并会在他以饥饿迫使巴黎投降之后把他们与那些弑君者一道绞死。

伯克详细地描述亨利四世强硬的一面，暗含的意思是路易十六太过于软弱了，"如果今天支配法国的那些人（革命派）是亨利四世的臣民的话，他无疑会行使自己的权力惩罚他们"。路易十六是一位拥抱改革的君主，但太过软弱。1789 年 6 月，路易十六曾说："我决定牺牲一切，我不愿意看到哪怕一个人为有关我的争辩而丧生。"

我们从弗朗西斯·福山（Francis Fukuyama）的政治秩序构想中，看到伯克保守主义思想在 21 世纪的回响。弗朗西斯·福山认为，国家建构（国家能力与强大的政府）、法治政府、问责制政府，此三者必须形成一种均衡态势，哪一个方面相对薄弱都可能带来灾难性后果。不过，成功的现代自由民主制，把三种制度结合在稳定的平衡中。能取得这种平衡，本身就是现代政治的奇迹。

谄媚者对亨利四世的倾慕如果是真诚的话，他们必须记得，亨利四世对贵族的评价比谄媚者们对亨利四世的评价更高。"法国贵族的德行、荣誉、勇气、爱国心和忠诚乃是亨利四世国王经常称颂的主题。"对此，托克维尔对伯克的观点颇有微词，托克维尔认为法国的贵族具有种姓特征，固化而隔离于新兴金融资本阶层之外，从通婚和语言用词（gentilhomme）的进化可以看出这一点。在英国和美国，贵族这个词逐渐转变为广泛人群的"绅士"这种一般称谓用语，而在法国，这个词还是严格的古老贵族概念。

托克维尔说，"伯克曾为法国旧制度勾画了一幅肖像，对之加以美化，他赞成我们法国的贵族制度，尤其看重新兴金融资本阶层轻易便获得官职跻身于贵族这一点。他觉得这同英国开放的贵族制相似。……而伯克试图证明法国与英国相似，这只能是大错特错"。托克维尔并不是批评伯克对贵族品行和贡献的赞扬，而是批评伯克没有搞清楚英国在 1789 年以前几百年就开始了开放贵族制的缓慢制度变迁，例如贵族与平民通婚是很常见的，而法国的贵族阶层则越来越固化，与新兴金融资本阶层和第三等级隔离，特权得到较大程度的保留，结果只能以大革命的方式来解决根本矛盾。

第 12 章

大革命摧残下的贵族精神与永恒秩序

这些就是封建权益：我们若要对这些权益有一个总体的见解，始终要把自己想象成 10 世纪的一位伯爵、主教或修道院长，他们是一方最高的主宰和所有者。人类社会当时聚合而成的形态，是在切近而持续的危险的压力下，为了地方防御而构建起来的，其中一个构成要素是服从于生存的需要，土地连片是为了保卫它；另一个构成要素是所有者和享用权以及勇敢的首领指挥下的一群勇士。

——泰纳

在革命意识形态中，利用和接受阴谋论的例子比比皆是。……阴谋论迎合了革命意识的各种形式。它操纵了这种因果图式的大是大非，一切历史事实于是可以缩减到一个意图或一种主观意志；它敢担保，恶者必罪大恶极，因为罪恶是不可告人的，而消灭罪恶乃是一种卫生功能。阴谋是暗藏的、倒逆的、凶险的；而革命是公开的、正当的、能带来极大社会福祉的。说阴谋论是用革命意识的相同材料打造出来的，那是因为它本身就是革命意识基本内容的一个主要部分：一种关于权力的想象话语。……与人民意志一样，阴谋论也是一种权力狂热。

——弗朗索瓦·傅勒

那么内克尔总是旧制度的毁灭者这一头衔的唯一竞争者。……1788 年重返政坛后，又是他许诺第三等级在三级会议中的代表数加倍，从此打开了革命的水闸。

——威廉·多伊尔

一、法国贵族及为其辩护

从托克维尔的研究中我们知道，法国的旧制度已经不是典型意义上的封建制度，它从内部开始不断集权，封建自治受到侵蚀，尤其是到路易十四时期，法国君主专制达到了高峰。由于缺乏一个具有弹性、灵活性和吸纳能力的政治改革，"法国的贵族从亨利四世以来就退化了"。

伯克不是法国人，伯克也承认自己对法国的了解可能做不到事事准确，但他深刻地洞察人性，"但我曾终生致力于使自己了解人性，否则我就不配担负起为人类服务那份卑微的差事（指伯克作为英国议员和在政府中任职的职业生涯）"。法国大革命爆发，伯克敏锐地察觉到，这个距离英国如此之近的邻国法国（革命派的）人性出现了改变。

伯克认为，根据他的接触和观察，法国贵族中的大部分人有着高尚的精神和崇高的荣誉感，不管是他们自身，还是对自己的整体（即作为一个阶层）都保持着监督的眼光。法国贵族的教养相当不错：心地善良；热情好客；谈话坦诚而开放，有一种军人的调子；颇有文学品位，尤其是喜好他们自己母语的作家；许多人怀着高于这类描述的抱负。贵族对待地位低下的阶层（the inferior classes）举止温良和善。由于英国的保守主义传统强大，而法国受激进启蒙运动思想更甚，所以，相对于英国国内上等人和下等人之间的交往疏离，法国的情况则更具家常味。在法国，殴打任何人哪怕是地位低下的人，都是闻所未闻的，而且被认为是极不光彩的；其他形式的欺压社会下层人民的例子也很少见。"我从未听说过哪一个法国贵族侵犯平民的财产和个人自由。旧制度下，法律也严格限制国王在臣民中有这种残暴行为。贵族一般都拥有地产，作为地产拥有者，他们的行为（例如收取地租）无可指摘——尽管在许多古老的土地占有制度中有许多可指摘并有许多可改进之处。凡是在贵族出租自己土地的地方，我没有发现过他们与农民签订的契约是压迫性的；而当他们与农民合伙经营时（很常见的情况），贵族们也没有要强占那最大的份额——这种分成比例是公平的，肯定偶尔也可能有例外。"伯克认定，没有理由相信法国的土地贵族比英国的土地绅士更恶劣，在各方面，法国土地贵族并不比法国其他非贵族地主爱惹是生非。

伴随着工业化发端和持续进程，法国很多居住在乡镇的传统土地贵族都迁居城市，城市本身有在公共事务治理、税收、司法和治安机构任职的贵族，城市里的贵族也并没有（多少特别）权势可言，大部分政府的管理权和最基本的治安管理权并不在这些传统贵族的手里。

这里一个重要原因是，法国旧制度逐步集权化倾向，使得前述这些权力已收归中央政府。这也是托克维尔认为旧制度并没有创新，只是集权政体的某种翻版的原因所在。托克维尔说："中央集权制度是旧制度的一种形式，而不是像人们所说的大革命和帝国的业绩……而且集权制度恰恰适应革命政权。"当时法国的省分为三级会议省（只占有法国人口的 1/4）和财政区省，三级会议省具有一定的自治权（实际上也只有两个三级会议省自治权真正得到有效保障而显得生气勃勃），而财政区省是国王派官员管理的，因此中央集权特征非常显著。国家的税收制度和赋税的征收是法国政府中问题最严重的部分，这部分并不是由佩剑贵族（the men of the sword，通常是世袭的传统贵族）来掌管的，他们也不对它的原则错误和执行中可能出现的任何偏差承担责任。

伯克继续为法国贵族辩护，同时也批评法国贵族在哪些方面做得不够好，这是伯克深感遗憾的地方。完全有理由否认法国贵族在压迫人民方面有很大责任——即使确实有压迫的情况，但伯克也承认，法国贵族并不是没有犯下相当严重的过失和错误。

伯克总结法国贵族犯下的"过失和错误"第一条，就是他们愚蠢地模仿英国贵族最糟糕的方面，这就损害了他们天然的性格，却又没有代之以他们有意仿效的东西，这导致他们还不如他们以前的样子。在法国，更常见的是，传统贵族们仍然继续着习惯性的放荡和奢华生活，尽管是被更多的外在礼貌所掩盖而可能不那么有害，但它也更根深蒂固而难以救药。伯克总结的第二条是，他们过分放纵那种可能把自身引向毁灭的放肆哲学。伯克在分析传统贵族的最终毁灭原因时只提到"放肆哲学"泛滥，而没有提到"随着财产权变动，接踵而至的是权力格局变动"，即法国传统土地贵族一方面保留一些特权（例如某些免税特权），但他们很多迁居城市，对其拥有土地的乡村的公共治理能发挥的作用已经极大弱化。同时，法国传统贵族又有一种轻视伴随工业革命新起的新兴金融资本阶层的倾向，这强化了法国新旧精英之间的隔离，而不像英国那样具有吸纳性强大的精英阶层吸纳新贵族。但仅凭这里的论断并不能说伯克没有认识到这一点，其实下文中伯克专门论述了这一点。伯克总结的第三条指出，法国贵族还有一个更致命的失误，即那些在财富上已经接近或超过了许多贵族的平民，并没有完全因为财富被赋予一定身份和地位——尽管伯克认为他们并不与其他贵族的身份和地位相等。这两种贵族被过分小心地分开了。"我认为这种隔绝是造成旧贵族毁灭的一个主要原因，特别是军职被过分地排他性地保留给了世袭贵族。"即便新旧精英如此疏离，还是赶不上在德国或其他国家的那种疏离程度。但德国的激进启蒙思想没有发展到法国那么受到宽容和泛滥成灾的地步，所以没有"德国大革命"。

关于法国贵族的最终被毁灭，伯克总结了两点根本原因：第一，激进启蒙运动哲学在法国泛滥而没有遭到有效拒绝；第二，伴随着财产权分布的调整，作为"社会原则"的精英阶层而不是作为特定人群的精英阶层没有发生相应的调整，也就是说，法国经济社会变迁进程中，违背了我们前面反复论述过的财产权调整导致权力格局变动法则。

分析过法国传统贵族的这些过失和错误以后，伯克认为，这毕竟只是一种见解，可以被另一种相反的见解加以纠正。伯克建议军职可以不要过分排他性地为世袭贵族独享，可以吸纳新兴精英进入，同样，传统贵族在放弃大部分特权的同时也可吸纳新精英进入以分享。这里伯克还是在说明一个国家在发展进程中对新兴精英阶层及时吸纳的重要性，这种重要性不仅仅是赋予新精英以权力，也有助于纠正旧精英阶层的错误。可怕的局面是，旧精英享有特权却不提供服务了，而新精英则不被承认、受到排挤，无法在政治结构中占有一席之地。

伯克继续为贵族辩护，"我认为对贵族的一切狂喊乱叫都是一种做作"。而在英国，多少世代产生的法律、舆论和长期形成的习惯所赋予的荣耀乃至特权，绝没有激起任何人的恐惧和愤怒，即使人们过分地坚持这些特权，也绝不是一种罪行。存在的都是有原因的，关键是这些原因很大程度上具有合情合理性，而将其视为罪行，乃是大错特错。"每一个人为了保持属于自己的所有物以及视自己不同于众的东西进行激烈斗争，乃是植根于我们天性中要求安全感、反对不正义和专制主义之中的一种。它就像一种要保障财产权以及在一个稳定的国家中保卫共同体的本能一样，这有什么让人震惊的呢？"当贵族的合法财产权和人身权利受到侵犯时，伯克遗憾地发现法国贵族没有发起有效而强烈的反抗。

从积极方面看，伯克为贵族辩护的另一个原因是，贵族乃社会秩序中一件优美的装饰品。它就是一个优雅社会的科林多式建筑的雕花柱顶，正如聪明善良的西塞罗说的："所有我们的好公民总是爱戴贵族。""这种对贵族带有几分偏爱的倾向，确实是一颗开明仁慈的心灵的一个标志。相反，只有那些心里毫无高尚原则的人才希望摧毁一切人们用于给舆论建立的团体以及使短暂的尊敬得以永恒化的那些制度。相反，只有一种乖戾、恶意、嫉妒的心理倾向，而毫无对现实或对道德的形象和表现爱好的人，才会高兴地看到那曾长期在光辉和荣誉之中繁荣过的制度的夭折。"论及贵族的长处，泰纳说，"中下层人民的主要原动力是利益。但对于贵族，主要动力源是骄傲，骄傲的人试图让自己值得尊重。当才华相等时，绅士贵族可能比穷苦平民能更好地理解政治事务。对于他们而言，政治责任不会中断他们的前途，他们不必像工程师、商人和医生那样，为此牺牲自己的大好前程、自己的生意和顾客。他辞职不会对自己和家人造成任何伤害，他可以追随自己的信念，可以抵制甚嚣尘上的有害观念，可以成为忠诚的服务者，而非公众面前猥琐的谄媚者"。

而伯克自己"不愿意看到任何东西被毁坏，不愿看到社会中产生任何空白，不愿意看到大地上有任何废墟"。毁坏个体经常无法直接感知的、蕴藏着跨代际智慧的传统，权力真空和社会自治组织真空，摧毁那些精美的人类文化"人工制品 / 制度"（artificial institutions），这都是伯克不愿意看到的悲剧，这就是保守主义者的态度。伯克一再说明，法国诸旧制度并没有像当时的人们认为的那样到了不可救药的地步，"我的研究和观察并没有向我展示法国贵族有任何不可救药的过错，或任何除了彻底清除就无法通过改革来加以清除的弊端。我既不感到失望，也没有感到不满。你们的贵族不应该受到惩罚。但贬黜就是一种惩罚"。保守主义的态度倾向于，错误没有到不可救药的地步就不要无限夸大错误的程度，通过改革能够去除的弊端通过改革来做是最佳选择。泰纳说，从根本上说这种制度是良好的，如果要对其采取铁腕手段，那么在切除其腐坏衰竭的部分时，至少应保留健康和有活力的部分。但法国大革命不是这样，"应该预先扫清一切"，泰纳说。

二、再为宗教宽容辩护

人向死而生。保守主义思想家迈克尔·奥克肖特说："人在迈向死亡时，一切富足都会失去意义。"

伯克对法国贵族是基本满意的，而不是憎恶和仇恨；伯克对法国教士阶层同样是基本满意的，而不是憎恶和仇恨。而在法国，却弥漫着一种对教士阶层的污蔑和诋毁氛围，如伯克所言，听说"人类中那些伟大的团体已经无可救药地腐化了"。伯克根本不相信教士阶层是有罪的，相反，认为他们遭受了剥夺和诋毁。诋毁教士阶层，伯克认为是捏造或夸大其词。这些捏造和夸大教士阶层的"坏"，真实目的在于"从对他们的惩罚中获利"，因为"敌人绝不是一个好证人，强盗则是更坏的证人"。托克维尔基于翔实的调查说："尽管他们中某些人罪恶昭彰，但总的来说，我不知道这个世界上还有哪国教士比大革命突然来袭之际的法国教士更加卓越，更加开明，更有民族性，更少仅仅固守私人道德、更多具备公共道德，同时信仰更坚定。……我开始研究旧社会时对教士充满偏见，我结束这一研究时对他们充满敬意。"让剥夺者证明被剥夺者有罪太容易了，欲加之罪何患无辞？伯克也不是无原则地为教士阶层辩护，相反，伯克指出，这个阶层中毫无疑问存在各种祸害和弊病。它是一个古老的组织，没有得到经常的修正。伯克的"修正、矫正、修订、改良"等带有强烈改良主义和改革色彩的词汇，说明保守主义并不是一味守旧的僵化主义者，保守主义政策通常内含着修正、矫正、修订和改良的行动。这跟许多对保守主义望文生义的人看法截然不同。法国教会遭遇到的不是修正、矫正，而是宗教迫害！"我没看到有人犯有值得被没收他们的财产的罪行，也没有看到值得遭受那些残酷的侮辱和贬黜以及那种违反自然的迫害的罪行，而这种迫害却被用来取代了改良（meliorating）的位置。"

为了呼应伯克的观点，这里我必须插入一段泰纳对教士阶层的辩护："宗教团体需要改革，这一点不能推导出应该摧毁它们……它们是重要且珍贵的机构。首先，大量的服务，如宗教活动、科学研究、高等和初等教育、济贫、病患护理，都交给教会负责。教会的钱来自私人的慷慨，后者是一个时刻蓄满的水池。其次，由于宗教机构的建立，全能国家的出现便受到了阻碍……在那里他们可以获得财富、声望和权威，但不必依赖君主或民众随心所欲的恩惠，他们可以在既定权威和流行观念（尤指激进启蒙哲学）面前岿然不动。在一个贵族制已经死亡的国家，宗教团体是最后的避难所。第三，由于宗教机构的建立，许多心灵在那里找到了适合他们的生活。如果他们虔诚而勤劳，他们就能为良心、想象力、活力和自律提供一个处所，而且他们还能筑起堤坝，将这些需求引入一个渠道中，这个渠道的结构本身就是一件杰作，其功德无量。他们就像蚂蚁中的工蚁。"

"如果这种新的宗教迫害确实有什么正当理由的话，那些无神论诽谤者、那些煽动群氓抢劫的旗手，是不会爱护任何团体而得意扬扬地追究现存教士的恶行的"，伯克的意思是，假如现存教士阶层真的有什么恶行的话，革命派肯定会得意扬扬地去予以严厉追究的，可惜没有事实依据。因此，无神论诽谤者和革命旗手们只好翻阅历史，在历史中去寻找教士阶层所制造的镇压和迫害的例子，以便按照一种非常不公正的办法来证明他们自己当下的迫害行为和残酷的"合理性"。"他们在废除了其他所有谱牒和家世（指不同类型的贵族）的区分之后，却发明了一种罪行的谱系。因为他们的祖辈出生在特定家庭而惩罚他们是非常不公平的。"这正如王子仅仅因为出生在王室而遭受惩罚，地主的儿子因为出生在地主的家庭而遭受惩罚一样，这是不公正的。出生无法选择，出生在任何特定家庭绝不构成任何受惩罚的理由。伯克深刻揭示，"因为历史上有着共同祖先渊源（除了名字上和一般特性上外）而惩罚他们，而他们与过去的罪过毫无关系，是极不公正的；这是属于启蒙时代哲学所认为的不公正的一种精致化形式"。关键是，伯克指出，现在的国民议会所惩罚的那些人，是同样憎恨过去时代里教士阶层的暴行的。显然，革命派的真正目的是要摧毁整个旧制度，而不仅是要惩罚恶。

社会团体之所以长久存在乃是为了他们成员的利益，而不是为了对他们惩罚。国王如此，贵族阶层如此，教士阶层也是如此，他们各自为整个社会提供了相应的服务而分享社会"合作剩余"（整个分工交易网络和经济体产出的"大蛋糕"），而国家正是这样一个"合作团体"（corporations）。迈克尔·奥克肖特指出，国家是一种公民联合（civil association）而不是一种事业联合（enterprise association），具有不同目标的人生活在同一政体中，他们受惠于这种联合。这一联合基于礼貌和程序，而不是部分人赞同的目标。伯克说："英法战争，英国人认为，就是因为法国人曾经给我们带来灾难；而你们法国人则认为，因为英国亨利国王和爱德华国王的不义侵略带给法国人民无比的痛苦，因而攻击英国人是有道理的。确实，我们彼此进行这种灭绝性战争，应该双方都是有道理的，完全如你们因为过去时代里一些同名人的作为而对你们现在的同胞进行毫无道理的迫害一样。"伯克其实是说英法战争以及当前法国革命派对其同胞的攻击与迫害是没有道理的。

因为激进启蒙思想的扩散，因为阴谋文人集团对教士阶层的诋毁，教会的声誉遭受打击，而教士阶层也的确有值得指责之处。如此一来，针对教会的诋毁和攻击的不义之举自然就会受到人们很大程度上的谅解。"如果你们的教士，或任何国家的教士，犯下了超出人类的弱点所能允许的合理限度之外的罪过，或犯下了很难与职业德行分开的职业过错，那么，尽管他们的罪过决配不上镇压，但我确实承认，这会自然地产生一种效果，使我们对那些超过限度和正义而惩罚教士的暴君们（指革命派）的愤恨感大为降低了"。

哪一行里的从业者人人都是天使呢？伯克呼吁宽容的美德："我可以容许各派所有教士都有某种对自己见解的固执、对宣传自己见解的过分的热情、对某种自己的地位和职务的偏爱、某种对自己团体利益的依附、某种对那些驯服地聆听自己教义的人和那些蔑视并嘲弄自己的人二者之间厚此薄彼。"伯克认为，这些现象都应当被人们宽容和理解。"我们容许这一切……我不愿意摧毁宽容而成为最不可能宽容的人。我必须容忍这一切弱点，直到它们溃烂成罪行为止"。

伯克的思想中有一条关于道德共同体的重要性及其普遍适用的强调。例如他为印度公民辩护，他认为道德的法则在所有地方都是一样的，在东印度如此，在北爱尔兰如此，在北美殖民地如此。杰西·诺曼指出，伯克为爱尔兰天主教徒辩护，出发点主要也在对"缺乏共同利益、同情或相互关联"的天主教徒道德地位感到不满。伯克一贯反对大英帝国在东印度、北美殖民地统治时期出现的任何偏狭、盲信和不宽容。在这种反对背后乃是伯克对道德共同体本身的担忧。而伯克对法国大革命的攻击的理由之一也在于，大革命乃是对一个道德共同体的根本性的攻击，而政治的基本任务就是维护社会资本和道德共同体。可见伯克为宗教宽容辩护有其更深刻的道德根据。

杰西·诺曼认为："伯克的宗教宽容思想还来自他将三种类型的道

德共同体的不同洞见集于一身：自治伦理体现他对个人自由与相互宽容的庆祝之中，共同体伦理体现于他对忠诚和社会制度的强调之中，神圣伦理体现于他对社会秩序自身之超验价值的坚持中。"在狂热分子看来，伯克太多元了。多元的伯克也是宽容的伯克，多元的伯克更是保守的伯克。

三、秩序永恒以及恶的名与实

历史是一部打开了的教诲我们的书，从这本书中我们可以从人类过去的错误和苦痛中汲取未来智慧的材料。从历史中吸取道德教训——这也是保守主义的一个立场。伯克说："如果不吸取教训，一不小心，它也可以用来败坏我们的心灵，毁掉我们的幸福。如果我们不汲取历史教训，反而颠倒过来，也可能成为给教会中和国家中的各方提供进攻性和防御性武器的一座弹药库，供应挑起并复活争端和敌对的工具，向内乱火上浇油。"

伯克把法国大革命的暴力和迫害视为一场"内乱"，而不是迈向更文明社会意义上的"革命"。"历史——就其大部分而言——包括由傲慢、野心、贪婪、欲念、报复、叛乱、虚伪、失控的狂热和一大串无序的欲望给世界带来的苦难，这种震撼公众、为患巨大的风暴，冲击着个人的状态，使不幸降临他们的生活。"在伯克看来，恶才是革命风暴的原因，而宗教、道德、法律、特权、自由、人权都只是借口罢了。革命派从一种现实利益以某种似是而非的外观中总可以找到这种借口。"你不想使人们通过根除头脑中骗人的假象所应用的原则而免于暴政和动乱吗？假如真这样做了，你就会把人心中一切有价值的东西都根除了。"革命派所要摧毁、根除的东西果真完全实现了的话，也就是根除了人心中一切有价值的东西。革命派的口号、诉求只是借口——巨大的公众灾难的制造者或工具通常都是官吏、高等法院、国民议会、法官和军官。

烧毁历史书并不能抹去历史。伯克说："你不会由于宣布了决议今后不得再有君主、国务大臣、福音，不得再有法律解释者、高级军官、公共议会等等，就能救治这些灾难。任何新秩序仍然需要大臣、司法、议会和军官，所谓新秩序可能比旧秩序更糟糕。仅仅改变名称是没用的。"的确，革命政权可以改变许多社会机构的名称，"但事情必定会以某种其他的形式继续存在。共同体中必定总是存在一定量的某种权力——它处于某些人的手中并有某种名称"。在人类社会中，有许多具有根本重要性的事物，它们的名与实，你可以取缔名，但实还在。正如有企业以来，资本雇用劳动乃是许多代人反复试错形成的稳定缔约形式，那工人雇用资本不行吗？可以尝试，只不过由于不可兑现的承诺以及总需要有人真实、有能力承担不确定性决定了工人雇用资本的缔约形式总是一再地归于失败，于是资本雇用劳动成为一种稳定的缔约形式。在科层制企业里，某种形式的命令—服从关系总是存在的，否则分工合作秩序无法形成。在经济中，财产权、价格机制和价格信号是无法取缔的，你取缔了它的名，但它以黑市的形式继续存在。

聪明的人把他们的疗法应用于恶，而不是应用于其名称。要治愈的是这些恶的长期原因，而不是偶然运行的机构或呈现的暂时形式。正如杀了"地主"就不需要有产权主体进行土地资源配置了吗？杀了"资本家"就不需要人承担不确定性投资了吗？如果只是消灭名称，那么"你可能历史上很聪明，而实践上很愚蠢"。伯克说："很少有两个时代有着同样形式的借口，或同样的灾难形态。恶是需要有一点创新精神的。当你议论它的形态时，它那形态早就成为过去了。同一个恶本身会采取新的形体。"

吊诡的是，人类历史上的恶往往并不是那么容易一眼就能识别出来的；相反，很多大恶往往戴着大善的面具登场，以占据道德高地自居，当有人道出这一真相时反而被视为道德的"敌人"。伯克一段精彩的比喻阐明了这一真知灼见："精神是在轮回的，但它远不是由于改变了自己的面貌就丧失了自己的生命原则，它在自己新的躯体中以一种青春活力的新鲜生机而新生了。当你以为在鞭笞它的死尸或在铲平它的坟墓时，它却走了出来，继续肆虐。当你为这些幽灵和幻影而感到恐怖时，你的家已经成了盗贼们的老窝。因此，凡是那些仅仅接触到历史表象或外壳的人，就认为他们正向不宽容、傲慢和残酷作战。但在憎恨古老的党派的不良原则的迷彩下，他们却批准了并哺育着不同派别的同样丑恶的祸害，或许还更丑恶。"

伯克洞察到旧制度下的恶可能在新制度下以善的面目示人，结果新制度的"善"比旧制度的"恶"更邪恶。这一洞见超越了后来的托克维尔。托克维尔说："由置于一个王国中央的唯一实体管理全国政府；由一个大臣来领导几乎全部国内事务；在各省由一个官员来领导一切大小事务；没有一个附属行政机构，或者说，只有事先获准方可活动的部分；一些特别法庭审理与政府有关的案件并庇护所有政府官员。这岂不是我们熟知的中央集权制吗？……但这是同一事物。"托克维尔的研究者理查德·斯威德伯格（Richard Swedberg）指出，新"民主"社会很大程度上是用之前的"贵族"社会中的材料建起来的，但是大多数人并没有清楚地认识到这一点，所以他们必定会重蹈过去很多失败的路径……集权和暴政也会在"民主"和"人民主权"为主导原则的情境中出现。托克维尔看到大革命建立的新体制下的旧制度之实，而伯克则前瞻到新体制可能更邪恶。

巴黎群众是革命的急先锋。早在 1572 年的天主教徒对加尔文教徒的大屠杀中，巴黎人民就充当了下屠杀令的国王的帮凶。伯克这里重点不是在谴责过去发生的屠杀悲剧，而是质问道："对那些可能想为了当时的丑行和恐怖而报复（217 年后的）今天的巴黎的人，我们该说什么呢？如何看待呢？他们（巴黎人民）的确被引导去憎恨那场大屠杀。尽管他们很凶恶，但要使他们憎恶它（那场大屠杀）却并不难；因为政客们和时髦革命派教师爷对真正以同样的方向发泄自己的激情毫无兴趣。然而他们仍然发现使这种野蛮倾向（savage dispositions）保持活跃乃是自己的利益所在。因为政客们和革命派教师爷们通过有效动员群众才能摧毁贵族和教会。到了另一天，他们还是要扮演同一场屠杀（戏剧《查理九世》，可能表现了激进启蒙思想内容，1787 年曾被禁演，1789 年 1 月解禁）来取悦当年进行屠杀的那些人的后裔。在这场悲剧式的闹剧（指戏剧《查理九世》，又暗指当前法国革命对教士阶层的迫害）中，他们塑造了洛林红衣主教，穿着道袍，下达大屠杀的命令。这种场面意在使巴黎人民憎恨迫害和厌恶流血吗？——不，它是在教导他们迫害自己的牧师，是通过煽动起对教士的厌恶和恐惧来刺激他们欣然去摧毁整这个阶层。"可见，革命派政客们和革命派教师爷们用心多么"良苦"。教士阶层如果终究要存在的话（伯克认为取缔宗教几乎等同于取缔文明本身），就应该不仅是安全地存在，还应该备受尊重地存在。

"那是用各种样式的调料来激起他们（巴黎人民）吃同类，促使他们随时准备新的谋杀和屠杀，如果这适合于今天的吉斯（Guise，前述 1572 年教派冲突大屠杀的参与者，这里指革命派政客）们的愿望的话。"正是激进启蒙哲人为他们提供了那"各式各样的调料"。

一院制是一个危险的存在物，一院制的设想提议之初，当时美国驻法国大使已经指出过其不可行。伯克说："一个有大量牧师和高级教士在座的议会（指国民议会）则被迫要忍受这种找上门来的侮辱。作者并没有被送去当船奴，演员们也没有被送进感化院。在这次演出之后不久，这些演员还跑到国民议会去要求进行这个他们胆敢加以揭露的宗教的种种仪式，并在元老院中表现出他们那种当婊子的面孔。"这里的"作者"代指鼓动巴黎群众闹革命的革命政客，"演员们"代指革命的巴黎人民。虽然他们侮辱甚至杀害教士，但他们至少在 1789 年还既当婊子又立牌坊地跑到国民议会举行宗教仪式。而巴黎大主教——人们只是由祈祷和祝福而知道他的职务，由他的布施而知道他的财富——却被迫放弃了他的府邸，逃离他的信众（就像逃离一群饿狼一样）。革命爆发时，很多高级教士被迫躲避到乡下或者逃亡到邻国。非常荒唐的是，巴黎大主教的逃亡"确实仅仅因为在 16 世纪时，洛林红衣主教是一个叛逆者和杀人犯"。巴黎大主教是 1789 年的一名高级教士，却因为 1572 年教派冲突的大屠杀而被追杀，这是何道理？可见法国大革命对教会的诋毁、侮辱和谋杀非常不义甚至极为邪恶。

对教会的破坏和对教士的迫害达到了登峰造极的地步，据泰纳的记载，在个别地方，暴行甚至可以针对修女。从 1791 年 4 月开始，这种羞辱性或致命攻击行为在各城市泛滥开来。在第戎，木棒插在修道院的门口；在蒙彼利埃，两三百个暴徒手持包铁大锤，打死男子，羞辱妇女；在洛城，市政府公然谴责未宣誓教士是"凶猛的野兽、纵火犯、内战的挑唆者"等莫须有的罪行；在贝藏松，有些教堂被掠夺精光，地产、金库、教务评议会的金库、所有修道教堂的金库、圣瓶、圣骨盒、十字架、圣物箱、象牙、雕塑、绘画、挂毯、祭礼时的服装和装饰物、银器、金银制品、珍贵的古代家具、图书馆、栅栏门、钟等所有的艺术品和宗教杰作都被摧毁，金银器被铸成货币，或以拍卖方式低价出售。暴徒们的暴行可谓罄竹难书。

暴徒的暴行为了显得"有理"，通常欲摧毁之，先抹黑之、歪曲之。"这就是那些人歪曲历史的结果，他们为了同样阴险的目的，把人类知识的一切方面都歪曲了。但是那些愿意站在理性高度的人——这种高度把多少世纪都置于我们的眼下并把事物带到真正比较的观点之前，它把一些小名字隐去，把一些小派别的色彩抹掉，除了精神和人类活动的道德品质之外，没有别的东西能上升到它那高度。"伯克主张拉长观察的时间尺度，站在理性的高度审视历史，用冷峻的理性和道德来判断事物的是非曲直。如此，则"将会对'王宫'（革命派的活动中心，当时路易十六的弟弟家里经常举行革命派沙龙）里的革命教师们说：'洛林红衣主教是16世纪的谋杀犯，而你们将享有18世纪的谋杀犯的荣光，而这是你们双方之间的唯一区别'"。伯克这里是谴责革命派在法国革命中谋杀教士的邪恶行径与1572年的教派屠杀者毫无二致。"但我相信，到了19世纪，当历史被人更好地理解，更好地运用之后，它（历史）将教导我们文明的后代同样地憎恶这两个野蛮时代的恶行。"这里伯克说的"两种恶行"就是前面提及的1572年天主教徒对新教徒的大屠杀和1789年大革命中革命派对教士阶层的迫害和屠杀。"历史将教导未来的教士和官吏们，不要因为在现实中有可悲谬见的狂信者和暴烈的狂热者们所犯下的巨大罪过，而去报复未来的那些仅仅只思考而并无行动的无神论者——那种谬见在其平静状态中一旦为人接受就不只是受到惩罚了。历史会教导我们的后代，不要为了宗教或哲学的伪君子们的胡作非为，而向宗教和哲学作战。宗教和哲学是在一切事物中显著地体恤和保护全人类的那位无所不在的主所赐给我们的两种最有价值的恩典。"

第 13 章

从反宗教到反财产权

把大革命推向极端的人，最终也被大革命推上了断头台。

——弗朗索瓦·傅勒

人类的自然交往活动围绕两个现象：亲戚选择和互惠利他。……人类天性就是社会化动物。根据天性，人类又是创造和遵循规则的动物。他们建立社会互动规则，使集体行动得以实现。……但遵循规则的行为通常是基于情感如骄傲、内疚、愤怒和羞愧，而不是理性。规范被赋予内在价值……甚至获得崇拜。

——弗朗西斯·福山

法国革命却没有自己的国界疆域。……它超越一切国籍，组成了一种理念上的祖国。……法国革命是以宗教革命的方式、带着宗教革命的外表进行的一场政治革命。……像宗教革命一样也是通过预言和布道深入人心。这是一场激发布道热忱的政治革命。人们满怀激情地在国内实现革命，又以同样的热忱向国外传布。……法国革命仿佛致力于人类的新生，而不仅仅是法国的改革，所以它燃起一股热情。……大革命激发了传播信仰的热望，掀起一场宣传运动，由此，它终于带上宗教革命的色彩，使人为之震撼；或者不如说，大革命本身已成为一种新宗教，虽然是不完善的宗教，因为它既无上帝，又无礼拜，更无来世生活，但它却像伊斯兰教一样，将它的士兵、使徒、受难者充斥整个世界。

——托克维尔

一、对教会的诋毁

伯克从未忘记人性的幽暗面：愚昧、贪婪和暴虐。法国大革命中叛变的贵族、阴谋文人集团，以及暴力群众充分暴露了人性的幽暗面。伯克指出，毫无疑问，人类情感由脆弱向罪过的自然进程应该由警觉的眼睛和坚定的手来防止。

"但是，难道你们的教士阶层真的超过了正当的可容许的界限了吗？法国大革命前后时期的出版物普遍充斥着对教士阶层的诋毁，人们被引导着相信你们法国教士是一种怪物，是一种迷信、愚昧、懒惰、欺诈、贪婪和暴虐的可怕的大杂烩。"伯克绝不认为这是事实，通过一连串的反问表明了伯克对教士阶层的同情立场。

——难道真的是因为时间推移、利益冲突的停止、由党派仇恨所造成的灾难给人的惨痛教训对他们毫无影响，不能使他们的心灵得到逐渐改善吗？

——难道他们真的每天都在重新侵犯着政治权力，危害着国内安宁，并使政府的行动软弱无力了吗？

——难道我们这个时代的教士真的在以铁腕压制着世俗阶层，并到处去点燃那种野蛮的迫害之火吗？

——他们是不是用各种欺骗手段力图增加自己的产业？

——他们是不是让属于自己的地产超过了正当的要求？

——他们是不是强行颠倒黑白，把合法要求转化为一种无理的勒索？

——当他们并不拥有权力时，他们是不是充满了与那些企求权力的人同样的邪恶？

——他们是不是被一种凶猛好斗的论战精神烧昏了头？

——他们是不是受精神统治权野心的驱使，准备在一切行政权面前飞扬跋扈，烧毁教堂，屠杀其他教派的牧师，推翻他们的祭坛，在被颠覆的政府的废墟上开辟出一条通向一个教权帝国的道路——有时候奉承，有时候强迫人们的意识脱离公共体制的裁判而屈服于他们个人的权威——以要求自由开始而以滥用权力告终呢？

前面三个"难道"质问，是伯克明确为教士阶层辩护；后面六个"是不是"的质问则是暗指革命派对教会的种种暴行。但这一连九个反问句中伯克的思路一开始聚焦于为教士阶层辩护，到后来却慢慢转向。伯克发现，他所谴责和质问的恰恰是革命派的行为特征，因此后面六条其实是对革命派的谴责。

伯克承认由于教派冲突以及其他旧制度弊端的原因，教士阶层的确存在过一些"罪行"，但这些罪行已经大大减少了。此外，人们以不是教士自身犯下的罪行而以过去时代的坏品行来指责今天的教士阶层，显然是不合适的。不仅不合适，当今天的教士已经大大减少了其"罪过"，我们"应当按照普遍的公正赞扬、鼓励和支持他们，因为他们抛弃了使他们前人蒙羞的那种精神，并已经采纳了一种心灵上和作风上更适合于他们神圣职责的品格"。

伯克曾经在路易十五时期到访过法国，与某些出版物所说的相反，伯克并没有发现法国有针对教士阶层的诸多不满和怨言，根本没有看到由于教士阶层的缘故引起的公私生活的不安。相反，伯克发现这些男女教士在僧俗两界（修道院的修士和一般教会中的教士）有着温和头脑并且举止合宜。伯克虽然未能有幸结识更多教区教士，但掌握了有关他们的品德和他们对责任的专注的完备的记录，而伯克与一些高级教士有着个人联系，因此对于有关教士阶层的其他人士，也有很好的了解信息的渠道，这些人几乎都是出身高贵的人士。他们要比军事贵族受过更好的教育，所以他们绝不会在行使权威上因为无知或不当而玷污了自己的职业。

教士阶层除了拥有教士的品质，还有自由而开放的精神，有着绅士般的胸襟，是有荣誉感的一群人，他们的行为举止不卑不亢。伯克认为法国教士阶层是一个优异的阶层，在这个阶层中，像虔诚、博学、优雅和仁慈的费奈隆大主教这类人屡见不鲜。这种情况并不限于巴黎一个地区，伯克举了一个他自身经历的在其他地方的例子。在巴黎东南90英里处的欧赛尔，伯克见到了西塞主教的三位代理人并一起过夜。伯克发现，他们是可以为任何教堂增光的人：他们知识丰富，其中两位深刻广博、精通古今，通晓东方和西方，特别是关于他们自己的专业方面；他们关于英国神学家的广博知识出乎伯克预料；他们以一种批判性精神探讨了那些作家的天才。获悉其中的阿贝·毛郎吉（Abbe Morangis）神父去世，伯克毫不犹豫地向这位高贵、可敬、博学而杰出的人士表达敬意，同时也以同样的欣慰之情向其他二人表达敬意，祈祷他们还活着。因为当时法国大革命刚刚开始，很多教士被迫躲避乡下或逃亡邻国，一些教士受到迫害，伯克对革命形势的发展对教士阶层的不利局面最为担忧。

伯克高度评价法国高级教士中的一些人物，并认为英国人民应当感谢他们。如果这封信（指《法国革命论》）能够被他们看到，伯克希望他们相信在法国的邻国英国中有人在同情他们被不公正地推翻、他们的财产被残酷地没收。虽然伯克一人所言声音甚微，但"我说的话乃是我向真理所应该做出的一项证词"，伯克谴责这种违反自然的迫害（即违反天理良知的迫害）。"没有人能阻止我要为人公正并且懂得感恩，"伯克呼吁，"现在那些值得受到我们和全人类尊重的人，正在群众的辱骂和压迫性权力的迫害之下挣扎，这就特别宜于表示我们的正义和感激之情，现在是时候了。"

1789 年之前，法国大约有 120 位主教（革命后组建的国民议会中教士阶层占有 48 个席位），其中少数是具有突出的圣洁和无限仁慈的人。其实任何阶层、行业或群体中突出的英雄人物和突出的腐化例子都是极少数。伯克不否认教士阶层中存在贪婪和放荡的极少数："可以肯定的是，在法国，坏教士是不多的。虽然教士阶层中有些人——他们的生活不规矩有别于这个阶层一般行为特征，但他们却具有自由精神并赋有能使自己对教会和国家很有用的品质，这就或多或少弥补了他们所缺乏的严格美德。我还听说，除了少数例外，路易十六在提升高级教职时对他们的品德要求上要比路易十五更加注意。"伯克认为这是可行的，因为在路易十六时期，启蒙运动思想正在流行，这势必要求统治精英的合法性逐渐依赖于精英本身的品质，而不仅仅是世袭来的特权。

伯克没有提及，教会遭到羞辱和践踏并不完全是教士个人品行问题。18 世纪是科学的世纪、理性的世纪、启蒙的世纪，科学革命和启蒙运动对整个社会的影响是根本性的，这其中，宗教信仰必然也会受到科学、理性和启蒙运动的冲击。因此，宗教信仰遭受质疑，理性宗教甚嚣尘上，那些并非教士个人品行和是否忠于职守的因素，也会对教会和教士产生负面影响。

教会沦落到这个地步，是两种因素的致命汇合的结果。埃德蒙·伯克的传记作家理查德·伯克（Richard Bourke）说，愤怒推动了对教会特权的攻击。富人和文人集团两个群体汇合，他们表现出普遍的愤怒状态，他们有一个共同的目标即瓦解教会的权力，尽管这一目标最初是为不同野心服务的。

二、革命政权全面接管教权

伯克说："现在这个革命政权已经表明一心只想要掠夺教会。它惩罚了所有教士，这就是在偏袒坏教士，至少是在名誉方面。的确，当针对一个阶层实施不加区分的普遍掠夺时，某种程度上就偏袒了其中的坏分子。革命政权建立起一个侮辱人格的受雇宗教制度，使得没有一个有自由思想的生活条件的人会把自己的孩子交付给它。它必然要降到最下层的人们中间去。"

法国大革命中一个重大制度变迁是政教关系的彻底改变，从自主、自治教会改变为国家控制的领薪教会。1789 年 11 月 2 日国民议会通过教会财产国有化法案以后，1790 年 7 月 12 日又通过了《教士公民组织法》。这部法律的通过，意味着教士阶层的独立性被瓦解，它必须融入法国公民社会，服从国家法律；教会内部治理按照法国政府全新的治理模式改革；主教由选举产生，教职人员变成领取薪金的神职人员（类似今天的公务员）；神职人员必须向新的宪法宣誓，而这又引发了与教皇的冲突，教宗 1791 年春公开谴责这个新法案。新法案的颁布并不能在一刻之间将所有的教士"驯服"，事实是，教士阶层分成了两个群体：宣誓教士和拒绝宣誓教士。这在教士阶层内部引发了新的教派冲突，宣誓新宪法的教士是"宪法教士"，以区别于旧教会制度下的传统教士。威廉·多伊尔指出，"实际上，大约一半教士服从了新宪法"。伊恩·戴维森说："教会的职责不再或者说不再仅仅是传福音，它被改造为新的革命政权掌握的国家发言人。这种人为制造出来的新型的教派冲突汇入到当时正在撕裂社会的各种冲突的大潮中。"

伯克认为，欧洲政治的基础在于绅士精神和宗教精神，因此伯克认为革命政权发起的旨在瓦解教会的"改革"是法国大革命最致命的罪恶行动。而这个罪恶行动的后果是灾难性的，"你们的低级教士人数太少，不足以完成他们的责任，而这种责任无可估量地烦琐、辛苦并且不受人尊重。由于你们的中层教士能有安逸，所以将来的法国天主教会中，一切科学或学问都不会存在"。伯克这里指出瓦解传统教会的后果之一是对法国天主教会中的科学和学问的打击。瓦解教会更是对欧洲文明根基的冲击。

此外，剥夺教会独立性还会产生其他严重后果。"为了使这个方案完整，国民议会还完全不顾有圣职授予权的人的权利，而规划了未来的教职选举制度。这种安排只会把所有严肃的人、所有在自己的职责和自己行动上保持独立性的人驱逐出教会，它将把对公共精神的全部指导权投入到那些放肆的、粗野的、狡诈的、宗派主义的、谄媚的坏人手中，他们的那种状况和习惯，足以使他们那种可鄙的薪俸成为卑劣下流的阴谋的目标。"

"被选举出来且被称为主教的神职人员的收入其实是很可怜的，他们是通过拉选票的方式被选举出来的，由那些人所共知的或可以炮制出来的各种教义派别选举出来的。这些新的立法者（国民议会）在有关各种高级神职人员所要求的资格方面，无论是教理（修养）还是道德方面，都没有任何规定，他们也没有对下级教士做过任何规定。无论上级还是下级都可以随心所欲地宣传和实践他们高兴的任何形式的宗教或反宗教了。主教对自己下级的管辖权是什么尚不知道，或者他们究竟是不是有这种管辖权。"

伯克把法国的情况与英国的情况联系起来，认为法国革命鼓动者的这种做法与英国理性的不信国教者一样，都是决心将"理性道德真理"强加在已经存在于公民社会准则下的个人行动和观点上，这显示了一种非同寻常的自大。理查德·伯克指出，"鉴于这些理念与现存事物的秩序相去甚远，对具体弊端（伯克也承认法国教会有具体的弊端）的批评让位于对正当性基础的揭露。最合理的偏见被无情地抛弃了"。理查德·伯克引用 1790 年 3 月国民议会议长圣艾蒂安的话："这将是一场涉及法律、礼仪和思想的革命——一切都要毁掉，因为一切都要重新创造。"理查德·伯克指出，尤其让伯克感到不安的是，伯克感觉到这种毁灭的嗜好通常集中在根除教会机构上。具有这种毁灭嗜好的人竟然当上了制宪会议议长，事态的发展演变成了一场反宗教战争！

总之，伯克认为这是具有反宗教性质的政教关系大改组。法国大革命之所以称"大"，是因为它涉及社会的方方面面的重构，特别是包括宗教，而对社会的全面重构，是作为保守主义之父的伯克断然反对的。

三、哲学狂徒的危险意见

伯克认为，这种新的教会机构准备不是临时性的，是预备彻底废除宗教及其任何形式的；一旦教会的高级教职受到普遍蔑视的计划得以完成，人们在思想上反对宗教的最后一击就准备好了。而这一计划来自何方？来自哲学狂徒们（the philosophical fanatics）。"这些狂热分子毫不犹豫地承认自己的意见，即一个国家没有任何宗教比有一个宗教可以生存得更好；而且，他们可以用一份他们自己的纲领来取代宗教中任何有益的东西——即他们想象以一种建立在人的生理需求的知识基础之上的教育，逐步地把人带到一种启蒙了的自利。"伯克带着讽刺口吻以及深深的忧虑指出："据他们说，当很好地了解到这一点后，它就会与一种更广泛的公共利益合而为一。哲学狂徒们的这种教育纲领早就为人所知，而最近他们则美其名曰公民教育（civic education）。"激进启蒙哲学家在污蔑传统教会上无所不用其极，而在美化国家全面控制的教会上总有他们的"道理"和口号。

当自治宗教被摧毁以后，罪恶之手不会就此住手，它等于为国家侵入人们生活的方方面面打开了一道缺口，铺平了道路。路易斯·布雷德福（Louis I.Bredvold）和拉夫·罗斯（Ralph G.Ross）说："人们通常认为，极权主义是 20 世纪的产物。然而，伯克当时发现，雅各宾主义的政府管得太多，它的手伸向了生活的各个方面，甚至干预了家庭。"极权主义不是 20 世纪的新现象，而是 1789 年产生的。

伯克自始至终都对法国发生的这场重大事件对自己的祖国英国的影响感到担忧，他断言，这不是一个单一的地区政治事件，这是一场大革命，它的激进思想将蔓延到整个欧洲大陆和全世界。"我希望他们的英国同党既不能掠夺教士，也无法把这种民选原则引入我国的主教和教区牧师职位。这一点，在当今世界的条件下（伯克这里指启蒙运动已经普遍开花结果的社会条件下），将是教会最后的腐化，是对教士品格的彻底摧毁，是国家由于对于宗教的一项错误安排所曾遭受的最危险的打击。"伯克从法国革命政权对政教关系的全面改组这个事件中看到的，不仅仅是教士阶层本身受到的迫害，还看到了这种新的政教制度安排下，教士阶层整体上品格遭受的损害以及国家遭受到的最危险的重创（most dangerous shock）。

伯克也认识到，不论是在英国还是在法国旧制度下，"在王室和领主贵族的荫庇之下，主教换个牧师的职位有时是以卑劣的手段获得的；但另一种竞选教士的方式会使他们无限肯定和更为普遍地屈从于卑鄙野心的一切邪恶手段，当这些邪恶手段作用于大多数人并通过他们起作用时，就将相应地造成灾难"。宗教和宗教组织的存在时间很可能长于国家，更不用说启蒙运动以来的现代国家。教会自主自治，有其数千年的内部治理传统。竞选教士就像竞选国王一样自相矛盾，伯克警告说，如果用现代政治中的竞选政治和领薪公务员一样来管理，结果是灾难性的。在政教关系这一至今仍然重大的议题上轻举妄动显然是不明智的。

伯克对法国大革命采取批判态度，其批判所指的核心目标是革命政权对宗教的迫害和不敬，企图建立一种国家宰制宗教的全新制度安排。

法国是天主教占主导的，所以"你们那些掠夺教士的人以为很容易使自己的行为与所有新教国家相调和，因为那些被他们掠夺、罢黜并付以嘲笑和轻蔑的教士们都是属于罗马天主教的，也就是属于他们自己所宣称的主张的"，但实际上，正如伯克所观察到的，欧洲各大王室和邻国英国逐渐看清法国大革命的面目，看清它的反宗教本质。

但是，仇恨宗教与宗教内部教派冲突本质上是不同的。伯克批评那些认为协调教派冲突的重要性高于抵抗反宗教的重要性的可怜见解，因为一种是内部矛盾，另一种是要铲除宗教本身。天主教与新教冲突再严重，也不能与基督教与反宗教的冲突相比。因此，伯克批评道："一些可怜的心怀偏见的人，他们仇恨与他们自己不同的教派和党派，远甚于他们对宗教本质的热爱，远甚于对那些攻击我们共同希望的基础的人。"伯克还引述英国伯内特主教的话来证实的确存在这种人："要赢得最美好部分的那些赞同罗马天主教教义的办法是这样的：使他们怀疑整个基督教。一旦做到了这一步，他们对表面上自己是在哪一边或采取哪种形式就无所谓了。"伯克的立场是清晰的：反对一切反宗教的派别和革命。而法国大革命就具有反宗教性质，它不是教派冲突，它要摧毁整个基督教。"他们宁要无神论，也不要一种不投合他们观念的宗教形式。他们成功地摧毁了那种形式；而无神论又成功地摧毁了他们。"伯克赞同伯内特的看法，"因为在我们英国人中间已经观察到太多与之相似的精神（反宗教精神）"。伯克很清楚英国国内的不信国教者、爱尔兰遭受歧视的天主教徒也与法国的反教会革命派有着联系。正是法国的一系列事件诱发了爱尔兰天主教叛乱，爱尔兰天主教联合会支持法国大革命的理性精神。伯克反对爱尔兰天主教徒受到歧视对待，一直呼吁对他们实现宗教宽容。爱尔兰天主教徒原本的诉求也只是获得与新教徒同等的权利，并没有怀疑和质疑基督教精神本身。但是，法国发生的事情显然影响到了爱尔兰，影响到了英国。

四、英国新教改革与法国大革命反宗教运动

伴随着英国试图从罗马教廷权威下寻求国家独立的诉求，英国在16、17 两个世纪内经历了一场漫长的宗教改革运动，最终确立了英国的国家独立和新教在英国的支配地位。

在伯克看来，英国的宗教改革从来没有背离基督教教义和基督教精神实质，英国的新教改革与法国大革命的反宗教在性质上全然不同。"改革了我们英国宗教的导师们，与你们目前在巴黎进行的改革的医生们毫无相似之处。"英国宗教改革确立了清教在英国的支配地位。克莱顿·罗伯茨指出，所谓"清教主义"的核心是：《圣经》的真理和个人的良心比权威的指示更卓越；反抗邪恶的君主是合法和必要的，任何君主侵犯了上帝的法律，对君主的服从就应该让位于对上帝和良心的服从。"

伯克认为："英国宗教改革者更多受到党派精神的影响，但他们却是更真诚的信徒，是具有极为热烈和崇高的虔诚的人；为了捍卫自己

特殊的基督教思想（清教主义），他们随时准备像真正的英雄一样效死，他们有些人的确因此而死去。他们会坚定并更欣然地为了那普遍真理宝库，为了他们自己以血相争的那些宗派而死。这些人会满怀厌恶地否认那些声称与他们有交情的卑鄙的人，理由只不过是那些掠夺了与自己有争执的人的财产，以及那些曾鄙视公共的宗教——而他们为了这种宗教的纯洁性曾热忱地奋斗过，这种热忱毫不含糊地表明他们对于自己所希望加以改革的那个体系的本质的最高敬意。"英国的宗教改革丝毫没有减损对宗教的敬重，而法国大革命则对宗教极尽羞辱和攻击。英国的新教徒"有许多后裔都保留着同样的热忱，却有着更多的节制，更少地诉诸冲突。他们没有忘记，正义和仁慈是宗教的实质部分，不虔诚的人也不会以不义和残酷与自己任何一类同胞相待"。伯克对英国宗教改革运动的陈述旨在表明，英国的宗教改革和清教革命，改革者不是不要宗教，而是为自己心仪的那种教义而战；在教派冲突中，在信众与非信众的冲突中，也不会诉诸剥夺财产之类的不义、野蛮和残酷行为。总体上，伯克心中的英国宗教改革是团结在基督教精神下的宗教内部的派别冲突，不具有任何意义上的反宗教性质。

伯克不断变换对阴谋文人集团、激进启蒙运动思想家和法国革命派的称呼。"我们听说这些新导师们在不断夸耀自己的宽容精神，说那些认为没有什么东西值得尊重的人，也会宽容一切见解。"同等的忽视并不是一视同仁，那种出自轻蔑的仁慈，也并不是真正的慈善和仁爱。在英国，有很多人是以真正的宽容精神在宽容。他们认为宗教的各种教义，尽管程度不同，都是重要的，而在它们之中，正如在一切有价值的事物之中一样，都有一种正当的偏爱理由。因此他们既偏爱又宽容。他们宽容并不是因为他们蔑视各种意见，而是因为他们尊重正义。他们会虔诚而深情地保护一切宗教，因为他们热爱并尊重大家一致同意的伟大原则以及大家一致追寻的伟大目标（如果某种极端宗教派别违背了"大家一致同意的伟大原则"和"大家一致追寻的伟大目标"，我想就不在伯克坚定赞成的宗教宽容的范围之内了）。这样，他们就不会为宗派精神所误导，以致分不清做哪些事情对自己这一小部分有利，而哪些属于敌对行动——通过某一类特定的人，为了他们整个群体的目的，这个群体把他们包含在另一种宗派之下。

伯克假设一种情形，法国的启蒙教授们来到英国清教徒圈子中将遇见何种情形。"不能说所有英国人，至少对大多数英国人而言，亵渎神圣绝不是他们有关善举的信条中的一部分；他们非但不以这样的资格称你们为同仁，而且如果你们的教授们被接纳到他们的圈子的话，他们必须仔细地取消那种有关剥夺无辜者的合法性信条，而且他们必须归还他们所偷窃的一切财物，否则他们不是我们（能接纳）的人。"伯克念兹在兹，是任何个人和机构的合法财产权不能被以任何名义和理由剥夺，这是良好社会秩序的必要条件，这是保守主义的基本信条。

伯克希望，人们不要误解，仅仅是因为他认同英国政教关系和对教会的尊重，所以法国也应学习英国模式。"我们反对你们没收主教、教长、牧师和教区教士们从自己土地的独立地产中所获得收入，是因为我们英国有着同样的制度。你们会说，这种反对的论点并不适用于没收修道士和修女的财务和废除他们的阶层。的确，你们普遍没收财产这种特殊办法作为一个先例，并没有影响到英国，然而这个道理却适用（于英国）。"

当时法国国民议会通过没收教会地产和财产的直接理由是为了解决财政危机，国民议会采纳了以教会财产来偿付国债的计划。但为什么可以没收教会财产？这不是赤裸裸的剥夺吗？马迪厄指出，法国的新导师们否认这是剥夺，理由是这些教会财产并非是给教士的，而是给教会的，即给全体信徒的，换言之，是给全体国民的。信众捐赠的目的在于用作慈善及一般有用的事业。而国民议会即代表人民，它可以收回这类财产，代表各团体举办教育及济贫事业，担负信仰费用。后来，在实际操作中，没收教会地产成了新政权发行新货币——指券的抵押资产，也就是用国家控制的宗教制度取代自主自治宗教制度，因此发生相应的财产权主体转移。通过这样一种狡辩的变通解释，似乎在因果关系上为"合法"剥夺教会财产找到了理由。但是，英国人民不信这一套邪说。

英国向现代国家演进中经过了一个议会从国王那里逐步分权并确立为国家权力一极的过程。1649 年查理一世因违背了与人民的伟大联盟被送上断头台。1640 年到 1660 年，英国清教革命期间存续的英国议会被称为"长期议会"。英国革命缘起于 17 世纪 30 年代末发生的苏格兰人起义。为了镇压起义，筹措军费，查理一世于 1640 年 4 月 13 日召开新的国会，遭到了新兴金融资产阶层新贵族议员的抵制，他们要求进一步限制王权，给予发展工商业的自由，但遭查理一世拒绝，于是国王在 1640 年 5 月 5 日解散了议会，史称"短期议会"。随着苏格兰起义军再次大举进攻，查理一世被迫于 1640 年 11 月 3 日重开议会，此后议会分裂，一部分追随国王，略占多数的另一部分议会成员留在伦敦，又被称为"残缺议会"（the Rump Parliament）。在这场国王与议会的拉锯战中，逐渐形成了王室权力的反对派，推动限制王权。

伯克对英国革命并非完全赞同，尤其是革命期间发生了没收教会土地财产事情，伯克指出："一般把这个议会的召开视为英国清教革命开始的标志，其间，曾经没收了英国的教长们和牧师们的土地，它所依据的和你们国民议会发售修道院土地所依据的是一样的。但是危险就在于它根据的是不正义的原则，而不在于是哪一类人首先受到它的危害。"伯克对英国清教革命和后来 1688 年光荣革命中议会力量小范围和有限暴力使用仍然是颇有微词。伯克没有全面批判英国革命，因为伯克认为，即使是克伦威尔政府时期，英国政治共同体的司法机构仍然保留着其基本结构和主要成员。这里伯克将英国革命期间长期议会没收教长和牧师的土地与法国革命中国民议会没收教会的地产相提并论，表明伯克捍卫财产的彻底和坚定态度。但实际上，英国革命中发生的没收教产事件是教派冲突性质，而法国没收事件是全面反基督教性质。相比之下，法国革命的立法者具有强烈的"社会工程师"特征，他们修改每一项现有的社会安排，在这一过程中摧毁了良序社会中的服从和尊重，这也是引发暴乱、暗杀和恐怖统治的原因。

五、英法两国在保障财产权上的差异

公然没收合法财产权，在伯克看来，是法国人实施的置正义与人类共同关切于不顾的野蛮政策。在国民议会看来，财产权可以没收，法律和惯例一文不值。国民议会公然谴责习惯法信条（doctrine of prescription）。然而，伯克指出："法国最伟大的法学家之一让·多马（Jean Domat）告诉过我们，惯例乃是自然法的一部分，明确肯定它的界限并保证它不受侵犯乃是建立公民社会／文明社会（休谟所谓的政治社会）的原因之一。"一旦这些惯例被动摇了，则任何一种财产权都不会有保障。伯克对法国的观察之所见，正是法国革命政权对自然法这一伟大基本部分的蔑视。伯克知道，这只是灾难性步骤的第一步，"我看到这些财产的掠夺者们先从主教、教长和修道士们下手，但我没有看到他们会到此为止。我看到那些世袭王公贵族根据这个王国最古老的惯例法拥有的大批地产，几乎未经辩论仪式就被剥夺了；他们不再有自己稳定而独立的财产，而沦为寄希望于国民议会随意的、慈善性的津贴；国民议会在藐视合法所有者权利时，当然会毫不顾及领津贴者的权利"。

情势会进一步恶化，伯克说："革命政权的没收和剥夺行为不会止步，他们被最初不光彩胜利的那种骄横冲昏了头脑，又受他们对肮脏钱财的贪欲所造成的窘境压力，虽然失望却没泄气，终于，他们妄图全盘颠覆一个伟大王国范围内所有各类人等的一切财产。"这一图谋通过发行实际上是革命政权新货币——指券实现了。伯克说："他们强迫所有人在所有商业活动中、在土地处置中、在民事中、在生活的全部交往中，都要接受他们新发行的指券，作为完全兑现的、良好的、合法的支付手段，而指券是他们对自己计划出售劫掠品（教会地产）的投机活动的象征。他们还留下什么自由或财产权的痕迹呢？"革命政权通过新货币的发行，实现了对全民财富的再分配和洗劫。财富从教士阶层转移到新兴金融资产阶层和金融资本家手中，参与革命暴乱的普通民众并没有捞到什么好处。伯克认为（当时很多伯克的友人认为是危言耸听），1789 年以来雅各宾主义的主旨就是破坏财产、劫掠财产。

对照法国大革命对财产权的粗暴侵犯，伯克描述了英国人对财产权严格而精细的保护："在我们的议会里，对一块菜园的租赁权、对一间茅舍一年的利润、对一座小酒馆或面包店的信用、对侵犯财产权的最微不足道的迹象，都比你们那里对属于那些最可敬的人最古老、最有价值的地产，或对你们国家整个商业金融界的处理要郑重得多。我们对立法权的权威怀有高度的敬重，但我们从未梦想过议会可以有任何权力去侵犯财产权，去压制惯例法，或强行使用他们自己捏造的一种通货（指券）来代替真正的、为各国法律所承认的货币。"欧洲的

谚语"风能进，雨能进，国王不能进"在英国得到最真实、最完整的
体现。

伯克对法国大革命以来建立的最高权力机构"国民议会"的定性
是——"合法财产权的劫掠者"和"专制主义者"。关于法国大革命的
原则，伯克总结为三条：弑君、雅各宾主义原则、无神论。因此，"你
们是从拒绝服从最温和的限制（路易十六时代的开明专制）开始，而
以建立起一种闻所未闻的专制主义告结束"。这是伯克对法国大革命最
严厉的批判和定性，也是对法国大革命的预言。"我发现你们那些劫掠
者行事的理由是这样的：他们的行动确实不会受到正义法庭的支持；
一切惯例法的规则都不能束缚一个立法议会。"法国大革命的精神导师
卢梭认为，人民都是对的，人民不会犯错。而西耶士——革命时代的
"首席政治设计师"，一位没有丝毫虔诚的不信仰宗教的神父、哲学家，
在其著名的政治小册子《第三等级是什么？》中，开篇就抛出极具挑
唆性的惊人之语："第三等级是什么？是一切。迄今为止，第三等级在
政治秩序中的地位是什么？什么也不是。第三等级要求什么？要求取
得某种地位。"这是极具蛊惑人心又腐蚀人心的煽动！西耶士这个人物
不可小觑，他很晚才作为第三等级议员被选举出来，进入议会后发表
的一次讲话，却要彻底打倒古老的法国君主政体。他这种铿锵有声的
通俗大白话，这种极具蛊惑性的挑唆，为暴力剥夺一切合法财产和篡
权指明了方向。

正是西耶士发起动议，对其他两个等级发出正式加盟的邀请，因
为这样一来，国民议会似乎就有了全面的代表性和合法性，此后国民
议会就立即开始赋予自己以正式合法性，他们宣布以第三等级为基础
联合起来的群体（包括米拉波等叛变自己所在阶层的投机分子）就是
国民议会，而新的第三等级就等于整个法国，国民议会从此开始成为

法国最高权力当局。试想这是一个多么可怕的最高权力当局，一院制议会，没有任何制约和分权，伴随着涌进议会大厅的民众的呼喊声议事。最初为解决财政危机而召开的三级会议性质完全变了，而新设立的最高权力当局几乎跟教会和贵族等级没有任何关系了，因为它们都被排除出局或者吸收进来了。这实际上是一场篡权的政变，西耶士是这场政变的真正操盘手。

法国大革命建立起来的新政权（国民议会）并没有像它竭力鼓吹的那样捍卫平等、自由和财产权，相反，伯克说："一个自由国家的议会（国民议会）的召开，并不是要保障财产权，而是要摧毁它，而且要摧毁的不仅仅是财产权，还包括每一条可以使它稳定的规则和准则以及一切使它得以运转的手段。"大革命的水闸一旦开启似乎具有不可控性质，大革命在短短两年内迅速激进化，走向恐怖统治。

第 14 章

正义是最大的公共政策

他们摧毁了法国的历史，他们颁布了 2500 条政令（比此前三朝国王颁布法令的总和还多）……勾画了一幅新世界的蓝图……为什么这场如此真诚地追求人世间最崇高的善的事业，最终却令人痛心地失败了。历史上，法国把整个国家交到国王手里，因此现在他们也将不受限制的权力授予国民议会……他们以为或者相信，一个真正代表人民的政府，是不可能做错事的。他们仿佛认为，权力只要是正当地建立起来就不需要制约；对于国民，也不需要任何防范戒备。

——阿克顿

自法国大革命以降，一切革命都倾向于把自身看作一个绝对的开端，历史的一个零点，安排满了有待未来完成的大业。……那些自恃拥有革命"基础"的社会，谱写它们的当代史总是特别困难，因为所有这些历史都是对起源的纪念，而纪念日的魔法乃是靠继承者的忠诚打造出来的。

——弗朗索瓦·傅勒

18 世纪末法国社会中对贵族和特权等级的这种失望感，如此混杂、强烈和带有根本性，是从何而来的呢？所谓贵族反动之说，更多是一种心理的、政治的和社会的现实，而非经济生活的实际考量。……大革命可以被视为一个社会文化整合的巨大过程，通过 1789 年的"反封建""爱国主义"以及后来接手的雅各宾革命意识形态来完成它的诉求。平均主义是屈辱的反面，共和是王朝孤独的反面。贵族作为差别的典型，为民族整合付出巨大代价似乎是理所当然的了。

——弗朗索瓦·傅勒

一、对正义的坚持和对财产权的照顾

伯克把法国大革命视为"一种瘟疫性狂热"。早在法国大革命之前的 16 世纪的德国，也发生过类似（但规模和性质上无法与法国大革命相比）的瘟疫性狂热运动。16 世纪德国明斯特的再洗礼派教徒们以其平均主义和关于财产权的野蛮见解而使得整个德国陷入混乱，这场风暴的蔓延在欧洲拉响了警报。

伯克认为："在一切事物中，智慧最害怕的便是这种瘟疫性狂热。因为在一切敌人中，这是它最难以提供什么力量加以反对的。"（思想和行动上的）瘟疫性狂热本身就是以不讲理著称，否则它就不叫瘟疫性狂热。伯克认识到，因为法国大革命是一场无神论者挑战传统宗教的革命，因为无神论者打破社会习俗和每一条信仰的信条，致力于消灭神秘（有限的理性不可能让人类全知全能）。

伯克发现："我们不能对无神论的狂热精神无动于衷。这种精神受到了大量文献的鼓励，以一种难以置信的勤奋和花费而传播开来，在巴黎所有街头和公共场所都有种种此类说教在鼓吹着。这些文章和说教向群众灌输一种黑暗野蛮的残暴精神，取代了一切自然的共同情感以及一切道德的、宗教的情操，竟致于诱使这些可怜的人们以麻木的忍耐力，承担着由财产权方面所造成的剧烈痉挛和大变动所带给他们的难以忍受的苦难。"在狂热革命派包括贵族和教士阶层的少数狂热分子眼中，却是另一幅完全相反的图景（他们认为法国正在荡涤黑暗，迎接光明）。伯克在注释中引述一位名叫图勒（Toul）的作者文章中的一段话来描述："在当前这场革命中，他们抵御了一切宗教偏执的诱惑，抵御了革命敌人（当时所有的人被简单区分为爱国者和反革命分子）的干扰和迫害。为了向国民议会的意见效忠，他们忘掉了自己的最大利益，他们看到自己赖以生存的大批宗教机构受到压迫而毫无怨言，甚至按一切公正的原则都可以给他们保留下来的、他们所能有的唯一力量即主教的席位也被取消了。他们遭受最可怕的苦难而不能为人倾听，但他们绝不怨尤，他们始终忠诚于最纯洁的爱国主义原则（即革命政权主张的原则），尽管宪法使他们的城市沦于最可悲的空虚，他们仍然准备流自己的鲜血来捍卫它。"这一段描述说明当时的革命群众已经完全接受了革命派的蛊惑和欺骗而茫然无知。伯克评价道："无法设想这些人民是在争自由的斗争中，忍受这些苦痛和不正义，因为就在同一封信中很真确地说到这些人民从来就是自由的。他们所忍受的贫穷和毁灭，他们未加抗议地忍受明目张胆和直言不讳的不正义，如果确实是真的，就不会是什么别的东西，而只能是这种可怕的狂热主义的后果。而现在整个法国有大量的人生活在同样的条件下，有着同样的精神状态。"

平等和自由是法国大革命追求的目标，但革命迅速滑向了目标的反面，革命已经淹没在革命群众的众声喧哗中，革命就是狂热主义和恐怖主义。研究法国大革命的傅勒称之为"侧滑"。

不仅如此，"这种狂热精神伴随着改宗的精神"，伯克说的"改宗"不是传统意义上的宗教内部教派斗争，而是指大革命正在制造一种"新宗教"。伯克从一开始就警觉到，法国革命不是一件发生在法国国内的简单的政治事件，它的影响超越了国界，危害邻国和欧洲大陆。他们有各种团体在国内外进行阴谋联系，宣传他们的教义。伯尔尼（Berne，现属于瑞士），这个世界上最幸福最繁荣、治理最好的地区之一，便是他们准备摧毁的重大目标之一；他们成功地在那里播下了不满的种子。他们在整个德国也忙碌着。他们在西班牙和意大利也尝试过。谈到革命派对英国的渗透和侵蚀，伯克显然更加警惕。更为伯克所警惕的是，法国雅各宾派与英国国内的激进启蒙运动人士串通联络。伯克认为，"他们那恶意的仁爱之无所不包的计划也没有漏掉英国，而英国也有些人向他们伸出双臂，这些人不止在一个讲坛上推荐他们的范例（《法国革命论》开篇伯克对伦敦的革命协会和理查德·普莱斯的批判，当时英国革命协会与法国爱国者协会联系紧密），不止在一个定期聚会中公开呼应他们，向他们欢呼，把他们吹捧成我们仿效的对象。这些人从他们那里接手了在他们的仪式和神秘活动中所供奉的团体标志和旗帜；这些人就在我们的宪法已经授予政府以全权维护这个王国的能力，而政府也认为该向他们作战的时候，还在建议与他们结成永久友好的联盟"。

法国大革命的狂飙突进越来越引起欧洲各王室政权的警惕，英国也不例外。不过刚开始英国的查尔斯·詹姆士·福克斯（Charles James Fox）首相是欢迎法国大革命的，小威廉·皮特（William Pitt, the Younger）首相反对法国大革命，但认为法国大革命对英国不构成威胁。直到事态进一步发展，英国才发现，法国大革命不仅仅在"解放"法国，他们有"更远大的理想"，他们的教义被宣称适用于全欧洲、全世界。法国大革命首先是对路易十六君主专制的革命，同时也是对欧洲君主制度的革命。然而，激进启蒙思想无国界，英国国内出现了与法国革命派里应外合的苗头，伯克在此以叛国罪名指责英国革命协会与法国革命派的勾结行为。

伯克唯恐法国大革命烈火越过英吉利海峡而殃及池鱼："我所担心的并非是我们教会的财产也会根据法国的先例被没收，尽管我认为那是一大邪恶。我最大的关切是，有朝一日在英国，也会为寻求财源而把没收任何财物当作一项国策；或者把公民中的任何一个阶层看作是自己的当然猎物。"对宗教的敌视，以及对财产权的破坏，一个阶层被教唆和引导猎取另一个阶层，凡此种种，都让伯克担忧法国大革命的邪恶蔓延到自己的祖国。在这里，伯克大段引述了古希腊哲学家西塞罗的观点："即使那些得到不义之财的人在数目上超过了财产受到损害的人，前者也绝不因此而更加有力；因为在这类事件中，力量不是由数目而是由其社会影响决定的。如果一个一文不名的人可以将属于别人的若干年，甚至若干代的地产据为己有，而以前的所有者却必须失去它，那还有什么公正可言呢？正是根据这种不义的原则，斯巴达人放逐了他们的监察官李桑得，并处死了他们的国王阿吉——这是斯巴达历史上前所未有的事件。从这时起，严重的内部不和使得暴君出现，贵族被放逐，建立起来的国家瓦解了。而且这不仅仅是斯巴达的崩溃，这种传染性极强的邪恶从这里开始越来越广泛地蔓延，终于将古希腊的其余部分夷为废墟。"发生在古代斯巴达对财产权的破坏引发的悲剧历史故事，像极了法国大革命。伯克接着引述西塞罗所描述的另一个与此相反的人物——真正的爱国者、西锡安的亚图拉（Aratus of Sicyon）具有完全不同的精神："这是与我们的同胞进行交易的正确方式，而不是像我们已经两次看到的，将矛插在台上，将他人的财产放到拍卖人的槌下。这位明智而高尚的希腊人认为他必须关心所有人的福祉。一个具有高超政治家才干和十分明智头脑的好公民所应该做的，不是把公民之间的利益对立起来，而是把这些人的利益在平等公正的原则上统一起来。"伯克对法国大革命发展走势的预测（出现某个收拾局面的军事独裁者），以及对法国大革命邪恶教义的蔓延给其他国家人们带来的危害的警惕，也可能从古希腊时期的斯巴达的历史教训得到过某种启发。

为战争筹款引发的国家财政危机是触发法国大革命最直接的起因。伯克在英国议会中耕耘数十年，深谙财政和经济之道："公债在一开始是对政府的一种安全保障，因为它使大多数人关心国家的安宁；

但如果发债过度，也很容易变成政府颠覆的原因。"

当时路易十六国王无法直接通过征收重税来偿还债务，只得召开长期未开的三级会议，希望借此获得征税的同意而不引发任何动乱。然而事与愿违，第三等级发难，一发不可收拾，法国大革命由此爆发。"政府如果通过征收重税来偿还这些债务，就会受人民憎恶而垮台。""如果它不去偿还债务，它将会在所有党派中最危险的那一个的努力下被推翻——我指的是虽受到伤害但未被摧毁的、广泛不满的金融利益（monied interest，即新兴金融资本阶层）……如果新兴金融资本阶层发现旧政府软弱无能、筋疲力尽、缺乏活力，从而没有足够的生气可以满足他们的目的，他们就会寻求一个具有更充沛精力的新政府，而这种精力不是来自获得新的力量，而是来自对正义的蔑视。革命是偏袒没收财产的，而我们也不可能知道以后的没收会以什么可憎的名义得到批准。"伯克甚至认为，召开三级会议的决定是高等法院法律人士背信弃义的产物。原本不召开三级会议，债务危机的问题也可以通过国王和高等法院适当征税解决。事态竟然向没收教产的方向发展，这样事情的性质就变了。伯克断言这种毫无正义可言的没收行径不会局限于针对教士阶层："我肯定在法国占统治地位的那些原则，会蔓延到所有国家的许多的人、许多阶层的人——这些人把自己无害的怠惰认为就是自己的安全。"革命者的凶残和暴虐程度是国王、教会和贵族所未曾预料的。革命精神布道者教导人们，"产业主的这种幼稚可以说是无用的，而无用又可以说成是不适于保护自己的地产"。殊不知，暴风雨即将来临，"目前欧洲的许多地方都处于公开的混乱中。在其他许多地方的地下已发出隐隐的呻吟；一场动荡已经为人所感到了，它在预示着政治界的一场大地震。有些国家正在形成一些性质极其反常的联盟和联系。我们应该警惕"。

　　伯克做出这一预测时提到当时德国出版的两本书：《关于光明会的若干原始文件》和《光明会的体系和后果》。这里的"光明会"是当时德国无政府主义异端团体，主张摧毁一切国家，消灭私有制，建立新的"大同国家"。伯克意识到这场大变动、大变革必将来临，但特定国家的人民会采取不同的对待方式。当这场大动荡、大变革来临的时候，我们只有对正义的坚持和对财产权的照顾，才能削去它们灾难的锋芒并促进其中可能具有的美好东西。

　　对于启蒙运动，对于工业革命，伯克并不是一般地持排斥态度，他自己就是下议院的积极改革派，他本人就是启蒙运动中的一员。伯克认为，像英国人民一样自始至终坚持正义和财产权，那么就可能促进启蒙运动和工业革命中出现"美好的东西"。

　　置身于当时的革命进程中，似乎一切都理所应当。伯克批评了那种为大革命时期没收教会财产的"国家政策措施"的辩护："有些人可能争辩说，法国这种大规模的没收，不应使其他国家惊恐。他们说那不是由于野蛮的贪婪而产生的；那是一项有关国家政策的重大措施，采用它时要铲除一种广泛的、根深蒂固的、迷信的祸害。"伯克认为："把政策与正义分开来是极其困难的。正义本身便是公民社会的重大的、经常性的政策；在任何情况下对正义的任何背离，都会使人怀疑根本就没有政策。"伯克这一论断的深刻含义和适用性就不仅仅只针对法国大革命了，而是适用于任何文明社会的任何国家、任何时期——正义是文明社会的最大政策。对正义的背离就是不折不扣的邪恶，而不能贴上任何所谓"国家政策"标签来混淆是非。

　　以暴力的方式强迫人们突然改变一种古老的生活方式是极为不妥的。"当人们受现行法律的鼓励而接受某种生活方式，并在那种方式中像在一种合法的职业中受到保护时；当他们已经使自己全部的思维和全部习惯都适应了这种生活方式时；当法律长时期以来已经使他们遵守这种方式的规则成了一种荣誉的理由，而背离它们则是一种耻辱，甚至成为受惩罚的理由时……"伯克罗列上述种种是一种面向真实的描述，它不是任何一种"大词"（如黑暗的中世纪、腐朽的贵族阶级）所能抽象概括的。当这种长期的稳定的生活方式突然被打断，特别是，"一种通过专横的条款使人们的思想和情感遭受突然的干涉，这种粗暴行动就是非正义的。这种暴力贬低他们的地位，用丑行和羞耻来污蔑他们以往认为可以给自己带来幸福与荣誉的性格和习惯，这样的立法就是非正义的"。上述暴行已经足够残忍，更有甚者，"如果在这上面把人们从自己的住宅驱逐出去，并且没收他们一切财物，那么……看不出这种由于人们的感情、良心、偏见和财产权所制造的专制游戏与最恶毒的暴政怎么能区分开来"。如果前面一段描述的对教士阶层和贵族的羞辱还停留在名誉败坏上，那么后面一段描述的对待教士阶层和贵族的驱逐和财物没收就是赤裸裸的暴行了。这一切看似不可能发生的社会连续性的瞬间如何发生的呢？原因主要在于当时铺天盖地、重大的占据主导地位的人民主权革命意识形态。弗朗索瓦·傅勒揭露了这种重建公共权威的神话："它通过人民意志的话语来兼容社会和国家；而这种合法性迷恋症的最后象征就是'恐怖时期'和战争，最终又被一些欲占有民主原则的集团加码哄抬。'恐怖时期'依照革命的模式重新组建了一种公共权威的神话。"在这种人民主权意识形态和新公共权威神话下，古老的道德信条被"合法"践踏，一切不可能都显得那么"自然"和"合情合理"。

二、原封不动、绝对毁灭与中间道路

政治、经济和社会制度并不是只能在继续存在与完全废除中选择。如果说目前法国所遵循的方针的非正义性是清楚的，那么可期待从这些政策所得到的公共福祉，应该是显而易见和重要的（即非正义性的）。伯克说："对于一个真的只心怀公共福祉的人来说，下面两种政策之间的巨大差别马上会打动他：一种是这些制度最初设立所要求的政策；另一种是彻底废除这些制度的问题（毛病）所要求的政策。然而，这些制度早已广泛而深入扎下了根，经由长期的习惯，比这些制度更有价值的东西（习惯、习俗、荣誉感）如此适应于这些制度而彼此交织在一起了，以至于人们很难摧毁其中一个而不会明显地损害另一个。"

但是在这件事上，就像在大多数国家的问题一样，总有一条中间道路。在绝对毁灭与不加改造而存在这种单纯的二选一的选择之外，也还有其他某种可能性。"在我看来，这是一个意味深长的准则，应该永远为诚实的改革家牢记在心"。伯克的这一具有保守主义显著特点的论断的深刻意义就不仅适用于法国大革命，而且在一切国家治理和重大制度改革中具有普遍适用性。伯克接着进一步阐释了这一浸透着对"社会连续性原则"深刻洞见的一般社会改进原理："我无法想象一个人怎么会使自己狂妄到那种不分黑白的程度，把自己的国家视为无物，只不过把它当一张可以在上面任意涂抹的白纸。一个富于热情与思考的好心人，可能看到社会制度的弊端甚至巨大缺陷，可能希望社会不要像现实的那种样子组织起来。但是一个好的爱国者和一个真正的政治家则总是在思考：他将怎样才能利用绝大多数国家现存'材料'，保存现存事物的意向再加上改进它的能力，二者联合在一起，这就是我对一个政治家提出的标准。此外的一切，在理论上都是庸俗的，在实践上都是危险的。"过去都是黑暗的，我们要在抹除一切旧制度的基础上，在一张打扫干净的白纸上绘就最新最美的图画，这是古往今来多少幼稚的思想家、政治家和革命者设想的图景。

三、教会和宗教组织在国家制度改良中的优势

伯克重视宗教和教会组织作为国家制度的一种改善力量。在国家命运中有些时刻有某些特殊人物会受到召唤，以巨大的精神努力来做出改善。在这些时刻，尽管他们看起来得到了他们君主和国家的信任，并被授予全权，他们却并不总是有合适的工具。"一个做大事业的政治家，就要寻求一种权力，即工匠们称之为滑轮和杠杆的东西；如果他在政治中也像在机械中一样，得到了这种权力，他们运用起来就会得心应手。我以为，在修道院的制度中就可以发现有一种体现政治仁爱的机制的伟大权力。"

伯克历数了教会制度和宗教力量在改良社会制度方面的种种优势，"那里有一种受社会监督的财政收入；那里有很多人全身心致力于公共目的，并且除了公共的联系和公共的原则之外，再没有其他的联系和原则，这些人不可能把集体财产转化为私人财产；这些人摒弃了个人利益，他们的贪心都是为了集体；这些人个人的贫穷乃是一种荣誉，而绝对服从代替了自由的地位"。

人们指望在需要这些东西的时候就把它们制造出来的这种可能性是枉然的。伯克的意思是，宗教乃是植根于人类社会秩序长久的维护性力量，没有任何人或组织可以一朝一夕制造出一种新宗教。然而，大革命的精神导师卢梭、米拉波、西耶士和雅各宾派倒是试图制造出

一种新宗教，卢梭的"公意"取代了上帝，"人民主权"神话成为国家的主宰。正如博勒指出的，雅各宾暴政在"人民"这个虚构旗号之下取代了公民社会和国家。伯克继续历数了教会和宗教组织在改进国家制度中的优势："这些制度是热心肠的产物，它们是智慧的工具。智慧本身并不能创造出'材料'，这些东西是自然或运气给我们的礼物。智慧的骄傲在于能加以使用。这些团体及其财富的长年存在对于一个有远见的人、对于思考着各种需要时间才能形成，并且在实现了之后就可以持久维持'设计'的人来说，是特别适宜的东西。"

伯克质问道："摧毁了教会团体和旧贵族阶层又会如何呢？取而代之的人并没有做好准备，也没有能力和资质做好准备。如果一个人获得了对存在于这种团体（你们法国人粗暴地摧毁了的团体）的财富、纪律和习惯之中的力量的支配权和指导权，却无法把它转化为自己国家的伟大而长远的利益，那他就不配有很高的地位，甚至不配在伟大政治家的行列中被人提及。在道德世界中要摧毁在人类心智的旺盛创造力之中蓬勃生长起来的任何力量，几乎等于在物质世界中摧毁人体中显然是最积极的品质一样。"伯克认为这种摧毁最终是不可能的，"这就好像是试图摧毁硝石之中不挥发气体的膨胀力，或者是摧毁蒸气、电和磁的力量一样，这些能量在自然界中是永存的，它们也总是可以辨识的。但它们有些是无法利用的，有些是有害的，有些只能供儿童玩耍。直到有一天，思想的能力加上实践的技术驯服了它们的野性，征服之为我们所用，并使它们立刻成为听命于人类的伟大目标和规划的最强有力和最驯服的工具"。这一段比喻，伯克都是用于教会和神职人员群体的："难道你们可以指挥其脑力和体力的那 5 万人（全法国大约 5.4 万名神职人员）和既无懒惰又无迷信色彩的每年好几十万的收入，使你们无法加以使用了吗？难道你们除了把教士转变为领取国家津贴者之外就没有别的办法了吗？（1791 年 1 月 1 日什一税——支付教士薪俸的主要教会税被国民议会正式废除，没有任何补偿，改由国家支付教士的薪俸）。难道你们除了挥霍浪费的拍卖之外，就没有别的办法为岁入带来收益了吗？如果你们的智力如此贫乏，那么事情只好任其自然了。你们的政治家并不懂得自己的行业，因而他们把自己的工具都卖掉了。"伯克的意思是，宗教和教会是政治家实现国家治理的支柱性手段，现在革命政权毫无治理国家的经验，变卖了这份宝贵的工具。伯克不无遗憾地指出，利用教会的力量，国王和高等法院完全有能力解决当时的财政危机。

四、建设性迷信、破坏性迷信与不中庸的保守主义

伯克开创的保守主义有其关于宗教信仰的超验维度。伯克指出，革命派的原则本身就带有迷信的味道，而他们也在通过源源不断的影响力在培育这种迷信（在伯克这里，人民主权神话也是一种迷信）。"但这一点不应该妨碍你们从迷信本身之中汲取可以提供公共利益的资源。在道德的眼光下，人心中有许多品性和情绪是带有和迷信一样可疑的色彩的，你们从中吸取了好处。你们的任务是纠正和缓解这种情绪（例如革命派追求的"人民主权"、纯粹民主、平等）中一切有害的东西，正如一切情绪中的一样。但是迷信是不是一切可能的罪过中最大的一种呢？"伯克认为，当迷信可能过度的时候，它就变成了一桩大罪过。

伯克坦言，迷信是精神脆弱的人的宗教。你的宽容使这些人处于一种迷信的大杂烩之中，有些是琐碎的、狂热的形式，否则你就将剥夺对这些弱者心灵来说是必要的、对最强者也是必要的力量了。这里

伯克指出的是，宗教既是弱者的必需，也是强者（权势者）的必需。肯定地说，一切宗教的主体都在于服从世界主宰者的意愿，信仰它的教诲和仿效它的完美，其余的事情，就都是我们自己的了。伯克又指出，它们（迷信、宗教）对伟大的目的可能有损害也可能有裨益。明智的人之所以明智，是不做崇拜者，至少不是对物质事物（相对于上天的永恒礼物而言）的崇拜者，他对这些事物既不狂热地执着，也不狂热地憎恨。智慧并不是愚蠢最严厉的改正者。伯克的意思是，灾难才是愚蠢最严厉的改正者。只有那些彼此相争的蠢人才会相互发动一场如此无情的战争，才会对自己的优势加以如此残酷地运用，以至于在他们的争执中竟把毫无节制的粗鄙都投到了这一边或那一边。审慎者本该是中立的，但假如我们面对一些其性质本不值得如此大动肝火的事物，处于一方坚决拥护、另一方激烈反对的争端之中时，一个谨慎的人也要被迫做出选择，究竟哪种错误和狂热度是他应该谴责或应该容忍的？这时他或许认为建设性的迷信要比破坏性的迷信更加可以容忍。"那种美化一个国家的要比那种丑化它的更值得容忍，那种赐予的要比那种掠夺的更值得容忍，那种倾向于错误的善行要比那种激励真正不义的更值得容忍，那种引导一个人摒弃自己安全合法的享乐的要比抢夺别人自我禁欲的很可怜一点生活资料的更值得容忍。"这里四个"值得容忍"，前两者指教士阶层的行为，后两者指革命派的行为。

在《为自然社会辩护》中，伯克指出，心灵需要学会使用神秘，接受怀疑。在启示真理和理性之间，伯克兼容并包，但更倾向于前者。伯克明确地把以卢梭为代表的激进启蒙运动哲学家（阴谋文人集团）的革命教义定义为一种现代迷信。傅勒总结道，大革命是一次关于权力的集体想象，它打破连续性，偏行纯粹民主，不过是为了在另一个层面上更好地担当起专制主义传统。民主合法性取代旧的神权合法性。

五、关于财产权转让的正义

伯克认为，革命派扬言出售教会财产是为了公共利益，是纯粹的欺骗，退一步讲，出售教会财产是一种财产转移行为。对此伯克有话要说："在一切繁荣的社会中，生产者所生产的东西总是要比维持他当前生活所需的更多。这剩余部分就构成了土地资本家的收入，它将被一个并不从事劳动的地产主所花费。但是这种闲逸本身乃是劳动的发条，这里面有着对生产的促进和激励。国家唯一的关切就是，对地租所取得的资本应该重新回到生产中去，以及这种花费应该尽可能地不损害花费它的那些人的道德，以及不损害它所返还的对象。"伯克这里讲的是一条简单而朴素的经济学道理，经济繁荣必须有持续的投资支持，国家所要做的是促进资本持续投入到生产性用途上去。资本不仅无罪，而且是深化分工的必要前提。这里伯克还指出了经济学忽视的一点——"不损害花费它的那些人的道德"。

伯克坚持财产权转让的正义原则，对合法财产的没收是赤裸裸的劫掠，显然不符合财产权转让的正义原则。"一个严肃的立法者，总会就收入、支出和个人职务的全盘观点，在驱逐一个所有者，并以另一个陌生者取而代之两者之间仔细进行比较。通过大规模没收而进行的所有权的一切剧烈革命，必定会导致种种困难。在此之前，我们应该有合理的保证，使购买被没收产业的人比起旧的所有者在很大程度上更勤奋、更有德行、更严谨、更不想从劳动者的收获中榨取不合理的一份，无论这些旧的所有者是主教、司铎、受荐修道院长还是什么；或者他们不会使自身消耗超出一个人正常所需的更多的份额；或者他们应该有资格以一种更稳定和更平等的方式支配剩余，从而符合政治支出的目的。"伯克旨在表明，没有证据表明新所有者比旧所有者在以上诸方面做得更好。其实革命政权做的盘算主要不是提高经济效率，而是摧毁宗教。

而当时法国社会对教士阶层流行的诋毁是："僧侣们是懒惰的。"伯克质问，"即使如此又能如何呢？假设他们除了在唱诗班中唱歌之外就没有别的用处，那他们至少也和那些既不唱歌又不布道的人是同样地有用，甚至与那些在舞台上唱歌的人同样地有用"。伯克为教士尤其是替为数众多的基层教士的劳动和服务进行有效辩护，"他们和那些从早到晚日夜劳作，从事着无数奴隶般的、卑微的、不体面、不人道而且经常是最不健康的、容易感染传染性疾病的工作的可怜的人们一样（由于社会和经济的缘故，有无数人不可避免地沦为这种命运），也同样是有用的"。伯克又说："如果打断事物的自然进程不具有普遍危害性，也不会在任何程度上妨碍被奇妙之手引导的不幸之人们劳作的伟大流转之轮（伯克这里所指类似于亚当·斯密说的'自然的自由体系'），我毫无疑问倾向于用强力将他们从不幸的辛劳中拯救出来，而不是去粗暴地打扰平静的修道院中的安宁。人道精神，或许还有政策，会证明我的这方面的考虑是正确的，而不是相反。这是我经常思考的一个主题，而每次思考整个主题都不能不带感情。"

伯克不是从抽象的革命教义思考问题，而是从基本的人道精神和常识角度思考问题，就不难得出正确结论——掠夺和迫害教士是不正义的。难道换一批所有者就恢复正义了？"我确信，不论出于何种考虑，除非有必要屈从于奢侈的枷锁和荒唐的专制——他们以专横方式来分配土地产出剩余，那么在一个治理良好的国家里，没有理由容忍这样的营生和职业"。这里伯克原文的意思具有含糊性，基本意思是：反对革命专制政权剥夺教士财产，反对天翻地覆地改组传统教会制度、组织和人们的宗教生活。"但是就分配的目的而言，在我看来，僧侣们的无用消费与世俗懒汉的无用消费（至少）同样好。"因为教士和修女从事教化、慰藉和救济的事业。

如果说上面一段话是为那些在教士阶层中占绝大多数的基层教士辩护，那么下面一段则是为高级神职人员和贵族的正常消费支出的正当性辩护。"当地产由教会占有与地产按照所谓国有化出售计划占有的优点是一样的时候，就没有必要去改变现状。"这是一种浅显的功利主义论证，伯克故意退了一步。接着伯克指出，但目前的情况，二者可能并不一样，二者的差异是教会占有更有利。"在我看来，你们计划要驱逐的人，他们的花费事实上并不比你们闯入其家中的花费更直接且普遍败坏和堕落，（出售计划）使被践踏的人变得更悲惨。"接下来伯克为高级教士和贵族的辩护就不是简单的功利主义辩护了，而是历数种种历史事实，通过事实和反事实假设论证，诉诸对财产权和自由原则的坚守。

伯克质问道："为什么一个大地产主通过以下诸种方式花费，即对土地产出剩余进行一种分散和分配对你们或对我就是不可容忍的呢？"

——通过巨型图书馆收藏大量图书——那是人类思想的力量和思想弱点的历史；

——通过收藏大量能够印证和解释法律及习俗的古代文献记录、勋章、钱币；

——通过收藏那些模仿自然而超越了创造极限的绘画和雕塑；

——通过为逝者修建的、超越了坟墓的阻隔而维系着对生命的关怀和敬意的宏伟纪念碑；

——通过收集代表世界上所有类别和种属的自然界标本——在人类天然倾向和好奇心的驱使下开启了通往科学的大道；

……

伯克质问，就人类的发展和繁荣而言，财富用于宗教事务上的花费有什么不正当吗？

——如果以上诸种花费的对象在巨大的常设机构中得到了很好的保证，使之可以免于不稳定的个人任意性消遣或个人胡乱挥霍浪费，难道它们比这些同样的情趣品位风行于分散的个人之间更糟糕吗？

——难道泥瓦匠和木匠们在劳作中分担农民的汗水，在建造和维修庄严宏伟的宗教建筑时流下的汗水，不正像他们在建造和维修那些邪恶而奢侈的画阁、奢华堕落的藏污纳垢之所流下的汗水同样愉快而健康吗？

——他们在修复那些年代久远而变得破败的神圣作品时流下的汗水，与修复那些满足一时淫欲的场所流下的汗水不同样的光荣、有益吗？

——在歌剧院与在妓院、赌场、俱乐部（暗指革命俱乐部）、马尔斯大道（战神广场）的尖顶纪念碑（重大革命事件发生地，讽刺语）所流下的汗水有什么不同吗？

——用橄榄树和葡萄藤结出的剩余产品来维持那些由于虔诚地想象为上帝服务而变得尊贵的人们生活的必需，难道比供养大批数不胜数的、屈从于人类的骄横而沦为无用的家仆的人更有害吗？

——难道花钱装饰教堂就比装饰勋章绶带、花边、帽徽、小别墅（上层社会在巴黎郊区建造的专供私人行乐的小别墅）、精致（而昂贵）小晚宴，以及数不胜数的耗尽财富的纨绔行为、愚蠢的奢侈秀更不明智吗？

通过一连串的质问，伯克坚定维护宗教、教会和教士阶层。

在上述质问中，当财富被用于非伯克所赞赏的用途时，原则上也是正当的，我们的态度应当是宽容。宽容不意味着喜欢或热爱。"即便我们容忍这些，也不是因为喜欢它们，而是因为担心出现更糟糕的情形。我们宽容它们，因为财产和自由在某种程度上要求这种宽容。"但问题是，为什么偏偏要打击教会呢？"我们为什么要禁止另一些呢？为什么禁止在各个方面看来肯定都是更加值得称道的地产使用呢？为什么要通过对一切财产的破坏和对每一项自由原则的践踏，强行把它们从较好的推向更坏的呢？"伪启蒙者、心怀不满的文人的价值观引导人们仇视社会差异，势必释放暴民的愤怒和对有产者财产的觊觎。首当其冲，教会被视为特权的堡垒。因此首先从教会地产下手似乎符合革命进程的必然逻辑。

法国大革命实现了一个国家财产权大范围、大规模的改造。但凡一个国家在短时期内强行对存在已久的财产权格局进行大范围、大规模、根本性的改造——换主人，几乎都违背社会连续性原则，必然通过随后的灾难来纠正人犯下的错误。如果旧有的制度确实需要改革，那么以改良而不是强力破坏的方式是保守主义的优先选择。

新的个人和旧有的法人占有地产的这种比较，是建立在后者不可能进行任何改革的假设之上的。法国教会真的无可救药吗？事实并不是这样。在改革问题上，伯克认为："法人，不管是单一的法人还是包含很多分支机构的法人（典型的如法国旧制度下的教会），在其财产的使用、对其成员的管理模式和生活习惯方面，都比公民个人更容易受国家权力的公共引导，也许更应该受到这种公共引导，这一点在我看来，对于承担任何政治事业的人来说是非常现实的考虑。"以上是伯克关于教会地产的观点。

"至于主教、司铎和受荐修道院院长的地产，我不明白有什么理由，除了继承之外就不能以其他方式拥有某些地产。有哪个哲学捣乱分子（philosophic spoiler，指法国百科全书学派的理论家。实际上可能不限于此，还包括伯克前面批评过的所有"阴谋文人集团"）能够证明拥有那样大宗地产就是实实在在或者一种相对的罪恶？这些地产不

论是理论上还是事实上，是在虔诚、道德以及知识方面都非常卓越的
人所传承下来的。这种财产，它的最终作用就是通过它的价值而回报
给最高贵的家族以生机和支持，也给最卑微者以尊严和提高的手段。
这种财产权的取得是以履行某种义务为前提的（不管你们以何种价值
加之于那种责任），以及对其所有者的品德要求至少是外表文雅、举止
庄重、慷慨大方又热情好客、懂得适度节制，把收入的一部分当作慈
善基金。即使他们辜负了对自己的信任，即使他们滑向了对自己品格
所要求之外而蜕化为一个单纯普通的世俗贵族或绅士，难道在任何方
面就一定比没收他们的财产的人更坏吗？难道那些地产由那些毫无责
任感的人拥有就比那些有责任感的人拥有更好一些吗？难道那些财富
由在用途上除了自己的意愿和嗜好之外就没有任何规则和方向可循的
人拥有，就比那些在品格和生活目标方面都趋于有德行的人拥有更好
一些吗？"以上是就个人的品行方面来说明高级教士拥有地产的正义
性、适宜性。

　　此外，伯克还提供了另一个个人品行之外的理由："教会地产整个
来说也并不具备人们认定的不可让渡之永久产权本身所具有的一切特
征和弊端。它们的转手流通要比任何其他地产都快得多。"这说明教会
地产的流通性较强。为什么地产的流通性强是一个优点？伯克指出：
"任何过分都不是件好事；因此在我看来，（全法国）很大一部分地产
尽管可能是终身正式拥有的，然而只要某些地产有机会通过其他手段
获得，就不会对社会福祉产生实质性损害。"这个补充论证，伯克意在
指出，其实教会地产的易流通性，可以很大程度上抵消永久产权不可
转让之弊端。伯克似乎隐约感知到法国土地制度与当时经济社会转型
所需的土地流转性之间的矛盾，相对领主地产而言，教会地产的更易
流通性恰恰有利于当时的经济社会转型（工业革命）的。

第 15 章

反思法国革命政权的合法性

当前的情形（法国大革命）……不是一种政府革命。它不是政党对政党的胜利。它是整个社会的一种毁灭和解体……这一伪装的共和国建立在犯罪的基础上，依靠错误和抢劫为生……（英国如果）与强盗（法国革命政权）保持和平就是充当它的帮凶。

——伯克

如果没有忘记他是在 1790 年，即恐怖统治和拿破仑帝国很久之前写的，那就可以看出他的政治眼光是十分惊人的了。……他在攻击法国大革命过程中常离开主题，发表一些使人颇感兴趣而回味无穷的宏论……成为保守党的思想基础……同关于社会的有机特性的这种理解密切相关，他竭力主张必须同过去保持连续性，尽可能使变革逐步进行和尽可能不去打乱原来的正常秩序。

——休·塞西尔（Hugh Cecil）

一、拷问革命政权的合法性

法国大革命爆发以来，伯克密切关注着法国发生的一切，把闲暇时间都用于观察并换位思考，例如在国民议会通过的各种法案和政策措施中能否找到可以修改他某些最初感想的理由，结论是，伯克认为自己的观点仍然是站得住脚的。"对此我并不感到遗憾。一切事情都更加强有力地证实了我最初的见解，"伯克说，"我们原来的目的本是观察国民议会对重要机构（fundamental establishments）的原则，以及你们用以代替你们多摧毁的旧东西的全部新东西与我们英国体制中的某些成分做一个比较。"因为当时一些人认为法国大革命就是英国革命和英国光荣革命的类似版本，甚至在英国国内有些人认为英国革命不够彻底，应该像法国大革命学习。而在伯克看来，英国革命和英国光荣革命才是一种审慎的、正当的革命。随着法国大革命的推进，走向越来越激进化，通过英法革命的比较，伯克敏锐地嗅到了法国大革命非正义和血腥的气息。"但现在这个计划的范围比我最初估计的要大得多。"伯克计划先就法国革命政权举措做一些评论，然后再讨论有关英国实际上所存的君主制、贵族制和民主制的精神。后者实际上成了伯克未竟的事业（伯克去世于 1797 年 7 月 9 日）。

谈到一个政权的合法性，理查德·伯克概括了伯克的基本思想：《法国革命论》体现了（人民）服从和（政府）保护的责任，这两项都应该被置于"伟大原始契约"下理解，该契约定义了统治者和被统治者之间的道德关系。法国的局势几乎不能证明诉诸暴力是正当的，更不用说企图破坏已建立的治理国家的各种基础。伯克谈道："我已经观察到了法国现政权所做的一切。他们的原则蔑视古老、永久的人类判断力，他们把社会模式建立在新原则的基础上。这样，他们一定自然地期待我们这类——认为全人类的判断更优越于他们的判断的人，考虑他们和他们的设计应该建立在他们的检验的基础上。他们一定会理所当然地认为，我们更愿意倾听他们的理性而不是他们的权威。对人类有巨大影响力的偏见中没有一个是倾向于他们的。他们公开声明他们对一般公众意见的敌意。他们当然不能指望得到这种巨大影响力（他们从其审判座位上推翻的任何其他权威）的支持。"是的，革命政权正在寻求新的合法性源泉，那就是卢梭、米拉波、西耶士之流的"公意""人民主权""纯粹民主"等革命教义所宣称的那些抽象物。

伯克把法国大革命建立的政权定性为"一个利用时势攫取了国家权力的人们的一种自愿联合。他们并不具有最初集会时的那种资格和权威"。他们最初集会时是教会、贵族和第三等级共同参与的真正意义上的"国民议会",后来因各种长期和短期、必然和偶然原因,尤其是财政总监内克尔提出第三等级代表人数(约 600 人)双倍于教会(约 300 人)或者贵族(约 300 人)的提议得到通过,特别是 1789 年 6 月 20 日发表"网球场宣言"(西耶士起到了关键性作用)以后局面发生根本性扭转,此后,三个等级代表单独投票(相当于三院制议会,三个院分别表决,然后看最终结果)表决修改为在一个大厅共同投票表决的新程序,基本决定了此后的革命局面。

此后,在西耶士、米拉波等人鼓动下第三等级宣布代表整个法国,"国民议会"的性质已经不再是刚开始集会时的国民议会了。"他们已经具备了另一种极其不同的性质。他们已经完全颠倒了他们原来所处于其中的全部关系。他们并不具备在任何国家的宪法下所能运用的权威。他们已经背离了派遣他们的人民的指示。而当国民议会不再依照任何古老的惯例和成文法行事时,这些指示乃是他们权威的唯一来源。他们对重要的议案都不是由绝大多数所通过的。在这种只能代表整体的推定权威的微弱多数中,局外人就要考虑其原因及其决议了。"正如西耶士宣称:第三等级就等于法国,法国跟其他两个等级没关系。总之,伯克认为,国民议会不具备代表整个法国人民的合法性,它不是合法政权。

关于社会秩序和政权合法性,伯克的思想基础是"社会连续性原则"和"伟大原始契约原则"。而对政权的不合法性以及人民何时诉诸暴力,伯克也列出了明确的先决条件。新诞生的法国革命政权的合法性如何?伯克说:"新建立起来的这个实验性政府,如果是作为被驱除暴政的一种必要的替代物，那么人类就会预期到，它会通过长期使用的惯例而成长为合法性政府，虽则这种政府是以暴力开始的。凡是具有维护社会秩序感情的人，都会承认由那些无可争辩的便利原则所诞生的社会秩序的合法性——即使它还在摇篮里，而一切正当的政府即产生于它，并根据它来论证他们自身延续的正当性。"

伯克的这一审慎而明智的论断与大卫·休谟一致。休谟认为，合法和正当的政府容许其可能的暴力起源。在《人性论》中，休谟专门讨论了政府的起源。休谟认为，人们由对公共福祉的感知和跨代际累积进化经验得知：第一，为了广义公共福祉的缘故我们必须生活在"政治社会"（与政治社会相对照的是"无政府状态"）中；第二，人本身不可救药地对利益舍远图近的偏狭心理，政府成为政治社会/文明社会的必要前提条件，为此我们服从政府。这种服从，人们通过诉诸自然义务和道德义务而得到大致上的维持，"一般规则要求人们服从，只有在残酷的专制和压迫情形下，才能有例外（也就是不服从、反抗）发生"。事实上或经验上，统治者的统治权从何而来？休谟认为："作为统治者权利的第一条原则就是无一例外地给予世界上一切最确定的政府以权威的那个原则，我所指的就是任何政府形式下的长期占有或国王一脉相承的（继承）体系。"这个原则叫作长期占有原则：一个统治者因为长期占据统治地位，他就是统治者——时间（"累积文化进化"）起作用了。接着休谟解释了正当统治权存在可能的暴力起源问题："诚然，我们如果追溯任何国家的最初起源，我们就会发现，几乎没有任何一个帝国体系或共和国政府最初不是建立在篡夺和反叛的基础上的，而且其权利在最初还是极其可疑而不定的。只有时间使他们的权利趋于巩固，时间在人们的心灵上逐渐起了作用，使它顺从任何权威，并使那个权威显得正当和合理。没有什么东西能够超过习惯，使任何情绪对我们有一种更大的影响，或使我们的想象更为强烈地转向任何对象。当我们长期惯于服从任何一派人时，则我们假设忠诚有道德约束力的那种一般的本能或倾向，便很容易把采取这个方向，并且选择那一派人作为其对象。利益（广义公共福祉）产生了一般本能，而习惯给以特定的方向。"关于广义公共福祉，关于人性本身对利益舍远图近的倾向，关于累积文化进化，关于自然义务与道德义务，日常生活所需要的理性思考是不会逼近，也不需要理解这些因果逻辑。正如休谟所说，"不过这一系列的推理对一般人来说太微妙了，可是人们对这种推理确实有一种隐含的概念，并且知道，他们之所以服从政府，只是为了（广义公共福祉意义上的）共同利益"。

赞赏英国君主立宪政体，批判法国革命政权对路易十六王位的篡夺，伯克的理由，与休谟的"长期占有""习惯在人类心灵中的沉淀"理由也许具有重叠，尽管不一定是伯克秉持上述立场的全部理由。

法国革命政权的获得显然违背了上述微妙而深刻的演化因果解释的逻辑，伯克指出："一个政权若不是由法律和必要性而诞生的，相反，是起源于邪恶和有害的做法——而这往往是打断或毁灭社会联合的行为，那么他们（法国人民）对这个政权的运作就会迟迟不肯给予任何一种支持。"

任何一个文明社会，改革是永恒的，时时刻刻不断进行着；而革命则是罕见的例外，需要"举证责任"。对此，伯克和休谟的立场是一致的，"这个国民议会为期还不到一年，他们就宣称已经进行了一场革命。进行一场革命是一件需要有一个道歉的事情，进行一场革命是要颠覆我们国家的古老状态；任何普通的理由都无法拿来论证一场如此暴烈行动的正当性。人类一般理智／判断力就赋予我们要考察获得新政权的方式，并批评这种新模式的使用，而不像通常对一个已成定局的并被公认的权威那样带有敬畏之情。"此处伯克的理由与上文引述休谟的理由类似，不再赘述。

这个国民议会，夺取政权和维持政权的行动所依据的原则，看起来似乎与指导他们运用这种权力的原则是极为相反的。伯克指出："这种有差别的考察使我们能深入到他们行动的真正精神里面去。他们为夺取和保持政权所做的或继续在做的一切，采用的都是最普通的手段——他们所作所为恰如他们野心勃勃的祖先在他们之前所做过的一样，追踪他们全部的阴谋、欺骗和暴力，你就会发现没有任何一点新东西。他们像一个讼棍（pleader）一样不差一丝一毫地精确仿效着他们的前人及前例；他们从未有半点儿偏离暴政和篡权的真正公式。"1790 年，在革命刚刚开始之际，伯克就给法国革命政权的性质做了如此严厉而准确的盖棺定论：篡权和暴政。"但在一切有关公共福祉的管理方面，他们的精神则正好反其道而行之。"伯克说道。

法国革命派为什么会有如此行为？根源何在？这是历来备受争议的主题。伯克认为，"他们把一切都委诸那些未检验的思辨；他们把公众最可贵的利益委诸那些信口开河的理论——而他们之中没有一个人会决定把自己最微不足道的私人利益交付给这些理论"。伯克把革命派的错误归于信口开河的空洞理论和未经检验的思辨，也就是伯克反复批评过的未经经验和时间检验的"抽象"，接近于哈耶克晚年盖棺定论之作所阐述的——理性的"致命的自负"。这场革命不关切公共福祉，而基于抽象教条，"他们制造了这种差别。他们夺取政权和保卫政权的渴望是认真的，这里他们迈步在前人（篡权和暴政）的道路上；而公共福祉上，他们并无真正的关切，因此完全抛给运气——之所以称为运气，因为他们主张的模式没有任何经验证明他们的倾向是有助益的"。

　　保守主义和激进主义的区别之一是在事关人类幸福的重要制度的修改上的态度。保守主义者显得畏缩和犹豫，对此我们必须永远带着接纳尊重和怜悯心来看待之；但激进主义者如国民议会的先生们，"一丝一毫也没有那种做实验而唯恐伤害了婴儿的慈父般的焦虑。他们漫无边际的许诺和他们狂妄的预言，远远超过了任何江湖医生的海口"。革命派的主要特征是以抽象概念为诱饵全盘性除旧布新，这种无视文化进化的跨代际群体智慧（制度、机构、法律、习俗和惯例）的狂妄之举，"那种大言不惭的霸道，激发并挑起我们去调研他们的根据"。拉塞尔·柯克（Russell Kirk）认为，伯克珍视的，恰恰是怀疑革命激进分子正在破坏的，乃是被基督教教义和英国普通法理论强化过的西塞罗式的自然法。

　　伯克认为，国民议会的领袖可能确实拥有才华，但他们拥有的是辩才而不是智慧。他们的辩才使得人们似乎发现，他们支持自己的制度，所做的一切就显示出他们是非凡之人。但是伯克发现，"这个制度本身，被当作一个为了保障公民的繁荣和安全，并促进国家的强大的蓝图，我承认自己无法从中找到任何东西——哪怕是一个例子——可以表现出是那种有理解力和决断力的头脑的作品，甚至是那种具有庸俗的谨慎的头脑的作品"。拉塞尔·柯克总结道，伯克反对卢梭式的那种田园牧歌式幻想，也反对边沁式功利主义；反对模糊的自然法理论，更反对充满危险的精确的自然法理论。伯克同时反对理性至上主义和田园牧歌式幻想，因此，伯克说："在一切艺术中，大师们的光荣就是要面对困难和克服困难；他们克服了第一个困难之后，还要把它重新转化为克服新困难的一个工具；从而使他们得以扩展他们科学的领域，甚至把人类智力本身的界标推向前去，超越自己原有思想的范围。困难乃是比我们自己更了解我们、比我们自己更爱我们的慈父般的保卫者和立法者所加之于我们的一位严厉的教师。与我们进行较量的人强化了我们的神经，磨炼了我们的技能，我们的对手也就是我们的助手。"这样隐晦的表述，体现了伯克开创的保守主义的宗教之维。

自然法来源于上帝，通过被纳入社会习俗和宪章（charter）中被我们所感知。拉塞尔·柯克认为，我们了解上帝的唯一途径，是试图模仿上帝带给我们的法律，因为上帝没有赋予我们轻薄的协定或乌托邦的宪则；人定法只是迈向永恒正义秩序的一种努力，上帝很少清晰地显示他的旨意。由于我们人性的不完善，我们蹒跚着徐徐地探求上帝的正义。伯克说："在与困难斗争时，就要求我们更好地认识我们的目标，并迫使我们考虑它的全部关系。这就不允许我们成为浅薄的人。"如果与此做法相反，伯克提出专制政府的根源，"正是对这样一桩事业缺乏智性的神经，正是因为堕落性地好走捷径和喜欢虚假的便利，才在世界上那么多的地方建立了享有专制权力的政府"。伯克认为，法国大革命前的封建专制政府与法国大革命建立起来的专制政府，是同源的："他们建立了前法国专制君主制。他们建立了巴黎的专制共和国。"这一结论与托克维尔的结论大体一致：大革命中央集权专制源出旧制度。伯克对革命派的一个批评是说他们的智慧不足，想走捷径而不得；他们不是克服困难而是绕过困难，结局可想而知。"他们的智慧不够，就由充裕的暴力来补充。他们靠偷懒的原则开始自己的工作，得到的是懒人的共同结局。与其说他们避免了不如说他们躲过了困难，（困难）在他们的道路上还会重新与他们相遇；困难对他们会越来越多，越来越重；他们通过细节上一团混乱的一座迷宫而陷入一场没有止境、没有方向的忙碌中，并且终于使他们的全部成果都变得脆弱、有害又不可靠。"我们注意到，伯克批评革命派不是诉诸道德判断，而是类似米塞斯和哈耶克对中央计划经济的批评——中央计划经济无法解决理性经济计算和知识分工问题——革命政权以毫无智慧、偷懒、绕过困难的方式建立的新秩序必然是脆弱、有害和不可靠的。用我们今天的话来说——这是一种科学、客观的分析，而不是道德批判，这是伯克对大革命展开批判的另一个维度。

人类犯错误经常有两个方面的原因：无耻或无知。无耻是道德方面，无知是认知方面。法国革命政权同时犯下了这两方面的错误。"正是因为没有能力与困难进行角力，法国专横的国民议会才被迫以废除并全部消灭的办法来开始自己的改革规划。"伯克引用国民议会议长圣艾蒂安关于国民议会的行动原则："法国一切现存制度都加剧了人民的苦难。要使人民幸福，就必须改革这些制度：改变其思想，改变其法律，改变其道德……改造人，改造事物，改造文字……摧毁一切，对，摧毁一切，因为一切都要重新创造。"这一段引文非常清晰、明白地展示了革命教义——摧毁一切、改造一切，重塑新人、新秩序。这是多么狂妄和无知啊，这不是理性"致命的自负"又是什么呢？

伯克质问："难道才能是要在摧毁和推翻中表现出来的吗？"摧毁比建设容易，就像建造一座城市需要好几百年，但烧毁一座城市只需要一个晚上，疯子放一把火就可以办到。"最浅薄的理智、最粗笨的双手便可以完成这项任务而绰绰有余。暴怒和疯狂在半小时之内可以毁掉的东西，要比审慎、深思熟虑和远见 100 年建立起来的东西多得多。"后来的事实是，正如托克维尔所说的："法国大革命按照自己的进程发展：随着魔鬼的头部逐渐展现，它那奇特可怖的面孔暴露出来。大革命摧毁了政治机构以后，又废除了民事机构；在改变法律以后，又改变了风尚和习俗，直至语言；摧毁政府结构之后，又动摇了社会基础，似乎最终要清算上帝本身。"

革命的事业是破坏的事业。"旧制度的缺点和错误是看得见、摸得着的，并不需要什么才能便可以指出它们来，而为了绝对的权力，只消一句话就可以扫除这些弊病和制度。"破坏容易建设难，关键是摧毁旧制度的后，新的替代物是什么？革命派并没有成竹在胸。"当你们的政治家要做一点事来填补被他们摧毁的那些东西的位置时，就是这种同样的懒惰和浮躁的情绪、这种喜欢懒惰又讨厌安宁的情绪支配着他们。把他们所见到的一切事物都颠倒过来，这完全和破坏一样容易。在从来不曾尝试过的事情中，因为'理性设计'得十分美好，是不会发生任何困难的。批判精神对于发现过去所从不曾存在过的事物的缺点，几乎无能为力；而热烈的激情和骗人的希望，却有着想象力的全部广泛的领域，他们的阐述可以在其中畅通无阻，没有反对的声音。"是的，他们要摧毁特权和不平等，我们可以断定，只要平等和专制结合起来，后果将不堪设想。

二、保守主义的方法论：保存和改革

保守主义的主张之一是：既要保存又要改革（preserve and to reform）。但是做到这一点并不容易。演化社会科学中的演化逻辑是"添新补旧"而不是"除旧布新"。一个典型的例子是我们人类大脑的演化，它大致由三层叠加覆盖构成：爬行动物脑、哺乳动物脑（边缘系统）和新皮层。每一层系统都在前一古老组织之上"添加"。伯克深谙此道："当旧的机构中有用的部分被保留下来，并使加上去的东西适合于保留下来的东西时，就需要我们运用富于朝气的心灵、坚定不移的注意力、各种进行比较与组合的能力以及在灵活性方面富有成果的理解力——将它们运用于与各种相反的恶的联合力量之不断冲突中，运用于与拒绝一切改进的顽固性之不断冲突和对它所拥有的一切事物感到怠惰与厌倦的那种轻浮与草率的不断冲突中。"关于保存和改革，20 世纪新保守主义者罗杰·斯克拉顿（Roger Scruton）说："只要变革也具有连续性，保守的愿望就与形形色色的变革并存不悖。"毫无疑问，作为现代保守主义开创者的伯克也秉持这一立场，他并不是人们按照保守主义的字面理解的那样，仅仅是"守旧"或"墨守成规"。

如果我们正确理解了保存与改革的关系，那么我们就必然承认，这个过程不会是闪电般一秒钟内完成的，而是耗时费力和漫长的过程。伯克说："但你们会反对说，'这样的过程太缓慢。它不适于一个以几个月之内就要完成若干时代的工作为荣的议会。这样一种改革可能要花费许多年'。的确，毫无疑问它会花费许多年，而且它应该如此。这是时间在其中可以成为助手、运行缓慢而且在某些情形下几乎是无法觉察的那种方法的优越性之一。"接纳改革，接纳其过程无法察觉的缓慢的改革，且改革并不必然以暴力或革命的方式进行，这是伯克的主张。列维·施特劳斯这样阐述伯克关于"保存与改革"的思想："变化是最有威力的自然法……我们所能做的，人类智慧所能做的，就是做好准备，变化将以最缓慢的程度进行。……缓慢的变化可能是合法的变化，因为它并不使已创立的法律或宪法受到质问。或者是，它使在开创之初具有暴力性质的政府成为合法政府……但他不认为变动必须是暴力或革命性的。"

为什么在处理"保存和改革"问题时要坚持审慎原则，伯克这样说："如果说当我们是对无生命物体进行操作时，周密和审慎乃是智慧的一部分的话，那么当我们所需要拆除和建造的主体并非砖石木材而是有知觉的生物时——由于他们的处境、条件和习惯的突然改变，大批人就可能沦于悲惨境地——周密和审慎就确乎成为责任的一部分。"这样，关于如何"改革"又与伯克另一个思想联系起来——审慎。

审慎是这个低等世界的上帝，因为它对交付它手中的权力的每一次运用都有完全的支配力。审慎不仅是所有美德的最高指导者，也在所有美德中占有第一的地位。但是法国革命政权的所作所为为何与此产生尖锐冲突？"巴黎流行的意见是，冷酷无情和顽固不化的信念是一个完美立法者的唯一资格"。而伯克对那种崇高职位（议员）的观念大为不同，"真正的立法者应该拥有一颗富于敏感的心。他应该热爱和尊重他的同类而戒惧他自己。他的资格可以使他凭直觉一瞥，把握住他最终的目标，但是他对这一目标的行为则应该是深思熟虑的"。

三、补偿、调和与平衡的改革策略以及神圣的"时效性法则"

政治安排是为了社会性目标而存在和运作的，只能是以社会性手段来铸就。在那里，心灵必须同心灵协同合作。要产生那种心灵的结合（单凭它就可以产生我们所要追求的全部好处）是需要时间的。伯克以坚实而雄辩的理由再次驳斥了那种粗暴和暴力的、狂飙突进式的、全盘性改造社会的企图。

"我们的耐心将比我们的力量成就得更多。如果我们能够冒昧地诉诸如此之多不符合巴黎时尚的东西的话——我指的是诉诸经验，那么我就应该告诉您，在我的经历中我曾认识过的伟人，并且还与某些伟人共事过，而我未曾看到过有任何计划不被那些其理解力要比领导他们事业的人低得多的人的观察加以修改的。"伯克认为，试错、设计、修改、再设计……在立法和政治安排中是常见的。开放试错是不二法门。那种一步到位、正确无误的大拆大建式社会工程，在政治事务中是极难成功的，甚至是不可能的。

相反，伯克为我们描绘了一个波普尔式"零星的社会工程"的改革策略，"经由一个缓慢而维持良好的过程，每一步的效果都被人注意到了；第一步的成功照亮着第二步。这样，我们就在整个系列中安全地被引导着，从光明走向光明。我们就看到，系统的各个部分不发生冲突。在最有希望的设计中潜藏着的邪恶，当它们露出头来时人们就已经有了准备。一种好处几乎不可能为了别的好处而被牺牲，我们需要补偿、调和、平衡。于是我们便有能力把人类心灵和人类事务中所发现的各种特例和相互冲突的原则统一为一致的整体。由此而产生的并非一种单纯性的优异，而是一种远为高级的在组成部分上的优异"。伯克因为置身于政治事务之中数十年，深知立法和政策制定涉及社会秩序的方方面面，各方面相互之间的关系错综复杂，牵一发而动全身，因此认为政治家具备一种理解复杂系统结构观和整体观是十分必要的：局部优化须置于整体协调的背景下考虑。休·塞西尔赞赏伯克的洞见，"国家是个不可思议的有机体的观念，几乎可以说是伯克政治哲学的基调"。

伯克对理性的独到理解是将理性置于"文化进化的河流"中来考察。这样一来，理性就不是特定个人、特定一代人的理性，更不仅仅是当前活着的特定一代人的理性，而是世世代代延续的理性之流，当然也包括当前活着的一代人"添加"进去的理性积淀（如果当代人的确为人类知识累积做了正面贡献的话）。这种无数世代累积进化的"群体智慧"必须进入到立法实践中来，立法工作不仅是一个世代的心智的工作。

在政治实践中如何体现对理性理解的这一深刻洞见？伯克认为，政府中要建立确定的、稳固的主导原则，但他没有明确告知"主导原则"是什么。拉塞尔·柯克说，我们根据伯克一生的思想脉络可知，他所说的主导原则就是伯克意义上的"自然法"——顺从上帝意图的人类习俗和传统，或哈耶克所称的"一般正当行为规则"。在自然法的约束下，当前世代人们的立法工作才可能是有益无害的。社会秩序需要兼容稳定性原则和可塑性原则。伯克说："凡是世代延续与人类的重大利益攸关的地方，那种延续就应该被容许参与到深刻影响了我们的那些协商会议里来。如果说正义需要如此，那么这种工作本身也要求，有不仅只是一个世代的心灵所能提供的帮助。正是从这样一种对事物的观点来看，最好的立法者往往满足于在政府中建立某些确定的、稳固的主导原则；一种力量被有的哲学家称为可塑性，而原则确立之后，他们就任其自身运作了。"

拉塞尔·柯克把伯克的保守主义思想归结为七大方面，上述伯克所阐述的大致可以归结到他总结的第七条"秩序原则"里。关于社会秩序，我们要敬畏自己目前无法理解的东西，但首先我们要洞察到并承认存在我们不理解的东西。拉塞尔·柯克指出："伯克的成就是确定了一种秩序原则的内涵。第一，这一暂时的秩序只是一个更大的超自然秩序的一部分，而社会安宁的基础是敬畏。第二，紧随上帝秩序的是灵性与思想价值观的秩序。第三，对义务与特权的社会性差异的普遍认同，阻止了物质世界与道德上的无政府状态。当精英被消灭时，取而代之的却是无耻之徒们所宣称的所谓'人民'。"

演化社会科学认为，理性具有跨代际累积进化特征，因此理性是真实时间中的"流"，是群体智慧大仓库，而绝不是哪个单一聪明头脑中的分泌物。

第 16 章

地域、人口与赋税

自然和自然的法则隐没在黑暗之中，上帝说"让伯克显现"，于是一切都亮明于世了。

——牛顿的墓志铭（笔者用伯克替换牛顿）

1770 年他是革命派，他旗帜鲜明地反对国王和国王之友；他也毫不留情面地对抗福克斯和人民之友。1790 年他却成了反对派，他坚定反对法国大革命。他两面作战，毅然与来自两个阵营的敌人对抗，两面受敌。他抵抗英国法院打着特殊政治地位的旗号而复活的王权对议会的压制和侵蚀。而后，他又面临群众运动大潮在法国泛滥，随之席卷英国的民主洪流。他义正词严地表示：我自诩我爱的是一种体面的、高尚的、有节制的自由。他还说过，自由，我心目中唯一的自由，是一种与秩序联系在一起的自由。法院试图给自由套上严苛的枷锁，伯克坚定不移挺身而战。煽动家企图扔掉自由身上所有规则，更遭到伯克无比强烈和持续地批判。

——约翰·莫雷（John Morley）

是否存在某种上帝已经赋予我们天生的平等？仅有一种，那就是伯克说的道德平等。

——拉塞尔·柯克

一、"砸烂一切"及其浪漫主义思想根源

政治家基于原则行事，做补偿、调和与平衡，留下人们自由选择

的空间；或者说，基于一般正当行为规则的秩序，在其中，"政治家以一种主导的原则并富于创造力的精神行事，这是一种深沉智慧的标准"。法国大革命进程中，"你们的政客们认为坚韧勇敢的天才的标志，只不过是一种可悲的无能为力的证明而已。由于他们暴烈的急躁和无视自然进程（the process of nature），他们就被盲目地交付给了每一位计划家和冒险家、每一位炼金术士和江湖郎中"。如果不出所料，奥古斯特·孔德（Auguste Comte）、米拉波、西耶士等就是这样的"炼金术士"。伯克使用"自然的进程"，就是前述"基于规则的演化"之义。法国大革命是典型的无视自然进程的鲁莽事件。伯克历数了"政客们"种种违背和无视自然进程的行为，同时又用一系列比喻解释了究竟何为"自然进程"。

——"他们对分析任何属于平常的事物都感到失望。在他们的治疗体系中，日常饮食是没有一席之地的（只会把药当饭吃）。最糟糕的是，他们对这种以一般方法治疗平常的病症之绝望，并不只是出于理解力上的缺陷，恐怕他是出于某种来自行为倾向/性情上的恶意。"

——"你们的立法者们似乎是从讽刺作家的高调和插科打诨中得出他们有关所有的职业、社会地位和职务的见解的，如果这些讽刺作家被带到他们自己的作品面前时，也会感到吃惊的。由于仅仅听信这些，你们的领袖们就只从事物邪恶和错误的方面来看待所有事物（旧制度），并把那些邪恶和错误加以各种色彩的夸张。它们无疑是真实的，尽管它们看起来好像自相矛盾。而那些习惯于以寻找和指出错误为业的人，大体上说并不适合于改革的工作，因为在他们的心灵中不仅不具备善良公正的模式，而且他们习惯上对于思考那些事物也毫无兴趣。由于过于憎恨邪恶，他们就变得太不热爱人类了。因而毫不奇怪，他们并不准备，也没有能力去为人类服务。"为什么说他们过于憎恨邪恶而变得太不热爱人类了呢？这是保守主义者对人性一贯持有的观点的推论，因为人是一个居间的存在物，任何社会、任何时代都没有，将来也不可能根绝邪恶，企图根绝邪恶无一不以更加悲剧的结果收场。

——"由此就出现了你们某些领导者要砸烂一切的那种天然习性。在这场心怀恶意的游戏中，他们表现出了他们（猴子似的）四只手的全部活力。"砸烂一切的习性显然与伯克关于社会秩序是"有许多奥妙之处的有机体，以及人们应竭力保持与过去的连续性"的主张格格不入，所以伯克频频予以刻薄地讽刺。

伯克谈到，革命者们并没有理解作家们在作品中提出的一些根本不现实的悖论，竟然当真把它们作为自己的行动基础管理国家最重要的事物。"雄辩的作家们的悖论，纯粹作为一种想象的游戏被提出来，只是用以试验他们的才智，引起人们注意，激起人们的惊奇；而它被这些先生们捡起来，却并不以原作者的精神培养他们的趣味、改进他们的风格的手段。这些悖论对他们来说成了严肃认真的行动基础，他们就在这个基础上管理着国家最重要的事物。"西塞罗曾很滑稽地描述过，马尔库斯·波尔基乌斯·加图（Marcus Porcius Cato，古罗马政治家、斯多葛学派哲学家）竟然在斯多葛哲学低年级学生们用于锻炼智力的校园悖论的基础上进行国事活动。这些"先生们，光着脚，就成了加图"，意指国民议会的先生们竟然复制加图的可笑行为模式。

为了说明革命政权政客们照搬书本的荒唐，伯克细致深入地解释了启蒙运动激进作家们的写作方法："休谟先生告诉我，他从卢梭本人那里得知了他的写作原则秘密。那位虽然古怪却很敏锐的观察家已经觉察到，要打动和吸引公众，就必须创造出奇迹，然而异教神话的奇迹早就失败了。继之而来的巨人、巫师、仙女和浪漫的英雄们也已耗尽了属于他们那个时代的信心。现在对于作家们来说，除了一种还可能制造出来的并有着和过去同样巨大的效果的奇迹以外，就再没有什么东西了——这就是，在生活上、风尚上、特征上和在特殊局势下制造出的、导致新的前所未有的政治上和道德上的冲击和奇迹。"

伯克对卢梭保持着礼貌和节制，但批评其实是极为深刻的，揭示了卢梭的写作以意味深长的"另一种方式"制造轰动效应，制造一种"政治上和道德上的冲击"。在《法国革命论》中，伯克罕见地直接点名批评卢梭："如果卢梭再世，在他的某个清醒的片刻，他是会对他的学生们实践的狂热感到震惊的——他们在他们的悖论中乃是奴性十足的模仿者，即使在他们的不相信之中也会发现有一种隐含的信仰。"考虑到伯克全书的主旨就是批评法国大革命，卢梭作为法国大革命的精神导师，因此全书也是在间接批评卢梭的思想，伯克此处对卢梭的批评保持了最大程度的谦卑和节制。杰西·诺曼说："伯克以先知般的姿态，受到冷静的激情和智慧的活力的激发……《法国革命论》作品本身充满愤怒，事实上是对暴行的义愤。"我们也可以理解，事实上，伯克对卢梭这种思想上和精神上的始作俑者充满了愤怒和义愤。伯克对卢梭的《论人间不平等的起源与基础》《致达朗贝尔的信》《爱弥儿》均有严厉批评，批评卢梭思想观念"自相矛盾、导向厌世症的乖戾脾性，一种追求与社会格格不入的状态的苦行德性，荒诞不经，需要被高度谴责的不是一点点，而且同时危及虔诚和道德"。伯克反驳卢梭的"文明社会是一种社会罪恶，要为战争和压迫负责，而人类应当返回一种未被社会制度调节过的自然状态"的荒谬观点。

回到疾病与治疗的比喻，伯克说："担当重大事务的人，即使是在常规方式中，也应该让我们有依据推断其才干。而治疗国家的医生——他不满足于治疗病症，而是在承担重建国家体制——则更应表现出非常的能力来。"回顾美国立国之父们，他们的卓越才华主要表现在建设方面，而不是"砸烂一切"方面，"在那些既不诉诸实践又不抄袭样板的人的设计中，外表上就应该表现出某些非同寻常的智慧形象"。可是伯克在国民议会的先生们推出的种种举措中没有发现这样的智慧。"我来观察一下这个国民议会所做的事情。首先涉及的是立法机构的组成；其次是行政机构的组成；然后是司法机构的组成；再则是军队的模式，并以财政体制作为结束。能在他们的规划的任何一部分中发现有惊人的才能，可以证实这些大胆的承担者们具有他们所自命的那种超乎人类的优越性。"伯克逐一分析了法国新政权各个方面存在的严重缺陷。

参考了法国国民议会 1789 年 9 月 29 日的公报，以及随后对该计划所作的任何改动的记录（此处伯克所提及的公报，是指国民议会颁布的几个重要法令、法案和文件:《人权与公民权宣言》，1789 年 8 月 26 日通过，这个宣言被称为旧制度的"死亡证明书"，1791 年宪法的基本原则精神源于此宣言；1789 年 11 月 2 日通过没收教会全部财产法令；1789 年 12 月通过发行指券的法令；1790 年 7 月 12 日通过《教士公民组织法》），伯克带着讽刺的口吻说:"在这个新共和国的统治集团和领导组成部分的模式中，我可以期望看到他们辉煌的表演……他们要证明对自己的傲慢要求所应有的名义。"伯克的关注焦点不在于历史文件的详尽考察，而是"它的精神、它的趋向、它对建立一个人民共和国的适应性是否适合于任何共和国；它与它自身、与它自己的原则的一致性"。法国大革命发起者一直声称他们所要建立的是一个人民共和国。恐怖时期，罗伯斯庇尔声称要建立一个"美德共和国"。

旧制度真的无可救药了吗？旧制度是如何形成的？旧制度有什么瑕疵？伯克给出了冷静理性的分析:"旧的机构是由它们的效果来检验

的。倘若人民幸福、团结、富有而强大，我们就可以推想其余的一切了。好处来自哪里，我们就可以断定哪里是好的。"在旧制度中，对于它们理论上的偏差已经找到了各种修正办法。"它们通常并不是依据任何理论而建立的，相反，理论是从它们那里得来的。"这是伯克对制度和组织的起源所持有的一贯看法，它们是必要性和便利性的产物，通常并不是事前按照某个大人物的思想或理论精心设计建构的结果。

现实秩序的复杂性，使得其因果机制总是超出理性之外，"在它们（旧制度）里面，我们往往看到，尽管手段似乎并不与我们所想象的图景相同，目的却得以很好地达成。由经验所教导的手段也许比那些原来设计的手段能够更好地适合于政治目的"。经验的为什么值得高度尊重？因为经验中得到的问题解决方案，往往同时利用了理性所关注到的和"理性不及"的环境信息。而且，经验总是不断修正旧制度，"它们（经验）又反作用于原始体制，改进原始体制"。基于经验的社会秩序演进，伯克尤其推崇不列颠的宪法，这个方法论"很奇特地体现在不列颠的宪法之中"。当社会秩序被如此形塑时，伯克说，"最坏情形下的每一种估计中的错误和偏差都被发现和估计到了，而航船却继续沿着它的航线前进"。不列颠宪法如此，法国旧制度也是如此。伯克指出："如果在一种新的纯属理论理性的体系中，每一种设计都被期待着在表面上看来能适应它的目的，尤其是在那些设计者们全然不必烦心新的建筑适于旧的建筑物的地方——无论是在墙壁上还是在地基上。"这种相反的情形是砸烂一切来建构新秩序，因此不必考虑新旧衔接和吻合调适的问题。然而，社会演化的基本情形从来都是"添新补旧"。经验对秩序的连续改进之所以有如此神功，根源在于演化中的"累积选择的非随机过程"。

二、代议制议员名额分配的三个基础

整齐划一和分权是制宪议会改革行政体制的关键词。所有原来的省、行政区、公国和市镇极为丰富的多样性被一扫而光。新法国的建设者们，把他们所发现的一切旧东西都当作垃圾给清除掉了，并且他们像精于装饰的园丁一样把一切事物都纳入一个精确的框架中。他们提出把地方和中央的立法机构建立在三种不同类型的基础之上：第一个是几何学的，第二个是算术的，第三个是财政的。其中，第一个他们称之为地域基础，第二个为人口基础，第三个为赋税基础。（见图 16-1）

几何学 （geometry）	算术 （arithmetic）	财政 (financial)
地域基础	人口基础	赋税基础
全国被划分为 83 个 18×18 里格的正方形的"省"，每个省划分为许多正方形"公社"（1720 个），公社下分区	天赋人权、人民主权原则；具体执行操作为点人头，一人一票	当选议员有纳税额要求；地区议员名额分配与纳税成正比

图 16-1　地方和中央立法机构设计的三个基础

伯克全面批评了这种全新设计的全国立法机构的基础，指出其三个基础之间相互冲突的性质。首先，关于立法机构代表的地域基础，伯克说，"并不需要什么伟大的立法才能……除了有一个精细的土地勘测员和他的测量仪、瞄准器和经纬仪之外就不需要别的什么了"。然而，这种按照精确正方形划分的新立法机构代表选区与这个国家旧的区划肯定存在严重的冲突，因为"这个国家旧的区划是由不同时期不同偶然事件、各种财产权和司法权的起落沉浮确定的。毫无疑问，这些疆界并不是根据任何一种固定的体系来规定的"。可以肯定，考虑到各种历史原因，旧有的区划断然不可能形成标准正方形行政区划（美国是一个特殊的例外）。旧有的区划从几何图形上看起来肯定是不规则的，因为"它们要服从某些不便利。但这些不便利已经在运用中找到了补救办法，并且习俗已经提供了适应性和耐性"。从革命前和革命后的行政区划图来看，变化是巨大的。大革命之前的法国行政区包括财政区，三级会议省以及小公国等历史演进留下来的各种行政单位。

对于这种用精确正方形划分立法机构选区的方法，伯克批评道，"并不是根据任何政治原则，而是恩培多克勒（Empedocles，古希腊哲学家，提出一切事物构成的四元素说）和布丰（Buffon，法国博物学家，对动物种属分类作出了贡献）式的方块套方块的新铺砌法"。用这种方法来划分选区，"要使人们所习惯的无数地方性的种种不便利不出现，是不可能的"。

伯克说，"在政治上的一切事物之中，最荒谬的莫过于几何学的证明了"。这真的是在一张白纸上画最新最美的图画的做派。当这种做法在实践中不可行时，他们就求援于另一种基础，来支持那种谬误的地基之上摇摇欲坠的建筑物。常识会告诉我们一个明确的答案：地理上的两个面积等大的正方形与其地上一切社会实在没有任何关系。"土壤的肥瘠、人民的数目、他们的财富、缴纳的赋税，在方块与方块之间造成了如此无限的差异，以致几何测量法成为衡量共同体中流量的一种荒谬的标准，并使得几何学上的平等成了衡量人们分配的一切尺度之中最不平等的尺度。"在分配政治和公民代表比例时，据说这种正方形几何区域划分是一个考虑因素，但一旦考虑地域的几何精确性，其他两个（人口和赋税）必然会混为一谈。大革命之后的法国行政区彻底清除了各种历史痕迹，统一为 83 个行政区，尽管没有按照西耶士的意见切割为美国式的几何图形。

其次，关于立法机构代表的人口基础。在代议制设计上，人口因素自然是其中的考量。伯克驳斥了靠简单点人头实现的"算术民主"。"当他们要供养人口时，他们就不能像在他们几何学的领域里所做到的那样进展顺利了。在这里，他们的算术就背上了他们的法学形而上学的负担。假如他们坚持他们的形而上学原则（伯克具体指革命政权宣称的'人民主权'原则，具体落实为点人头多数原则），这种算术办法确实是最简单的。人们是严格平等的，并且在他们自己的政府中享有平等的权利。在这个体系中，每个人都会有自己的一票，而且每个人都会直接投立法机构中代表他的那个人的票。"

民主等于简单多数决定吗？根据革命政权的"人民主权原则"，一人一票选代表，并认为这具有至高无上的神圣地位。"法律、风俗、习惯、政策、理性都要服从的这个政治形而上学原则，却还得使它自己服从于他们的满意。"代表与他的选民发生接触之前，期间必定有许多等级和若干阶段。首先，组成初级议会"区"的投票人有资格限制，即交付当地 3 倍的日平均劳动收入。这一点与革命政权宣称的天赋人权就直接冲突，因为任何资格限制都是"对不可剥夺的人权"的违背。在整个讨论立法机构代表的人口基础部分，伯克予以辛辣讽刺，因为在代议制实际操作过程中，代议制的真正精神绝不是一人一票点人头，也绝不是抽象的"天赋人权"。大革命建立政权之初，在实际立法和行政运作中，不免带着大量旧制度的痕迹。伯克讽刺道："你们命令他去购买权利——而你们以前告诉他，在他一出生时大自然就无偿地给了他天赋权利，而且大地上没有任何权威可以合法地剥夺他的天赋权利。"选举区议会代表时，投票者的资格限制是交付一笔相当于当地3倍的日均劳动收入，伯克据此讽刺，这不是用钱购买自己的天赋权利吗？至于不能到你们"市场"来的人，则一如反对他的暴虐的贵族制，就被你们这些假装是与它势不两立的敌人，在刚入口的那个地方建立起来了。国民议会不可能精确按照卢梭的人民主权教条来做政治实践，因为首先要面对的问题是选举代表，而在一个2000多万人的国家里实施少数人统治是一个必然事实。

按照国民议会的新代议制设计，议员选举的分级制继续推进，区（canton）初级议会选出代表到公社（commune）来，每200名有资格的居民选出1人。选入公社议员的资格限制是10倍工作日平均收入；从省议员到国民议会议员的资格限制是1马克银元直接税。这样从最底层到最高层的议员选举，至少有三道间接选举环节。（见图16-2）

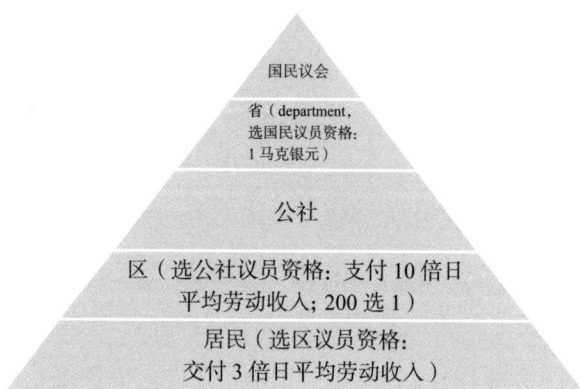

图 16-2 从基层到国民议会的议员选举层级设计

伯克以自相矛盾为由讽刺国民议会的所谓"人民主权原则"的代议制设计。这每一道资格限制的设计，"是向人权征税""毫无意义""无力保障独立""只对于摧残人权是有力的"。"在这一过程中——倾向于基于自然权利原则而只考虑人口——有着一种对财产的明显关注。而这一点无论在其他规划中是如何公正合理，在他们的规划中却是全然站不住脚的。"因为它自相矛盾，一方面它宣称天赋人权、人民主权，另一方面它又实施议员选举的财产资格限制。伯克的本意是认同传统上有资格限制的议员选举制的，而且认为财产因素在选举上议院议员时十分重要。

最后，关于立法机构议员选举的赋税基础。伯克指出革命政权的人权宣言与实际政治实践不一致，当观察法国立法机构议员选举的赋税基础时，"就发现他们全然忽视了他们的人权。这最后一个基础完全是基于财产的"。当然，这里伯克还是讽刺革命政权根据抽象的所谓人民主权原则来设计的代议制基础。这一原则完全不同于人类的平等并且是与之全然不可调和的。"但这一原则刚被承认就被推翻了，然而它不是要被推翻以使财富不平等趋近于自然的水平。作为代议制议员选举的第三个基础所增添的份额，仅仅是规定给区，而不是给其中纳税人个人。不难看出在他们的推理过程中，他们是怎样地被他们的人权与富人特权两者之间的矛盾观念所困扰。"也就是说议员选举既要坚持天赋人权、人民主权、一人一票原则，又要坚持财产资格原则，这是不可能的，因为"无代表、不纳税"，那么反过来，从纳税人中选举议会代表，必然考虑到纳税多寡与代表权之间的联系问题。为说明此二者之间的不可调和性，伯克引用了一段未注明来源的（估计是国民议会领导层某个成员，例如米拉波）引文："当问题在于个人与个人之间政治权利的平衡时（没有这一点，个人之间的平等将被摧毁，而一种富人的贵族政体就会建立起来），这种有关纳税的关系，（国民议会认为）无疑是无价值的。当纳税的比例关系仅仅从大量的人群，并且单纯从省与省之间加以考虑时，这种不便就完全消失了。在那种情况下，它仅仅是城市之间形成一种公正的相互比例，而并不影响到公民的个人权利。"这一段革命派自我辩护的引文，是革命派领导人对赋税基础的辩护，以说明当议员名额的分配与纳税多少相联系，但纳税主体不是在个人之间区分而只是在"省"或"城市"这个选举单位上区分时，那么，就没有损害天赋人权、人民主权、一人一票的神圣原则。通过引述这一段革命派的自我辩护，伯克是要指出新政权的代议制设计企图建立在抽象的"天赋人权、人民主权、一人一票"之上是多么荒谬。伯克揭露了"无代表、不纳税"原则与纯粹的抽象人民主权原则之间的冲突。"在这里，纳税原则被指责为无价值的，并且是破坏平等的，它还是有害的，因为它导致了一种富人的贵族政体的建立，然而却又绝不能抛弃它。摆脱困境的办法就是在省与省之间建立不平等，而使每个省内的每个人都确实处于同等地位。"

这里涉及的核心主题其实就是弗朗索瓦·基佐（François-Pierre Guillaume Guizot，1847—1848 年间任法国首相。其父亲在恐怖统治时期被送上断头台）所说的代议制"真正代表原理"。用今天的话来说就是"谁代表我？""谁统治？"基佐强调制度的演化因素。现在所出现的东西，在过去 1200 多年中一直在努力地展示自己。基佐关于代议制的"真正代表原理"可用"3 标准、3 途径、3 表现"来表述。代议制的特点是，无论在什么地方，它都不承认持续凌驾于全体公民之上的专制权力的合法性；任何时候，它都要追求永远制约着现代权力的"3标准"：理性、正义、真理。

代议制要达到这三个标准要求，有"3 途径"：通过辩论迫使现有权力来共同追求真理，通过公开将这些正在寻求真理的权力置于公民的监督之下，通过舆论自由激发公民自己来寻求真理，并将所寻求的真理告诉政权。

具备以上条件的代议制有三个表现：权力分立、选举、公开性。

按照以上标准、途径和表现运行的结果是什么？基佐说："事实上，英国宪制下，平民议会只是本国权势人物的集会，教会、贵族、最富有的土地所有者才能够出席。"基佐批评所指，伯克对此也同样持批评立场：关于"真正代表原理"的卢梭式浪漫主义思想，每个人都是自己的绝对主人，对他来说唯一合法原则就是他自己的意志。那么基佐的"真正代表原理"揭示出来的是，政治代表不再是个人意志的代表或简单的委托关系，它成了一个过程，在此过程中，散布在社会中的理性元素和知识通过选举和公开性让"最优能力"代表国家利益来思考。真正代表制不是每一个国民亲自去议会大厅表达个人意见。代议制政府的目的就是"通过社会的行动来构建政府，通过政府的行动来构建社会"。代议制的精髓与 20 世纪米塞斯和哈耶克对市场经济的精髓的揭示异曲同工：经济是一个过程，收集和利用广泛分布在经济系统中的分散知识的经济过程乃是市场经济的精髓。凡是无法充分利用分散知识的经济体制必然无法实施"理性经济计算"而趋于崩溃（以及其他严重的政治、真理和道德后果）。

三、暗藏风险的议员名额分配

伯克假想，按照制宪议会所设计的根据地理区划、人口数量和纳税三个基础来进行议员选举，会出现何种内在的不调和与冲突呢？

首先，按照地理区划来选举议员。如果严格遵循所谓天赋人权、人民主权、无资格限制的一人一票原则，这种做法其实是掩耳盗铃。伯克敏锐地指出其中的自相矛盾之处，"这种个人之间的平等，在以前各省内确定资格限制时就已经被破坏了，而人们的平等无论是群体地还是个别地受到损害，看来都无关紧要"。伯克这里的批评包含两点：第一，在省以下的议员选举中已经设定了资格限制，这不是违背了平等原则吗？第二，群体（省与省）之间在议员名额分配上的不平等损害天赋人权、人民主权和一人一票原则。我们可以设想，有的省小，有的省大；有的省富裕、纳税多，有的省贫穷、纳税少。那么，一个人在小群体中与在大群体中，并不具有同等重要性。制宪议会因此需要教导人们，对"珍惜自己的平等地位的人来说，投票选出 3 个人与投票选出 10 个人有着同样的选举权"，如果这样的话，"那就太过分了"。

其次，按照纳税（财富）来选举议员。对代议制的这一基础，伯克是赞成的，"对于他们的共和国是一种必要的基础，我愿意承认，我的确把它奠定为一条根本原则。在一个有着民主基础的共和制政府中，富人们的确需要有比他们在君主制下所必需的额外的安全保障。在共和制中他们遭到嫉妒，由于嫉妒而遭到压迫"。他们设想财富应该受到尊重，而且正义和政策都要求他们在公共事务管理中以这样那样的方式给予富人以更大的份额。我们可以看到议会怎样通过赋予他们的地区——而不是赋予他们个人——凭借其财富而来的更大的权力，从而为富人提供了优越性乃至安全感。因为财产权是一切先进文明的道德核心，因此在代议制中财富的因素必须有其代表。

目前考虑财富因素的议员选举制度是否能够真的落实呢？伯克的回答是否定的："就两方面而言，无论是作为对尊严的支持，还是作为对财富的保障，富人们都感觉不到它，因为贵族式的群众是从纯粹民主制原则产生的。"伯克用"贵族式群众"的提法，有点类似后来古斯塔夫·勒庞（Gustave Le Bon）所称的"群氓"，其实就是指底层上来的革命新贵。大众为什么称为"贵族式"？因为大革命时期，伯克指出，人民被设想为一个神秘实体，人民被奉若神明，认为人民不会犯错，人民的意愿必须得到满足，政客们一刻也没停止吹嘘人民的崇高美德和非凡智慧。被革命者奉若神明的神秘实体到底是由什么组成的呢？勒庞罗列了两类人：第一类是农民、商人和各种工人，这些人希望安宁和秩序；第二类包括那些具有破坏性的社会渣滓，这群人受到犯罪心理的支持，是国家动荡不安的源泉。酗酒成性的穷困潦倒之徒、盗贼、乞丐、市井无赖、居无定所的雇工……构成了起义队伍中最危险的群体，从古至今，这群骚动不安却又极其危险的乌合之众，向来都是一切起义的核心力量，在煽动家的眼里，他们是拥有至高无上权利的人民。

伯克进一步指出，新规划中"普遍代表制所赋予它的那种普遍性，丝毫没有照顾到或者联系到群众的这种优越性乃是建立在他们的财产之上的"。新规划的设计者们"想要因为他们的纳税而对富人们有所偏重的话，他们就应该把优先权赋予富人个人，或者赋予由富人所组成的某种阶层，因为富人与穷人之间的较量并不是群体之间的斗争，而是人与人之间的一种较量；不是各地区之间的而是不同类之间的竞争"。新规划设计的议员代表比例分配既想要符合不设财产要求的人人平等，又想要顾及纳税贡献，于是乎设计者们试图在群体间按照纳税贡献分配名额，而在群体内部施行人人平等措施。伯克指出："如果这个规划被颠倒过来的话，会更好地适应于它的目标；即使各群体间的投票权平等，而每个群体内部的投票权还是与财产权成比例。"伯克提出的"颠倒过来"的建议我们可以称之为"群体间平等、群体内不平等"。但这是否可行？是否经得起考验？伯克证明是不可行的。

伯克设想一个包含 101 人的地区，其中富人的纳税是 T1，剩下 100 人纳税总额是 T2，但 T2=T1。我们分两种情形讨论。

情形 1：在这个群体中，富人只有一票，因此剩下的 100 人投票会以 100∶1 胜过富人。

情形 2：考虑到富人的纳税贡献，这个地区选出 10 名代表。此时富人有权对 10 名代表投票；剩下的 100 人也有权对 10 名代表投票。在情形 2 中，剩下 100 人的投票把富人淘汰出局的难度就有所提高（我们设想富人的 10 票都投给自己）。也就是说在情形 2 下，富人当选的可能性有所提升。

然而伯克指出，在情形 2 中，富人想要当选其实还可能遇到更多的困难，因为富人得不到代表制数量上的优势。他所在选区内，虽然名额增加了 9 人，伯克说，"但民主制候选人远远不只 9 人——他们是为了进行密谋策划并且以牺牲他为代价而讨好人民并压制他（即使在现代民主制中，也存在这种现象，这是'民主的堕落'）。野心的目标增加得越多和变得越民主化，富人们也就越随之以那种比例受到威胁。"

关于团体内的平衡与团体间的平衡。以上是一个省内部关系中富人和平民之间可能存在冲突情形。那么在外部关系中呢？也就是在省与省、公社与公社之间的关系中，伯克说："我看不出那种按财富而给予群体不平等的代表制，是如何成了保障共和国的平衡和安宁的手段。因为如果它的目标之一是要保障弱者不受强者的欺压的话，那么这些群体中更贫弱的人又如何免于富有者的暴政呢？是靠给予富有者更进一步有系统的压迫手段吗？当我们涉及团体间代表制的平衡时，它们之间就非常容易像是在个人之间一样出现地方性利益、争执和嫉妒；而且它们的分歧很容易产生一种更激烈的分裂精神，以及某种导致更近于一场战争的东西。"当代世界的代议制政府中，例如美国的参议员名额分配，无论州之大小、人口多寡，每州 2 个名额，总数为 100 席；

为了平衡州与州之间的人口差异因素，在众议员的名额分配上则采取按照人口比例选出，但每州不得少于 1 名，总数为 435 席。美国参众两院中 1 名议员对应人口数大约为 600 万。

伯克批评基于直接税的代表资格和名额分配，"这些贵族式大众是建立在直接税基础上的。没有什么比这个是更不平等的标准了"。伯克认为，如果真要按照财富标准，那么消费税比直接税更好，因为"消费税比直接税更为自然地追随和发现着财富"。伯克在长期的政治生涯中，参与过至少 5 起重大政治斗争，对代议制和政府运作有切身体会，具备深刻的洞察力，所谓代议制的"真正代表原理"当然也是伯克深思熟虑的一个主题。可以肯定的是，伯克不会持有某种纯粹的代表制原则，因为他强调尊重传统，传统的形成一定是汇集了诸多因素，而绝不可能是纯粹的人民主权、天赋人权、一人一票，也不可能是纯粹的财富标准。

继续谈代议制的赋税基础问题，伯克认为，要根据一种或几种赋税来确定地方受重视程度是困难的。这是因为，某些省份可能由于并非内在的原因（而是源自某些地区因其显著的税额而博得了偏爱），而在某一种或两种税赋方面都缴纳得更多。如果各种群体乃是独立的主权主体，它们要以显著份额供给联邦国库，而税务局并没有对全体课更多的税，它们只是个别地而非集体地影响到人们，并且由于它们的性质而混淆了所有的地域界线，那么，我们就可以谈基于群众的纳税基础了。伯克说："但是在所有事物中，这一根据纳税而确定的代表制是一个国家中最难于确定公平原则的事物了，因为一个国家要把各个地区都视为整体中的成员。"事实上，代议制演变到今天，我们知道选举议员的资格都不再有财产和纳税要求，但在一个普遍抽象规则前提下选举议员，最终当选的议员通常实际上拥有较多财富，例如今天美国当选参议员中 40% 以上是百万富豪，但这是未有财产资格限制下一般规则约束下的自然选举结果。至于各州的参议员名额分配，完全没有考虑各州对联邦政府的纳税贡献大小，而是简单地规定每个州不论大小、人口、财富、纳税，参议员名额一律为 2 名。伯克的意见看来是倾向于不按各省份纳税贡献分配议员名额，"因为一个大城市，例如波尔多或巴黎，看起来似乎缴纳了几乎与所有指派给其他地方的份额不成比例的一笔巨大税额，并据此对它的区域标准加以考虑。但是，这些城市是按照那种比例的真正纳税者吗？——不是"。伯克这里指的是"税收输出"问题。一个国家之内要素和产品是流动的，这意味着国民收入产出大省通过向全国其他省份输出产品而获取利润，其他省份消费这些产品承担了消费税，而利润则归产品输出大省所有，这就是所谓"税收输出"。根据给联邦缴纳税收多少而确定该省份议员议席名额，毫无疑问就忽略了"税收输出"因素。伯克认识到这一点："遍及全法国的商品消费者们都来到波尔多，支付了波尔多的进口税……吉耶纳和朗格多克的葡萄酒生产，给这个城市（波尔多）提供了从出口贸易中所增长起来的税收。同样，巴黎也是'税收输出'大省（市）。"伯克指出，消费税存在"税收输出"，直接税也存在类似问题。根据直接税而分配代表份额，直接税必须根据实际的和认定的财富加以评定；而那些地方的财富本身并非出于本地，因此就公平而言就不应该造成一种地方性的偏向。

此外，这种依据直接税的群体代表制的新"根本规划"中，并没有确定直接税如何分派。或许这种奇怪的程序中有着某种潜在的政策，趋向于延续当前的国民议会。只有建立一个稳定的国民议会，才可能制定明确的宪法。它最终必须依赖于税收体制，并且必定随着该体制的变动而变动。但是，伯克发现，这个基于三个基础的代议制存在内在的矛盾，"当他们设计各种事物时，他们的税制有赖于他们的宪法远不如宪法依赖于税制。如果进行真正竞争性选举的话，这一定会在各群体之间引起巨大混乱，正如地区之内不同的投票资格变化必然会造成无穷无尽的内部纷争一样"。

四、平等原则与贵族原则的冲突

选举议员要同时遵守三个基础是不可能的，也就是说三个基础之间存在着内在的不一致性。如果同时依据三个基础实施议员选举，结果就是，第一项对后两项产生了最荒谬的不平等。

依照人口作为依据的议员选举一般规则如下：在居民—区—公社—省—国民议会的层级中，每个区面积4平方里格（1里格约等于4.8公里，1平方里格约等于23平方公里），平均约4000居民，选举初级议会即区议会680名议员。（见表16-1）

表16-1 1789年法国革命政权中从居民到中央层级的议会选举

行政区划	选举规则	席位
中央		
省	共83个省；按照10选3的比例从区议会中选举省议员	
公社	包含9个区；1名公社议员由约200名区选民中产生	31席
区	每个区680名初级议会选民	680席
居民选区	约4000名居民为1个选区；大约每6个居民产生1个选民	4平方里格，约92平方公里

按照上述规则设计，伯克假设一个特殊例子与普通区对照，特

殊例子是包含一个海港商业城或一个大制造业城镇。这个区人口为
12700 名居民，对应 2193 个议员（如果按照 4000 名居民对应 680 名
选民比例计算，此处应为 2159 名议员）构成 3 个初级议会，并向公
社派出 10 名代表（公社议员）。根据选举规则，9 个区组成一个公社，
那么其他普通区的情况如何呢？我们假设其中两个区人口数为 8000，
可选出 1360 名区议员，这将构成 2 个初级议会，只能派出 6 名代表到
公社（按照 200 选 1 的比例）。

当公社议会根据地域基础——被认为是新议会的首要原则——来
选举时，那个大小只有其他区之半的单一选区将依据明确的区域代表
（representation of territory）理由选出 3 名代表进入省议会，具有 10 票
对比 6 票的投票权。伯克这里指出的问题是，特殊区的例子也就是纳
税贡献大的"海港商业城"或"大制造业城镇"在获得省议员名额分
配上占劣势，这里代议制的区域基础、人口基础和赋税基础是相互冲
突的。伯克又假设，如果公社中的其他几个区的人口少于平均人口
（正像主要的区超过了平均人口一样），由此产生的不平等是惊人地加
重的。

回头我们再看看公社议会，在公社议会中起首要作用的原则是纳
税基础。如果特殊区（"海港商业城"或"大制造业城镇"）所缴纳的
全部直接税平均到居民，那么其数额远高于一个农村区的居民平均缴
纳额。

当然，真实的经济社会中，人口比例与财富比例不对称是常态，
正因为如此，代议制的人口基础和赋税基础必然相冲突。

伯克总结道："无论你从什么角度考虑，在这三个基础的设计中，
我并没有看到把各种目标协调为一个一致整体，而是有好几种相互矛
盾的原则被你们的哲学家们勉强而又无法调和地拼凑到一起，就像是

关在笼子里的那些野兽要相互撕咬，直到它们相互毁灭为止。"革命政权尊奉的哲学家们设计的代议制三个基础、准则以及它们之间存在的潜在的冲突见表 16-2。

表 16-2　法国革命政权代议制的三个基础、准则和潜在冲突

代议制基础	准则	潜在冲突
人口	人口多，代表多；人口少，代表少	人口多，不一定区域大；人口多，不一定纳税多
地域	地域大，代表多；地域小，代表少	地域大，不一定人口多；地域大，不一定纳税多
赋税	纳税多，代表多；纳税少，代表少	纳税多，不一定人口多；纳税多，不一定区域大

上面详尽而冗长的关于代议制基础的讨论，并不是要表明伯克反对代议制，相反，伯克拥抱现代国家制度，代议制显然是现代国家制度的核心构件。如果反对代议制、拒斥代议制，那么替代物，往回走就是王权专制，往前走就是"官僚绝对主义和工团主义"。伯克想要表明的是他心目中以英国宪制为榜样的"真正代表原理"，但是，伯克并没有以正面清单的方式开列一个关于"真正代表原理"标准，因为，不存在这样一个一劳永逸的代议制之"真正代表原理"标准的清单。

伯克批评法国大革命时期国民议会所设计的，体现所谓"自由、平等、博爱"，特别是打上卢梭烙印的人民主权原则的代议制三个基础：人口、地域和税赋，不足以体现代议制之"真正代表原理"，那么伯克式的"真正代表原理"究竟是什么？以伯克一以贯之的保守主义倾向，我们认为答案大致是，形塑一个良好的社会秩序，一个"有组织的少数"（相对于"无组织的多数"）不可避免，而一个有效的"有组织的少数"赖以建立的基础在于：财产和税赋、共同的物质利益、

家庭纽带、阶层、宗教、宗派或政党等等。如此观之，欲达到多数统治或人民主权岂能是人口、地域和赋税三个基础可以实现的呢？况且此三者之间，在从居民到中央政府（联邦）层级的链条中诸环节，到底哪个环节把哪个基础的权重赋权多一些，哪个基础赋权小一些，三者之间发生冲突时如何处理，没有任何哲学家、政治家有现成的答案，因此我们只能诉诸经验和传统。这一点是读者在理解伯克针对革命政权代议制设计中的三个基础的批评时，不可不察的。

第 17 章

大革命建立的分级代议制的缺陷

约翰·亚当斯将法国大革命的灾难归结于对一院制立法机构的致命选择。亚当斯确信，任何权力机制在一个机构手里，都是为专制开的处方（开辟道路）。……托克维尔竭力主张两院制并劝告他的同行认识到，两院制是有关自由的问题，它是自由政府的未来，而一院制将导致独裁统治。

——苏珊·邓恩

长期以来，法兰西在欧洲所有民族中，就是一个最具文学天赋的民族；文人在法国从来没有展现他们在18世纪中叶前后所展现的精神，从来没有占据他们在那时所取得的地位。与英国不同，这些文人从不卷入日常政治，相反他们的生活从未比这个时期更超脱；他们没有丝毫权力，在一个充斥官吏的社会里，他们不担任任何公职。……他们都认为，应该用简单而基本的、从理性与自然法中汲取的法则来取代统治当代社会的复杂的传统习惯。……在英国，研究治国之道的作家与统治国家的人是混合在一起的，一些人将思想引进实践，另一些人借助事实来纠正和限定理论；然而在法国，政界始终划分为两个互不往来、彼此分割的区域。在前一个区域人们治理国民，在后一个区域人们制定抽象原则，任何政府均应以此为基础。在这边，人们采取日常事务所要求的具体措施，在那边，人们宣扬普世法则，从不考虑用何手段加以实施：有些人负责领导事务，另一些人负责指导思想。

——托克维尔

1799年12月15日，他（拿破仑）宣布，"公民们，大革命结束了"。他抛弃了公民参与政治的选择……他全力加强行政中央集权，建立警察制度，他巩固了大国形象并赋予它军事帝国的色彩。

——汉斯-乌尔里希·塔默（Hans-Ulrich Thamer）

一、新宪法肢解法国

阿克顿说："政治科学强烈要求，必须靠多元和分立来操作权力，国民议会却青睐整体性和单纯。"一个包揽所有权力的单一制议会是这种整体性和单纯的最鲜明标志，仅此一点，此后的悲剧就变得不可避免。

伯克批评法国大革命新宪法的理性建构色彩和盲目追求精确性的倾向："第一，他们有大量但很坏的形而上学；第二，他们有大量但很坏的几何学；第三，他们有大量但很坏的比例算术。如果革命者果真按照上述三个方面做到了且三者之间不存在矛盾和冲突之处，那么它也只不过是美妙好看的幻象。"宪法设计不可谓不重要，不可谓不伟大，可是在如此严肃而伟大的事业中，伯克指出，新宪法中"居然对任何道德事物、任何政治事物找不到任何一种参照系，找不到有任何东西是关系到人们的关切、行动、情感和利益的……他们并不认识人"。他们只认识卢梭的"人民"。伯克指出，他的批评从选举开始，一步一步直到国民议会，并没有深入到各省的政府，以及公社和区。而在原来的计划中，这些地方政府是尽可能要以选举议会的同样原则和同样方式来组成的。因此原则上，伯克前述对国家层级上的选举制度设计的批评同样适用于地方政府。

制宪会议公布的新宪法"有一种直接而立即的趋势要把法国分解为一大堆共和国，并使它们之间彼此全然独立"。伯克把下一级议会选举上来的议员称之为"使节"（ambassadors）而不是"代表"，"除了他们默认来自各个独立共和国使节们的全体大会所决定的东西以外，就没有凝聚、结合或从属关系上的任何直接的宪法手段了"。伯克承认这种联合而来的政府是存在的，但这种联合而来的政府的存在"是必然而非选择的结果"。法国大革命爆发就是选择的结果而不是"不得不"的必然结果。法国革命政权正是"第一个在获得了随意处置它们国家的充分权威之后，就已经选择了要以这种野蛮的方式来肢解它的公民体"。在这一点上，法国革命政权不同于当时的美国、瑞士和荷兰，因为这几国都是在反抗外来专制暴政中建立的。

二、革命者？征服者？

革命政权的统治者事实上是如何对待法国人的呢？伯克说他们像"征服者"一样。法国大革命是在欧洲文明心脏地带发起的一场对文明的攻击。征服者首先针对的是这个国家的第一等级——教会等级。教会不动产被国有化，教会的各种税费收入和圣禄被剥夺。教会的经济基础被釜底抽薪，教会等级得到的是巧取豪夺和空头支票。"这些号称公民的人们就以这种几何学分配和算术安排的精神对待法国，就像是对一个被征服的国家那样。他们像征服者一样行动，他们模仿那些粗野种族最为粗野的政策。这些蔑视被征服民族并凌辱他们情感的野蛮胜利者的政策，永远是要尽其全力摧毁整个古老国家在宗教上、政体上、法律上以及在风尚上的一切遗迹，混淆所有的地域界线，制造一场普遍的贫穷，拍卖他们的财产，砸烂他们的君主、贵族和主教，贬低一切昂首于水平线之上或是用来在老见解的旗帜之下联合和团结在艰难困苦之中被瓦解了的人民的一切东西。"一段雄辩的尖锐批评之后，伯克用"这些人类权利的真挚朋友"来形容革命者，讽刺革命者

"以罗马人解放希腊、马其顿和其他民族的那种方式（即征服）已经使法国自由了"。而事实是，革命者的征服行动"在向他们的每个城市都提供独立的幌子下，摧毁了他们联合的纽带"。

伯克对革命者的雄辩而尖锐的批评，基本中肯。但我们在这里也提供一个伯克的传记作者约翰·莫雷对伯克的一点批评，供读者参考："足以迷惑住伯克和许多其他自他以来开始思考和书写大革命的人，掩盖了表象之下摧毁法国的种种严重失调、混乱和弊病。如果我们想想国王密令、秘密警察和秘密审判、思想特别法庭，想想军队和财政官员对公民个人自由蛮横暴戾的侵犯，想想各式各样的强制劳役……应归为罪恶和暴虐乱局的始作俑者。他（伯克）没有意识到，封建主义和天主教如今已经每况愈下，日益成为残酷而强烈的反社会因素。……但如今，贵族和教士都已经成为与任何社会联盟都格格不入的存在。"莫雷对旧制度之恶的谴责似乎有力降低了伯克前面极具锋芒的批评力量，然而，逻辑上，旧制度之恶，就算莫雷所言属实，也丝毫不会减损伯克对革命政权之恶所作的批判。B 反对 A，伯克说 B很邪恶，莫雷的辩护是，A 其实也很邪恶，莫雷的辩护并没有否定"伯克说 B 很邪恶"。尽管伯克对旧制度的确有美化之嫌，但伯克的洞察力更多聚焦于新制度摧毁旧制度后，建立新制度的方式和新制度运行之不可行性，所以，我们认为莫雷这里对伯克的批判其实是无力的。

伯克对革命政权的代议制度批评的关键在于，这种代议制隔断了人民与国家的联系，而且代表们彼此也是陌生人。现实经验中，良好的代议制是直接民主（例如总统大选）和间接民主（例如议员选举）的某种结合。一个看似是技术性细节但实际上却事关重大的制度安排——"两院制议会"方案在 1789 年 9 月 10 日被否决了。国王的否决权也事实上旁落了。一个全能的一院制议会（其实包揽了行政、立法、司法和军队所有权力的利维坦）登场了。伯克批评革命政权建立的单一分层代议制，"遍及各地尤其是农村各区的选举人和被选举人，往往都没有任何公民的习惯或联系，也没有任何称其为一个真正共和国灵魂的那种自然的行为准则。现在，地方长官和征税人与他们的辖区、主教们与他们的牧区、牧师们与他们的教区已不再相识了"。伯克把革命政权下的法国讽刺为"人权的新殖民地"，这些殖民地与罗马衰亡期的军事殖民有着强烈的相似之处。这里的相似，指的是统治者与被统治者被隔绝了，社会中间群体消灭殆尽，人民几无联系和纽带了。

在古罗马衰亡时期，统治当局作为征服者成了陌生人中的陌生人，成了来自不同步兵中队的人，群龙无首，相互淡漠，而这种情况，伯克说，更加适合于这一荒诞不稽的宪法中毫无联系、循环更选、两年一度的国民议会。当所有这些美好的艺术品已经沦亡，古罗马征服者就如你们的国民议会所做的那样，向着人类的平等继续前进，同样地几乎不去判断、不去顾及使一个共和国成为可以容忍和可以持久的那些东西……你们的新共和国是在那些标志着堕落与衰朽的共和国的种种腐化之中诞生、繁殖和养育的。因此，你们的孩子们是带着死亡的征兆来到世上的。新法国在诞生过程中就摧毁了宝贵的传统和社会联系纽带，因此他的出生就预示了失败的结局。

弗朗索瓦·傅勒对各种革命政权总是试图建立一个"新国家"的企图有深入的解读，他说，"一切革命都倾向于把自身看作一个绝对的开端，历史的一个零点，安排满了有待未来完成的大业，而且这些大业不言自明，它们就包容在其原则的普适性之中"。一个文化群体（例如法国）搭载世世代代形成的群体智慧形成一个连续不断的文化河流，怎么可能在 1789 年彻底中断，重建一个全新法国？这些群体智慧的总体如此巨大，每一代人包括 1789 年代的人如何可能彻底废弃、从零传统开始重新建设群体智慧的河流？不需要哲学家，用一个普通人的常识判断，这是不可能办到的。

三、政治家要有人性，面向人并与人打交道

伯克心仪古罗马共和国，认为古人们"懂得建立共和国的事业之艰辛，不能靠并不比一个本科大学生的形而上学和一个税务官的数学和算术更好的工具来完成"。观察古今中外政治得失，失败的统治总是着魔般地固守某些抽象的"形而上学、数学和算术"教条，用一己之见压倒多样性、异质性，漠视经验和情景理性。

在伯克看来，良好的秩序下，"统治者必须与公民打交道，不得不研究那些与公民生活环境相联系的习惯的影响。他们深切地感到，这种第二天性对第一天性的作用产生了一种新的混合，并且在人们中间出现了许多分歧，因他们的出身、他们的教育、他们的职业、他们生活的时期、他们居住在城镇还是乡村、他们取得和保有财产的各种方式，以及财产本身的性质而异，所有这些都使得他们有动物品种一样繁多"。这样我们很容易想起亚当·斯密的"棋子隐喻"，即治理社会不是操控一个棋局，棋盘上的棋子可以随便摆弄，不是这样的，棋盘上的每一个棋子都是活生生的人，他们有自己的目的追求，他们遵循着道德、习俗和法律，他们在判断着自己的成本收益采取行动，同时他们也在乎自己的声誉，他们也会对那些不公平的人和事表达不满甚至报复。在演化理论中，一个个体的人被定义为"基因信息和文化信息双重继承系统"，只要被文明社会教化的人都掌握了在社会中行事的文化传统，并有自己的偏好和信念。那么在政治理论中，人民是多样性、异质性的，而不是同质、划一性的存在，这是因为人是第一天

性（作为生物学的人的存在）＋第二天性（作为文化继承者）的存在，而第二天性更大程度造成了人与人之间、阶层与阶层之间的异质性和多样性。

　　基于这一认知，伯克认为，良好秩序下的政治，统治当局"不得不把他们的公民们安置到不同的阶层里去，放置到国家中不同的位置上去：他们的特殊习惯使他们有资格去那里填充，并且分派给他们不同的适当特权，以此确保他们特殊境况下所需要的东西，并且对每一种人都可以提供这样的力量，从而能在复杂的社会中所必定存在的，而且必定相互竞争的各种利益分歧所引起的冲突中保护他们"。上述道理在伯克看来再自然不过了，他用老农饲养家畜的例子来说明，"那位立法者应该感到羞愧的是，连粗野的老农都很清楚如何分派和使用他的羊、牛和马，并有足够的常识不把他们抽象化，都等同于动物，而不给每一种动物以恰当的饲料、照顾和使用。而他，这位自己同类的管理者、安排者和保护者，却把自己高升为一种空洞的形而上学家，对自己所带领的那群人一无所知而只是把他们看成是普遍的人而已"。如果伯克的《法国革命论》出版在大恐怖之后，或许他不仅仅批评统治者把人民只是看成"普遍的人"，即同质化个体。我们看看在大恐怖时期审判玛丽·安托瓦内特王后的检察官、公诉人安托万·康坦·富基耶·坦维尔（Antoine Quentin Fouquier-Tinville）这人干的事就可见一斑。埃马纽埃尔·德·瓦雷基耶尔（Emmaunel de Waresquiel）记载："为图快、省事，草草写就的即刻传唤状因一个拼写错误，结果把另一个人送上了断头台，提前备下的已签署好的空白起诉决定意见书（只留下犯罪嫌疑人一栏备填），种种判刑人数的预设配额，像烤一炉面包一样地成批集体处决，这些事都是他干过的。"革命政权发展到大恐怖时期，它不再把人看成抽象的无差异的"普遍的人"，而是完全将人看成了"物"和一个个数字而已。

伯克还引述了孟德斯鸠的观点。孟德斯鸠指出，古代伟大的立法者是在他们对公民的分类中最大限度地显示出他们的力量。在《论法的精神》中，孟德斯鸠说过，立法者"知道什么情况应当整齐划一，什么情况应当参差互异"不是更表现出伟大的天才吗？

法国革命政权的立法者却深深陷入了（把人当人看，承认人的多样性）反面的行列。古代伟大的立法者如古罗马的立法者就关注公民的不同种类，并把他们结合到一个共和国里去。而形而上学的立法者却采取了截然相反的途径：他们企图尽力把所有各种公民混合为一个均一的群体，然后又把这种混合物分成许多不相连贯的共和国。他们把人贬低为仅仅为单纯计数用的零散筹码，而不是其力量来源的数字。伯克的意思是，处在不同的位置上，数字的力量是不一样的，喻指人的多样性和情景依赖性。伯克进一步指出，这些"现代立法者"应该明白："他们的范畴表的口诀应该告诉过他们，除了实体和数量之外的思想的世界里还有着一些别的东西。他们应该从形而上学的问答手册中学到，在每种复杂的思考中还有 8 个要点，尽管在全部 10 条之中，这 8 条是人类的技能到处都能加以运用的题材。"伯克提到的 10 个范畴是亚里士多德提出的反映客观存在的 10 个普遍分类：实体、数量、性质、关系、地点、姿势、时间、状态、主动、被动。伯克讽刺这些现代立法者们即使照形而上学手册所示，他们都没有全面顾及，在他们眼里人只是实体和数量的存在。虽然伯克实际上一定认为，在社会事务治理中，人不能还原为形而上学的 10 个范畴的存在（更不能还原为 2 个范畴的存在），在"实体"和数量之外的思想世界里还有别的东西。一个社会中自发形成的等级、特权的存在，并非是人为歧视的产物，而是多样性、情景依赖和进化的产物，伯克为等级和特权的辩护不是出于人为的歧视，而是洞察到良好秩序下人的多样性存在这一不可更改的事实。

四、历史语境中的等级和特权构成对中央权力的制约

在平等问题上，伯克只承认一种：人与人在道德上是平等的。伯克反对"畸形平等"。与"畸形平等"相反，根据权力、财富、等级和功绩之间的差异，社会上必然实际上存在多种形式的差异，这种有差别的平等才是真正的平等。那些只图平均的人，永远不会追求平等。伯克说，"古代共和国的立法者们以一种精心的准确性关注人们的道德状况和行为倾向"。与此相反，法国革命政权的现代立法者们"反而一并彻底摧毁了他们发现的君主制下粗糙的、并非人为安排的一切等级，而君主制下政府对公民的区分，并不具有那么大的重要性"。

伯克认为，首先，等级、特权或多样性并不是人为安排的，而是具有自生自发的性质；其次，等级、特权等自然出现的社会事物也有其对抗专制主义的积极作用，"每一种这样的分类如果恰当地加以安排的话，则在所有的政府形式中都会是美好的，并构成反对专制主义的强大力量，同时又是使共和国有效而持久的必要手段。而缺少了这样一些东西，那么，如果目前对共和国的规划一旦失败，一种有节制的自由（a moderated freedom）的一切保障就会随之而失败，所有能缓冲专制主义的间接限制也就被排除了"。

法国大革命前的旧制度下，教会、贵族是有一定特权的等级，伯克指出，恰恰是这种特权的存在，构成了对专制主义的抗衡力量和限制，维护着一种"有节制的自由"。伯克引导我们做一种"反事实假设"就能明白的道理。"君主制如果在法国或任何别的王朝之下重新掌

握全部权势……那么它很可能是大地之上所曾出现过的最为完善的专断权力（因为制衡力量已经被全部扫除干净）。这将上演一场最绝望的赌博！"这一假设被后人视为伯克对未来拿破仑专制的预见。一切权力都倾向于滥用，一切权力都倾向于专制，对权力的抗衡和制约是形成良好秩序的必要先决条件，我们认为伯克这一主张对人类秩序而言具有超越历史的一般意义。

五、恐怖统治如何变得"理所当然"

革命政权甚至宣称，所有这些进程的混乱，就是他们的目标之一！并且他们希望人们因他们有意制造出的那些罪恶的恐惧而保障他们的宪法。混乱成了革命政权的目标？不惜利用人们的恐惧而保卫宪法？这是什么逻辑？这的确是革命政权特别是雅各宾派的逻辑。

为什么革命政权会得出看起来如此自相矛盾的观点？这个矛盾现象是所有研究法国大革命的思想家都无法回避的。从法国大革命爆发那一日起，法国就处于内忧外患之中。埃马纽埃尔·德·瓦雷基耶尔指出，在内忧外患的双重压力下，"一切都被理想地画得黑白分明：好人和坏人，爱国者和叛徒，革命势力和反革命势力"。我们看激进革命分子如何为设立革命法庭等恐怖行径进行辩护。国民公会的山岳派议员罗贝尔·兰代为设立革命法庭辩护道："没有什么比定义一桩政治罪行更为困难的。拯救人民需要大动作而且得用恐怖措施。在种种常规形式和革命法庭之间我看不到有什么中间地带。为避免人民变得恐怖，我们自己要恐怖起来。"革命激进代表罗伯斯庇尔坚持认为，只要目的正当，就可以不择手段。罗伯斯庇尔这样解释为什么恐怖政策势在必行："如果在和平时期，人民政府的基础是美德，那么在革命时期，它的基础既是美德又是恐怖——如果没有美德，恐怖就会造成灾难；如果没有恐怖，美德将失去力量……事实上，恐怖是一种及时、严厉和不妥协的正义。"

六、真正的代议制精神

伯克这里提到的卡隆先生，伯克赞赏他的著作不愧为一份雄辩有力和有教益的杰作，这部著作是指《论法兰西国家》。这位卡隆是路易十六国王倚重的财政总监内克尔的继任者（1783 年 11 月上任，1787 年 4 月 4 日被解职），1783 年 11 月，卡隆被任命为财政总监，卡隆继续奉行内克尔在北美战争时期采取的政策（北美殖民地争取独立时法国支持殖民地人民反抗宗主国英国）：税收无法弥补财政赤字，便大举借债。而借债的来源枯竭了，卡隆就试图实行所有人平等纳税以解决财政危机。这导致后来的路易十六不得已被迫重新召开三级会议，从此局面便一发不可收拾。卡隆是财政总监，伯克说只谈及卡隆著作中新国家宪法和国家岁入情况相关部分，至于卡隆与其对手在其他方面的争论，并不涉及。在财政方面，伯克对卡隆试图把国家从目前受奴役、混乱无序、破产和乞怜的可耻可悲的处境解救出来的那些财政的、政治的方式方法也不发表任何意见。伯克提及卡隆想要说的是，卡隆的著作中提到的那份由国民议会的主要领导人之一所作的正式宣言，要受到应有的关注——即关于他们规划把法国不仅是从君主制变为共和制，而且是从共和制变成一个单纯的联邦的倾向。卡隆的著作为伯克提供了许多引人注目的新论据。伯克认为，"正是这一要把他们的国家分裂成若干单独的共和国的决议，才把他们驱赶进最大的困难和矛盾之中"。作为财政总监，卡隆在 1786 年 8 月 20 日给国王呈交了一份改善财政计划的综合改革方案。这份改革方案实际上是涉及税收、经济和行政三个方面的全面改革计划。其中税收改革旨在还清债务和消灭财政赤字，办法是废除什一税，以土地特别税取而代之，实行所有人平等纳税；经济改革的办法是贸易自由，形成全国统一大市场；行政改革的办法是创立前面说过的分级代议制，这是一套基于财产的分级间接选举制度。

伯克的观点是，代表虽然来自各个选区，但应该有责任同等地注视全体。每一个进入国民议会的代表，都应该是法国的，而且是各色人等的代表——是多数人和少数人的、是富人和穷人的、是大地区和小地区的代表，而绝不是某个局部或特定群体的代表。这一深刻的代议制思想，在伯克的《致布里斯托行政长官书》一文中得到了完整表述："选民们的意见是更有分量的、值得尊重的意见。对此，议员应当总是乐意听取，并应当总是抱着最认真的态度予以考虑。但是，把选民的意见看作是权威性的指令、命令，尽管它与议员自己明白无疑的信念和良知的决断相背离，他也必须盲目地、不言而喻地服从它，投它的赞成票并为它辩护——在这片土地上的法律中，根本是闻所未闻的事情。这种想法源于对我们的整个宪制秩序及其性质的根本误解。……议会是一个具有共同利益、整体利益的同一国家的审议性会议——在这里起主导作用的不应该是地方利益、地方偏见，而应该是以全体人民的普遍理性为基础的普遍福祉（general good）。不错，议员是你们挑选的，但是，你们把他挑选出来之后，他就不再受布里斯托这一地区的限制，而是议会的一员。"

不过，同时代的法国政治思想家西耶士也表达了同样深刻观点。随着革命进程越来越走向激进，他终于开始表现出对直接民主制的怀疑。古德温指出，正是这个西耶士，将政治权利与公民权利进行区分，将"积极公民"（有一定财产的公民，约 430 万人）与"消极公民"
（约 200 万人）进行区分，以此作为限制选举权的根据。他强调宪法的
"代议"性质，从而使议会的决定更倾向于使公众的政治权利限于行使
选举权。他认为民族团结转变为革命观念具有重要意义，这一点反映
在他系统陈述并被法国许多近代宪法中奉为神圣的信条中，即议员所
代表的不是他自己的选区，而是整个民族。

　　《法国革命论》中，伯克重申和深入阐述了他 1774 年的代议制思
想。议员所在的选区，"所有这些地区本身都要服从某个独立于它们而
存在的永久权威——这个权威产生了他们的代表制和其他一切从属于
它的东西，并且代表制就是指向它的。这个永久的、不可变更的、基
本的政府就会使得那片领土成为一个真正而严格的整体，这也是政府
唯一能做的事情"。持保守主义观点的伯克在这里展现了他与古典自由
主义和 20 世纪新自由主义在民族国家、政府与代议制议题上某种微
妙而重大的差异。伯克认为，议员固然来自某个选区，但议员却不能
仅仅作为所在选区的代表来表达选民的诉求，因为议员有更普遍的使
命，这项使命超越了仅仅作为特定地区和特定人群即时利益表达的被
动"机器"。另一方面，议员效忠和服从于整个国家一般福祉的要求。
伯克用母国英国的代议制说明这一点，"在我们这里，当我们选举人民
代表时，我们派他们到一个议会里去，在那里每一个人都是一个臣民，
并服从于一个政府全部完整的日常职能。在你们这里，选举产生的国
民议会就是主权者，而且是唯一的主权者，因而所有成员都是这个唯
一主权者的构成部分"。英、法两国代议制的比较见表 17-1。

表 17-1　英、法两国代议制比较

比较项	英国	法国
议员的身份	作为国家内部人民的代表，臣民	一个国家的大使，主权者
代表与选区和选民的关系	代表不能脱离选区和选民	最后的代表与最初的选民之间没有联系；代表可以脱离选区与选民而存在；国民议会的议员并不是由人民选举的，也不对人民述职
政府（广义）	议员议政的所在，是全体的而非各部分的托管者	人民的征服者
国王和贵族	是每一个地区平等、个别和共同的保障	平等的损害者

　　基于这一比较，伯克严厉批评革命政权的代议制设计，"整个选举的精神就改变了，而你们的宪法贩子们所设计的任何修正，都不可能使它成为除其现状以外任何别的东西"。

　　革命政权的代议制设计的缺陷在于选民与代表之间脱节。伯克认为："除非通过迂回的办法，使得候选人从一开始就求助于初级选民们，以便使初级选民可以通过他们的权威性指示迫使随后的两个选民团体做出符合其愿望的选择，舍此没有别的办法在最初选民和代表之间产生一种联系。但如此一来显然会颠覆整个规划。"如果在革命政权的分层代议制设计中试图强化直接民主的话，伯克指出，这样"又会使他们陷入人民选举的那种嘈杂与混乱之中——而这正是他们想要用插进来的分级选举加以避免的——最终冒险把整个国家命运都交给了那些对它没有全面认识又对它没有兴趣的人"。这是一个永恒的两难困境。如此看来，伯克心目中理想的代议制是既要保证某种直接民主特性，又要实施一定的资格审查以保证候选人的精英特征，也就是确保真正的代表性和代表的品质。因此伯克的建议是："除非人民打破并铲除这种分级，否则他们显然在实质上根本就没有国民议会的选举权。事实上他们在表面上和实际上一样几乎没有选举过。"

　　代议制选举究竟要达到什么目的？归根到底还是提供合作秩序存续与运行所需的完整、有效的信息基础。要达到这个根本目的，伯克指出："你们首先必须了解你们的人是否有适合的办法，然后你们必须通过个人义务或依赖性的办法而保持对他的某种制约。"伯克提出的首要条件是候选人的品质，一贯务实的伯克更是强调选民如何真正了解候选人品质的办法，然后再指出第二个条件：代表的义务和选民对代表的制约。而法国革命政权下的代议制，伯克认为，选民对候选人的品质并不知晓，候选人对选民也不承担义务，"在滥用权力的情形下，初级选民团体永远不可能让代表来汇报自己的行为。在代表制的链条中，他（代表）和他们（选民）脱离得太远了。由于这部新的法国宪法，最优秀和最明智的代表们就和最坏的代表们同样进入这座炼狱"。在代表选举的设计上，新宪法的弊端之一在于代表品质问题。运作这样一部宪法，伯克预测结果会很糟糕，"肤浅、新鲜、粗糙的学识，以及片段、支离破碎的病态的记忆力，会是你们将来一切执政者注定的特色"。

　　伯克用"赎罪的间隔期"来形容这部新宪法将要塑造的糟糕时期。在这个时期里，毫无信义的代表同时可能是一位好的拉票人、一个坏的执政者，会策划使自己优居于最有智慧和最有德行的人之上，这样的人会脱颖而出，通俗说，就是"逆向淘汰"。果不其然，像米拉波（普罗斯旺地区的贵族但担任第三等级代表，是一个背叛者又是保皇党人）、西耶士（法国大革命"首席政治设计师"，人民神话代言人）、罗伯斯庇尔（卢梭的好学生，恐怖时期领导人）、圣茹斯特（恐怖时期罗伯斯庇尔、丹东、圣茹斯特三人帮之一）、库通（1792 年 8

月 10 日带领军队攻入杜伊勒里宫推翻国王专制统治，律师，法国革命走向恐怖统治的主要推手）、马拉（记者、无套裤汉、雅各宾派重要代表）、安托万·康坦·富基耶·坦维尔（审判玛丽·安托瓦内特王后的公诉人）等，这一帮在"智慧和德行"上均谈不上好的人被推上了法国政治舞台中央。

托克维尔认为，如果只考察大革命本身（不考虑欧洲其他国家因素），人们就会清楚地看到，这场革命的效果就是要摧毁若干世纪绝对统治欧洲大部分人民的、通常被称为封建制的那些政治制度，代之以更一致、更简单，以人人地位平等为基础的社会政治秩序。革命政权的代议制设计初衷是实现平等，可是在实际革命进程中，代议制的设计和实际操作比大革命推翻的旧制度更糟糕，为大革命走向了恐怖暴政准备了条件，法国人民没有获得向往的平等，而是得到了恐怖和奴役，至少在 1792 年 8 月 10 日事件到 1794 年 7 月 27 日罗伯斯庇尔倒台的恐怖统治时期，以及拿破仑军事专制统治时期是如此。

第 18 章

新共和国的黏合剂（1）：没收教产和发行指券

保卫共和国的自由体制如何既能粉碎王党分子的复辟幻想，又能对抗民众过分要求和雅各宾主义极端化？督政府（1795—1797）给出的答案是共和国要依靠社会中有"能力"和资本的人……一个极度以资产阶级为核心的共和国。

——彼得·麦克菲

　　孟德斯鸠的格言"无母而生"旨在表明，唯一应当追求的东西就是自由。然而他提出忠告——单一的立法机构可能比行政机构更为危险却无人记得。

——阿克顿

　　对伪善开战，使罗伯斯庇尔的独裁演变为恐怖统治，这一时期的显著特征是统治者的自我清洗。

——汉娜·阿伦特（Hannah Arendt）

　　恐怖统治（1793—1794）以来巴黎惊恐不安。国民公会的300多名代表不再享有豁免权，随时都有可能遭到逮捕并被处死，人们都在猜测，下一个受审的是谁？这让许多人不敢在家睡觉。人人自危中，反对罗伯斯庇尔的所有人达成了和解，在国民公会和各个委员会中逐渐形成了准备推翻罗伯斯庇尔政权的各派联合。罗伯斯庇尔也觉察到了自身的危险。……1794年7月27日，"打倒暴君！"的喊声响彻国民公会的会场大厅，罗伯斯庇尔被阻止发言，在可怕的喧嚣声中国民公会投票通过了逮捕罗伯斯庇尔的决议。7月28日，罗伯斯庇尔被送上断头台。罗伯斯庇尔的墓碑上写着："过路的人啊，不管你是谁，莫为我的命运悲伤。要是我还活着，你们就得死。"

——露丝·斯科尔（Ruth Scurr）

　　1789 年大革命爆发以来至 1790 年底伯克《法国革命论》成书时，法国的新政治体制和行政管理体制已经初现端倪。1790 年 10 月后，国民议会阵脚初步稳定，开始颁布一系列紧急措施，这些措施构建了法国初步的新政治体制和行政管理体制。削弱行政机构，捍卫新成立的立法机构的独立性和法律上至高无上的地位，国王不得解散立法机构。国王的否决权仅限于一般的而不是与宪法有关的法令。行政当局的大臣不得参与议会，当届议员不得参加政府担任大臣。一院制议会一权独大：议会有权充分控制国家财政，每年对军事开支审查，有权设立或撤销一切国家机构，有权强迫大臣履行法律义务并监督外交政策。行政管理体制方面，法国划分为 83 个省、547 个专区、4372 个州和 43360 个市镇。各级地方政府由选举产生。省是按几何图像划分的 83 个区域（这个设想来自西耶士，有模仿美国行政区划的意图，伯克对此极尽批判和讽刺）。全法国的城镇和乡村建立小型的市政府和协商性议会。地方上重大事务需经市镇议会同意，但行政实权包括地方日常行政管理、治安和直接税征税权掌握在市镇政府。此外各地均安排一位国王代表参加地方议会，并有权就一切地方事务提出意见。省政府和专区政府与市镇政府行政管理体制大致相同。

　　在这一行政管理体制改革中，传统主教教区的地理区划与新省区划不一致，改革后调整主教教区边界与省边界一致，主教教区从 135 个减少到 83 个，这一改革引发了很大的社会秩序混乱。

一、新共和国的三种黏合剂

伯克一贯重视作为整体的秩序。所谓秩序就是有结构的多层级组成部分的联合。法国大革命以砸烂一切的做派摧毁旧制度，那么之后呢？在摧毁了社会旧秩序以后，如何重建新秩序？旧有的社会纽带被斩断以后，替代物是什么？这些共和国的立法者们设计了什么新联系纽带把法国人整合在一个共和国里？接下来伯克详尽考察了新共和国三种"黏合剂"。

"在法国的几个新共和国（省）的性质和宪法中，我们找不到有任何彼此内在一致的原则。于是，我就思考这些立法者从任何的外来材料中为它们提供了什么黏合剂。他们的联合、他们精彩的表演、他们的公民盛宴、他们的热情，这些我并不关心，这些仅仅是些花样而已，但是通过他们的行动追踪他们的政策，我认为能够辨识出他们打算把这些共和国联系到一起的种种安排：第一，是没收，以及依附于这种没收的强制性纸币通货；第二，是巴黎至高无上的地位；第三，国家的全部军队。"

二、指券的黏合与催化作用

伯克说自己不否认"没收教产和发行纸币"具有黏合剂的作用，但前提是在他们的疯狂和愚蠢管理中，以及在把各部分调剂到一起时从一开始并未引起抗拒。鉴于没收教产、颁布《教士公民组织法》在法国大革命中的重要性和标志性特征，伯克对革命政权的这个举措极为担忧甚至愤恨，因此他将批判的锋芒指向了"没收教产和发行纸币"。

图 18-1　法国 1790 年发行的指券

　　法国大革命的直接导火索是财政危机，为了筹款国王迫不得已召开三级会议。会议一开始就偏离了初衷，因为代表名额分配和投票规则的偏差（第三等级代表名额加倍和按照人数投票，即三个等级不再单独议事和投票，改为合议，并按照全体议员总数投票导致事情走向不可收拾的局面）。

　　事情迈向危局的第一步就是没收教会地产和发行指券——事实上的新通货。对于没收教会地产以发行新货币的举措，伯克承认，这个规划有某种凝聚性和延续性作用，但是，长期来看，"如果不久以后这种没收并未支撑起货币（正如我从道义上就肯定它是不会的），那么它就不是黏合（cementing），而是给这些联邦共和国无穷地增添分裂、颠倒和混乱"。伯克从根本上否定没收教会地产符合道德性和合法性，而且，能不能真正起到解决财政危机的作用也是十分存疑的："假如这种没收到目前为止还能成功地回笼货币的话，这种黏合剂要随着流通而消失。同时，它那约束力也是很不确定的，而且它将随着纸币信用的每一次变化而或松或紧。"我们知道，一个国家发行法定纸币，这种纸币的币值稳定性有赖于整个国家的秩序，如果秩序失稳，不得人心，这种纸币都是无效的，更何况，革命政权发行新币锚定的是不道德、不合法、抢劫而来的教会地产！新币的信用可想而知。果不其然，从 1789 年 12 月国民议会发行指券到督政府时期 1796 年 2 月 19 日废除指券，新货币只存活了 6 年多时间。彼得·麦克菲认为，新货币废除的直接原因是通货膨胀，1794 年废除限价导致大规模通货膨胀，到 1795 年 2 月，指券的购买力相对于票面价值的 0.25%！伯克基于自己的从政经验和理论推演，预测发行这种新货币的结局必将是失败。

　　货币意味着权力，货币的替换也是权力的置换。伯克一针见血地指出革命政权发行新货币导致的权力替换本质："它貌似一种间接的，但是在那些指导这桩事务的人们心中却有一种直接效应，即它在每个共和国中都造成一种寡头制的效应。"这里的寡头制指的是伴随着政教关系的根本性改变，地方行政权将从王权代理人转移到革命新贵手中。因为，"一种并不是建立在任何实际的储蓄或保证之上的纸币通货，数额已经达到 440 万英镑，而且这种通货强行取代了整个王国硬币的地位，成了国库的主体，以及所有商业和民事的交易媒介；它必定要把所有不管是什么权力、权威和影响——无论可能采取什么形式——都交到这种通货管理者和指导者手中"。

　　伯克长期在下议院服务国家，深知国家铸币权和银行的影响力："确实不懂得金钱对于人类影响的人，看不到掌管金钱事务的力量……要比我们的任何东西都更加广泛，而且在其性质上也深刻得多。这并不仅仅是金钱的事。"伴随大革命爆发，国民议会逐步掌权，大部分旧税被取消了，新税却迟迟征不上来，加之政教体制改革导致增加了教士年金的国家开支，还要赎回旧制度下出售给旧官吏的官职保证金等，到 1789 年 10 月，财政状况已经恶化到不可挽回的地步。财政总监内克尔建议把当时的贴现金库改为国家银行，然而，国民议会不想让国王掌支配纸币发行事宜的权力，首期划定 4 亿锂的教会财产和王室财产作为担保，发行有利息（5%）的指券。伯克这里隐晦的担忧是，以没收的教会财产为担保发行指券，直接的目标固然是应付迫在眉睫的国家财政危机，但这背后，革命者有不惜一切代价压倒教会、王室和贵族的企图，所以"不仅仅是金钱的事"。对此阿克顿也持相同观点，"解决财政问题只是表面的考虑，在这个考虑背后还有更深层次的设想。有些人希望打碎那个强大的组织，解除那些具有贵族气派的主教们的武装，让孤零零的教士们都服从这场革命"。

伴随大革命进程，一个新兴金融资本阶层正在崛起，"它存在于随意抽取被没收土地用于出售，以及进行一场把纸币变成土地、土地变成纸币的不断转换的过程。……结果，我们就可以觉察到有关这一体系运作所必须运用的力量强度的某种东西了。通过这种手段，金钱盈利和投机精神就进入到大量土地之中，并与之合为一体"。乔治·勒费弗尔一针见血地揭露，指券的首次发行"意味着把教会财产交给了国家的债权人，即交给金融家、供应商、官职拥有者"。也就是说这一波操作的实际结果是让前述这些人廉价取得了这份产业。伯克说："由于这一运作，那种财产仿佛挥发了；它采取了一种自然而又古怪的活动，从而把所有金钱的替代品以及全法国土地足足 1/10（当时教会拥有的地产相对于全法国地产的 1/10）投进了若干主要的或从属的、巴黎或外省的管理者手中。"伯克说的"管理者"正是革命以来伴随着行政改革涌现出来的革命政权的各级代理人。乔治·勒费弗尔认为，"发行指券是一项冒险的政策，因为它不仅用于清偿债务，而且用来弥补财政赤字"。指券的信用又严格依赖于革命是否最终成功，而反革命从一开始就与革命形影不离。乔治·勒费弗尔发现，"贵族到处声称，他们一旦掌握政权，将不承认革命的货币"。考虑到革命进程的不确定性，以及当时愈发严重的财政危机，指券贬值不可避免。果然，国内出现食品价格上涨，用指券和铸币偿付的价格出现一物二价。乔治·勒费弗尔发现，1790 年初 100 锂在伦敦的汇率是 90，到 1791 年 5 月就贬到了 73……到战争爆发，指券泛滥成灾。而就在这一切发生之前，伯克嗅出指券通胀的先兆，"（管理者）已经得到了纸币流通的恶果中最糟糕而又最有害的部分，即它的价值的最大可能的不稳定性。……他们让地产随风飘走，就像是破船中轻巧的碎片一样，绕着海岸和海滨"。

三、叛教者塔列朗主教与教会地产国有化中的投机现象

伯克认为没收教会地产的投机行为并不利于法国农业发展，"这些新的交易者们都是积习成性的冒险家，他们没有任何固定的习惯或地方的偏爱，一旦纸币的市场、金钱的市场或土地的市场显得有利可图，他们就会再去追逐盈利"。有人说法国农业将从这一波土地买卖的操作中获得巨大好处，伯克予以反驳，认为投机者既不具备农业知识，也对农业没有真正兴趣。"一位神圣的主教认为农业将从要购买教会被没收地产的那些'启蒙了的'高利贷者那里得到最大好处，但是我以极大的谦卑恳请让我去告诉他后来的主人，高利贷并不是农业的导师。……我不能想象一个人不信仰上帝怎么能教给他任何多一点点的耕种土地的技术或促进措施。"伯克狠狠讽刺了叛教者塔列朗主教。塔列朗是来自欧坦的地方主教，反教权运动的急先锋，政治场上的投机分子和不倒翁。在法国大革命中，他与两件重大事情联系在一起：教会财产国有化以及教会同国家政治生活的分离。塔列朗是《教

士公民组织法》的真正起草者，发行指券的重要推手。正是这位塔列朗在三级会议期间，随着大部分底层教士代表倒向第三等级，这个行动立即改变了当时国民议会的政治版图。"家贼难防。"法国革命史家路易·马德林如此评价这位背叛自己的阶层而倒向第三等级的投机主义者主教。正是这位家贼、两面人、"瘸腿魔鬼"，在国家财政危机的危难当头，"不失时机"地提出国家收回教会财产的议案。

后来这位叛教者一路官运亨通，1790 年 2 月 16 日官至国民议会议长，此后，他担任过雅各宾政府部长、第一帝国大臣和显贵、1814年拿破仑军政府临时政府总理大臣、第一次波旁王朝复辟时期大臣、第二次波旁王朝复辟时期总理大臣、驻英国外交官、维也纳大会上大多数新教国家的全权代表。马德林这样总结这位叛教者："塔列朗已经背叛过他的家庭、他的阶级、他的朋友、他的等级、他的国王以及他的上帝，但他对于让自己再度博得他的家庭、阶级、朋友、等级、教会乃至最终博得上帝的好感，从没绝望过，这是一种堪称绝技的事业，完全与道德无关……他纤弱的双手如此漫不经心地制造的废墟，显示出灵魂的毁灭是一个国家崩溃的巨大要素……家贼难防，塔列朗是大革命中教会中的家贼。"

伯克引证古罗马的故事讽刺土地的投机资本，"你们派两个学院的领导人参加贴现银行的领导，但一个富有经验的老农就抵得上他们全体"。伯克还用自己的亲身经历佐证土地的投机资本家们有关耕作知识的匮乏。伯克在和一位地方底层修士的简短谈话中，"我得到了比我曾交谈过的所有银行领导人那里得到的更多的有关耕作的有趣的知识"。伯克指出，"这些土地投机资本家们在金钱的繁殖上太精明了，起初，或许他们多愁善感的想象力会迷恋纯朴、无利可图的田园生活，但不久以后他们就发现农业是一桩更为艰辛的行业，而且比起他们脱离的交易而言获利太少了。在对它（土地和农业）唱完赞歌以后，他们就会像伟大的先驱者和典型人物一样转过身去"。

图 18-2　塔列朗（1754—1838），法国大革命时期政治人物。贵族出身，曾当过欧坦教区主教，后来参加政治活动，曾在连续六届法国政府中任职，分别担任外交部长、外交大臣、总理大臣。《教士公民组织法》起草者，力推教会财产国有化，教会与国家政治生活分离

伯克不放过叛教者塔列朗主教，继续对其讽刺道："在这位主教的神圣预告下，他们培养出了'教会银行'，那比它的葡萄园或谷地都获利更多。他们将会按他们的习惯和利益来运作他们的才智。当能够掌管财政和统治各地方时，他们是不会去扶犁的。"阿克顿认为，塔列朗等人推动没收教产发行指券的后果，"不仅拿走了教士的生活依靠，也拿走了穷人的依靠。在革命者看来，只要还有一个法国人在挨饿，就不允许任何人有剩余"。革命者教义和思维模式在宗教领域首次"成功实践"，它不会止步于此。

四、革命"赌博"以及革命者的赌徒性质

暂时离开叛教者塔列朗，伯克转而向整个革命政权开火，"他们是第一个把共和国建立在赌博之上的，并把这种精神注入其中……这些政治的宏伟目标就是要使法国变形，从一个伟大的王国变成一个大赌场，把它的居民变成赌徒的民族，使投机像生活一样广泛，把它掺进它所关注的所有事务，并且把整个民族的全部希望和恐惧，都从他正常的渠道上转入那些靠投机为生者的种种冲动、激情和迷信之中"。伯克把新政权没收教会和王室的财产作为抵押发行的新货币视为"赌博基金"，因此只有革命胜利这笔赌博基金才会保值增值。"他们高声宣扬他们的见解：他们目前的这个共和国体系没有这种赌博基金就无法存活下去，而且它的一线生机就是从这些投机的纤维中抽取出来的。"既然这种"赌博基金"关涉共和国的生死存亡，那么凡是反对这种赌博基金的人都是反革命，都威胁着革命，国民分裂和敌对情绪由此而生，随后大恐怖合乎逻辑地走来了。

如果说旧制度时期的财政危机只是涉及少数人和国家的局部，那么革命政权不同，它把赌博基金政策泛化，渗透到生活方方面面和所有国民。这就不仅仅是王室的危机，而是整个国家的灾难了。就革命政权滥发指券行为的危害性，伯克认为比金融投机家约翰·劳（John Law）还要大，"古老的基金赌博无疑是够害人的，但它还仅仅对个人而言是如此"。这里，伯克采取了欲擒故纵的论证策略，意思是当一个政权遭遇财政危机时，仅仅是前述种种操作还不是最坏的，最坏的情形是革命政权制定的法律误入歧途。

新法律的危害远甚于通货膨胀，伯克指出："但是在法律——法律在多数情形下禁止并且从不鼓励赌博——本身误入歧途，从而违反了

它的本性和政策，并把赌博精神和象征带入最细微的事情里去，使每个人在每件事情上都置身其中，公然强迫臣民们走向毁灭的赌桌。这时候一种更可怕的、还未在世界上出现过的传染性的病症就蔓延开来。"这里的传染性病症就是因为新货币币值极端不稳定导致人们信心全无，人的行为普遍短期化甚至导致整个经济系统崩溃，"在你们那里，一个人不投机，就既不能挣得也不能买他的正餐。他早上的所得，在晚上就不再有同样价值了。他（持有）被迫要偿还一笔旧债的那种东西，将不会被认为缔结债务合约时所要支付的是同样一笔钱；当他要避免缔结任何债务合约而立即偿还时，那也不会是同样一笔钱了"。伯克描述的种种混乱是说新货币的币值不稳可能导致各种债务纠纷，例如早些时候 A 欠 B 一笔 10000 元债务，半年后货币贬值 50%，那么债权人得到 10000 元还款之际购买力只有 5000 元了，这样一来，债权人当然不愿意。在这种高度不确定性乱局中，伯克推测进一步的危害会蔓延到整个经济，"工业必定要凋敝，经济必定要从你们的国家被驱除出去。小心谨慎的深谋远虑将不再存在。不知道自己的工资数目，谁还会去劳动？谁还会去钻研增进那些没有人能够预测的东西？在不知道自己的储蓄的价值时谁还会去储蓄？如果你把它从赌博中抽出来，用于积累你们纸面的财富，那就不会是一个人的远见，而只是一只寒鸦的病态本能"。在货币急速贬值的情况下，投资和储蓄显然都不是明智之举。

五、人民被骗了

伯克进一步提出更严厉的预测和警告，不可靠的纸币和对土地投机性买卖还可能导致更严重的经济和社会后果，"这种系统性造就一个赌徒民族的政策中，真正可悲的部分就在于，虽然所有人都被迫参与'游戏'，却很少有人能懂得这场赌博，而有条件为他们自己利用这种知识的人更少了。大多数人必定成为控制这类投资机器的少数人的蒙骗对象"。具体而言，赌徒政策会给农村人和粮食市场带来全方位的负面影响，并最终会损害城里人的利益，从而引发社会动荡："它对农村必定造成什么后果是显而易见的。城里人可以日复一日地算计着，农村居民却不能如此。当农民第一次将他的谷物带到市场，城里的官员就强迫它按照票面价值接受指券；当他用他的钱去商店时，他发现贬值了7%。这个市场他再也不愿意去了。城里人将会发火，他们要强制农村人拿出他们的谷物。于是抵抗就会开始，巴黎和圣德尼的谋杀者（饥民）将会重新遍布法国。"法国大革命是一场宗教、政治和社会革命，但是财政危机、饥荒、对外战争等因素始终伴随革命进程，其中，饥荒却不能全然视为天灾使然，新政权没收教会地产以发行新货币，导致的资本投机和货币贬值也是出现饥荒的重要因素。

没收教会地产、发行指券、通货膨胀，这一系列的政策举措必然导致利益再分配，改变金钱和土地流通中的权力配置、提升或贬低每个人的不动产价值，而居于背后的权力之手"必定成为法国人的主宰者"。伯克认为，由正常革命而来的全部权力都将落入城里的市民以及左右他们的金融领导人的手中。在这场赌博中失落的阶层，"那些有地产的绅士、自耕农和农民中没有任何人有此习惯、倾向和经验，能使他们对法国现存权力和影响的唯一来源有所分享"。

伯克不仅仅看到新政策实施导致的经济利益得失，更看到新政策对农村传统秩序的破坏，对农村人的"原子化""离散化"的效果："正是乡村生活的本性、地产的本性，他们提供的所有职业和所有乐趣，导致那种方式的联合和安排（那是唯一取得和发挥影响力的方法）

在乡村人民中成为不可能的事情，尽管用你们所能用的一切办法和全部的勤勉把他们联合起来，但他们总是分解为个体。"通过摧毁乡村传统秩序，在已经原子化的乡村人民中间任何团结性的东西不再行得通。他们集合、武装和行动都极其困难，并要付出最大代价，他们不能有系统地行事。过去乡绅拥有的力量被解除了，贵族和教士已经完全失势。"倘若乡村的绅士们试图通过单纯的财产收入来施加影响，这对于有着十倍于他们的收入可出售而又可以把他们的赃物带到市场上较量而毁灭他们的财产的人算得了什么呢？"1789年10月6日国王和王室从凡尔赛被押回巴黎市区，预示着法国大革命向暴乱和恐怖的方向发展。1789年底以来，没收教会地产、教会地产国有化和教会改革闹剧连续上演。此外，废除封建特权的议案已经在国民议会通过。这几件大事其实已经对旧制度三大支柱——国王、教会、贵族——造成毁灭性打击。其中教会地产国有化具有三重目的：解决迫在眉睫的财政危机，沉重打击教会，增加自耕农数量以打击封建特权。被没收的教产迅速变卖其实并不容易，一个是经济中流动性本来就缺乏，另一个是人们对购买教会地产心存疑虑、良心不安。国民议会的决议规定被没收的教会地产通过拍卖出售给出价高者。马迪厄指出："在购买教产的人之中有若干是贵族、反抗派教士（区别于宪法教士），但一般而言购得教产的最大部分的是城市中的资产阶级、新兴金融资本阶层和工业资本家等。"

在革命中有一部分人收获巨大，而另一部分却没捞到什么。伯克指出，"因此乡绅、海陆官员、有着自由观点和习性而不附属于任何行业的人，就会完全被排除在自己国家的政府之外，仿佛他是合法地被排斥在外似的"。在这场盗窃活动中受损者一方是谁，受益者一方是谁，答案一清二楚。而且，当时经济社会发展（包括工业化和城市化进程以及启蒙运动塑造的新的公共空间，例如印刷品的流行和俱乐部的兴起）有利于一场革命运动的到来。艾瑞克·霍布斯鲍姆发现："城镇中密谋对付乡绅的东西都联合起来有利于金融管理者和领导人。在城镇中，联合是自然的。市民们的习惯、职业、消遣、工作、他们的怠惰都不断地把他们引向相互接触。"大革命中，风头最劲的是活跃在巴黎城市中的"无套裤汉"，革命领袖与他们联手，他们彼此需要，彼此依赖。伯克说："他们的德行和他们的邪恶都是交替着的，他们总是在戒备之中，所以他们已经组编并有所训练地被掌握在那些意图采取政治和军事行动的人们之手了。"

伯克这里揭示，革命的实践者至少包括城市里的第三等级和企图操纵第三等级采取政治和军事行动的煽动家们。当然前提是三级会议的喜剧般反转——国民议会的形成，这其实是一个悲剧时刻，从此国民议会号称自己代表整个法国和这个国家新的统治权合法性，并在八月法令（1789 年 8 月）和《人权与公民权宣言》（1789 年 8 月 26 日）的基础上颁布新宪法（1791 年 9 月 3 日）。

随着包括"废除封建特权法令""一院制法令""出售教产法令""国家负担宗教费用法令""教士宣誓法令"等在 1789 年、1790 年纷纷颁布，新宪法（1791 年宪法）呼之欲出。英国历史学家威廉·奥康纳·莫里斯（William O'connor Morris）认为，制宪议会所做的大部分工作是基于错误原则的，其弊端和不可避免的后果很快一一浮现。在《法国革命论》出版（1790 年 11 月）之前，1791 年宪法的核心和主体框架已经形成。伯克断言："倘若这一宪法的怪物能够延续下去的话，法国将完全被社团中的煽动家、指券管理人、出售教会土地的托管人、代理人、经纪人、金融骗子、投机家和冒险家（他们构成了建立在王权、教会、贵族和人民的废墟之上的一种卑鄙的寡头制）所组成的城镇中的各种社团所统治。"城头变幻大王旗，更糟糕的政权取代了正在改革的法国君主政权。伯克愤而揭露道，法国大革命引以为傲的"所有的平等和人权的骗人梦想和憧憬都结束了。在这个卑鄙的寡头制大沼泽中，它们全都被吞没、沉沦并永远消失了"。

有人说法国大革命引发的无政府混乱状态和随后的恐怖统治是上帝给法国人的惩罚。伯克就对此悲愤不已："法国的某些重大犯罪行为一定会被人向上天哭告的，上天认为用屈服于邪恶和卑劣的统治来惩罚它是适合的；在这统治中，找不到任何甚至在其他暴政下所显示的虚假荣光中的抚慰和补偿，使得人们即使终身受压迫也并不感到自己失去尊严。我必须承认，对于一些人的作为我深感忧伤并附带着某种愤怒。他们一度身居高位并且仍然有着伟大的品格，他们被华而不实的虚名所惑，他们在致力于一桩事业时走得太远以至于超出自身理解力所能达到的界限，他们把自己的公正的声望和名声显赫的权威借给了那些他们不可能熟悉的施诡计者，从而把他们的德行本身用于毁灭他们的国家。"伯克为之感到遗憾的对象包括内克尔、米拉波、拉法耶特将军及斐杨派和吉伦特派等捍卫或同情君主立宪的温和派别，而文中所谴责的施诡计者则指大革命中的背叛本阶层的背叛者和所有激进派：塔列朗主教、罗伯斯庇尔、丹东、马拉、库通和圣茹斯特之流。

30多年后，迈斯特对法国大革命的评价是深刻的："一切生命、一切财富、一切权利都掌握在革命政权手中，这头统治巨兽总为流血和胜利而欣喜若狂。这种人们过去从未见过、无疑也永远不会再见的可怕景象，既是对法国的可怕惩罚，同时也是拯救法兰西唯一的途径。"

第 19 章

新共和国的黏合剂（2）：巴黎至高无上的地位

当一个君主事必躬亲，把全国的事情都集中在首都，把首都的事情集中在朝廷，把朝廷的事情集中在自己一身的时候，君主政体也就要毁灭了。

——孟德斯鸠

大革命越过启蒙运动，植根于古典主义的"推理理性"的胜利之中。以"抽象理性"取代"现实事物的丰富性和复杂性"，用"普遍的人"取代存在于自然和历史当中活生生的个人，以普遍的、绝对的和神话般的人性取代具体的日常生活、政治实践和个体存在。古典精神在削弱君主制的习俗和历史基础的同时，为大革命哲学思想提供了框架。

——罗杰·夏蒂埃

革命者对宗教的批判，甚至在变成一场倾尽全力的攻击之前就已经成为 1789 年革命者更为广泛的信念的一部分，这信念就是——推进人类事务的理性化，即让他们可以控制环境、按有意识的计划或者一系列原则去重塑人类事务。所有新安排和新制度，其要旨都是理性化和一致化。……长期看来，挫败革命冲动的是文化多元性的持久存在。1789 年以来，由国家权力强加的理性主义意识形态以及信奉这一意识形态的知识分子和执政者从来没有成功消除那些较少理性色彩的认同资源的作用，这类资源如习俗、传统、宗教信仰、地区和地方忠诚，还有不同的语言。

——威廉·多伊尔

出现了一个奇怪的悖论。并不是因为国王路易十六未能理解革命，所以革命才对他而言后果变得如此严重——上断头台。正好相反，这位资质中庸的男人以感人至极的方式努力设法理解革命，情况才变得如此……他熟读休谟的《英国史》，从查理一世这位不幸前辈的错误中及时学习……他应该顺从迁就。

——斯蒂芬·茨威格（Stefan Zweig）

一、首都巴黎至高无上的地位

伯克认为，新共和国的第二种黏合剂是中央集权和巴黎的优越地位。集权政权通常都有一个集权的首都。巴黎在法国社会各方面的支配地位，这一黏合剂，与前述第一种黏合剂（流通指券和没收教会财产）有着牢固的联系。在这个黏合剂中，我们可以找到各省和各管辖区（教会的和世俗的，如前述，后来教区被强行整合进与 83 个省相同的行政区划中）一切古老的界限消灭的原因，以及事物之间一切古老的结合的瓦解和这样许多彼此并无联系的小共和国（指省和省以下辖区）形成的原因。

伯克发现，"巴黎的权力显然是他们所有政治的一个巨大的源泉。正是通过现在已成为投机中心和焦点的巴黎的权力，这个派系的领袖们就在指导着或者说号令着整个立法和行政部门……凡是能够加强那个城市对其他共和国权威的事情都必须做到。巴黎是坚实的，它有着与任何方形共和国的力量完全不成比例的巨大力量，而且这一力量被汇集和凝聚到一个小小的范围之内。巴黎的各个部分之间有着自然而轻易的联系，不会受到任何几何式宪法图式的影响，它在代表制中的比例多少也对它无关紧要，因为在它的渔网里有着整网的鱼"。根据财政总监内克尔估算，1790 年巴黎人口在 52.4 万到 66 万之间。巴黎城市包括 48 个区。巴黎人口的阶层分布：教士约 10000 人，贵族约 5000 人，金融、商业、制造业和专门职业的资产阶级约 40000 人，其余的部分是占人口大多数后来成为无套裤汉的小店主、小商人、工匠、帮工、一般劳工、城市贫民、流浪汉等。乔治·鲁德（George Rude）说："毫无疑问，巴黎是法国豪门望族、新兴金融资产阶层的聚集地。随着工业化进程的孕育，当时巴黎靠工资生活的人口数将近 30 万。"

托克维尔后来也痛斥集权的巴黎和特殊的巴黎。孟德斯鸠说："在法国只有巴黎和外省，因为巴黎还没来得及将它们吞噬。"米拉波说："首都是必要的。但是如果头脑变得过大，身体就会中风而总体崩溃。如果外省置于依附地位，外省居民被视为二等公民，将一切人才统统吸引到首都，从外省抽走了显贵、商人以及所谓才智之士，那么后果将如何！"首都之所以对帝国其他部分具有政治优势，是由于政府的性质。到 1789 年，巴黎已经成为法国本身。巴黎成了法国的主人，并且汇集起一支军队，这支军队将成为巴黎的主人。

与拥有至高无上地位的巴黎相对照，伯克发现"这个王国的其他地区却被撕裂成了碎片，并且脱离了它们全部的习惯办法，甚至于统一的原则，所以至少相当时间内无法联合起来对抗它。在所有从属的成员中，除了软弱、疏离和混乱之外，就没有留下任何别的东西了。为了加强规划的这一部分，国民议会最近已经决定，不得有两个共和国拥有同一个主管长官"。可以看出，大一统、一致性、不可分割、简单化是当时法国人的价值追求。

苏珊·邓恩认同当时盛行的新格言："一个上帝、一个国王、一个国民议会。"伯克认为，全局地看，强大的巴黎将会出现一种普遍衰弱的体制。伯克指出，革命派认为，"采用这种几何学的政策，所有地方观念都会消失，于是人民就不再是加斯科涅人、皮克德人、布列塔尼人、诺曼人，而是法国人，只有一个国家、一个中心和一个议会"。当时美国驻法国大使古维诺尔·莫里斯（Gouverneur Morris）认为这种制度设计恰恰是大革命致命的失误。这种观念和治理模式像极了詹姆斯·C.斯科特（James C. Scott）在《国家的视角》中所阐述的，"那些国家发起的社会工程带来的巨大灾难产生于四个因素的致命结合。第一个因素是简单化、一致化的对自然和社会的管理制度。第二个因素是极端现代主义意识形态，也可以说是一种强烈而固执的自信，他们特别相信，随着科学地掌握自然规律，人们可以理性地设计社会的秩序。第三个因素是一个独裁主义国家，它有愿望而且也有能力使用它所有的强力来使那些极端现代主义的设计成为现实。处于战争、革命、危机或民族解放的社会往往为第三个因素提供了肥沃的土壤。第四个因素是软弱的公民社会，这样的社会缺少抵制这些计划的能力"。战争、革命和经济崩溃都会使公民社会更为软弱。软弱的公民社会总是与大一统、一致性、简单化形影相随，从而削弱一个合作秩序的信息基础，因此无法形成良好的秩序，而且与预期结果恰恰相反。

因此伯克指出，"更大的可能倒是，那个地区居民很快就会没有国家，而并不都成了法国人"。因为，在这样的体制下，"从来就没有人由于一种骄傲、偏爱和真正的亲切感而依附于一种方格形划分的归属地。他绝不会因为属于第71号方格或任何其他号码区域而感到光荣"。摧毁旧制度下的教会体制，以及为落实人民主权原则而划分的新行政区划破坏原有教区划分，打断了原有邻里和社会纽带。伯克特别强调家庭机制和社区纽带的作用，因为"我们是在我们的家庭里开始我们的公共情感。没有任何一种冷漠的关系塑造着一个热忱的公民。我们进而扩展到邻里情谊和地方性联系。这些都是客栈和休息地"。

　　法国革命史家索布尔在"制度的合理化"下讨论行政权分散化改革，认为"重叠纷乱的旧区划由统一的制度所取代"，索布尔提到，主张君主立宪的米拉波则要求尊重传统和历史，"划分要实事求是，考虑地区和环境的固有特点，而不是赞成数学式的，近似于唯心的划分……划分的目的不只是建立按比例的代表制……我要求施行一种不显得过分标新立异的划分。恕我直言，这种划分（当前改革计划）应该容忍既成现实甚至错误，能够同样满足各省的愿望，并建立在已经形成的关系之上"。

　　在这个问题上米拉波的观点与伯克接近，只不过伯克更趋保守。伯克指出："我们国家这种旧的区划乃是由习惯而不是权威突如其来形成的，它们是这个伟大国家的许许多多的小化身，在其中可以找到某些充实心灵的东西。对于整体的热爱并不会由于这种下一级的偏爱而消失。"自从法国大革命以来，但凡经历过极端现代主义实验的国家，地方治理完全服从于中央集权的意志，仿佛整个国家可以是一盘棋局，上面的棋子可以由棋局外的超级之手随便移来移去。全然不会顾及伯克所谓"在其中可以找到充实心灵的东西"。

　　更深入地，伯克考虑到，尊重乡镇自治固有的习俗、偏见、纽带和联系，"是对那些更高级和更宏大的关怀的一种基本训练——正是由于这一点，人们才会像对待自己的事业一样倾心于像法兰西那样一个如此广阔的王国的繁荣。公民由于古老的偏见和非理性的习惯——而不是外形上几何学的特性——才对它全部领土本身深感兴趣，就像是对各个地方古老的名称一样"。伯克担忧，只要新宪法和革命政权推行的一系列法案继续下去，"巴黎的权力和显赫地位肯定会压服这些共和国并把它们拢在一起"。基于对社会秩序的一般原理的洞察和几十年的参政经验，伯克断言，新宪法和法国目前改造社会的诸多激进举措"是不可能持续太久的"。权利是时间和环境的函数，制度不是一个人或一代人想怎么定就怎么定的。格特鲁德·希梅尔法布（Gertrude Himmelfarb）指出，在伯克心中"存在一个确实的保守主义原则，一个确实的代际传递原则"，而新宪法这种东西无视伟大的"存在之链"，无视国家作为远古至今的契约，无视社会这个复杂契约的联系，无视情景理性，因此它不可能长久。

二、危险的"一院制议会"

法国大革命声称要实现人民主权原则，体现在其最高权力机构设置上就是议会。自三级会议召开，第三等级"另立中央"擅自声称自己代表整个法国以来，立法机构先后经历了国民议会、制宪议会、立法议会（1791年10月1日开幕）、国民公会等几个时期。立足于保守主义，伯克抨击了革命派建立一院制议会的主张，主张建立两院制才是审慎和妥当的。

大革命的首要目标就是政治改革，并要颁布一部落实"人民主权、平等、人权"等主张的新宪法。1789年12月，制宪议会基本完成了新宪法的讨论，其最终成果即是"1791年宪法"。政治改革和新宪法是革命性的，我们看看其中几项重要的规定：法国政体为君主政体，国王是最高行政长官；一切权力来自国民；立法权属于"国民立法议会"，国民立法议会实行一院制，国民立法议会议员任期两年，分两级，由基于纳税额的选举方式产生；议会是常设机构；议员不得进入内阁任职；立法议会高于王权，国王不能解散国民立法议会；立法议会有权监督行政部门大臣的政务；立法议会的外交委员会控制对外政策；中央政府行政部门设6部门，即内务、司法、陆军、海军、对外关系、国家税务部门；取消中央行政权在地方的代理人，地方行政官员由选举产生。

伯克很早就直截了当地指出国民议会这个唯一的最高权力机构的危险所在，1789 年革命建立的"国民议会是作为主权者而出现和行动的，我们看到一个实体，在它的宪法中有着一切可能的权力而没有任何可能的外部控制；我们看到一个实体，没有根本法、没有确定的准则、没有受人尊重的形式规则，没有任何东西能使它坚持任何一种体制。……目前这个议会可以摧毁和改变一切事物"。可以说，从一开始就是错的，因为"他们忘记了创立一个参议院，或者其他具有那种性质和特征的任何东西"。这是一场政治灾难。没有参议院，只有众议院，这是一个一院制议会体制。国民议会这个一院制以整个法国的名义掌握了主权。威廉·多伊尔指出："这是法国大革命的奠基性行动。如果国民议会是主权者，那么国王就不再享有最高权威。"参议院为什么重要，参议院为什么不可或缺？伯克从几个侧面指出立法机构中单独设置参议院的重要性："它的行政官没有这样一个咨询会议；没有某种外国可以使自己本身与之相联系的机构；没有某种在政府的通常事务中人民可以指望的机构；没有在国家事务中带来倾向性和稳定性，并保持着某种类似一致性的东西的机构。国王们一般总是有这样一种团体作为一个咨询会议的。"

这种不受约束的一院制有什么缺陷？伯克指出至少有如下几点：立法权限最大程度地扩张，容易从最紧急的必要的种种例外情况取得通常的样板，新的选举方式和新的流动趋势将消除掉那些原本少量存在的内部控制。这种内部控制原本对国民议会的权力构成一定的制约，因为"少数代表是从不同利益中选举出来的，并且保存他们精神里某些东西"，伯克所指的应该是立法机构应该有来自教会和贵族的代表。

"而随着新的选举方式的落实，下一届国民议会必定比目前这一届更糟。"因为第一届国民议会代表的构成至少有一半来源于教会和贵族，随着革命激进化加剧，以后的国民议会构成将有更多无套裤汉和雅各宾派这样的激进分子加入其中。法国大革命史家古德温指出，"1791年立法会议的成员是依比制宪会议的成员更严格的选举方式选出来的。他们在知识上不如前辈，也不如前辈富有。他们主要来自专业阶层，大部分是律师、新闻工作者、医生、军人和商人"。尽管这还不是最糟糕的，因为立法议会所有成员中，约有一半来自中间集团。但自1793年进入恐怖统治时期，国民议会中的中间派成员显著激进化了。

君主制下，可以没有参议院这样的机构，但是共和国不同，伯克指出，"参议院是共和国政府的实质所在。它居于一种由人民行使的或者由他们所直接委派的最高权力与单纯行政权之间的中间位置"。我们用一个简单的图示来表达伯克所说的参议院这个角色所处的位置（图19-1）。在法国最高权力结构中，没有介乎一院制议会与行政司法机构中间位置的参议院的影子，"由于没有提供任何这类东西，你们的梭伦们和努玛们就像是在别的任何事情上一样，发现了一种主权的无能"。事情后来的发展印证了伯克的断言，国民议会与革命群众一旦打倒了国王，很快发现自身也在危险中，很大程度上被群众激情所绑架。最后，国王、议会的权力旁落，罗伯斯庇尔恐怖统治和拿破仑军人专制接连上场接管并垄断了权力。

图 19-1　国民议会（一院制）和行政机构、司法机构间的关系

　　如此设计的国家权力体制是一个国家灾难。伯克预测："他们将好胜心和先例所唤起而去做那些最鲁莽和最荒谬的事情。要设想这样一个国民议会开会时能够保持完全的安宁，那将是荒唐可笑的。"

　　弗朗索瓦·基佐认为，"代议制政府的唯一目标是发现和集中全国自然的、真正的精英，让他们任职于政府之中"。"他们是否应该统一在单一的议会中，一个按照同样的身份、同样的标准、以同样的方式建立的议会？"政治社会的首要事务是动用所有的技巧和努力来阻止无限权力妄称其固有的正当性，阻止其成为专制权力。基佐考虑到了三种方法，其中第三种方法就是在中央最高权力层级建立制衡机制，使中央最高层级的权力有效地符合理性和正义，拥有正当性，"最后这个手段……将立法权划分为两院就是为了这个目的。它旨在反对社会制度的最高层级获得实际的无限权力，并反对真正的现行权力转化为正当的无限权力。因此它与代议制的基本原则是一致的，也是它的一个必然结果"。大革命时代的斯塔尔夫人（Madame de Staël，财政总监内克尔的女儿）也认识到建立一个参议院的必要性，"上议院可以充当君主和众议院议员之间的调和剂。也因为法国第二等级即贵族数目庞大，若不要这群人慢慢被忽略和遗忘，除了建立上议院再无他法"。保持社会的连续性、源源不断吸纳一个社会真正的精英、保证权力制衡，这就是为什么要建立两院制议会的原因所在。

　　对于制宪会议设计的一院制议会的危险，阿克顿给出如下评论，"实行一院制，国王没有解散议会权，授予了国王在无法阻止一项立法的情况下搁置它的权力（而不是否决权）……没有参议院，国王没有立法提案权，没有解散议会权，没有有效的否决权，也无法依靠司法因素或联邦因素。这些缺陷的意义各不相同，但合在一起，却背离了分权原则，而这一原则对于稳定是有益的，对于自由是至关重要的"。从大革命开始，在没有罢黜国王之前，一院制议会的制度设计为此后的社会失序和自由的丧失埋下了祸根。

三、行政权

"如果仔细观察，行政部门小心翼翼地企图回避这些新法庭的判决是非常奇怪的。也就是说，那些最应该完全服从法律的人却不受法律约束。那些执掌公共金融信托的人是所有人中最应该严格恪尽职守的人。"伯克念念不忘教会财产国有化后新政权掌握的巨额财政资金，一是谴责这种财富从来源上不正义，二是高度怀疑执掌这些财政资金的人是否以权谋私。伯克设想，如果能在严格法治约束下，情况还不至于太糟糕，"人们会认为，你们最初应该考虑到，如果你们不想让新行政部门成为一个真正独立主权王国，你们就应组成一个令人敬畏的、像你们以前的高等法院或类似于我们的王座法院的法庭，从而使所有的公共官员在合法行使职权时都能得到保护，而在逾越其法定职权时就会遭到强制制止"。

弗朗索瓦·傅勒论证了从人民主权到寡头暴政的逻辑："根据卢梭的理论，人民主权是不可转让的，因而是不能被代表的，因为这就是自由，这就是先于社会契约的、不受时效约束的自然权利，那么人民就不单谴责君主制，而且还要谴责一切代议制。法律，既然是由集合在一起议事的人民制定的，因而也是公意的表达，按照定义也就对人民拥有绝对权威，因为它十分准确地表达了人民的自由……'纯粹民主'是其正面，而其背面，即它的后院是一个借助一系列臆想的等式来构建的假想的透明制度。按照这些等式，人民等于俱乐部的舆论，

俱乐部等于他们的领头人的舆论，领头人等于共和国……大革命发现
了一个假想的社会，恐怖时期正是这个假想社会的巅峰。"伯克同样认
为："其实寻求（司法管辖权）豁免的原因再明白不过。行政机构是目
前的领袖们推进从民主制到寡头制转变的重大工具。他们因此必定超
越于法律之上。有人会说，你们创立的司法机关不适合强制他们，毫
无疑问的确如此，任何合理的目的对于它们来说都是不合适的。"这
是讽刺国民议会实际控制的行政机构成为法外之地，肆无忌惮，因为
他们代表永远正确的人民。议会是根据人民主权和纯粹民主教义组建
的，但伯克说："也有人会说，行政机构会对全体议会（指国民议会）
负责。这样说恐怕没有考虑那个议会的性质，或那个行政机构的性质。
无论如何，服从那个议会的意志并不意味着服从法律的保护和约束。"
在甚嚣尘上的人民主权和民粹式大众舆论漩涡中，国民议会取代国王
成为新的合法性权威，国民议会就代表人民；人民总是对的，人民不
会犯错，因此服从国民议会就是服从人民的意志。对这种谬论的流传，
伯克深感忧虑。

　　"这一司法体系的建成还需要某些东西，它的最后加冕完工还需
要一个新的法庭。这就是成立一个宏大的国家法庭来审判叛国罪——
反对议会权力的罪行。它看起来似乎具有英格兰大篡权时期建立的高
等法院性质的某种东西。"这是伯克的讽刺语。法国大革命中，抓反
革命、指控叛国罪是革命派打击对手最常用的手段，到恐怖统治时期
这种暴行达到登峰造极的地步。谁是反革命？谁叛国？反对国民议会
及其法令，或支持革命不积极、不热情，或同情国王和旧制度的任何
遗产都是反革命或叛国行为。伯克提到的"英格兰大篡权时期"是指
克伦威尔统治时期（1649—1658），1649 年 2 月 9 日英国议会为审判
英国查理一世国王而成立特别法庭，以"暴君、叛徒、杀人凶犯、国

家敌人"的罪名，将其在断头台处死。休谟和伯克等人对英国革命时期的弑君暴行持反对立场。由于《法国革命论》成书于 1790 年 11 月，法国大革命还没进入罗伯斯庇尔恐怖统治时期，革命法庭尚未成立。所以伯克说："既然他们还没有完成这部分规划，因此还不能对此做出直接判断。"

接下来一段电光火石般的警告和预测值得我们深刻牢记："然而，如果不以极大的关注去采取一种与处理叛国罪的精神非常不同的精神，这个听命于'调查委员'的法庭将会扑灭法国最后一点自由之火，建立起任何国家都闻所未闻的最可怕的专制暴政。如果他们想要给予这个法庭哪怕表面上的自由和正义，他们就绝不可随心所欲提审或者移送与自己的成员有关的任何案件。他们还必须把那个法庭的席位从巴黎共和国清除出去。"

司法干预行政不妥，但行政干预司法则极为恶劣。在旧制度下，法国的普通法庭独立于政府，但凡是涉及政府官员的案件则只由行政法院的特别法庭审理，只有行政法院才能审理涉及政府的所有讼案。这种制度安排无疑极大增加行政权对司法权进行干涉的可能。当人们欢呼大革命以来法国的司法取得的伟大进步时，托克维尔提醒人们："确实，我们已经将司法权逐出了行政领域，旧制度将它保留在这个领域是非常不妥当的。但是与此同时，正如人们所见，政府不断介入司法的天然领域（相对旧制度下行政权干预涉政府案件领域而言），而我们听之任之。其实权力的混乱在这两个方面同样危险，甚至后者更危险。因为法庭干预政府只是对案件有害，政府干预法庭则使人们堕落，使他们变得兼有革命性和奴性。"行政法院特别法庭干预政府案件是一种僭越，危害的是一个个具体的案件。然而政府干预法庭则导致系统性危害，它使人们堕落，使人们兼具革命性和奴性，正如伯克指出的，它将"扑灭法国最后一点自由之火"。

弗朗索瓦·基佐对欧洲代议制的起源和运作有深入研究，他认为：立法权、司法权、行政权最初都属于王权。后来，立法权从王权中独立出来，司法权由王权和立法权共享。再后来，司法权才慢慢独立出来，其中立法机构中的上议院／参议院分享了一部分司法权。历史经验反复证明，只有在任何合法权力都不可能强大到篡夺绝对权力的地方，自由才能建立起来。

鉴于权力倾向于独裁和扩张的本性，现代国家都通过严格的制衡机制来实现对权力的制约。在建立现代民主共和制度中，例如美国，通过纵向权力的横向分割（三权分立）和纵向分割（联邦政府和州政府分享主权，州自治）来实现权力制衡。在权力横向分割中，立法、行政、司法三立，其中司法机构对立法、行政机构构成制约力量：联邦法院法官包括最高法院法官一旦被任命，只要不违反联邦法律，终身任职，而且有权审查联邦法律而不必顾及总统和国会的意见。行政对司法制约体现在，总统任命联邦法院包括最高法院法官。国会对司法的制约体现在，总统任命的联邦法院法官需经参议院认可，如果参议院不认可，总统需重新提出新的任命，直到参议院认可为止。

最高法院阻止行政权力违宪不乏先例。为防止国家出现不可承受的重大错误，以至于社会秩序遭受颠覆性风险，行政权置于司法权的制衡之下至关重要。王希举例说，"1934 年至 1936 年美国最高法院在一连串的案例判决中将罗斯福（时任美国总统）新政的核心法律宣判为违宪，阻止了罗斯福改革美国经济和社会的步伐，坚持了 19 世纪二元联邦主义，保证私有财产的不可侵犯性，阻止联邦集权政府的出现，阻止新政计划的实施"，为此后美国的长期繁荣和自由奠定了制度基础。

　　总体上，制宪会议设计的政体中，三权之中立法权一权独大，行政权、司法权都受制于立法权。这种制度设计从一开始就落入唯理性主义的窠臼，违背了权力制衡法则。

　　在真正的君主立宪政体中，行政权是三权之一，国王是行政权的最高行政长官。伯克认识到，"革命政权设计的制度选择了一位被贬黜了的国王。这位首席行政长官，将是一部机器，在他的职能的任何一种活动中都没有任何一种深思熟虑的决定权。他最多也只是一个向国民议会传达可以让那个机构知道的那些事情的渠道而已"。我们看看革命政权设计中行政权到底是如何设计的。

　　伯克指出，国王实际上只是被当作一个向国民议会传达消息的渠道而已。不过，伯克指出，"如果他（国王）被当作独一无二的渠道的话，这种权力也并非没有重要性；尽管对于那些选择了要运用它的人是无比危险的"。伯克显然认为这种设计十分不妥，"可是公共消息和事实通报也可以由任何其他传递方式、以同样的精确性传到国民议会。因此就方法而言，通过一个被授权的报道者的声明而对措施给予指导，这种信息机构就是形同虚设"。因为1789年国民议会通过的法律要求：立法议会应将其法令提交给国王，可以随定随交，也可以在例会结束时一并提交。国王对每一项法令的同意以这样的套语表示：国王同意并使其执行；搁置否决的套语是：国王将审查。索布尔认为，颁布法律的套语明显表现出立法权大于行政权："国民制宪议会做出决定，我们的要求和命令如下……"这正是伯克指出的把国王仅仅充当一个傀儡式信息传递员的制度形同虚设的原因所在。这种三权分立的设计与其说旨在体现权力制衡的代议制原则，还不如说旨在羞辱王权。伯克评论革命政权设计司法系统说："当我们深入考察他（国王）的权威的真实性质时，他看来只不过是个捕役、执杖警官、法警、狱吏和绞刑吏的头领罢了。不可能把任何称为王权的东西，置于更有辱人格的观点之下了。"

四、司法权

对于国民议会的司法规划，伯克评价甚低："看不出有什么聪明才智的地方。根据你们一成不变的说法，你们的宪法缔造者们是从彻底废除高等法院开始的。"在法国君主政体下，司法权属于王权，但王权不干涉领主司法权。随着经济和社会生活的复杂化，司法成为一种专业职能，形成了初级法院、中等法院和高等法院的分层级司法系统。其中高等法院被赋予注册权和谏议权，国王发布的法令需要经过高等法院的登记以后向全国发布，未经登记则国王的法令不能发布，高等法院于是成了制约王权的一个机构，也因此在人民群众中有较高威望。因为高等法院对抗王权，路易十五国王 1771 年废了高等法院，直到路易十六国王 1775 年将其恢复。1789 年时巴黎高等法院包括 1 个起诉庭、3 个调查庭、1 个诉状审理庭和 1 个轮审庭。王国的扩张和工业化进程导致案件不断增加，除了巴黎高等法院，15 世纪以来法国在其他省建立了图卢兹、波尔多等 12 家省高等法院。高等法院的法官职位通过合法的卖官鬻爵和职位世袭取得，职位可以有偿转让，政府利用出售这样的官职获取财政收入。在这种制度下，法官终身任职，国王不得撤职。终身制成了卖官鬻爵的自然结果，同时司法独立也是卖官鬻爵的自然结果，而这一结果后来演变成对王权的制约力量。

伯克对旧制度下的司法系统特别是高等法院的评价比其他历史学家高得多。伯克认为旧制度的司法系统只需要适应新形势予以改革即可："这些庄严的机构，跟旧政府的其他机构一样需要改良，尽管在君主制下不需要做出任何改变。它们现在需要做出某些改变以适应一个自由的宪制体系，但是在其具体的组成上，不少地方受到一些有识之士的赞赏。"谈到法国高等法院系统最基本的优点，伯克总结了四点。（1）根本优点在于它们是独立的，"这些职位最受质疑的地方是它是可以买卖的，然而这却有助于这种独立特征。这些职位终身任职。实际上这些职位是继承而获得的。由于是君主任命，也可以认为这些职位来自君主的权力"。（2）文化继承。它们组成永久性政治机构，抵制各种专断的创新。这种机构的构成和它们采取的多数形式，都非常适合于保障法律的确定性和稳定性。它们成了法律免于受革命主观情绪和意见左右的避难所。它们在这个国家专制统治横行和派系倾轧恣肆时期，挽救了这个国家的"神圣存储"（指文化进化中代际传递的文化遗产），它们保持着对宪法的活生生的记忆和记录。（3）保障私有财产。它们是私有财产的巨大保障——在没有个人自由的时候人们可能会这么说，不过实际上，法国与任何其他国家一样，私有财产受到了极为完善的保护。（4）制约公权力。无论一个国家拥有什么样的最高权力，它的司法权不仅不能依赖于它，而且还应当对其形成某种制衡。应当赋予其司法权以安全可靠性对抗它的权力。应当使司法权如它过去那样，成为独立于国家之外的某种东西。

新制度下，广义政府中所有公务人员均需出自民选，司法机构的公务员也是如此。伯克深深担忧，民主选举法官的制度不能保障司法独立和司法公正。这是新旧两种司法的根本不同之处。在旧制度下，"法国的高等法院为君主制的极端行为以及恶行，提供了某种虽然不是最好但也颇为可贵的纠正"。而在新司法制度下，这种可贵的纠错机制将不再存在，"当民主制成为一个国家的绝对权力，这种独立司法就有超过十倍的必要性。在那样的制度组织下，按照你们那种人为设计，选举的、临时的、本地的法官在一个狭小的社会范围内运用他们的独立性，必定成为所有法庭中最坏的那种"。为什么这么断言？伯克指出两方面原因，并用经验予以说明："要想让他们给予陌生人、可憎的有钱人、被逐出的少数派，以及选举中落选候选人的支持者等哪怕表面上的公平都是枉然。要想让这些新法官远离最恶劣的派系倾轧之风也是不可能的。根据经验我们知道，由投票的办法来防止任何倾向性的出现是徒劳和幼稚的。相反，这里恰恰是进行掩饰的最佳办法，制造猜忌的最好手段，也是产生不公平的祸根。"

弗朗索瓦·博勒的解释让我们更加明白伯克说"选举的、临时的、本地的法官"为什么不能维护公平："既然国家不说话，就必须有一个人替它说话。"博勒还指出，第三等级独霸社会代表以后，他们是用"排除法"来团结自己人的，"将三级会议凝固在一些价值周围，这些价值只视它排斥的东西取人。为了确保选拔'好人'，就得按照原则去查出坏人……贵族、领主税包税人以及打理旧制度残羹剩饭的人（都是坏人）"。

基于以上理由，伯克希望高等法院和整个法院系统能够在新政权下保留下来。"如果高等法院得以保留，而不是在这一场对国家毁灭性的改变中被解散，它们虽然不能完全像，但也与古希腊阿雷奥帕古斯法院和元老院服务效力于雅典一样，它们也许可以服务于新共和国，即可以制衡和纠正民主之轻率和不正义之恶。每个人都知道，这种法庭曾是这个国家最伟大的支柱。每个人都知道，它曾怎样地被用心呵护，以及它曾怎样地被宗教式地受到敬畏。"不过伯克也指出了高等法院存在的弊端以及这种弊端的严重程度，"我承认，高等法院也不能完全没有派系斗争。但是，这种弊端是外在的和偶然的，而不是像你们最近设计的六年一选举的司法系统那样，在其构成本身就那么邪恶"。

改革而不是废除，伯克为旧制度法院系统辩护道："有些英国人对废除旧的法院制度表示赞许，因为他们认为它通过贿赂和腐败来判决一切事务。但是它们经受住了君主制和共和制共同的审查检验。当它于 1771 年被解散时，审判庭很想证明这些机构的腐败。再次解散它的人如果可能的话还想做同样的事情（证明它腐败），但是两次调查都以失败告终。因此我推断，严重的金钱腐败在它们中间是极为罕见的。"伯克此处提到法国高等法院曾经两度被解散，一次是 1771 年，巴黎高等法院院长和大法官莫普试图让高等法院忠诚于国王，而法院不从，于是他解散了高等法院。1774 年 8 月路易十六恢复了高等法院。米涅（Par M.Mignet）认为，高等法院一直有"抑强扶弱的功能，它先后交替地帮助国王反对贵族，又帮助国民反对国王"。虽然伯克对高等法院赞赏有加，但在法国大革命期间，高等法院却是为革命推波助澜的一支重要力量，王权完全处于弱势一方。当然，高等法院能够保留肯定有利于权力制衡，当国民议会登上最高权力舞台的时候，如果高等法院保留着过去对法令的注册权和谏议权，无疑是对新崛起权力的制衡。

谈到法国大革命的实质，博勒认为，革命的爆发不是由于经济或社会的矛盾。革命的爆发有其政治上的根源：一些以"平等"和"人民"的名义行使主权的匿名集团，操纵社会并夺取政权。新社会有了新合法性——直接民主，机械地制造一系列篡权事件就是天经地义的了，这一切组成的革命权力，不具名、不稳定，而且由于它的意识形态本质，注定要定期清洗。民主制尤其是直接民主从来不稳定也容易引发暴政，所以民主制需要制衡机制。伯克说："如果高等法院能够像它们在过去君主制时代所做的那样，得以保留对国民议会所有法令的古老注册权，或哪怕至少保留抗辩权的话，本该可以更审慎稳妥一些的。它是使民主制度下临时法令符合若干普遍法理原则的一种手段。

古代民主制的弊端，也是其毁灭的原因之一，就是他们跟你们的做法一样，以临时性法令（psephismata，古希腊城邦公民大会投票表决后通过的法令）进行统治。这种做法很快就破坏了法律的进程和一致性，使人民失去对法律的尊重，并最终彻底摧毁了法律。"伯克的设想不能不说很理想，如果法国革命政权能保留高等法院，确保其在旧制度下的功能可以照常发挥，那势必对国民议会构成制衡，革命也不至于迅速滑向激进的轨道。然而，新的革命政权不可能像旧制度下的君主那样对待高等法院。不仅高等法院性命不保，整个王权、全部旧制度都是革命要消灭的目标。

大革命初期，关于国王是否被赋予对国民议会通过法令有否决权问题，引起了很大的争议。伯克指出："你们把君主制时代存在于巴黎高等法院的异议权（抗辩权、否决权）授予给首席执政官——尽管在通常意义上你们仍然称之为国王，是极为荒谬的。你们绝不应当使否决权因为它的执行人而受损。这说明你们既不理解议会也不理解（行政）执行，既不理解权威也不理解服从。你们称为国王的人，不应该被授予此项权力，要么就应当有更多的权力。"伯克的意思是否决权还保留在高等法院手里，而国王则拥有全部的行政权。古德温解释道，1789 年下半年，大革命在如火如荼进行中，当时居于少数地位的君主立宪派与多数派在"建立立法机构的第二院上议院"和"国王否决权"这两个有关宪法的问题上发生争议。然而，由于"一系列因素——向平民灌输'爱国者'的政治主张、粮食危机加剧和宫廷的针锋相对措施——共同作用……在经历革命爆发阶段的长时间暴乱以后，国民议会终于可以不受干扰地着手完成他们的立法和按照他们自己的设想制定宪法的任务了"。结果，上议院的提议没有通过，国王的否决权提议也没有通过，这就为此后暴政登场扫清了障碍。1789 年的现实情形是，传统上的高等法院对制定国家法令的制衡作用几乎不存在了，无论是国王制定，还是国民议会制定。此时，国民议会中主张君主立宪的少数派"英国派"试图通过授予国王否决权，以制衡国民议会咄咄逼人而任意性的立法，发挥本来具有实质性的制衡意义。伯克此处说授予国王否决权是错误的，伯克并不是因为反对权力制衡而反对授予国王否决权，而是因为伯克按照他心仪的英国君主立宪体制，认为立法机构掌握立法权，行政机构（国王作为最高行政长官）掌握执行权，而独立的司法机构掌握司法权，此外还存在一个参议院抵消可能过于激进的众议院的立法冲动，因此被授予否决权的应该是类似高等法院和参议院这样的机构，而不是国王。在当代民主政体中，行政最高领导人一般被赋予对立法机构通过的法案的否决权，除非是两院以某个绝对多数票通过的法案，否则总统无否决权。

1789年10月6日事件以后，国民议会实际上篡夺和控制了立法权、行政权、司法权。基佐指出"议行合一"导致暴政，三权合一更会是暴政中的暴政。伯克预见了革命政权设计的选任制法官构成的司法系统如何失去了作为制衡机制的功能，司法独立岌岌可危的不妙前景，并因此对革命进程感到十分担忧。伯克列出了新司法制度下四个表现。（1）你们目前的安排是符合严格司法性质的。但是，你们并没有像君主制下一样将你们的法官安排在独立审判席上，你们的目标是将他们降低到盲目服从的地位。（2）既然你们已经改变了所有事物，你们已经发明了新的秩序原则。你们指派给法官的首要任务，本来我认为是依法判决，然而你们却让他们知道，你们时不时地有意给他们一些法律让他们据以做出判决。（3）他们所做的任何研究，如果他们做过任何研究的话，都毫无用处。但为了继续这些研究，他们就要宣誓服从不时从国民议会那里收到的规则、命令和指示。（4）他们在行使他们的职权时，又有着夏特莱法庭（巴黎最重要的法庭之一，在攻占巴士底狱后，国民议会授权其审判王权主义者以叛国罪论处）的先例鼓励和引导着他们，这个法庭审判由国民议会送来的或其他控告途径送来的嫌犯。

当法官们按照上述描述的表现行事，伯克列出四大严重后果。（1）如果他们屈从于那些（规则、命令和指示），他们就铲除了法律的基础。他们（法官们）就完全成了统治者手中最危险的工具，统治者能够在诉讼中和判决前完全改变决策规则。（2）如果来自国民议会的命令与地方选任法官的人民意愿相违背时，必定发生令人不寒而栗的混乱。因为法官把自己的地位归功于地方权威，而他们宣誓要遵从的命令又来自与他们的任命无关的人。（3）他们还需要卫兵来保护自己的生命安全。他们不知道根据什么法律来审判，也不知道在何种权威下行事，还不知道自己的任期有多长，甚至他们有时候被迫冒着生命危险进行判决。（4）当他们宣判无罪后，他们看见那些完全免于刑事处罚而予以无罪释放的人，被吊死在法院的大门上。

国民议会的"司法制度创新"破坏了司法自主和司法独立。伯克总结道："国民议会的确允诺他们将制定一套法律体系，这套法律体系更简短、简洁、清晰，即根据他们简短的法律，他们将留给法官许多自由裁量权（discretion of the judge）。同时，他们却摧毁了可使司法自主权（充其量也不过是件危险的事情）配得上一个健全自主权称号的所有学术权威。"此处伯克的补充说明"充其量也不过是件危险的事情"，并不是说法官根据自己的专业和理性判断自由裁量是件危险的事情，而是说在国民议会控制下的法官自由裁量很可能是件危险的事情。为什么国民议会如此可怕，这不是国民议会议员的个人原因，而是正如弗朗索瓦·傅勒指出的，平等、纯粹民主、直接民主、人民主权这些理想很丰满，但现实很骨感，"纯粹的、无职权或权力授予的、始终接受公民直接控制的民主……这是一种天天靠集体赞同进行神秘推动的制度"。因此出自国民议会的决定具有很大的不确定性，错误也不能得到纠正，因为按照革命教义：人民永远正确。

伯克进一步解读新宪法："司法权的最高部分不属于国王；国王不是司法的源泉；法官——无论是初级法院的还是高等法院的——都不由他任命；他不能提出候选人，也对候选人没有否决权；他甚至不是公诉人，他只是作为公诉人来认证若干地区对于法官的选择。"在新宪法规划中，旧制度时期各种专门法庭被废除，代之以一套新的法院系统。在解读伯克对大革命司法制度的观点之前，我们看索布尔对新司法系统所做的一个鸟瞰式描述：新的司法制度设计也深受人民主权原则的影响，法官由选举产生，建立陪审员制度，禁止司法官职买卖；民事方面，设立乡调解法官（有 50 锂以下案件终审权），调解法官由初级议会从积极公民中选举产生，调解法官之上为县法庭（有 100 锂以下案件终审权），由县选举大会选出 5 名法官与国王任命的检察官组成；刑事方面，设立市镇—乡—省刑事法庭；旧制度下的最高法院撤销了，全国最高级司法组织是"大理院"和"全国高等法院"。

伯克指出，在新司法系统中国王大权旁落，国王"被剥夺了一切可尊敬的东西和那个职位上一切可慰藉的东西，没有发起任何审判的权力，没有悬置（暂缓）权、减刑权和赦免权"。伯克感叹到，如果让国王与司法、行政毫无关系的话，对这位不幸的君主而言倒是好上1000 倍，因为，这样的话他可以免受这种羞辱。新司法系统一方面要打着国王的旗号行事，因为当时这样做更具有合法性，另一方面又完全剥夺了国王的权力和尊严。这种羞辱的安排，在伯克看来，绝非革命派无意之举，而是精心安排的结果："他们决心把这位最近还是他们国王的人放在仅仅比刽子手高一级的地位上，而且差不多是同样性质的职位上，国民议会如此煞费苦心地抹掉某些职位的污点，并非是一无所图。像法国国王被安排在现在的位置上，使他无法尊重自己，也无法得到别人的尊重，这并不是自然的事情。"

国民议会成立以后篡夺了法国最高权力，法国不再是国王的法国，而是国民议会的法国，国王变成了一名公务员。"他依国民议会的指令行事。执行法律是一位君主的职责，而执行命令就不是一个国王了。"法律上，国王仍然是最高行政长官。行政职能是一个国家权力中最繁忙、有着强烈担当和责任的职能，它绝不是一项消极等待着执行命令的职能。伯克指出，行政部门最高长官，"也是一项重大的托付（great trust），他非常有赖于主持他的人和所有他的下属的忠诚而勤勉的绩效。履行这一职能的手段应该由法令赋予，并且对他的意向应该由伴随这一托付的环境所鼓舞。他应该与尊严、权威和深思熟虑相伴随，并且应该导向光荣。行政职务是一种费力的职务。并不是由于无能为力，我们才期待着由权力来工作"。 从制度演化的视角，在新旧制度转换之际，伯克为王权辩护是审慎而明智的。

国民议会给国王的职权处于一个很尴尬的位置，既要以国王的名义行事，又不赋予其相应的权力和资源，伯克为国王叫屈："一个国王要指挥行政机构而又没有任何办法来酬报他……没有一份长久的职务，没有一笔土地的赏赐，没有一笔 50 镑的年俸，没有一个最空洞和最卑微的头衔。在法国，国王不再是荣誉的源泉，正如他不再是司法的源泉一样。所有的报偿、所有的奖赏都掌握在别人手里。"路易·马德林注意到，当时支持革命的两个重要人物的立场也转向了尽量去除王权的影响，拉法耶特将军（时任国民自卫军司令）说，各省行政长官虽然是奉君主的命令，但是他们是被国民议会选举的，可以不尊重君主命令。议员米拉波认为，议会并未创制什么行政职权，因为既无办事人又无机构，如何能行使职权？在这样的制度安排设计下，激励下属做事的力量是恐惧而不是责任和使命。伯克说："那些对国王效劳的人们不是被天然的动力而是被恐惧所驱使的，是被一种对于除了他们的主人以外的一切事物的恐惧所驱使的。"不讨好的、得罪人的事都让国王来做，国民议会并不担责，"他行使对内强制职能和在司法部门所行使的职能都同样可憎"，伯克列举了以下几种情形：（1）如果要给予任何自治市以救济，那要由国民议会来给予；（2）如果要派部队去使之服从国民议会，那要由国王来执行这一命令；（3）他在每一种场合都溅上了他的人民的血；（4）他没有否决权，然而他的名义和权威却被用来增强每一项粗暴法令；（5）不仅如此，他还必须赞同屠杀那些试图把他从监禁中解救出来的或者对他个人或他那古老权威表示最轻微依恋的人。特别是第（5）条，国王因为生于王室——仅仅因为生于王室即为"有罪"，何况还是一位力图改革、尽量理解正在发生的革命的国王被认定为有罪！甚至还要被迫赞同屠杀那些同情自己或解救自己的人——甚至包括那些对国王和王室的权威表达轻微依恋的人，革命派这样的做法已经越过了人伦道德底线！走到这一步，我们突然感觉到，革命开始露出它那凶恶的面目。

在一个治理良好的国家里，伯克一贯主张从政乃是承担一种受托责任。这是伯克著名的"政治人物责任受托观"。"行政官职的组成人员应该倾心爱戴和尊重他们必须服从的人——行政权最高长官的国王。一种蓄意的忽视，或者更坏的——一种字面上的但却是颠倒而恶意的服从，必定毁灭最有智慧的建议。法律企图预见和追踪这种精心的忽视和狡猾的用心都是枉然。"这种情形，正是法国大革命初期在国民议会主导下形成的行政权安排的基本特征，其中，国王受到精心设计地忽视、贬低甚至羞辱。然而，"要使人们热情行动起来，并不是法律所能胜任的。国王们，即使是那些真正的国王们，可以而且也应该忽视臣民们的那些对国王们来说令人讨厌的自由。他们也可以在不贬损自己的情况下容忍一些人的权威，只要它能促进他们的服务"。伯克的意思是，真正的国王们，例如当时君主立宪体制成功的英国的情形，从君主专制体制转型为君主立宪政体后，人民获得的自由当然会得到更大的保障，而这对转型而来的君主立宪政体来说，对最高行政代表国王来说，被视为一个麻烦但仍然是可以忍受的"麻烦"。同时，转型而来的君主立宪政体也要服从新崛起的权力，那就是议会权力。在人民主权大潮汹涌而至的情况下，必须有一个落实这一原则的议会。在君主立宪政体下，议会权力与君主权力相互制衡，相互补充，并不是相互贬损，此二者权力共存共荣。伯克用三个历史上的例子，说明君主与其他权势如何共存共荣，实现国家的良好治理。例一，路易十三痛恨黎塞留主教，但他对于那位大臣反对其敌手的支持，却是他的统治权全部光荣的来源和王位本身的坚实基础。黎塞留是路易十三时期的十分有能力的首相，对内镇压宗教叛乱和农民叛乱；对外战争和婚姻外交齐下，奠定了法国在欧洲的大国地位。这位能干的首相有一句名言：我一生有两个目的，第一，使国王崇高；第二，使王国伟大。虽然黎塞留一定程度上架空了国王，但这位首相并无篡权野心，真心诚意维护国王权威，使法兰西王国伟大，因此深得路易十三的信任。例二，路易十四当时并不喜欢儒勒·马萨林（Jules Mazarin）主教，但为了他本人的利益却继续让马萨林当权。老年时他厌恶卢伏瓦，但在许多年内当卢伏瓦忠实地效劳于他的伟业时，他容忍了这个人。马萨林是路易十四时期的首相兼枢机主教，黎塞留的继任者，也延续了黎塞留的政策。卢伏瓦是路易十四的陆军大臣，对当时法国的外交政策有重大影响。例三，乔治三世与老皮特（William Pitt, the Elder）首相。乔治三世并不喜欢老皮特，老皮特进入御前会议，乔治三世并没有做玷污一个明智君主的任何事情。老威廉·皮特是乔治三世时期首相（其子小威廉·皮特是伯克写《法国革命论》时期的英国首相），个性极强，是七年战争的实际领导人，为英国的崛起和海外扩张立下了汗马功劳。

图 19-2 （从左至右）法国路易十四国王、英国乔治三世国王

图 19-3 （从左至右）路易十三时期法国首相黎塞留，路易十四时期法国首相、枢机主教儒勒·马萨林，乔治三世时期首相老威廉·皮特、乔治三世时期首相小威廉·皮特

　　伯克举的以上三个例子，都说明"这些是因事务而不是因亲幸而选出的大臣们，是以国王的名义并受了国王的委托而行事"。从 1789年 7 月，革命走向暴力以后，尤其是当年的十月事件中，国王、王后和整个王室被迫从凡尔赛宫回到巴黎市区，国王肯定感受到了危险和恐惧。伯克不无同情地指出，"我想，任何国王当他从最初的恐怖之中恢复过来时，都不可能热诚地把愉快和活力注入对他本人最不怀好意的那些人所制定的措施中的"。

　　伯克从根本上否认这场革命是一场有意义的创新，这场革命建立的新行政体制与人性相悖。这场革命带来的不是福音，而是灾难，"如果你们期待在你们其他的创新和改造中有着服从的话，你们就应该在自然界制造一场革命，并为人心提供一种新的组成。否则你们的至高无上的政府就不会和它的执行体系相和谐"。我们知道人心不可更改，革命的创新如果要行得通的话，除非改变人类心智，改造人性。的确，随着大革命进程的推进，革命领导人开始公然企图改变人性，用"新人"适应"新社会"。恐怖统治领导人罗伯斯庇尔宣称："政府的基本原则以及支持和推动政府的主要动力是美德。"在罗伯斯庇尔的政治语言中，"共和、美德、暴力"构成一个三角关系。医治社会弊端的手段是美德，建设共和国的手段是美德，为此不惜用恐怖手段推行美德，改造新人。"很多事情我们是不能用简单的名称或抽象的说辞来解决的。你们可能把我们有足够理由害怕和憎恨的半打领袖个人（这里伯克是指英国的克伦威尔之类的人）称作国家。这除了让我们对他们更加害怕和厌恶之外，再没有什么意义。如果以这样的手段制造一场如此的革命，正如你们制造了你们的革命那样，被认为是合理的应急举措，那么完成 10 月 5 日和 6 日事件（巴黎群众押送国王和王室从凡尔赛宫回到巴黎市区）就是更明智的了。那个时刻，国王将会将他的地位归功于他的创造者兼主宰者了（革命推翻君主政体意味着国王的脱胎换骨、重新做人，从"君权神授"到"君权人授"，因此伯克用"创造者兼主宰者"讽刺革命政府"恩赐"给国王一个行政长官的公务员职位）。而且他因受制于利益、犯罪社团（如果在这些犯罪中还有什么美德的话），还要感激那些将他提升到一个坐拥巨额财富、纵情于感官享受地位（当时国民议会承诺给国王每年 2400 万锂、王后 800 万锂的支出预算）的人们。那些人还可能让他拥有更多享受，因为他们已经造就了一个屈服的对手，因此没必要再对这个被夸大的对手进行什么限制了。"通过伯克这一段带有讽刺、愤懑和谴责的描述，我们看到革命派对国王地精心控制、羞辱和打压，国王最终被送上了断头台。

1789 年夏季以后，革命已经像脱缰的野马一路狂奔。根据阿克顿的记述，莫里斯之前的美国驻法大使托马斯·杰斐逊（Thomas Jefferson，美国开国之父之一，美国第三任总统）正确评论道："在那个夏季，法国人所有应该得到的东西都已经得到了。"如果革命到此刹车，也许恰到好处。后来 10 月 6 日事件标志着革命正式开始走向恶化。

五、被夺权而处境艰难的国王

国王的处境极为艰难："在目前状况下，国王如果不是完全被吓傻，以至于认为吃和睡不是生活的必需，而是生活的额外恩赐和特权，并且毫不顾及其荣耀的话，那么他根本就不能胜任这一职位了。如果他像常人那样感受，他必定能感受到，在这种情况下他从这个职位上能获得任何名声和荣誉。没有巨大的兴趣促使他行动。至多，他的行为只是消极防卫。对于下层人民，这样一个职位是一种荣耀。但是，被提升到这种职位还是被贬谪到这种职位，是全然不同的两码事，也会引起不同的情感。"

国王是真正在任命大臣吗？在所有别的国家中，国务大臣职位都享有最高的尊严，但在法国却充满风险、毫无光荣可言。尽管这个职位形同鸡肋，然而只要这个世界上还存在些许野心和对微薄薪水的渴望，就会激发目光短浅的贪婪，就会有竞争对手存在。这些竞争者们就能用你们的新宪法来攻击大臣的要害之处，而大臣们除了有罪犯般的落魄状以外，没有任何其他办法反击他们的指控。法国的国务大臣们是这个国家里仅有的不能参加国务会议（由于是国民议会主持和控制）的人。伯克愤怒指出："能将战争指挥权托付给一个厌恶战争原则的人吗？他为战争胜利采取的每一步，都强化了压迫他的人的权力。外国会认真对待并无媾和与宣战大权的人吗？当然不会。国王和他的大臣们，甚至可能受国王影响的人，都没有一票的权力。一个对君主充满鄙视的国家就不是这个君主的国家了，最好立刻废了他。"这里需要略作说明的是，1789 年成立的国民议会和随后的制宪议会本是立法机构，它敌视王权、敌视既存的行政部门，因此它实际上是篡夺了行政大权。革命政权刚诞生需要借助于国王的合法性，因此保留国王，但又不赋予国王起码的权力，实际的权力配置格局是革命政权几乎全面接管了王权。受形势的主宰，这一切竟然被国王和大臣们接受了。国民议会颁布法令，剥夺了国王对一切行政职位的任免权，而地方行政长官由选举产生，因此实际上也剥夺了国王对地方行政长官的任免权。作为行政部门最高长官的国王并没有被赋予组阁权和任免权。古德温认为，国民议会和后来的制宪议会（以及再往后的立法议会）被赋予独立地位，"实际上垄断了政治权力，由于取消了必要授权，议员可以不受选民控制和监督。每年召开会议，会议和议事程序不受约束，不得解散，有权提出立法并有权发表声明而不受国王暂停实施法令的否决权限制，这使得立法机构享有空前的独立地位而不受行政机构的干涉。议会有权充分控制财政，每年对军事开支进行检查，有权设立或撤销一切国家机构，有权强迫大臣履行法律义务并密切监督外交政策。此外，革命政权把行政管理责任极大分散给广大由选举产生的地方当局"。如此颠覆性的"改革"，实际上完成了对法国君主体制的颠覆和对国王的全面篡权。

关于目前的混乱是否是紧急状态下的权宜之举，伯克不这样认为。关于王太子的对待和处置，伯克表达了强烈不满和愤怒：一个人仅仅因为出生于王室就有罪吗？就必须死于童年吗？"有人会说，司法和行政部门的这些荒唐之举仅仅会持续这一代；国王已经被引导宣布王太子将会受到与其身份地位相符的教育，但是如果真符合其地位，他根本不需要任何教育了。他接受的训练必定比任何专制君主制下的训练更糟。如果他读书，无论读与不读，一些心怀善良或者邪恶的天才会告诉他，他的祖辈是国王。自此以后他的目标必定是肯定自己的身份并为父母报仇雪恨。你们也许会说这不是他的责任，话或许如此说，但这是人的天性使然。"从对有关王太子的只言片语的叙述中，可见伯克对国王一家的遭遇极富同情心。《法国革命论》成书时国王和王后都还健在，从此后事态的发展看，伯克当时的担忧是极富预见性的。

至此，革命没有产生任何强有力维持社会秩序的政府，这为后来的雅各宾暴政填补权力真空埋下了伏笔，"在这个徒劳的政体设计中，这个国家已经在内部给自己埋下了软弱无力、混乱、相互敌对、低效无能和衰败的根源，已经为自己最终毁灭备齐了所有手段。总之，从这个行政力量——我不能称之为行政权威中，我看不到哪怕是表面上的活力；或者说能与其最高权力有丝毫一致的相称和友好关系，在现存的政府中没有，在将来的政府中也没有"。这里又呈现了伯克惊人的预言——革命政权最终将自己毁灭自己。革命会吞噬自己的儿女，这几乎是大规模暴力革命的魔咒。

六、混乱的立法—行政分权设计

伯克指出法国革命政府混乱的立法—行政分权设计，"由于扭曲的经济和同样扭曲的政策，你们已经建立了两套政府机构：一套是真实的，一套是虚拟的。维持二者都代价不菲，但是，我认为虚拟的那套代价最大。像后者这种机器，连它轮子上的润滑油的价钱都不值。花费高得惊人，无论是表面还是实际用处，都不值其要价的十分之一。这样说对立法者的才能有失公允，不过也没必要公允"。所谓"真实"的行政系统和"虚拟"的行政系统，前者是指旧制度下国王领导的行政系统，后者是指国民议会成立以后在立法机构下面建立的新的行政系统。一般而言，立法机构是代议机构，不染指行政职能，但是革命政权出于激进理念和对王权的敌视，僭越了正常的立法机构和行政机构分权。从后文的批评态度来看，伯克提到的虚拟行政机构，花费不菲，正是立法机构下设立的具有影子内阁性质的几个委员会。"他们对行政执行力量的设计不是出自他们自己的选择。戏还必须要演下去，因为人民不会同意和它分手。对，我理解你们。尽管你们有让天地为之折腰的宏大理论，你们实际知道如何使自己顺从事物的本性和环境"。

在 1789 年 8 月 26 日国民议会颁布《人权与公民权宣言》至 1791 年宪法正式颁布期间，展开了著名的宪法大辩论。温和派希望建立一种英国式或美国式的两院制以及分权制衡的自由政体，议会通过的法案需要国王批准才能生效；而革命派则不愿意采取英美模式，他们拒绝约束人民，人民的主权不能让渡，他们要求某种无限接近直接民主的代议制，他们希望设计一种保证国民意志通过其代理人始终主宰一切的体制（这充分体现了卢梭的思想）。最终达成的方案（体现为1791年宪法）中，立法结构和行政机构之间并不存在真正的分权，因为国王面对国民议会没有任何制约的权力，国王没有立法提案权，没有解散议会权，没有否决权，无法依靠司法和联邦因素等制约立法权。

革命一开始，国民议会就越来越对局势失去控制，一方面砸碎旧制度，这就要讨好人民以获得合法性；另一方面要维持国家基本秩序，需要借助于国王的合法性和旧制度下的行政部门尽可能正常运转。说新行政体制不是国民议会自己选择的结果，意思是抱着宏大理论的激进领导人和巴黎革命群众施压国民议会起了很大作用。明知直接民主不可能适合如此大规模的国家，明知新设计激进有余、审慎不足，但为了自身的合法性以及压倒国王的力量，国民议会半推半就也得把戏演下去。事实上，随着革命愈发激进化，好几位国民议会的领导人和议员在后来的恐怖统治时期也丢掉了性命。伯克讽刺道："既然你们已经被迫顺从这种环境走得很远，何不让这种顺从走得更远，使这种顺从作为一个合适的工具，以用来实现它的目的。这是在你们的力量（power）范围之内的。"这是伯克的辛辣讽刺，既然你们顺从所谓民意和人民主权，那你们可以走得更远，到达更纯粹民主。

国王内心里肯定不愿意对法国周边君主国宣战，革命政府授予国王对外宣战权简直就是羞辱，又是精心设计的计谋。伯克说："例如给你们的国王保留外交中的宣战和媾和之权，就在你们的权力之内。把所有特权中最危险的那种保留给行政官？我知道没有什么比这更危险的权力了，也没有比他更能担当此项重托的人了。我不是说这项特权应该托付给你们的国王，除非再授予你们的国王目前所没有的、用以支撑这项权力的辅助性权力，否则就不应该授予国王这项危险的权力。不过，就算他的确拥有了辅助性权力，无疑还是很危险的，但是这种宪法安排的好处足以弥补由此带来的风险。"要理解法国大革命，必须置于欧洲的范围内考虑才能真正理解其中的内在因果逻辑。革命的激进化有旧制度的溃败、革命领袖的理念激进化和民情的原因（内忧），也有法国一直以来与欧洲其他各王国的战争的原因（外患），以及法国大革命思想输出对其他君主政权构成威胁，导致各君主政权联合起来对付法国的原因。在内忧加外患的情势下，加速了法国大革命激进化并使其迅速走向恐怖统治。

法国大革命颠覆法国君主政权，而新政权很快显示出输出革命、"解放欧洲"的野心，这势必引起欧洲君主政权的警惕，反法同盟很快形成。此时法国内忧外患，稳定国内秩序和抵御外敌的双重任务使法国革命复杂化了。此时此刻，革命政权诉诸反革命—革命者、爱国者—叛国者的粗暴二分法来识别人，革命滑向民粹、暴力和恐怖。在此情势下，受害最深的莫过于国王、王后和王室成员。

在法国大革命前，法国与英国及欧洲各国经常发生战争，法国革命进程使法国在欧洲的外交和国际关系愈发复杂，伯克指出这一点并庆幸英国尚未受到实质性影响，"没有别的办法可以防止一些欧洲君主政权与你们国民议会成员公然或私下勾结，干涉你们的重大事务，在你们国家的心脏地带煽动派系倾轧——其中最有危害的一种——由国外势力操纵并代表他们利益的派系倾轧。感谢上帝，我们国家（英国）目前还没有这种最可怕的邪恶。如果你们能有什么计策的话，就一定要积极找到方法对这种危险的权力托付予以间接的纠正和控制"。英国光荣革命则相对单一得多，主要处理议会权力和君主（行政）权力的平衡问题，其间没有外国势力干涉。不过，法国大革命必然会引来外国势力干涉，因为革命教义的输出必然损害周边其他国家的安全和稳定。

革命政权一开始说不输出革命，但很快他们就食言了，刚站稳脚跟的革命政权开始对整个欧洲野心勃勃。伯克不无遗憾地指出："如果你们不喜欢我们英格兰已经选择的道路，那么你们的领袖们可以竭尽所能去设计出更好的。如果有必要举例说明你们这样一个行政当局在管理重大事务中的后果，我愿意给你们指出最近德·蒙莫兰（de Montmorin）先生给国民议会作的报告，以及关于大不列颠和西班牙领土争议方面的作为。"伯克提到的德·蒙莫兰是路易十六时期外交和海军大臣，是财政总监内克尔的忠实拥护者。德·蒙莫兰伯爵是路易十六作为法国皇太子时的王室侍从，1787 年由国王任命他接替韦尔热讷伯爵任外交大臣。作为内克尔忠实的拥护者，德·蒙莫兰曾以其影响力在法庭上为他辩护。德·蒙莫兰担任外交部长时，实力派人物米拉波出任实职。1791 年 4 月米拉波去世对德·蒙莫兰来说是一个严重的打击。王室逃到瓦雷纳（Varennes）后（此事件极大改变了法国大革命进程，为革命滑向激进和恐怖留下了"合情合理"的理由），情势发展极大增加了德·蒙莫兰外长的困难而使他被迫辞职，德·蒙莫兰最后死于 1792 年恐怖时期大屠杀。

总体上看，伯克对内克尔和德·蒙莫兰持尊重和赞赏态度。1790 年英国与西班牙都在北美拥有殖民地，西班牙军队在温哥华岛西岸的努特卡湾扣留了英国船只，由此引发外交危机。当时西班牙和法国同属波旁王室，为同盟关系，与此同时法国支持美国独立。当英国与西班牙发生争端时，法国怎么办？既不支持英国也不支持西班牙。这件事促使法国国民议会 1789 年 5 月宣称法国拒绝参加任何领土征服战争，也绝不会动用武力危害其他国家人民。不过很快革命政权就放弃了这条原则，显示其"输出革命"的意图和好战本性，大革命不仅要解放法国人民，还要解放欧洲和全世界人民。最后英国和西班牙两国和解，签署《努特卡海峡公约》，结束了西班牙的排他性主张，将西北海岸开放给其他国家的探险家和贸易商，包括英国和俄国以及刚独立不久的美国。伯克在法国大革命这件事情上主张英国联合欧洲诸国，支持对旨在革命输出的法国实行封锁政策，所以在外交和军事上，伯克同样希望遏制法国的扩张野心。从《法国革命论》有关内容看，伯克力主由英国牵头联合反法联盟各国出兵巴黎，摧毁篡权的革命政权。

德·蒙莫兰在政府 1789 年 7 月 12 日被解散后退休，但在攻占巴士底狱后又恢复了职务，直到 1791 年 10 月。伯克说："我听说那些被称为大臣的人们要辞去他们职务，使我吃惊的是他们居然到现在才打算辞职。就是把全宇宙给我，我也无法忍受他们在最近 12 个月里的所做所为。我理所当然地认为，他们对革命有着良好的愿望。无论怎样，他们不再有之前的显赫地位，尽管那只是一种屈辱的显赫地位，却能首先集体地看到和在每人自己的部门感受到，那场革命产生的种种罪恶。"伯克其实是对君主立宪派没有勇敢地站出来反抗篡权的革命派行动感到遗憾。在国民议会篡权以后，以国王为名义上最高行政首脑领导下的大臣们处于十分尴尬的地位，伯克说："在他们所采取的或避免采取的每一个步骤中，都必定能感受到自己国家的堕落局势，以及他们的无能为力，他们处于一种附庸的奴役地位，这在他们之前是前所未有的。他们得不到君主的信任——大臣们是被强加给君主的；也得不到国民议会的信任——国民议会是把自身强加给大臣们的，他们职位的所有崇高功能都被国民议会各个委员会行使了，丝毫不顾及他们个人或官方职位的任何权威。他们没有权力，却还要执行；他们没有自由裁量权，却还要负责任；他们没有选择权，却还要仔细考虑。他们需要效命于两个统治者，但对其中的任何一个，他们都没有任何影响力，在这种令人困惑的处境下，无论他们本意为何，他们必须如此行事——时而背叛国王，时而背叛议会，无论如何总是背叛他们自己。这就是他们的处境，也将是他们的后继者的处境。"

伯克生动准确地描绘了立法机构篡权以后，又在立法权和行政权的划分上胡来而导致的混乱局面，国王和行政部门的大臣们身在其中、无所适从，一个事实上的无政府状态来临了。无政府状态的无序局面又为此后革命走向激进化和恐怖统治埋下了伏笔。

最后，伯克提及他敬重的行政部门财政总监内克尔先生。关于内克尔的政治理念和应对风雨欲来的大革命风暴时的具体建议，我们看看他的女儿斯塔尔夫人记述的内克尔于三级会议期间第三等级尚未宣布组建国民议会与国王分庭抗礼之时的话："若军队离心离德之事天下皆知，又如何约束乱臣？陛下，眼下当务之急是顺应法国人民的合理心愿，故恳请陛下采用英国宪章（英国宪章的基本精神是国王与议会分权以及两院制议会）。以法治国不会给您带来任何拘束，若陛下顾虑重重，引发的问题则甚于法律加诸的限制。"提及财政总监内克尔，伯克以无限惋惜之情说："我一向深为敬重并希望他一切安好。我感激他的关照。我以为当他的敌人把他从凡尔赛驱逐出去时，他的被逐是最值得庆贺的一件事。他现在坐在法国财政和君主制的废墟之上。"伯克与内克尔在政体问题上的看法完全一致：凌驾于一切权力之上的一院制议会行不通，法国应该建立类似英国的君主立宪政体。

15世纪英国的王权、贵族和平民三大社会力量轮番相互影响，代议制取得了进步。基佐说："正是借助于大贵族，下议院才赢得了自己的自由。王权虽然很强大，但它有时不得不借助于贵族，有时借助于平民。从这三种重大社会力量的一致性上，在他们的联盟和变迁中，代议制政府实现了进步。只有在任何合法权力都不可能强大到篡夺绝对权力的地方，自由才能建立起来。"法国大革命错过建立各方力量平衡的时机，以第三等级为核心的国民议会篡夺了其他两大社会力量的权力，因此，法国离失去自由的日子不远了。

第 20 章

新共和国的黏合剂（3）：军队

1789 年 7 月 14 日夜，凡尔赛宫。路易十六国王："这是一场叛乱吗？"（负责管理国王服装的）拉罗什富科－利昂库尔公爵（Due de La Rochefoucauld-Liancourt）回答："不，陛下，这是一场革命。"

——米涅

钱与剑不能落入同一双手（无论是行政部门还是立法部门）。

——乔治·梅森，转引自塞缪尔·亨廷顿（Samuel P. Huntington）

在一个自由主义社会中，军队的权力是对其职业主义的最大威胁。但是，只要美国军事安全仍受到威胁，这种权力就不可能明显削弱。军事安全的必要条件就是，美国的基本价值从自由主义转向保守主义。只有在这个具有同情理解的保守主义环境中，才能允许美国军方领导人将社会托付给他们的政治权力和社会生存不可或缺的军事职业主义结合在一切。……自由主义哲学无法作为思考战争、和平和国际事务的有效工具。……自由主义并未赋予自由主义国家以安全的功能。

——塞缪尔·亨廷顿

因为军队显然已经瓦解，数千军官已经逃离军营，加入流亡者行列。……欧洲可以超然地注视法国事态发展的日子已经结束了。革命者开始逐步以向邻国输出困难的方式来解决难题。

——威廉·多伊尔

我细心阅读过 1789 年三级会议召开前三个等级起草的陈情书。……当我把所有这些个别的要求汇集到一起时，我惊恐地发现，人们所要求的乃是同时而系统地废除所有现行法律和惯例；我立即看到，这是有史以来一场规模最大最危险的革命。那些明天将成为牺牲品的人们对此全然不知。他们认为，借助理性，光靠理性的效力，就可以毫无震动地对如此复杂、如此陈旧的社会进行一场全面而突然的改革。这些可怜虫！他们竟然忘掉了他们的先辈四百年前表达的那句格言：谁要求过大的独立自由，谁就是在寻求过大的奴役。

——托克维尔

塞缪尔·亨廷顿认为，近现代以来，一个国家的军政关系问题主要包括三点：第一，一个国家需要维持一支职业化常备军；第二，保证文官系统对军队的有效控制，体现在军官应该接受人事任免、财政预算、军纪国法审查等方面的文官控制，接受文官在合法性、道德、政治智慧、治国能力上高于自己；第三，服从是军人的最高德性，军队里一切军人必须服从文官的权威。如果一个国家因为种种原因，导致以上三点处理得不好，那么整个国家就可能陷入混乱无序、政局动荡、军人专制等可怕状态。

伯克在书的收尾部分谈到了军队、军政关系、军人的天职等问题，为保守主义思想在这个相对冷门的领域作出了贡献。

就像前述讨论过的新政权在立法权、行政权、司法权规划上令人失望的表现一样，伯克对革命政权在军队事务上的表现也评价不高。然而，军队的事情却非常重要，处理得好不好直接关系到国家的安宁和秩序。"对这部分做出好的安排更难，必须有最高超的技巧和最高度的关注，不仅仅因为它本身就事关重大，更是由于它是你们称之为法兰西民族的新共和国实体第三项黏合原则"。

大革命之前法国君主政权有一支王室军队（国家军队），主要职能是保护王权、抵御外敌以及开拓殖民地，这是一支"职业化常备军"、正规军，在王权文职官员系统控制之下。大革命时期，国民议会主导下又成立了一支"国民自卫军"，这是一支具有民兵性质的非正规军，但随着国民议会对君主政权的全面篡夺而获得合法性，国民自卫军的地位和作用愈发凸显。相反，处在时代大动荡时期，国王的军队面临忠诚国王还是忠诚新政权的选择，国王的正规军有的哗变，有的受到革命宣传和公众舆论的影响而军纪涣散，地位和作用每况愈下，以至于在君主政权和王室的生命安全受到威胁的时刻，正规军已经无法提供保护。伯克下面描述的是法国大革命刚爆发时的军队情形："你们已经投票赞成有一支强大的军队，并且给予好的职位。但它的纪律原则是什么，它需要服从谁，就不清楚了。你们现在已经骑虎难下了，我衷心祝愿你们能够愉快享受你们为自己选择的位置，置身在这个位置上，可以好好琢磨一下跟军队有关的事情和其他任何事情。"伯克直击要害——军队核心问题之一是军队是否受到文官控制，即服从谁；第二是纪律问题，军纪是否严明，无论在平时还是在国家危机时刻这都不是小事，在国家危机时刻则可能事关国家命运。

一、军纪涣散、军队失控与军事民主制

伯克写作《法国革命论》的时候，法国大革命刚刚开始一年多，新政权各种制度设计还未完全展开，有关军队的规划，例如军政关系的处理问题并未尘埃落定，因此伯克以军事部门的报告和陈述来作判断。"军事部门国务大臣兼秘书杜潘先生，这个绅士与他在政府中的同僚一样，是革命的最热忱支持者，也是那场事件中（此处应指革命群众 1789 年 7 月 14 日攻打巴士底狱）诞生的新宪法的热诚崇拜者。"此

人在国民议会的军事委员会担任负责人。此人的倾向应不属于雅各宾那种激进革命派，大致属于中间温和派；他支持革命，但认为社会秩序不容打乱；他支持革命，也支持国王，因此应该属于君主立宪派，与拉法耶特将军的追求接近；他支持革命，但绝对反对军事叛乱，绝对反对军纪涣散。此人是老臣，又在新政权中任职。虽然，伯克对这个人的价值取向不抱好感，但伯克认为，从杜潘的任职、资历、威望等来看，从他的陈述来判断革命政权的军队制度是比较可信的。此人后来在雅各宾恐怖统治时期死于断头台。伯克认为他的陈述具有可信度，"他有关法国军队的陈述是重要的，不仅仅因为他的官方和个人权威，而且还在于他非常清晰地展现了法国军队的实际情况，以及表明了国民议会在管理这一至关重要的对象时所遵循的原则"。

杜潘先生在1790年6月4日在国民议会就他负责的那个部门作了一个报告。没有谁能比他更了解实情了，也没有谁能比他表达得更好。伯克大段引述了杜潘的报告。杜潘说："国王陛下今天派我来，向你们报告那种复杂混乱状况，国王每天都收到极其令人不安的消息。军队正陷入极度暴乱的无政府状态的危险中。军队内整团整团地敢于当即冒犯他们曾经敬畏的庄严宣誓过的本应当受到尊重的法律、国王，以及由你们的信条建立的秩序。我的职责所在，促使我向诸位通报这些过分之举，当我想到犯下这些罪行的人时，我的心在流血。对这些人给予令人痛心的控告不在我的职责权限之内。这些人至今还是充满荣誉和忠诚且五十年来我作为同志和朋友与他们一起生活的军人的一部分。"作为军中老臣，杜潘为军队的纪律涣散和犯罪行为感到痛心，又透露出对如此发展下去的不详前景的担忧。人民主权原则开始向军队渗透，表现为"军事民主制"这种怪胎。

杜潘又说："是什么神经错乱和妄想症导致他们误入歧途？虽然你

们孜孜不倦地致力于整个统一帝国的建立，将其锻造成一个连贯一致的整体，虽然法国被你们教导，法律要尊重人权，公民要遵守法律，但目前军队的管理呈现的却只有骚动和混乱。我在不止一个军团看到纪律松弛败坏；公然直接地提出闻所未闻的、狂妄的要求；各种条令失去了效力；长官失去了权威；军队保险箱和军旗也被拿走了；国王本人的权威也受到公然的挑衅；军官们被鄙视、侮辱、威胁和驱逐，受到侮辱的军官中一些人还成为起义部队里的囚犯，在遭人唾弃的屈辱和深渊中过着朝不保夕的日子。为了使所有这些恐怖手段更加丰满，有些地方的指挥官竟然在自己部队的士兵们众目睽睽之下被士兵割喉。"据历史学家们的记载，大革命在轰轰烈烈推进，人民主权、公民至上、以诋毁国王和王权为荣的大众舆论渗透到社会方方面面，也渗透到了军队，各地兵变不断。

伯克继续引用杜潘的描述："这些罪孽是深重的，但却还不是这类军事叛乱所产生的最坏后果。迟早，他们会祸及国家自身。事物的本性要求，军队只能作为一个工具而行动。一旦它把自己打造成一个审议机构，它将根据它自己的决定而行动。政府，不管哪种政府，就马上蜕变为一种军事民主制——一种总是以吞噬其创造者而告终的政治怪物。"借助杜潘之口，伯克显示了他的军政关系理论的核心：军队只能是一个工具，军队必须置于文职的控制指挥之下，军队一旦自己决策自己行动，那么它就僭越了立法机构的权力，政府就蜕变为一种政治怪物——军事民主制。可以说，这是"事物的本性使然"，这是不言自明的真理。

杜潘说："出现了这一切以后，谁还不因为某些军团中由没文化的普通士兵、未经委任的军官组成的非常规审议机构和狂暴的委员会感到忧虑呢？这些人甚至蔑视他们上级的权威，尽管这些高级军官的出席和赞同也并不能给这个怪物般的民主议会带来任何权威。"这一段报告揭露了法国大革命爆发以来，军队中军纪涣散的可怕现实。之所以军队里会出现军纪涣散甚至发生兵变，主要原因是军队面临的双重权威，一个是国王，正在失势；一个是国民议会，正在得势。这个形势要变得明朗起来，总需要一段时间，何况这个过程中不免伴随着血雨腥风的权力斗争。特别是，原有君主政权下的正规军中，军官一般是贵族，而革命大风暴来临时，相当一部分军官发现形势不对而逃亡国外，这势必动摇了军心；另一方面，大革命的公共舆论已经渗透到军队中，这种公共舆论腐蚀了士兵的心灵。

至 1790 年下半年，对伯克这样具有洞察力的人而言，局势已经明朗：军队已经瓦解，军事专制就在不远的未来。伯克判断："没有必要再对这幅完整的图画增加更多的东西了，就它的画布所允许的范围之内，画面已经很完整了。不过我担心的是，它并没有包括这种军事民主制动乱的性质和复杂性的全部，正如这位国务大臣真实而明智地观察到的，无论存在于哪里、无论采取什么样的正式名称而被通过，它必定成为这个国家真正的宪法。"处在巨大的历史转折点，置身于历史的洪流，此时此刻，甚至连国王和王室、没有逃亡的贵族和大臣在内的绝大多数人仍然看不出事情端倪来，但是在海峡之隔的伯克明确断言：这是一场军事民主制动乱，很快军事民主制将主导这个国家，暴政将不期而至。而且，这不仅仅是法国人的内政，也不仅仅是法国一国的事情，瘟疫将向全欧洲扩散。伯克指出，"尽管这位军务大臣告知国民议会说，军队中的大多数并没有抛弃他们服从的纪律，仍然忠于职守，然而那些旅行者已经看到，表现最好的军团与其说还存在纪律，不如说暂时还没发生兵变"。1789 年 10 月 6 日事件发生以后，国王和王后再也没有回到凡尔赛王宫。威廉·多伊尔引用一位英国观察家的话说，"与其说是国王，不如说是囚犯"，可见当时事态发展形势之严峻。

两个主人，两套教义，军人和军队已经做出了明确的选择。形势已经发展到危险关头，可是这位军务大臣还在对秩序失控苗头感到诧异和惊恐，总之有某种不解在里面。伯克指出，没什么不解的，一切几乎已经水落石出。"我不禁想暂停片刻，来反思一下这位大臣所谈到的军队过激行为时他所感到的震惊。对他来说，军队背离了他们古老的忠诚和荣誉原则是非常难以想象的。当然，听取这位大臣报告的国民议会的议员们，对其中的原因知道得太清楚了。他们知道他们之前所鼓吹的信条，他们通过的法令，他们支持的种种行为。"这些听取国务大臣报告的国民议会议员们的信条、主张、通过的法令和赞同革命群众的种种行为，集中体现在已经成为大革命奠基性文件《人权与公民权宣言》，以及 1790 年通过的《教士公民组织法》中。如果用一句极简单的语言概括这种革命主张，那就是——国王有罪，人民正确。至于国王究竟是一个什么样的存在，意味着什么，人民究竟是什么样的存在，宣称人民不会出错意味着什么，革命派语焉不详。伯克指出："士兵们记得 10 月 6 日。他们记得法兰西卫队。他们没有忘记攻占国王在凡尔赛和巴黎的王宫。两地的总管都被谋杀，行凶者没有得到惩处，这些事实没有被他们忘记。"伯克罗列这些没有被士兵们忘记的血淋淋事实是指，1789 年 10 月 6 日，国王、王后和整个王室屈辱地被革命群众从凡尔赛押解回巴黎；1789 年 10 月 6 日早晨，两名国王卫兵被杀害；1789 年 10 月 5 日和 6 日革命群众攻占凡尔赛王宫。这就是著名的"十月事件"。1789 年 7 月 14 日革命群众攻打巴士底狱也同时攻入了杜伊勒里宫。革命群众攻打巴士底狱时监狱长洛奈（Launey）被杀害；巴黎市商会会长夫勒塞尔（Flesselles）因被怀疑隐瞒军械库储藏处的军械被杀；主管巴黎附近驻军粮食的国务大臣富伦（Foullon）被杀；1790 年 4 月马赛要塞被国民自卫军攻占，守军长官博塞（Bausset）被杀。洛奈和夫勒塞尔的首级被割下插在矛尖上游行示众。

伯克对国民议会表达了明显的不满："他们没有放弃如此招摇而费力制定的人类平等原则。他们不能对法国所有遭受贬斥的贵族以及对贵族观念本身的压制视而不见。全盘废除贵族头衔和特征也没有漏掉他们（指国会议员们中也有大量贵族，他们不可能忘记）。但是，当国民议会的医生们与此同时在教导士兵们要对法律怀有尊重时，杜潘先生竟然诧异于士兵们的不忠？"伯克压抑着愤怒暗示，所有卷入事端的人，从国会议员、军队、军事国务大臣都在看形势，选边站队。而且，事实已经清晰起来，国王被蔑视，国王被抛弃了。革命不到一年，军队基本上背叛了国王。伯克说："当存在两种教义的时候，这些手里拿着武器的人会接受哪一种，很容易判断出来。至于国王的权威，我们从这位国务大臣本人那里就可以得知，军队与其他团体没什么两样，都没把国王的权威当回事。"

1789 年 6 月 23 日，三级会议因为米拉波侯爵决定性的、充满激情的演讲扭转了整个事态的趋势，第三等级宣布，非待宪法制定完成绝不撤离。历史学家米涅评论道："就在这一天，王室的权威丧失了。法律创制权和道义力量由王室转移到国民议会这一边。"这里有必要对米拉波侯爵这个大革命早期的政治明星做一番补充说明。著名作家雨果这样写道："在他 40 岁的时候，在法国出现了以他为中心的思想混乱局面，那些现在已经不复存在的俱乐部当时都是受到这些思想的影响。在这种情况下，米拉波就是专制者……一直沉默的他在 1789 年 6 月 23 日向德·布雷泽阁下高声喊道：去告诉你们的主子……你们的主子法国国王被宣布为外国人。王位与人民之间被画上了一条国境线。

这是革命发出的怒吼。在米拉波之前，没有人敢这么做。只有伟人才能喊出时代的关键话语。"米拉波其实是一个投机政客，他是国民议会的议员，同时充当王室的秘密大臣。在他内心里，他希望大革命不要继续进行下去了。他心中希望的理想政体是既有自由又有国王。但是米拉波背叛自己的阶层，两边下注，作为一名贵族，他是第三等级的代表（另一位是著名的西耶士）；同时他的确是一名贵族，他想服务国王和王后，并且与王室签订秘密服务合作协议：米拉波向王室提供建议，作为交换，他超过 20 万锂的债务被还清，每月收入 6000 锂；最后，如果议会被解散，他被许诺 100 万锂的回报。这个扮演双重角色的米拉波对大革命的真实想法是，一方面劝说王室放弃反革命策略，告诉王室反革命是死路一条，毫无机会；另一方面，作为国民议会的明星政治家，他希望实现王室和议会的权力平衡，制定合适的宪法。

这位国务大臣继续说："国王曾经再三重复他的命令，以制止这些过激行为，但是，在目前如此可怕的危急关头，诸位（国民议会议员）的赞同对于阻止危害国家的罪恶不可或缺。因为你们把更重要的公众舆论力量整合进立法权。"伯克认为在混乱时期，当人们还没明白是怎么回事的时候，确实，军队对于国王的权威和权力没有什么自己的见解。也许士兵这时候已经懂得，国民议会自身比起王室成员来并不享有更大程度的自由。革命发展到 1790 年下半年，国民议会处于某种两头不讨好的尴尬位置：国民议会一方面拥抱革命，同时也不希望完全抛弃国王权威，至少要维持社会秩序。而此二者存在内在矛盾，这是两种教义、两个主人的抉择。在伯克看来，军队就是个工具，它不能获得、不能行使决策权，它必须受控于文官政府。因此，军队对于统治合法性究竟来自国王还是来自新政权没有自己的见解，这就为革命派操控公众舆论留下了空间。

现在让我们看看在国家处于这样一个可能是最危急紧要关头，国务大臣提出的建议。伯克对世俗权威对宗教权威的僭越一直持坚决批判立场，并认为国民议会提供不了那样的权威，伯克说，"这位国务大臣提请国民议会动用它所有的恐怖手段，唤起它全部的威严，他希望通过他们发布的庄重而严厉的原则给国王的公告注入活力"。然后呢，如下一些具体的必要措施，大臣没有提及一字，"我们应该寻求军事和民事法庭，解散一些军团，大大削弱其余部分，以及动用这种情势下有必要动用的所有恐怖措施，以阻止所有邪恶的最恐怖进程，特别希望能对在士兵面前公然杀害指挥官的暴行予以严肃追查"。国民议会的态度呢？伯克认为是极不妥当的，"国民议会对这些行为或类似行为不置一词。当他们（国民议会）被告知士兵践踏了由国王宣告的国民议会通过的法令时，国民议会就再通过新的法令，授权国王做出新的宣告。当这位大臣报告军团对那些他们曾做过最威严的宣誓没有任何尊重时，他们提出了什么建议？更多的宣誓。因为他们机能不全，他们不断提出新的法令和公告。他们要求宣誓的加倍程度与他们弱化人民心中宗教惩罚的程度成正比"。国民议会为什么对军队纪律涣散和公然的谋杀行为不采取断然措施？因为国家正规军已经瓦解，新政权主要依靠正在形成的新军队（国民自卫军）的支持，而所谓国民议会的合法性至少在1790年时还存在很大不确定性，这时它尤其要争取民众和军队的支持。

伯克以讽刺的语调调侃当局应该求助于激进启蒙思想家，以整饬军纪，"我希望将伏尔泰、达朗贝尔、狄德罗、爱尔维修关于'灵魂不朽'，特别是关于'监管万物的主'以及关于'未来天国的奖惩'所作的精彩布道做成精简本便携小册子，连同他们的公民宣誓词，一同发给这些士兵们。对此我毫不怀疑，因为我知道某种特定类型的读物

对他们的军事训练来说并非无关紧要的一部分，而且他们也不遗余力
地给士兵足量供给政治小册子'弹药'"。伯克强烈讽刺为法国大革命
提供思想和理论准备的启蒙运动思想家们。这类"启蒙思想健将"有
一长串名单，这里提到的四人都是法国百科全书学派的代表人物，他
们的共同特点是宣扬唯物主义、批判宗教神学、反对等级制，其中伏
尔泰被认为是启蒙哲人的最佳范例，被后人称为"启蒙运动大管家"。
伊波利特·泰纳这样介绍伏尔泰："30 岁时的伏尔泰凭借其反教会文
章开始崭露头角，1746 年入选法兰西学院。伏尔泰是个好色诗人，他
仿佛妖魔附体，想象力的狂暴和粗犷纵横恣肆。"伏尔泰与孔狄亚克
（Etienne Bonnot de Condillac）、孟德斯鸠连同杜尔哥都对基督教敬而
远之，属于名流中的反宗教人士，伏尔泰还热情支持一院制议会制度。
达朗贝尔是法兰西学院院士，一流数学家、唯物主义者、反宗教人士，
与狄德罗共同发起编写《百科全书》的伟大计划，任副主编，与伏尔
泰联盟攻击王室。狄德罗是《百科全书》主编，与卢梭交好。

　　百科全书学派是"拒绝不经批判就接受事物的态度"的同义词。
这一学派在法国和欧洲影响深远，他们的很多观点成为法国大革命的
理论依据。百科全书派是怀疑主义、无神论和煽动性言论"集大成
者"；蔑视政治权威，对教会和宗教出言不逊，敌视一切有组织宗教
和不宽容行为。狄德罗发表去道德荒唐言论，说人类婚姻期限可以为
一个月、一天，有时是一刻钟，这样才有幸福和道德。爱尔维修是哲
学家，做过包税官，后专心写作，此人与孔狄亚克、卢梭、孔多塞、
西耶士之流属于感觉论、肉体需求论、原始本能论的信徒。爱尔维修
也是公开的无神论者、贫乏的唯物论者。爱尔维修构建道德观依仗纯
粹的生理动机：追逐快乐，规避痛苦，认为痛苦和快乐是道德世界的
唯一动力源泉。他出版了《论精神》，提出人出生时是一块白板，人与

人之间差异的唯一来源是教育。以上人等（当然远不限于这些），都要对法国大革命的激进性负有责任。

二、客观文官控制与高度军事职业主义

1950 年代，保守主义政治思想家塞缪尔·亨廷顿发展出一套基于保守主义思想的军政关系思想。他按照权力、职业主义和意识形态三个变量组成了五种军政关系模式。（1）近东—亚洲—拉美模式。反军事意识形态＋高度的军事政治权力＋军事职业主义。（2）现代极权国家二战德国模式。反军事意识形态＋低度军事政治权力＋低度军事职业主义。（3）南北战争至二战前美国模式。反军事意识形态＋低度军事政治权力＋高度军事职业主义。（4）1860 年到 1890 年普鲁士与德国模式。支持军事的意识形态＋高度的军事政治权力＋高度军事职业主义。（5）20 世纪英国模式。支持军事的意识形态＋低度军事政治权力＋高度军事职业主义。在以上五种军政关系模式中，最理想的是第五种，这种军政模式存在于一个安全威胁相对较弱，并且以保守主义或其他类似支持军事的意识形态作为主流的社会中。这种模式下，实现了"客观文官控制"与军事专业化和职业化兼容。军队作为职业武装力量有效维护国内外安全，同时又在强大的文官控制之下，捍卫了自由主义和保守主义基本价值。

而在 1790 年，伯克提出了一个初步的基于保守主义的客观文官控制和高度军事职业主义的理想军政关系模式。在当时的情势下，伯克尤其强调了军事职业主义：强有力、职业化的，同时又是服从的、严格受到文官控制的军事暴力潜能，而这种客观控制的文官系统本身恪守保守主义价值观。

伯克强调，由于事物的本性，军队只能是一个（保卫国家安全和维护秩序的）工具，这个工具的首要美德是纪律和服从。伯克说："为了防止密谋、非常规的审议机构、煽动叛乱的委员会、怪物般的民主议会等产生的乱子，以及由于怠惰、奢侈享乐、放荡和不服从（insubordination）产生的动乱，我相信人类历史上，以及在这个各种发明层出不穷的时代里所有各种最骇人听闻的手段都已经用过了。"1789 年一开始就包含了 1793 年的种子（1793 年春到 1794 年夏的 13 个月被称为恐怖统治时期）。革命政权显然不可能形成一种理想的军政模式，伯克意识到："最终的办法不过是，国王向所有军团发布公告，在公告中宣布他直接的权威和对他们鼓励。若干军团应该加入市镇的俱乐部和联盟，并参与他们的宴会和公民娱乐。这种取悦人的纪律看起来似乎是要软化他们内心的凶残，可以使他们与其他社会底层阶层同胞和谐共处。用普遍的联合消融特别的阴谋。"这种讨好、绥靖策略能有效吗？军队的服从和责任担当只能来自职业化军事主义。伯克对正在流行于军队中的"公民""平等"观念嗤之以鼻，"这种补救办法可以取悦士兵。我很愿意相信，无论如何反叛，他们将尽职尽责服从王室公告。但是我有个疑问：所有这些公民宣誓、聚会、庆祝，能让他们比现在更听从他们的长官吗？或者会教导他们更好地严格服从军事纪律吗？这可能会使他们成为法国式好公民，但不论从何种意义上讲都不会成为好士兵"。

伯克提到的"联盟大会"，是 1790 年新政权、国王和全法国纪念大革命爆发一周年在巴黎"练兵场"举行的盛大节日庆祝大会，举国欢庆（国王和王后都受到现场气氛的感染，但其实内心是复杂的），也有全民和解的意图在里面，试图营造一个"君爱民、民拥君"的全民联欢的和平气氛。伯克注释中引述国王对军民大联欢的宗旨，"国王陛下这里所承认的并不是一套特殊组织，而是所有法国人为了共同的自由和繁荣，以及为维护公共秩序的一种自愿结合，所以他认为每一个军团都应该参与这些公民的节日庆祝，以便在公民和军队之间增进和加强这种团结的联系"。然而，米涅指出，"联盟大会只不过是各派别的敌对行动暂时停息"，暴风雨还在后头。

伯克重视军队的单纯职业主义，"另一个疑问是，是否这些美好的桌边谈话，会使他们（军队）更好地符合作为一种单纯工具的性质，正如这位资深军官和政治家正确指出的，事物的本性使然，它要求军队只能作为单纯的工具"。

伯克对革命教义下的新军队是否真能维护合法秩序心存怀疑，"关于士兵们与市镇里节庆社团自由交流——被王室予以正式批准而被鼓励的——改善军队纪律的可能性（到底效果如何），我们可以从这位军务大臣的那份专门报告向我们提供的各市镇的现状来判断"。"至于要防止混乱卷土重来，只要市政当局霸占着按照惯例全部属于君主对军队的权力，（中央）政府就不能对你们负责。你们确实规定了军权与市政权的界限，你们已经限制了市镇政府对军队的征用权的行动，但是你们的法令，无论从文字上还是精神上，都从来没有授权这些市镇平民去攻击军官，审判他们，给士兵下命令，把他们驱逐出他们所应坚守的岗位，阻止他们执行来自国王的行军令，或者，一句话，让部队完全听命于他们所经过的每个市镇甚或集市的各种心血来潮的摆布。"直而言之，军队是受制于行政权和立法权的一件工具，即由有行政权和立法权的文官对军队实施控制，这是处理好极具危险性的暴力机器——军队稳定平衡的一个必要条件；不仅如此，控制军队的文官集团本身还必须受到一套保守主义宪法和价值观的有效控制。但是，法国目前的局面，来自国王的行政当局对军队的控制已经名存实亡，国王对军队的控制权被各自为政的地方当局所攫取。在下面的段落中，伯克直接指出了这一要害。

伯克洞见到一种叫"军事民主制"的怪物即将来临，"这就是市镇社团的特征和意图：他们企图改造军队，使军队回到军事服从的真正原则上来，并且使国家最高权力的暴力机器交到他们手里！这就是法国军队的症结所在！这就是他们的治疗手段！陆军如此，海军也是如此！地方市政当局取代国民议会的命令，反过来海军又取代市政当局的命令"。在伯克看来，法国的军政关系简直乱了套，如此下去，迫在眉睫的危险就会到来。军队直接代表国家垄断合法暴力的行使权，维护国家秩序。军队是把双刃剑，用得好能维护安全和秩序，用得不好则是国家动乱的根源。这就要求平衡好文官集团与军事集团之间的关系，使军队置于文官集团的控制之下。在当时的法国，就是要使军队控制在国王或国民议会的政治权力之下，而绝不可置于地方市政当局的控制之下。

伯克同情当前情势下内阁大臣的处境，例如这位头发苍白的老迈军务大臣，还不得不示好国民议会，揣度这些年轻政客满脑子的各种奇思异想。伯克说："这样的方案不像是出自一位经历了五十年风雨沧桑的人的建议，倒像是出自那些在政治上自命不凡的跳班生（英国大学中在某些情形下可以不通过正常程序而获得学位的人）——他们在通往国家的道路上走捷径，他们对一切事物都怀有一种狂妄的自信和一套解说。对于此种信用，他们国家的一位'医生'给予极大认同，并成功告诫国民议会，不要理会老年人或任何将自己的价值观建立在自己经验基础上的人。我猜想这个国家的所有内阁大臣想必都合格地经过了这种考试——公开地与经验和观察这两种错误和异端邪说彻底划清界限。"伯克讽刺国民议会中的年轻政客们（政治上的跳班生）以及革命的导师们——这个国家的"医生"（卢梭、西耶士、伏尔泰、孔多塞等），他们轻蔑经验和观察，而拥抱抽象形而上学教条，他们治国用的是自己头脑中的奇思异想，而不是久经考验的习俗和惯例，这样的人全然不懂得"存在之链"和"审慎是政治家的第一美德"。对于这些革命的精神导师、国家的"医生"和革命小将们，伯克十分不屑："如果是我，我可不想得到此种'智慧'，至少我会保留一些傲骨和晚年断然的尊严。这些先生是被更新改造（regeneration）了，但不管付出怎样的代价，我都不能让自己的这把老骨头屈从于他们的改造，也不能让我在人生的大关口（63岁被认为是人生晚年的一个关键年份），以他们那种新腔调大呼小叫，或者说在我的第二摇篮期还去结结巴巴地学习他们野蛮的形而上学（barbarous metaphysics）的基本发音。"这里"跳班生""国家的医生""新腔调""野蛮的形而上学"都是伯克作为保守主义者对革命派的讽刺和批判用语。

三、地方政府与军队

在"人民主权"学说的夸张实践中，地方政府被赋予军队控制权，这种制度安排是不明智而且是极为危险的。

伯克对新宪法十分不屑："你们称之为宪法的每个部分的这种幼稚、纸上谈兵、学究式制度的愚蠢，如果不能发现与它直接相关的每一部分，或任何关联较远的部分所具有的根本缺陷和危害，就不能予以揭露出来。不揭示国民议会的虚弱无能，就无法对不称职的王权开出有效补救办法。不揭示武装的市政当局可怕的混乱，就不可能去考虑解决国家军队混乱问题。军队暴露出市政当局，而市政当局暴露出军队的无政府状态。"在中央层级存在两种合法性（伯克说的两个主人）转换之际，地方市政当局浑水摸鱼、趁火打劫，被允许获得军队控制权，在伯克看来这是糟糕和危险的步骤，双方无政府状态出现了。把"人民主权"操作化应用到军队和地方市镇是十分荒谬的，伯克说："杜潘先生把城市的拯救寄希望于某些军队的良好表现，这些军队是要保护市镇中那些心怀良善的部分（必须承认他们是最虚弱的部分）免遭用心最恶的那部分人（也是最强大的那部分人）的掠夺。但是这些市镇要冒充拥有主权，进而还想控制这些对于保护他们的安全必不可少的军队。的确，他们必须指挥军队，或者讨好军队。这些市镇，根据情势的必要，以及凭借从共和国获得的权力（国民议会一直鼓吹人民主权），在处理与军队的关系时，必定要么是主人，要么是仆从，要么是同盟，要么是三者的交替，再要么根据具体情况必须将三者混合。"

为什么地方政府与军队的关系会出现伯克描述的这种混乱局面呢？这与当时国民议会的尴尬地位有关，国民议会尚未建立起事实上的合法性。在这种情况下，伯克指出可能出现的"军事民主制度"及其荒谬性，"中央政府除了靠军队来约束市镇，或者靠市镇来约束军队，还能如何？为在权威丧尽之处保持和谐，国民议会不计一切后果，企图以混乱来治疗混乱，这简直就是饮鸩止渴；国民议会希望通过给予市镇一种堕落的利益以使其免于蜕变为纯粹军事民主制"。今天看来，当时最高权力当局国民议会存在内在的矛盾，它企图在一切层面推行"人民主权"是办不到的，而国民议会攫取国王的权力靠的又是这个喊声震天、笼络人心的人民主权原则，溺爱孩子会反噬自身，果然，不久它自身也被推到风口浪尖，被置于危险境地。正如索布尔指出的："国民议会没有能力对军队问题提出全国性解决办法，它预感到保卫国家和保卫革命将是密不可分的……国民议会的代表们被束缚在自身矛盾和社会偏见之中不能自拔，他们只能采取不彻底的措施，例如增加军饷，改革管理和军纪。"当军队被用于保卫本国安全以防止外国入侵这一职责本分以外的任何其他用途，都是值得高度警惕的。

伯克预见到国内派别之争可能发生流血冲突，而军队混乱状况只会加快这一步伐。"一旦士兵们融入到这些市镇的俱乐部、阴谋集团和联盟中，一种选择性吸引将拉住这些士兵，将其引到最铤而走险的方向上去，伴随这些的当然还有他们的习惯、情感和同情心。本打算通过公民联盟（顶峰是1790年1月14日国王和王后到场参加的马尔斯校场联盟节）来加以化解的军事阴谋；本打算通过向他们提供引诱国家军队的手段而使其变得顺从的反叛城市，所有这些古怪而不详的政策所造成的怪物，必然会加剧由它们引发的混乱。一定会发生流血冲突。"伯克发出明确警告，如此发展下去必然会发生流血事件，混乱会加剧，其直接原因是，军队内部服从原则已经名存实亡。伯克说："各派武装力量组建过程中，以及各种民事机关和司法机关设立过程中，所表现出来的共同判断的缺乏，将会使这种混乱泛滥、血流成河。骚乱可能在此时此地暂时平息，但必然会在彼时彼地爆发，因为这种邪恶是激烈的和内在固有的。所有企图将反叛士兵和煽动性公民混合在一起的计划，都必然进一步弱化士兵与其长官之间的军事纽带，还给狂暴的手工业者和农民叛乱分子增加了军事的和反叛的胆量。"

伯克接着指出"一支真正的军队"应该如何组织和管理，而脱离了这种原则，取而代之又将出现什么结果。"要确保一支真正的军队，长官要始终不离士兵的视线，始终得到士兵的关注、服从和尊重。（而眼下这里）看来长官应该具备的首要资质是温和与耐心。他们借由竞选的技艺来管理部队，把自己当成候选人而不是指挥官。借助于这种方式，他们可能有时候会获得权力，而他们获得提名所仰仗的权威就

变得具有高度重要性。"伯克反对把民主选举和竞选引入军队管理，在
军队里搞人民主权，只怕是用错了地方。

四、失灵的客观文官控制

从理论上，军队属于行政部门文官控制之下，立法机构并不可直
接控制军队。在法国大革命这一极为特殊而重大的国家基础体制变迁
过程中，国民议会获得了至高无上的全部公权力。在意识形态、大众
舆论和新制度逐步落实之际，军队控制权势必偏离它原来的正常轨道。
军队作为国家暴力潜能的执行者，被控制在何者之手以及如何使用，
在国家经历根本性制度变迁中起着重大而微妙的作用，因此这种特殊
时期军队内部会出现分化和选边站队（如保王派和爱国者派）的情况。
在王权与新政权斗争胶着时期，某种程度上军队的行动决定着国家命
运走向。

国民议会成立以来，军队管理被置于国王和国民议会的双重领
导下，这种双重协商机制无法实现对军队的客观文官控制。伯克指出
这种双重协商机制的不稳定性和危险性："只要在你们的军队与共和
国的其他组成部分之间保持着这种奇特而矛盾的关系，以及各部分之
间、各部分与整体之间维持着这种令人困惑的关系，那么，你们最终
可以做什么，目前还没有显现出来，而且也无关紧要了。你们似乎把
最初的军官提名权给了国王，而把批准权留给国民议会。有兴趣追溯
下去的人会极精明地发现真正的权力到底落于谁手。他们很快就会发
现拥有无限否决权的人拥有实际上的委任权。因此这些军官必然在国
民议会中玩阴谋诡计，指望以此作为获得高升的唯一可靠门路。但是，
根据你们的新宪法，他们开始必须从宫廷那里提出自己的申请。军

衔（军官任免）的这种双重协商机制（double negotiation for military rank），看起来除了国民议会自身内部已存在的与广泛的军事任免相关的派系斗争，并继而毒害业已存在派系斗争的军官团体之外，似乎看不出它的设计还有什么其他目的。更何况，在军官团体中存在的内讧对政府的安全来说具有更大危险性，且不论它以什么为基础，都最终会摧毁军队本身的效能。"

军队控制权的转变还有另一层考量，即越来越民粹化的国民议会担心贵族阶层（大革命爆发以后很多贵族高阶军官流亡，在军中担任军官的贵族多为中下层贵族）仍然在军队中担任高级职务，从而让"反革命分子"有机会藏在军队中。罗伯斯庇尔就曾阴险地提醒议会，你们消灭了贵族，它却仍然在军队领导层中。

行政权（国王所保留的权力）和立法权对军队的控制如何设置，必须处理好意识形态和价值观、文官对军队的控制和军事职业主义的关系。眼下国民议会对军队管理的制度设计显然偏向了国民议会一边，国王作为海陆军统帅的权力被架空，这将不利于军事职业主义——军队的服从和职业化。伯克推测双重协商机制可能以如下方式产生冲突和独立："国王提名的军官，如果由于国民议会的拒绝而未获得晋升，必定会成为国民议会的反对派，并且还会在军队中滋生针对统治权（国民议会）的不满情绪；另一方面，那些把自己的利益系于国民议会而达到目的的军官，觉得他们在对国王的善意中充其量也只不过是第二位的（对国民议会的善意是第一位的），那么他们必定会怠慢那个既不能帮助也不能阻碍其晋升的权威。"制度一旦如此设计，局中人（国王、议会、军队）就会采取各自相应的有利于自身的决策，尤其是军官，必然倒向对其权力影响最大的一方，结果必然导致上面这些弊端。伯克进一步推测国王军权可能旁落："为了避免这些弊端，除了论资排辈以外你们没有别的指挥和晋升规则的话，那么你们将只是拥有一支形式上的军队，同时它会变得越来越独立，成为一个"军事共和国"（military republic）。到时候不是军队，而是国王，将成为一个工具。废除国王不可能只废除一半。如果他在军队指挥上不是一切的话，那么他什么也不是。"

国民议会在设计军队控制和指挥制度的时候，显然考虑到了文官控制，但是，保卫国家安全和社会秩序需要军队，革命也需要军队，正处于向国王夺权的关头，国民议会的私心占了上风，在攫取行政大权以后，接着又攫取军队大权。然而，国民议会作为立法机构能有效使用好、控制好军权吗？常识和经验都告诉我们这是不可能的。伯克预言，当立法权、行政权、军队管理和指挥权集中在一个机构之手的时候，必然的结果是军事共和国。而且，伯克认为国民议会掌握军队控制权既不合适，也不会好到那里去："这样一个无足轻重的人不适合掌管一切事物中最微妙对象即对军人的最高指挥权。军队必须被一个真正、果断、有效、决断的个人权威所约束（他们的自然倾向需要如此）。国民议会的权威自身也会因为他们选择了一种虚弱的渠道而受到削弱。军队不可能长期指望一个通过虚假作秀和明显强加行动的议会。同时，他们不会当真服从于一个囚犯。他们要么蔑视这种摆设，要么同情这位被俘虏的国王。"此刻，法国的国王就是一个被俘的囚犯，这就是国王的真实处境。国民议会和全法国还利用着这个囚犯国王的"剩余价值"，因为国王在广大人民的心中仍然有着统治权正当性，尽管这种正当性在迅速地贬值和消解。

在对军队的控制权上设计这样一种极不对称的双重协商机制，显然是投机和权宜的考量，不可能持续太久。因此伯克指出，你们的军队与国王的关系，如果我没有错得离谱儿的话，我认为这将会成为你们政治中一个严重的两难困局。法国大革命初期的军政关系见图20-1。

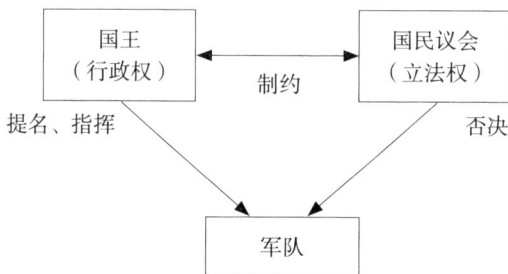

图 20-1　法国大革命初期的军政关系

五、预言拿破仑崛起

如果立法权篡夺了行政权，又篡夺了隶属于行政权对军队的文官控制权，同时还废了独立的司法权，那么这个集立法、行政、司法三权于一身的庞然大物就为一个军事共和国的来临铺平了道路。正是基于这一思考，伯克预言了拿破仑军事专政的崛起。"即便你们的国民议会拥有另一种可以传达其命令的机构（这里指国民议会下设的委员会），那么这样一个议会是否能够强化军队的服从和纪律？众所周知，迄今为止军队对任何参议院或大众权威（众议院）的服从都是极为摇摆不定的，他们更不会服从一个只有两年任期的议会。如果军官们对这些论辩士（指国民议会议员）的统治表现出完全的服从和应有崇敬的话，那么他们就必定彻底丧失自己的军人特性，特别是他们发现需要讨好这些论辩士数不清的后继者的话，他们的军事政策以及他们的指挥才能（如果有一丁点儿的话）必定跟他们的任期一样不确定。"立法机构是定期选举的，而且当时国民议会议员的任期是两年，这样一个立法机构从技术上来说也不可能指挥军队。如果制度一定要如此设置，那么军官们只好见风使舵，讨好一个变动不居的权力当局，或者相反，军队谋求自身的强大权力。这就引出了伯克的著名预言：军事专制主宰法国。

一个军事强人和军人专制政权将崛起，伯克对此作了非常精确的预测："当一种（文官控制当局的）权力软弱而又处于变动不居状态时，一支军队的军官就会派系林立，叛乱不断，直到某个深谙御兵之道、具有真正指挥精神、备受万众瞩目和受人爱戴的将军横空出世。军队将因为他的个人魅力而服从他。在这种情势下，没有其他办法确保军队服从。但那样的事情果真降临了，那个真正指挥军队的人就成了你们的主宰者，你们国王的主宰者，你们议会的主宰者，你们整个共和国的主宰者。"这段话被认为是对后来拿破仑崛起的预言。这是伯克最具有预见性的评论之一。

法国人自己也非常清楚地意识到他们的大革命将终结于某个军事政变。拉法耶特和迪穆里埃（二人先后担任国民自卫军总司令）早期参加竞选的职位，最终被拿破仑所获。

1799 年 11 月 10 日下午，支持拿破仑的元老院、以拿破仑为首领的军方、上议院议长吕西安（Lucien Bonaparte，拿破仑的弟弟）将聚集在五百人院会场的议员们清空，下议院就此解散。以下议院里有雅各宾专政复辟危险为由，立法机构被军队推翻，建立起拿破仑、西耶士、罗热 - 迪科为执政官的新政府，拿破仑为第一执政官，史称"雾月政变"。从此拿破仑军事专政登场。

图 20-2　拿破仑·波拿巴（1769 年 8 月 15 日—1821 年 5 月 5 日），任法兰西第一共和国第一执政官（1799—1804），法兰西第一帝国皇帝（1804—1815）

图 20-3　1799 年 11 月 9 日拿破仑发动"雾月政变"推翻督政府

六、军队中的"人民主权原则"

一项政治原则不同于一项社会原则。企业主、管理者和雇员都是公民，那么在企业组织内用民主选举原则可以治理好企业吗？不行，因为企业在市场上受利润法则的生存检验约束，企业内部是否民主管理不改变企业在市场上受利润法则支配的情况。企业嵌套于一个更大的结构中，并接受一套规则强有力约束——长期负利润的企业必然被市场淘汰。社会是一个嵌套结构，一些规则适用于所有层级，另一些规则只适用于特定层级。军队管理也符合类似的管理逻辑。然而，法国革命派却在军队士兵中散布人权、平等、人民主权原则。不可否认，人权、平等、人民主权原则是宝贵的人类价值，但这一组价值适合于社会基本结构的构造，而不能说是适用于所有社会层级的管理。法国革命派显然对这个常识有误解，他们试图将人民主权原则推广到军队内部管理。伯克认为这将破坏军队的"服从原则"，"国民议会如何能以目前的权力来控制军队？可以肯定地说，主要是靠离间士兵与其长官的关系，他们已经以一种极其邪恶的操作开始这样做了。他们已经触及让军队各组成部分保持安分的要害之处。他们已经破坏了军官与士兵之间最根本的关键性联结：服从原则。它正是军队服从之链之始、整个军队系统的立足之本"。

军队不参加政治决策，军队是一个工具，军队必须服从文官控制，文官必须服从基本价值引导的宪制框架，军队内部的等级链服从关系必须得到遵守，这是伯克的保守主义军政关系思想。然而，国民议会又是如何教唆士兵们的呢？伯克说，"士兵们被告知，他是一位'公民'，因而享有人权和公民权（公民权意味着选举权）。士兵们被告知，人权，意味着他是自己的主宰，并且唯一能接受的统治方式是他自己选出代表进行的自我治理"。按照革命导师们这一套高大上的理论，士兵们会如何想？如何行动？伯克说："很自然地他认为首先要做的选择，应该是向哪里付出自己最大的服从；最可能的是，他将目前只是偶然为之的事情因此常态化、系统化地去做，即至少会在推选自己的长官时行使否决权。目前人们都知道军官（是安全的）被容忍，也只是因为其良好的作为。实际上已经发生多起军官被自己的部队革职的事情了。他们拥有的第二项否决权是选择国王的否决权，至少跟国民议会所拥有的其他否决权一样有效。士兵们已经知悉，就他们是否应当享有直接选举自己长官或者部分长官的权利，已经成功纳入国民议会的考虑了。既然这种事情已经纳入国民议会审议中了，那么他们倾向于对最有利于满足自己要求的主张也就算不上什么非分之想了。"在军队中搞大民主，以上就是士兵们的所想所作。在被公然教唆有权选举自己的部队长官时，士兵当然会去行使自己的"人权"。前面我们提到，这就像在一家企业内部雇员造反一样，通过选举的方式选择自己的企业领导人，推翻现有领导——这是不可思议的，因为民主选举不适用于企业组织内部经营管理，企业内部管理的原则是忠诚、服从与纪律。而军队，应该贯彻更严格的忠诚、服从和纪律原则。当时法国存在国家军队（国王及其内阁大臣领导下的正规军）、国民自卫军、市镇自卫军（名义上也属于国民自卫军，但领导权在地方政府）三支军队，但这三支军队在国家统治权快速变动的时局中也在经历重组中，其中国民自卫军正在吸收各派军队加入而做大。

在这个进程中，士兵们如何见风使舵迅速调整自己的行为呢？伯克说："当与他们一道参加节庆和联盟大会的这个国家的另一支军队（国民自卫军）被视为自由宪制之自由军时，他们无法忍受自己被视为一个被俘国王的军队。他们会把自己的目光投向另一支更长久的常备军，我指的是市镇自卫军。他们清楚地知道，那支军队可以自己选举他们的长官。这样，他们可能会弄不明白，究竟是什么差异，为什么他们就不能选择出属于自己的拉法耶特侯爵来呢？如果说选举总司令是人权的一部分，为什么他们就没有这种权利？他们目睹了选举的治安官、选举的法官、选举的牧师、选举的主教、选举的市政官、选举的巴黎国民自卫军的指挥官，为什么唯独他们被排除在外呢？"这种质疑是必然的，而一旦选举原则贯彻到国家军队，军队的瓦解是必然的。在社会组织的神经末梢甚至军队中都无限制贯彻人权和人民主权原则的结果是群众激进主义泛滥。《人权与公民权宣言》是新秩序的基本教义，阿克顿看出来民众权力的潜在危害："就是这不足一页纸的宣言，其分量要重过所有图书馆，其力量要强于拿破仑的所有军队。然而，他却不是卓越心智的产物，没有打上狮爪的标记，从中可以看出笛卡尔式的明晰，却没有逻辑，不够精确。它没有说明，自由是目标而不是出发点……它的缺陷已经成为一种威胁和陷阱。……不知道民众权力之危害与不知道个人权力之危害是相同的。"是否因为拿了国家发的薪水，就失去了选举权？士兵们发现，不是如此，事实倒是恰恰相反。

　　这是伯克的一段讽刺，在军队中，军官实行民主选举，以体现卢梭式不可让渡的人民主权原则，"难道举国上下唯独法国的英勇之师不具备判别军人优缺点、缺少选举总司令的资质吗？难道是因为他们接受了国家的军饷，所以丧失了人权？他们原本就是国家的一部分，（领取薪水是因为）给这个国家做了贡献。国王、国民议会、选举国民议会的那些代表，哪一个不是从国家领取俸禄？这些人没有因为领取国家俸禄丧失权利，相反，是因为行使权利而获得国家俸禄。你们所有的决议、所有的行动、所有的辩论、在宗教和政治领域的'医生'们的所有工作，都努力地落入他们（革命派）手中，而你们还指望，就像把你们的革命学说和榜样如你所愿地应用于你们身上一样，他们会应用于他们自身"。同时伯克暗示在国家层面上是否真的落实了人权、人民主权、自由和平等原则，例如剥夺教会财产的恶行是根据人权主权原则吗？

七、自相矛盾的抽象概念

我们只能拥有"顺从上帝的设计"所许可的权利，唯有这样的权利使我们免于"人的权利"可能导致的无政府状态和"理性的自负"。疯狂抽象的权利学说可以摧毁社会秩序，只要社会还存在秩序，必然存在合法、合道德的权威服从关系。伯克说："在你们这样的政府中，一切事物依赖于军队。因为你们已经不遗余力地摧毁了所有观念、偏见以及你们身上所具有支持政府的本能。因此一旦你们的国民议会和国家任何一部分发生分歧，你们必定只能诉诸武力。除此之外，你们就一无所有了，或者不如说，你们没有给自己留下任何别的东西。"热衷于抽象"自然权利"，并且要实践这种自然权利，在寻求社会和政治的平等上是一个看得见的实验场。当追求那种抽象自然权利时，必定要抛弃掉那些继承下来的古老权利包括观念、偏见甚至本能，结果是社会秩序迅速瓦解。

当社会秩序瓦解时，一个社会迫在眉睫的要求是恢复和重建秩序。伯克指出："从这位军务大臣（杜潘）的报告可以看出，军队的部署很大程度上着眼于国内镇压的考虑。你们必须靠军队来维持统治，同时你们又给这种赖以维持统治的军队以及整个国家灌输一系列原则。一段时间之后，这些原则必定在你们决定使用它时使你们无能为力，作茧自缚。"伯克发现新政权以人权的名义获得合法性，新政权一旦成立就会发现抽象人权不可能真的在社会中实践。"你们对全世界宣告，军队不能对公民开火，言犹在耳，国王即召集军队来对付他的人民了（这又找到了罢黜国王权力的新理由）。殖民地已经主张他们自己独立的宪法和自由贸易。但自己的人民必须用军队来镇压。在你们的人权宣言的法典中哪一章可以找到规定说，为了他人利益而对他们进行商业垄断和限制是人权的一部分？正如殖民地起而反抗你们一样，黑人也起来反抗殖民地政府。军队再次镇压——屠杀、拷打、绞刑！这就是你们的人权！这就是胡乱编造出来，却又可耻地撤回的形而上学宣言结出的苦果！仅仅在几天前，你们国家某省的农民拒绝给地主缴纳某几种地租，结果，你们就发布命令，除了那些因民怨载道而废除了的租税以外，全国人民都要上缴所有地租和税赋。他们若不服从，你们就命令（已经作为傀儡的）国王调集军队镇压。你们先是主张能推导出普遍性后果的形而上学命题，又试图以专制主义对其限制。当前制度下的领导人告知我们，作为一个人，哪怕是国民议会形式上的授权都不需要，就可以去攻打堡垒、杀害卫队、逮捕国王，但实际上，作为国家最高立法机关的国民议会却以国家的名义——当然这些领导人实际上是在擅自——命令那些在动乱中曾采取过行动的军队，去镇压那些根据他们亲自批准和保证了的原则做判断的人和遵循他们亲自批准和保证了的范例而采取行动的人。"

抽象人权学说之害就在于其自相矛盾，这种危害显而易见。革命会反噬自身，暴力革命尤其如此，这几乎是一个定律。革命先鼓动人民有造反的"人权"，一旦威胁到自身统治，就毫不犹豫动用军队镇压。对旺代地区农民起义的血腥镇压显示了革命政权"人权原则"的虚伪和自相矛盾。这一现象其实并不难理解：革命宣传手册和革命机器里内置了反秩序教义和程序，革命首先借助于这种反秩序教义和程序，推翻君主政权的秩序，新政权建立过程中和建立起来以后，那种内置的革命教义和程序不会停止，于是革命政权开始开动军事暴力机器对准人民。可谓"让你乱你就乱，让你停你就要停"。革命的暴力将人降格为野兽。暴力从十月事件第一次登场以来，不断发展到雅各宾恐怖统治时期，再到整个拿破仑军事专政时期。

八、打倒了税务官就不用交税了吗？

伯克指出，大革命所要构建的社会与之前的社会相比不过是换汤不换药，而且人民的负担反而更重。"这些领导人教导人民把所有的封建制度作为暴政的野蛮主义（barbarism of tyranny）去憎恨和拒斥，但是之后又教导人民要对那种野蛮暴政（barbarous tyranny）予以耐心容忍到何等地步。他们对君主制度下的苦难大肆渲染，但人民发现他们对矫治却是极其吝啬的。他们不仅知道，允许他们赎买的特定免役税和人身税（不提供任何回赎的资金）A，相对于你们根本没有任何明文规定的其他负担 B 来说，根本不值一提（B>A）。他们还知道，几乎整个土地产权制度最初起源于封建制，也就是说，由野蛮征服者把原来土地所有者的财产分封给他那些野蛮的工具们，这种征服的苦难后果就是各种地租了，这些地租毫无疑问仍然像它原来那样。"

据乔治·勒费弗尔和泰纳提供的史实：1789 年国民议会的"业绩"之一是土地改革，废除封建特权、改革税制，代之以新税制。（1）各地税卡"栅栏后撤"至国境线，建立法国统一的自由市场。（2）取缔什一税。（3）区分两种领主权，废除不合法特权，赎买合法财产权。领主权分两种，第一种是领主司法权、荣誉权、狩猎权、磨坊权、通行捐、入市捐、人身劳役和其他农奴制度，这一类被认为属于"封建特权"，予以废除；第二种是土地租金和土地税，如年贡、田赋、节敬、年金等，这部分被认为是领主以其土地出租获得的收益，采取赎买的方式予以"剥夺"，国民议会通过法案决定赎买费为租金的 20 倍或实物租的 25 倍。这第二种相当于许多近代革命中的"平均地权"，以赎买的方式实施。实际上以上国民议会的土地改革法令一部分得到实施，另一部分则走向激进化。

这一改革导致了大规模不正当的财富再分配的后果。按照泰纳的估计，大约 1.23 亿镑的收入和 25 亿镑本金从债权人手中转移到债务人手中。此外，被取缔的什一税的收入和本金与上述数额相当。财产权的强制再分配伴随着一场血雨腥风的造反运动。泰纳说："它直接或间接摧毁了法国所有契约和债务关系。"贵族的财产不保，性命也受到威胁，大革命爆发不久，约 20 万贵族和高级教士被驱逐或被迫流亡，泰纳感叹道："法国一半最优秀的血液已经流干了。"

属于第三等级的农村佃农被教导"从今以后，我们不欠任何人的东西"，这纵容和鼓励了此后的农民暴力和农民暴动。革命理论和话语的强大力量可以为违法契约和暴力侵占财产提供合法化"论证"。当暴力愈演愈烈，仇恨与杀戮横行，秩序崩溃的时候，我们不能不说，革命理论、革命话语、国民议会的教义和法令某种意义上就是一种"教唆犯罪手册"。

财富随时代流转，中国古话说"富不过三代"。所以伯克说，"很可能，当前这些农民就是古代土地所有者罗马人或高卢人的后代"。由于财产的分布总是在各代人中流变，原来的财产所有者几代人之后失去财产变为平民，而原来的平民也可能上升为有产者。伯克讽刺道："但是，一旦他们的资格不能满足这些古文物学家和律师们的原则（principles of antiquaries and lawyers），他们就立刻退回到人权的堡垒（the citadel of the rights of men）中去。在那里他们能够发现人类平等，以及大地——这个仁慈又平等的万物之母，不应当被垄断起来以培养任何人的骄傲和奢华，况且这些人从本性上讲本没有什么过人之处，当他们不能自食其力时或更糟糕。""古文物学家和律师"是伯克对革命导师的讽刺语。伯克的意思是，财产是流动的，财富随时代流转，一些曾经的土地主人沦为佃农了，那么，革命导师们诉诸"人权"

理论，并在这种理论中找到支持所有人平等拥有土地产权的理据。说土地不是用来滋养任何人的骄傲和奢侈的，这等于谴责封建领主几个世代占有土地为非法。革命导师教导人们，没有什么"神圣的时效性原则"，只要是非法签订的契约，不管是几百年几千年前签订的，都属于非法行为。伯克讽刺道，"他们发现，根据自然法，土地的占有者和开垦者是土地真正的所有者，这并不违反任何自然的惯例。他们在奴隶制时代与地主之间的协定，都是武力强制的结果。当人们重返'人权'时代，这些契约就像所有其他旧的封建贵族暴政横行肆虐下确立的事物一样，都是无效的。他们会告诉你们，一个佩戴帽子和国徽的懒汉（革命派）与一个身着道袍或法袍的懒汉（教士群体）之间没有什么不同"。在财产议题上伯克秉持神圣的"时效性法则"，因此对革命派的这些说辞是坚决反对的。

时效性法则是伯克的特殊发现。神圣的时效性法则被伯克认为是自然法最重要的基本组成部分，它描绘了财产和政体（休谟就专门阐述过政体的时效性法则）的成长方式和继承方式；时效性法则意味着，通过长期延续使用，没有证书也可以授权拥有财产，或者长期延续不用的情况下，尽管有证书也可以将财产剥夺。神圣的时效性法则适用于财产权，也适用于政体和政权。如果用一个数学公式来简洁表达，财产权或政体是 p，时间是 t，其他因素是 o，那么 $p=f(t,o)$，当忽略其他因素时这个公式表示：财产权或政体是时间的函数。如此观之，当"人权理论"被用于践踏契约和剥夺继承的合法财产时，这样的人权理论已经具备了反文明武器的性质。同时，伯克认为平等的本质含义只能说道德上人人平等，而绝不是说人的天赋、能力、地位、阶层上要一律平均。以恶开始的事物，无论时代如何流转永远是恶，伯克和休谟都反对这种说法（设想最初的土匪经过几百年的改良，现在改邪归正做起维护"法律和秩序"的正义事业，土匪发现这样做对他们也有好处。这时我们是否应当惩罚数百年前的前辈的"土匪行为"呢？）。因为所有人类法律都是陈述性的，没有原始正义意义上的财产权和权力，"如果你把收租的资格归因于继承和惯例，那么他们就会根据国民议会作为通告发出的加缪（Camus，制宪议会成员、革命导师，参与起草《教士公民组织法》）先生的演讲告诉你，以恶开始的事物不会改变，因此，封建领主的资格从其来源就是恶的，这种强力至少与欺骗一样邪恶。至于说继承而来的资格，他们将告诉你，只有从耕种土地的人那里继承而来的才是财产权的真正来源，而从破烂的羊皮纸和愚蠢的替代物（喻指封建领主的继承）那里继承而来的则不是。这些地主们享有他们的篡取之物已经太久了。如果他们允许这些世俗僧侣们任何慈善性的年金的话，他们应该对土地真正所有者的赏赐感激不尽，因为这些土地真正所有者对那些鸠占鹊巢者实在太慷慨了"。伯克这一段长长的讽刺，是说革命政权推行的废除封建制度的土地改革、贵族制度和宗教制度改革中，革命派对继承而来的土地、财产、特权、名誉恣意妄为的公然剥夺并不具有合法性，其大言不惭的理由也站不住脚。

　　如果封建领主真的以暴力抢劫手段获取了最初的土地产权，那么经过数百年、千年的时间演变，只要其中财产权的转让和继承是基于公序良俗、知情同意的，那么呈现于当下的土地财产权分布就是正义的。在《人性论》中休谟支持"时效性法则"，以及恶的起源的事物由于时效性法则导致其后来的正当和合法的可能性。休谟说："作为执政长官的权利基础的第一条原则，就是无一例外给予世界上一切最确定的政府以权威的那个原则：我所指的是任何政府形式下的长期占有或国王的继承体系。诚然，我们如果追溯任何国家的最初起源就会发现，几乎没有任何一个帝国或共和国最初不是建立在篡夺和反叛上的，而且其权利在最初还是极其可疑而不定的。只有时间使他们的权利趋于巩固，时间在人们心灵上起了作用……使那个权威显得正当和合理。"我们看到伯克思想中一个深刻的洞见：多数人的意志与他们的利益，常常是很不相同的。绅士与普通大众之间存在一种符合大众利益的自然合作关系，即使大众的心智理解不到这一点。

"当农民把刻有你们国民议会的肖像和铭文的诡辩理性货币还给你们时，你们斥之为赃币而拒收，还告诉农民说，法国卫队、龙骑兵和轻骑兵将让他们付出代价。"伯克此处是指新政府拒收农民以指券缴纳税款，并动用政府军队力量威胁农民的行为。在两种体制转换时期，国王仅存的权威还有一点"剩余价值"可以利用。

伯克说："你们抬出国王的二手权威——一个既无权保护他的人民又无权保护他自己的力量，来惩罚他们（指封建领主），而国王只是用于破坏的工具。好像借助于国王的名义，你们就会使自己变得服从。他们说，既然你们已经教导我们说根本没有什么绅士阶层，那你们教导我们的哪一条原则，能让我们对一个并非我们自己选举的国王俯首臣服呢？无须你们的教导我们也知道，土地的分封和赏赐是为了支持封建领主尊严、封建头衔、封建官职的。既然你们把这个原因（分封和赏赐土地）视为苦难予以取缔，为什么还要把更严重的后果（指占农民负担主体的税赋）加以保留呢？既然现在已经没有什么世袭荣耀、名门望族了，为什么我们还要交税来维持那些你们告知为不应当存在的事物（新的行政机构）呢？你们取消了我们旧时代贵族地主及其一切特征，撤销了他们所有头衔，他们变成只不过是你们权力当局下的收租人。你们曾尽力使这些收租人受到我们的尊敬了吗？没有。你们派他们到我们面前来，他们的武器被毁坏了、盾牌被打碎了、徽章被损毁了，如此铩羽而归、如此受贬斥羞辱、如此变了形犹如一只两脚无毛生物，以至于我们都认不出他们了，他们成了陌生人。他们甚至都不能沿用我们古老领主的姓氏了。肉体意义上的他们还是原来的他们，但是根据你们的新哲学教义，我们不能确认他们还是原来的他们。在所有其他方面，他们都被彻头彻尾地改造过了。我们看不出为什么我们就不能像你们剥夺他们的荣誉、封号、特殊待遇那样，有拒绝向他们缴纳地租的权利。我们从未要求你们做这些，而且实际上这只是未经授权便做的诸多事情中的一个例子而已。"

打倒了税务官就不用交税了吗？烧毁了欠条就不存在债权债务关系了吗？如此简单的道理，革命哲学家和革命者绕了一个大圈回到原点。这一段辛辣讽刺，表达了伯克对革命政权对打倒贵族、剥夺和羞辱贵族的愤怒。然而伯克的讽刺并不刻薄，因为这一段历史不道德，没有正当性，且非常残忍和充满血雨腥风。最初是粮食短缺和粮价上涨引发的骚乱，接着这种骚乱与针对封建制度的叛乱合流，形成针对封建权利和宗教的革命运动。特别是，在这场骚乱和革命中，作为维护社会秩序和国家安全的军队因为沉疴，成为镇压民众骚乱和维护秩序不可靠的工具。"爱国者"、人权、人民主权的思想在军队内传播，所效忠的合法权威一时并不明朗，军人无所适从。这些使得骚乱和暴动趋向激进化和人道灾难。

1789 年 7 月和 8 月一场异乎寻常的恐慌蔓延整个法国，三分之二的法国领土上城镇和村庄沦陷。据勒费弗尔的研究，恐慌和骚乱所到之处，"主教在自己的府邸受到围攻，主教、修道院、领主受到粗暴对待；勒索绑架修女；袭击贵族、火烧领主城堡以及销毁地契和债务文书档案；烧毁教堂；在所有骚乱地区都有伪造的以国王的名义印发的通告流传，上面写着'以国王之名，本国全体人民均有权进入领主城堡，收回地籍薄，如遭到拒绝，可以打砸抢，不受任何惩罚'；7月14日事件让洪流变得更加汹涌，集体疯狂……无政府状态。1789年7月起，一些平民擅自进行监禁、施刑和杀人"。泰纳根据地方总督和政府专员呈交的报告这种历史档案记载所做的描述，我们可见农村地区"爱国者"暴乱的疯狂和惨烈程度（制宪议会之前时期），暴徒强迫税务代理人、贵族、债权人签字放弃债券和习惯性权利，"签字，要不我们就挖出你的心，放火烧了这所房子"。在弗朗什－孔泰，将近40个城堡和领主住宅被抢劫或被烧毁；在多菲内，27个城堡被烧毁或摧毁；在诺曼底，一个残疾贵族被扔到柴堆上，只找回了烧烂的双手；在弗朗什－孔泰，蒙居斯坦男爵被吊在井里一小时，昂布里被人从自己的城堡里拖出来赤身裸体在村里拖行，然后被丢进粪堆里。这场反对财产权的运动没有边界。

托克维尔对大革命的评价比伯克更积极，但仍然指出，不管大革命怎样激进，它的创新程度比人们普遍认为的少得多。大革命只不过是至少从路易十四以来中央集权制度的最后完成。托克维尔指出："大革命的实际进程和实际后果是它忘掉了自由，只想成为世界霸主的平等奴隶；一个比大规模推翻的政府更强大、更专政的政府，重新夺得并集中全部权力；把选举人的普选权标榜为人民主权，而选举人既不明真相，不能共同商议，又不能进行选择；把议会的屈从和默认吹嘘为表决捐税；取消了国民自治权，取消了权利的种种主要保障，取消了思想、言论、写作自由。"伯克谈到关于拒收农民支付的货币，应当是指"指券"，大革命初期的指券并未作为流通货币发行，而是一种债务凭证，原打算偿还国家债务使命一旦完成即收回销毁。谁知革命政权尝到甜头以后，直接将指券货币化。指券货币化是在伯克成书之后的事情。伯克谈到法国卫队、龙骑兵和轻骑兵将会让农民付出代价，是指农民如果不服从革命政权的要求缴税，那么政府会派上述国家军队来镇压。一旦转而要保卫自己刚获得的政权和维护秩序，革命派关于人权、自由、平等和人民主权的那套说辞就会及时收藏起来。

发动群众闹革命，群众也可能把暴力指向发动者。伯克说："我们目睹了巴黎市民凭借他们的俱乐部、他们的暴民们、他们的国民自卫军，为所欲为地对你们（国民议会）发号施令，以你们（国民议会）的权威将其上升为你们的法律，进而转变为我们（农村地区）的法律。通过你们（国民议会）之手，我们（农民）的生命和财产任由这些市民处置。为什么你们（国民议会）就不能像关怀这些横暴的市民所涉及的优惠特权、荣誉头衔（这些对他们和对我们都全无关系）的要求一样来关心与我们的地租（它以最严重方式影响到我们）相联系的劳苦农民的愿望呢？但是我们发现你们（国民议会）对他们（巴黎市民）的异想天开（fancies）的重视，远甚于对我们（农民）之必需的关切。向与自己平等的人缴纳贡赋难道属于人权吗？在你们的这些举措面前，我们认为可能我们不是完全平等的。我们可能会对领主怀有某些旧的、习惯性的、无意义的、先入为主的偏袒之心。但是我们想不出来，你们制定贬斥他们（贵族和教士）的法律，除了想要摧毁对他们的全部尊敬外，还能有什么其他目的？"是的，革命一开始，首要目标就是摧毁教会和贵族，伯克愤怒地揭露："你们已经禁止我们以旧日之礼对待他们（贵族和教士），现在你们（革命政权）派遣部队用佩剑和刺刀逼迫我们屈从于（革命政权的）恐惧和强制——你们不想让我们服从于温和的舆论权威。"

巴黎的城市暴民与国民议会之间的关系复杂，一方面国民议会依靠巴黎城市暴民获取权力，这使得国民议会很大程度上受制于巴黎暴民；另一方面国民议会作为新的最高权力当局，有维持国家安全和社会秩序的责任，同时也要防止巴黎暴民破坏新生政权，因此又要对革命群众有所牵制。伯克从根本上质疑革命政权靠宣传革命教义，靠革命群众的暴力全面摧毁旧制度和旧秩序的合道德性、正当性和有效性。伯克指出，这种包含着内在紧张的革命，一旦获得政权，它曾使用过的革命宣传方式和手段就会对新政权自身构成威胁！这叫"革命会吞噬自己的儿女"。而且，任何革命，摧毁一切旧制度是办不到的，税赋依旧还要征收，兵役依旧还要服，总之，基本社会秩序仍然要维护。所谓历史的零点、开辟新纪元，都是不自知的臆想。于是新政权祭出了刀和剑，用强制和恐怖来维护自身。

九、合作秩序中的人权与服从

伯克用"开办诡辩术学校及建立无政府主义的形而上学哲学家"来讽刺那些革命导师和革命派。上述伯克讽刺的观念和论据是可怕而荒谬的，但形而上学哲学家们却认为是牢固和不容置疑的。为什么要对封建权力一分为二，一种保留一种废除呢？伯克认为："很显然，如果仅仅从权利角度考虑，国民议会的领导人们应该毫无顾忌地把地租、头衔和家族徽帜一同废除。这只不过是贯彻了他们的推理原则，类推以完成他们的行动而已。"事实上，1789 年推行的"废封建"法案只废了后者（马克思主义历史学家勒费弗尔称为"贵族损害国家利益而攫取和抢占的权利"），而对前者（勒费弗尔称之为"领主出租其土地而换得权益的领主权"）采取了赎买政策。伯克讽刺那些革命导师："实现人权、自由、平等了，实现人民主权了，人民的一切负担全免了啊，还保留什么第二种封建权呢？革命教义没有系统思考、演化观和秩序观。新政权没收了巨量教会财产并将其投放到市场，假如他们允许农民暴乱的话（革命派如此深深地陶醉于其中的投机买卖中），市场就会被彻底摧毁。"他们（国民议会）恣意决定哪种财产应当受到保护，哪种财产应当被颠覆。伯克这里所言不能不说有些夸张或误解。

国民议会 1790 年 3 月 15 日法令确定执行 1789 年 8 月 4 日到 11 日有关领主权的法令时，将封建特权区分为废除类和赎买类两类，确实有某种审慎考虑以及合道德考量成分：领主出租土地获取租金是合乎道德的；领主拥有司法权、荣誉权、狩猎权和捕鱼权、猎兔权和养鸽权、磨坊权、通行捐和入市捐、人身劳役和农奴制等封建特权，在革命基本教义看来是不道德、不正义或者至少是不符合形势的。

抽象的人权和人民主权总是自相矛盾。虽然高扬"人民主权、人权"教义，但根据他们任何一条原则，都不能要求市镇有义务服从，或从良心上有义务不从整体中分离出去，或不与其他某个国家相联合。如果伯克式自由是"有节制的、审慎的、秩序下的自由"，那么革命派的自由就是"肆无忌惮、无边界的自由"；如果伯克式人民主权原则是"有节制的、审慎的人民主权"，那么革命派的人民主权原则就是"肆无忌惮、无边界的人民主权"。伯克质问道："里昂人民最近好像已经拒绝纳税。他们为什么这样呢？还有什么合法有力的权威能够向他们征收呢？国王向他们征了税，古老的三级会议根据不同等级确定了一些更古老的税种。他们可能对国民议会说，你们是谁？你们不是我们的国王，你们不是我们直接选举出来的议会，你们不是按照我们的选举原则召开会议的，你们算谁呢？当我们看到你们要求缴纳的盐税被完全拒绝，接着我们看到这种不服从行为事后被你们认可，我们又是谁呢？我们不能判断哪种税要缴纳、哪种税不应该缴纳，我们不能拥有你们批准的给其他人的权力（这种权力也会有利于我们），你们当我们是谁呢？对所有这些问题，他们的回答是——我们将派军队。国王最后才会考虑的手段，却总是你们国民议会的首选。……但是军队这件对雇主缺乏忠诚的武器，随时会掉链子。国民议会开办的学校在系统地、以坚持不懈的毅力传授原则和制订规则，这对一切民事和军事的服从精神都是毁灭性的，于是他们指望用一支无政府军队来使一群无政府人民保持服从。"革命的国民议会在开办一所教授人权和人民主权的学校，这种教唆性的传授渗透到社会每一个角落，后果是造成对一切民事和军事服从精神的毁灭性打击，军队也没能幸免，于是在全法国造成一种全面无政府状态。这种全面无政府状态，直到1793年雅各宾军事暴政恐怖统治登场才告初步结束。但是，恐怖统治维持的秩序能够延续多久呢？13个月。

关于军队、中央和地方行政整体图景的规划，伯克说："根据他们的新政策，市镇军队被用来制衡国家军队。如果仅从它自身考虑，其组成非常简单，每一个方面看都无可争议。它是一个与王权或王国没有任何关联的纯粹民主联合体，由军队各自所属的地区根据自己的偏好进行武装、训练和指挥，而且个人的服役，或者代替服役的罚金，也都由同一个权力当局进行管理。没有什么比这更整齐划一了。"卢梭的公意教义一到实践中来就是强求一致。

这里伯克插入一个注释，说明巴黎的国民自卫军的军费来源和开支数额：根据财政总监内克尔的报告，巴黎的国民自卫军得到公共财政资金约14.5万英镑——这个数额超出巴黎市的财政收入，他们几乎可以随意开支。伯克插入这个注释想要说明两点：新政权的各地方政府各自为政，在军费开支上很舍得花钱。"但是考虑到它与王权、国民议会、公共法庭，或其他军队的任何关系，或者从它各个部分之间的一致性和联系的角度考虑的话，它似乎就是一个怪物，因此几乎一定会在某场巨大的国家灾难中，终止它那不可理喻的运动。比起克里特同盟（systasis of Crete，古希腊克里特各城邦组成的防御同盟）或者波兰联盟（confederation of Poland），或者比任何其他所能想得到的、设计不当的矫正办法（因建构不当的政府体制下不得不采取的矫正办法），它都是一部普遍宪法的更糟糕的保护措施。"又一个大胆预测！目睹法国当下混乱的军队体制后，伯克预感要出大事，这种混乱将终结于一场巨大的国家灾难。1793 年到 1794 年的雅各宾恐怖统治的降临暂时终结了混乱，而更彻底的秩序重建则要等到 1799 年拿破仑军事专制统治降临。

在法国大革命爆发前夕和初期，军队已经是一支不可靠的秩序维持力量，总结起来有如下四方面原因。（1）"爱国者"派和激进启蒙运动思想的小册子在军中广为传播，"人权和人民主权原则"被认为在军队内部管理中可以贯彻到底，军人的纪律原则和服从精神被击溃。（2）路易十六国王的堂兄奥尔良公爵坚决支持国民议会。这位奥尔良公爵是大贵族，却作为第三等级代表出席三级会议，他的罗亚尔宫成为革命宣传鼓动中心，鼓动巴黎爱国党革命群众聚集的中心，他还诱导和煽动王室卫队，将作为首都驻军主力的王室卫队争取到革命派一边。此人在罗伯斯庇尔恐怖统治时期被送上断头台。（3）授予地方市镇政府对军队的指挥权和财权。（4）在选拔和晋升军官时宫廷贵族垄断几乎所有指挥岗位，损害了地方小贵族利益。当大革命来临时大批上层贵族逃亡，其中就包括在军队中占据重要岗位的贵族军官。

第 21 章

新政权的财政税收制度

保守主义在 21 世纪的思想活力将取决于保守主义者能否成功地利用人性生物学的进步来证实保守主义的社会思想。……在为"自发秩序"辩护时，哈耶克强调习俗与习惯的首要地位，因为它既不同于自然本能，也不同于理性设计。然而，他暗示，社会秩序的完整解释需要有三种嵌套着的秩序——自然秩序、习惯秩序和理性秩序。其中，习惯受到自然的约束，而理性同时受到习惯和自然的约束。最准确阐述的"达尔文的保守主义"承认了秩序的所有这三个来源。……基于演化博弈论的统一行为科学，需要一个由三种历史叙事构成的嵌套等级支持：自然史、文化史和（重要历史人物）传记史。

——拉里·阿恩哈特（Larry Arnhart）

法国的财政收入已经达到 2000 万锂了，可路易十六仍觉得不够花，要求国民继续掏钱。于是，短短一代人时间中，财政收入飙升到超过 1 亿锂。尽管国民收入在以如此高的速度增长，这种增长的动力来自一个阶层，而古老的贵族却拒绝给予这个阶层以奖赏，他们剥夺了使这个国家繁荣富裕的阶层的权力。这个阶层的勤奋使得财产分配格局发生了变化，财富不再只是少数人独有的特权，因而那些被排斥的多数人认为，他们之所以处于不利地位，是因为社会不是建立在正当和正义的基础上。……由于双方的比例差不多是 100∶1（第三等级∶贵族），所以他们认定他们事实上已经是国家的栋梁了，他们要求获得与自己相称的权力，要自己治理自己。他们提出国家应当改革，统治者应当是他们的代理人而不是他们的主人。

——阿克顿

托克维尔和让·饶勒斯（Jean Jaurès）错误地认为大革命爆发于一片前所未有的繁荣之中。……1780年代则是一段充满危机和艰难的时期，危机之源在于农业歉收。农业歉收推动粮食等主要商品价格攀升，使所有依靠工资为生的人度日艰难；但粮食花费的增加意味着工业品消费的减少，从而导致工业品需求下降；债务人违约，以致整个经济体的信誉被撼动。

——威廉·多伊尔

一、国民议会真的能解决财政危机吗？

法国大革命爆发的直接原因是国家财政危机，其中奥地利王位继承战争、七年战争、援助北美独立战争，让法国背上了巨额债务，王室开支的不透明和腐败也是引发财政危机的重要原因。王室缺乏公共信用，因此在18世纪通常使用的筹资办法——借债在法国并不容易，而英国王室公共信用好，打仗主要靠借债（主要是向英格兰银行贷款），因为英国的预算每年公开，并呈交议会，债权人相信政府有能力偿还债务。英国打仗靠借债，不仅容易借到钱，而且利率低，法国的情况恰恰相反。法国大革命以解决财政危机开始，结果侧滑为一场大混乱、大恐怖。在《法国革命论》结尾，伯克把关注点拉回到解决财政危机这个主题上来，"在结束了对新政权的最高权力机关、行政机关、司法机关和军队的构成以及所有这些机构的相互关系做了简要评论之后，我就你们的立法者在税收方面展现出的能力谈点看法"。针对最高权力机构即国民议会、行政部门、司法部门和军队四个领域的改革和新制度安排，伯克批评革命派如何隔断传统、打破原有社会纽带，如何粗暴地在社会治理领域滥用人权和人民主权原则这样的政治原则，给法国带来极大混乱。

还剩一个重要方面——财政和税收制度，伯克放在最后进行详尽的讨论。革命的直接起因是三级会议的召开，而三级会议的召开是因为国库告急，政府想要筹集财政收入，别的办法已经穷尽，三级会议是当时唯一看起来可行的办法。因此可以说大革命的直接原因是国家财政危机。当然，直接原因不一定是根本的、最重要的原因。无论如何，阿克顿说："赤字是坏政府的标志。因此召开三级会议的首要目标就是调整税率。……自从现任国王登基以来，一直就有人提议恢复那个古老而被人遗忘的机构，不仅仅是为了解决财政问题，也是为了解决法国的一切难题。"伯克专门在最后讨论财政税收问题，是因为他想探讨触发大革命的财政危机背后更根本、复杂的原因。

伯克对国民议会及其下设的委员会的政治判断力和财政管理能力评价很低："没有蛛丝马迹表明他们具有政治判断力或者财政管理能力。在召开三级会议之时，他们似乎是要雄心壮志地改善税收体系，增加财政收入，清除它的压迫性，解决其中的棘手问题，并进一步夯实它的基础。整个欧洲都对此期望甚高。法国的成败存亡就在此一举了。而且在我看来，正好可以借此检验那些控制国民议会的人的本领和爱国心。"

二、税收即国家

伯克提出了关于财政与税收一般原理。（1）税收就是国家。公共美德在一国财政税收事务中得到充分展示，"国家的税收就是国家

（The revenue of the state is the state）。实际上一切都依赖于税收，无论是维持运作还是进行改革。每一个职业的尊严都完全依赖于美德在税收中发挥的数量与品质。因为所有在公共生活中发挥作用的伟大心智的品质（不仅仅是苦难和消极的），需要力量来显示它。公共美德本质上讲是宏伟而光辉的，是为伟大事物而准备的，它懂得重大关切，要求广阔的视野和博大胸襟，因此是无法在重重束缚以及在经济拮据、度量狭小以及利益熏心的环境中发展和成长的"。（2）一国财政税收制度和状况体现政治体的美德和才能，特别是节制、审慎和深谋远虑。"税收本身就足以体现一个政治体的真正品格和才能。因此它显示的公平正像它拥有的集体美德一样多。这种集体美德表现了那些推动它、体现过它以及现在体现它的生命和引导原则的人的美德。因此，宽宏大量、慷慨、慈悲、坚毅、深谋远虑，以及对一切优秀艺术的守护，甚至凡是心智超越于嗜欲之上的节制、克制、勤勉、谨慎、节俭等观念，都没有比在公共财政的供给和配置中更能找到合适它们的环境了。"（3）财政科学是理论和实践的科学。"因此，财政科学这门理论与实践的科学必须借助于如此多辅助性分支学科知识，它不仅得到普通人，还得到最睿智的大智慧人物的高度推崇，不是没有缘由的"。（4）居民收入与国家税收之间保持一种平衡、互惠和紧密的互动。"这门学科还会随着其研究对象的发展而发展；一般而言，国家的繁荣和发展伴随着税收的增加；只要在增加个人剩余（个人收入）与增加国家税收之间保持平衡，并在彼此之间承担一种应有的互惠比例，并保持密切关联互动，则财政科学和国家都会持续发展繁荣。"如果我们用一个数学式来简要表达一个国家的国民收入、国家税收和居民收入的关系：$y=I+T$，其中，y代表国民收入，I、T分别代表居民收入和国家税收。居民收入与国家税收之间保持适当比例可以促进国家繁荣。如果 r=I/T，当 r 过小时，国家税收抑制一国财富创造，结果也会影响税收和整个国民收入增长；而 r 过大时，公共品供给没有达到最优供给水平，阻碍私人资本投资扩张，尤其考虑到法国当时处于工业革命初期。r 的调整优化，影响整个矩形（国民收入）的大小变化（见图 21-1）。（5）税收规模巨量增加和遇到国家紧急需求等特殊情况时，必然会检验既有财政制度以及理论的合理性。"而且，可能因为税收数量的庞大和国家所需的紧急程度，财政制度中旧有的弊端才能得以被发现，它的真正性质以及合理的理论才能得到更完整地理解。就此而言，甚至在财富比例保持不变的情况下，一个时期内的一笔更小税收也许比另一个时期内一笔大得多的税收更让人棘手。在这种情况下，法国的国民议会就会发现，在他们的税收中废除和改变其中一些税收时，另一些需要予以保留、维护并明智地管理"。

伯克的学说是理论的学说，更是实践的学说。伯克说："尽管他们的傲慢自负的设想能够通过最严格的检验，但是，想要检验他们在财政方面的才能，我认为只需要考虑一个普通的财政总监所应当承担的最简单明了的责任就够了，不需要再参照任何理想完美的模型了。"这体现了伯克一贯重视实践理性和实践检验的保守主义主张。国民议会提出了许多看起来激动人心的美好设想，包括废除封建特权中的许多旧税收，包括应对迫在眉睫的财政危机，以国有化教会地产为担保发行指券的计划。这些在伯克看来都是经不起实践检验的、鲁莽的，也是灾难性的：前者触发了第三等级与贵族阶层之间的深刻冲突，后者引发通胀从而恶化了粮食短缺引发的骚乱。

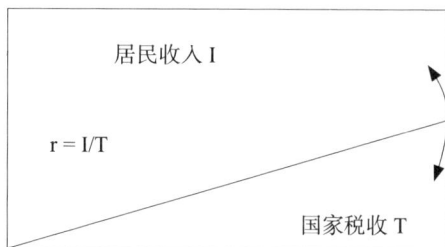

图 21-1 居民收入、国家税收与经济增长

三、国民议会在财政上的"丰功伟绩"

伯克的财政思想与亚当·斯密类似：平衡、节俭、审慎。"财政家的目标就是确保一个充足的岁入，公平和平等征收并节俭地使用。当情势必要时被迫使用信贷——不仅在这种情况下而且在一切时候都要以行事的清白、正直、精确的计算和稳定的资金，确保稳固其（信贷）基础"。伯克对新政权的财政管理大失所望："在这些议题上，我们可以简明地看一下国民议会中担当这个艰巨任务的人在管理过程中，所做出的功绩和展现出来的才能。从财政委员会的韦尼耶（M. Vernier）先生 8 月 2 日报告中我发现，在他们手中税入非但没有任何增加，相较于大革命之前，财政收入总额减少了 2 亿锂，亦即约 800 万英镑，占年收入的三分之一还多！"

这里我们需要移步换景地置身于当时历史语境中来理解伯克的批评，不要将伯克误解为一位主张财政收入越多越好的大政府主义者。当时法国因为战争支出、王室花销等，到期债务不能兑现，正面临财政危机，因此筹集财政收入的事情迫在眉睫。从伯克的其他作品中，我们知道伯克与同时代的亚当·斯密的经济学思想一致。在财政议题上，伯克持一种"谨慎财政原则"立场。

几十年的政治生涯让伯克对一国经济和财政问题有充分的了解，我们有足够理由称伯克为一名经济学家。伯克说："任何通常的愚蠢、平庸的无能、日常公务上的疏忽，甚至职务犯罪、腐败、侵吞公款，几乎我们在现代世界所能见到的任何直接的敌对行动，都无法在短期内如此完全地摧毁财政，以及与之相伴的伟大王国的力量（快来告诉我，你们是如何这么快就毁灭一个伟大的国家的）。"鉴于新政权原本就是为解决国家财政危机而催生出来的，鉴于解决财政危机对当时法国历史进程所具有的重大影响（以失败告终并引发一场天翻地覆的革命），伯克以极为辛辣的语气讽刺了新政权在财政方面的"丰功伟绩"和"才能"。1789 年 5 月到 1790 年 11 月，短短一年半的时间里，国家财政危机愈演愈烈并迅速演变为一场国家灾难，这完全证明了革命派擅长抽象理性，但思想贫乏、治国无能。根据谨慎财政原则，一国财政倘若要达到基本平衡状态（根据内克尔 1788 年御库账目报告，1788 年法国一年的财政支出总额为 6.29 亿锂），可能需要许多年艰苦努力；但若要摧毁它，不需要一年半的时间就可以实现，国民议会的作为就是明证。

新政权一上台就急于破旧立新，然而在税收制度上，取缔一个旧税种容易，而开征一种新税并不那么容易，因为停止征收一个税种能立即实施，而开征一个新税种则需要获得民意支持、走完立法程序和通过征税行政部门精心准备。

伯克指出国民议会在治理国家时的轻率无知，想要增加什么，尤其是想要废除什么，似乎就是国民议会一句话、一个指令的事，伯克举了盐税的例子。"国民议会刚一召开，这些诡辩家和演说家就开始非难旧的税收制度中最基本的部分，例如对盐的公共垄断。他们指控这是真正不明智而拙劣的设计，具有压迫性和不公平性。他们不满足于将这份指控只用作推行某些改革计划的演讲，根据上面通过的司法判决来看，他们还以庄严的决议或公共判决的形式予以公告，他们还把它在全国范围内进行分发。在他们通过这项法令时，他们又同样严肃地下令这一荒唐的、压迫性和不公平的税必须缴纳，直到他们能找到另一种税收来取代它。后果是不可避免的。那些享有盐税豁免权（由于平均分配以抵偿其他赋税）的省份完全不愿意承担这种税赋的任何部分，其中一些省份缴纳数量相当的其他课税。至于国民议会，忙于宣布人权的同时侵犯人权，忙于一种普遍的混乱的安排，所以既没有工夫也没有能力去设计，更没有权威来推行任何一种相关税收计划来取代那种赋税，或者是平等化，或者是补偿那些省份，或者是引导他们的心思转向与被减免地区相调和的任何方案上去。那些产盐省份的人民，对当局要求他们缴纳该死的盐税没有耐心，很快就变得忍无可忍了。他们认为自己在破坏方面与国民议会一样内行。"公民、人权、平等是爱国党的口头禅，这种抽象概念一旦进入实践，情况就复杂了，"他们干脆免除所承担的所有税负以解放自己。受到这样榜样的鼓舞，每个地区或下辖区域，都根据自己的感觉来评判自己的不满和冤屈，都以自己的意见来判断其补救办法，其他的税赋也都如此随意而为"。伯克拿来举例的盐税，只是新政权取缔的税种中间接税的一种。

改革存在重大策略失误，即在宣布取缔某种旧税种时，没有充分强调具体政策实施安排。合理的安排是，执行取消政策的具体日期，是在新开征税种实施以后，财政收入能够弥补取消旧税的损失时，取消政策才能真正落实。可结果是，新开征税收没收上来，旧税又宣布取消了，而纳税者（涉及最多的主要是第三等级）只要一听到国民议会取消某个税种，立即停止缴税。"从今天开始我不欠任何人的钱了！"丝毫不顾及旧税纳税义务到底持续到哪个具体日期才能与新税收衔接上。新政权取消、保留及新开征税种见表 21-1。不仅如此，革命宣传深入人心，农民叛乱风起云涌，加上国家军队军纪涣散，人们开始得寸进尺，竟然提出"取消一切税收"的要求。在纳税事务上，正如司法判决一样——没有人能作自身案件的法官，公民根据自己的感觉和偏好，"愿交税就交税，想交多少就交多少"是行不通的。

表 21-1 新政权取消、保留和新开征税收清单

	税种	说明
取消的旧税种	盐、皮革、铁、肥皂、油、酒精的间接税	间接税从 5200 万锂（1788 年）降至 1400 万锂（1790 年）
	什一税	此税主要用于教区神职人员生计。什一税于 1791 年 1 月 1 日正式废除。
	与封建特权相联系的税：个人徭役、通行税、入市税等	—
	国内关税	—
保留税种和新开征税种	爱国捐	1790 年 4 月、1791 年 4 月、1972 年 4 月三次捐赠总额占直接税的 25%
	印花税、海关税	—
	没收教会财产（主要是地产）出售	4 亿锂
	发行指券	12 亿锂（1790 年 9 月）
	土地税	2.4 亿锂。统一征税，公民一律平等，无豁免特权
	动产税	
	工商企业所得税	

四、爱国捐：对美德征税

至 1789 年 10 月，法国财政危机已经恶化到无法挽救的地步，加上贵族阶层抵制，这才有了三级会议的被迫召开。三级会议召开的直

接目标是为解决财政危机的特别举措（例如举债，1789 年曾在内克尔主持下发行的两次公债合计 1.1 亿锂都没有认购完，这说明国家信用已经动摇）和可能的常规举措（例如开征新税）提供合法性，因为既有的合法性渠道已经全部堵死了。就在这一年，一个无奈之举、事后看来也是失败和荒唐的"爱国捐"登场了。1789 年 10 月 6 日，制宪会议通过财政总监内克尔提出的"爱国捐法案"，法案规定居民应将其收入的四分之一缴纳给国家，但个人的收入全凭自己申报，无法检查，结果上缴的款项远远不足以满足国家的需求。伯克这里专门对爱国捐提出了批评。

既要征税，又要不影响经济增长，这是一个理论问题，更是政治家要面对的一个棘手的技术问题。伯克说："我们来看看他们怎样去设计平等的课税——如何使税赋与公民的财富成比例，又如何将其对创造私人财富（也即公共财富的来源）的活跃资本的依赖程度减到最小。"伯克提到一个经常为专门研究财政学的学者和税务行政部门人员所忽略的关键：私人财富来源于活跃的资本投资，而公共财富来源于私人财富，因此课税的关键在于不要伤及根本——活跃的私人资本投资。简单地说，蛋糕做大了，总税赋即使只占一个较小比例，其总额也比竭泽而渔的方式得到的多。这也是现代财政学中所谓"拉弗曲线"所阐明的道理。

废除一种不平等，可能产生另一种新的不平等，这是新政府始料未及的，伯克说："由某些地区或者每个地区的某些人来决定旧税收中应当保留的部分，而不是根据一种更平等的原则，一种最具压迫性的新的不平等产生了。纳税数额根据意向随便调整。这个王国里最服从、最有秩序、对共和国最有感情的地区，承担了国家全部税赋。没有什么能比一个软弱的政府更具压迫性和不公正了。"一个软弱的政府并不是一个恰当的同情对象，相反，它可能实施非常不公平和具有压迫性的税收政策，因为一部分人和地区的特权和优惠对应着其他人和地区受到歧视和不公正待遇。在这种情况下，机会主义者得利，遵纪守法者受损。合乎道德的国家权威是十分重要的。伯克指出："要填补被取消的旧税的全部亏空和预期中每一种新税的亏空，一个丧失了权威的国家能找到什么呢？国民议会于是号召自愿捐赠：根据缴纳者的荣誉，要求捐出其收入的四分之一。他们得到了比根据合理计算出来的多得多的东西，但离解决他们真正所需的确还相差甚远，也远远低于他们的美好预期。"这是"爱国捐"简要的来龙去脉。

这种爱国捐从其必要性和可行性来看，在当时是被认可的，只是实施效果并不理想。但是，人们是否看到这项带着爱国主义光环的政策的实质和衍生的负面影响？伯克给爱国捐作了如下定性：（1）以捐赠为伪装的税收；（2）一种不稳定、无效率、不平等的税收，一种掩饰了奢侈、贪欲和自私，却披上正直、慷慨和公益精神外衣的税收；（3）将重负抛给生产性资本的赋税形式；（4）一种对美德的征税；（5）它从给予者手中所获得的代价高昂之物，对于接受者来说价值几无；（6）它摧毁了若干行业；（7）它掠夺了王冠上的装饰、教会的奉献盘以及人民个人饰品；（8）它是一种拙劣的模仿，它是从路易十四陈旧的饰物柜中找到的一件老旧而巨大的宽底假发来掩饰国民议会过早的秃顶。伯克揭露了这项带着爱国主义道德光环和捐赠温情面纱的征税本质。果不其然，强制手段很快就出现了，"这张虚假面具还是被撕下来了，他们现在尝试以各种武力手段来收取捐赠，鲜有成功"，伯克揭露道。

实施爱国捐效果不理想，筹措的资金不及预想的万分之一。伯克说："这种捐赠，是软弱所生的软骨病畸形儿，离不开其同胞兄弟低能儿的支持。这种爱国捐赠是用来弥补爱国赋税失败的。约翰·多伊成了理查德·多伊（张三成了李四的）的担保。"

新政权甫一上台，急于实践革命教义，取消的税赋和新开征的税赋都体现了所谓"爱国者"诉求，因此伯克这里用了"爱国赋税"的说法，但"爱国赋税"不是说征就征的，新旧制度转换尤其是涉及税制新旧转换时，是一个耗时费力的过程，且不说新税制从程序到实体是否经得起理论和实践检验，单从其实施策略来说，就十分鲁莽和轻率。伯克认为，"这些幼稚的自由假冒者的这项发明，实际上不过是对腐朽专制主义最拙劣手段的一种毫无新意的模仿……他们所发明的这种老套的蠢行，其缺陷和危害，在《圣西门公爵回忆录》[法国空想社会主义者圣西门的祖父杜克·德·圣西门（Duke of Saint-Simon）写的回忆录，杜克·德·圣西门路易十四时期的内阁大臣和外交家，其回忆录记录了路易十四当政时期的宫廷生活]里已经揭示得非常充分了。我记得，路易十五也曾尝试过同样的图谋，从未成功"。伯克指出，这种用捐赠当作税收的办法其实并无新意，而且从来未成功过。不仅如此，这种拙劣手段还会产生深远的危害。接下来伯克阐释了"对这种灾难的考虑很少是明智的"原因。见人所未见，发人所未发，整本著作中我们经常看到伯克这种过人之处。"然而，毁灭性战争所需的是这种不顾后果的某种借口。对这种灾难的考虑很少是明智的，但这正是进行长远考虑的一个时机。正处于一个深远的和平时期——人们享有和平已长达五年之久，而且有希望持续更长时期，他们却求助于这种不顾后果的轻率之举（指爱国捐）。在那种危机情势下，视财政为儿戏（with these toys and playthings of finance），过半账目都充斥着这种儿戏。相比而言，在其承受范围之内（筹措一些）可怜的临时性供给可能提供的弥补（财政亏空），而前者肯定更使他们名誉扫地。"伯克此言，似有旁观者"站着说话不腰疼"之嫌——在危机情势下，从国王、财政总监到贵族阶层，虽说心底里各有小算盘，但解决财政危机的确是盘旋在所有人头顶上的重大事务，公平地说，没有人当儿戏。伯克提出的办法是，按照过去惯例发行债券或者增加某个特别税也许是弥补亏空更好的办法，至少不会致名誉扫地。那么他们为什么选择了较差策略呢？伯克认为，"看来实施这些计划的人，要么对自身状况全然无知，要么对应付危机状况完全不能胜任"。伯克认为，革命破坏社会秩序之根本也就破坏了提供长久税入的源泉，"无论有何种美德在这种计划中，很显然爱国捐和爱国税都不能依靠了。大众的愚蠢使这种资源很快枯竭了。他们的全部岁入方案，的确要运用全部策略，造成一种国库充足的表面现象。与此同时，他们切断了提供长久岁入的源泉活水。内克尔先生不久前完成的报告毫无疑问表明前景看好。虽然他对熬过今年所采取的手段给予夸赞，但对于接下来的事情，他表达了某种忧虑。由于这最后的预言，内克尔先生受到国民议会议长善意的责备——因为他没有以一种适当的远见去探讨这一忧虑的理由，以阻止预见的有害后果"。伯克略带讽刺地指出爱国捐的税源是大众的愚蠢，那么征收爱国捐就是利用大众的愚蠢了，而这种征税项目的根本危害在于它"切断提供长久岁入的源泉活水"。

五、信用、货币与通货膨胀

伯克对国民议会漫无节制发行指券造成通胀，从而导致国家信用丧尽的行为进行了严厉批评，并用英国的货币发行政策与此对比，说明在货币发行事务上坚定维持国家信用是何等重要。伯克指出，其他的税收计划因为尚未推出，或者提出方案但未能实施，因此不敢妄加评论。但是他们筹措财政收入的能力，整个税入与支出之间的巨大缺口，仍然不容乐观。严重的问题是，国民议会想到一着危险的棋：无节制发行指券。"目前他们的国库中现金一天天减少，而虚假替代物（指券）却一天天膨胀。"国民议会以为既然英国人也发行纸币，因此发行指券没什么不妥。然而伯克严肃指出英法两国纸币发行之间的根本差异，"当里里外外除了纸币——不是财富的代表而是匮乏的代表，不是信用而是权力的产物——以外就无其他时，他们想象我们英国的繁荣状况应当归因于银行发行的纸币，而不是银行发行的纸币归因于我们商业的繁荣状况，归因于我们信用的牢固以及归因于在交易中的任何方面完全排除一切权力观念"。

伯克认为英法两国货币发行的具体差异体现在如下几个方面。（1）英国的货币（纸币）发行，人们是否接受纸币是完全有选择的（纸币和金属铸币），在接受哪怕 20 先令还款时，一个英国债权人可以拒绝英国银行的任何纸币。（2）有真实的现金储备对应。纸币持有人可以在任何情况下没有任何损失地自由兑换。（3）我们的纸币在商业上有价值，而在法律上毫无价值（作为铸币的代表）。它在威斯敏斯特大厅（英国最高法院所在地）的无能为力，对应着在交易所（伦敦股票交易所）中的强大力量（这里指行政权力不干预货币事务）。（4）在我们这里没有任何一种靠权力强加的、无论什么性质或资质的单一公共担保（a single public security）。这里伯克暗指英镑纸币发行根本不是像法国发行指券那样以出售没收的教会地产作为担保。（5）英国的纸币财富并非真实货币（铸币）的替代品，而只是便利真实货币的进入、退出和流通，因此英国的纸币财富并没有减少真实货币财富，而是让真实货币有增加的趋势。因此它是繁荣的标志，而不是困扰的标志。因为英国纸币的以上性质，所以，"在英国，现金匮乏、纸币泛滥从来都不成为抱怨的问题"。因为伯克所处时代属于金本位时代，因此伯克秉持一种货币发行的金本位观。在今天看来，货币完全可以与贵金属储备脱钩（锚发行货币仍然被认为是极为危险的通胀前奏，但在一个主权国家范围内，多数国家都没有对"无锚发行货币"的有效宪法限制）。其实一种审慎和稳健的货币的要害在于信用，即维持币值稳定作为货币当局的首要使命，这意味着货币当局不能屈从于任何行政权力的即时需求，无论是经济增长还是维持充分就业，而这一审慎和稳健货币的精神实质，在伯克阐述的英国货币性质和特征中已得到充分体现。

在现代货币制度下，基础货币 M0 在货币总量中的占比是很小的，在凯恩斯时代这个比例为 10%—20%，而发展到今天，以中国央行公布的 2020 年 3 月份数据为例，M0/M2=83022.21 亿元 /2080923.41 亿元 ≈ 4%，说明以信贷方式存在的货币才是货币总量中的主体部分，而信贷货币发行原则上是无限制的。货币以何种有价物为准备并不是问题的实质，因为用准备（锚定物）来约束货币发行量，目的还是确保货币的币值基本稳定（币值基本稳定不是指物价永久不变，它核心含义是货币发行不扭曲经济中的价格信号）。不论是在货币与贵金属挂钩的伯克时代，还是在货币发行与贵金属储备脱钩的当代，币值稳定终究依赖于具有货币发行垄断权的货币发行当局坚守国家信用——货币发行不以眼前的即时需求（战争筹款、经济增长、充分就业等）为转移。

六、新政权的财政支出

当人们聚焦于国民议会千方百计筹集资金以应对财政危机时，是否忘记了关注新政权自身的财政开支情况？伯克提醒人们，事实是，新政权财政开支庞大，这些政客并不节俭。

伯克的《法国革命论》中首先是一段略带讽刺的赞许，"对于挥霍性开支的削减，以及由博学而美德兼备的国民议会引入的节约措施，弥补了岁入中持续多年的亏空。至少这一点上他们已经履行了一个财政家的责任"。伯克提醒人们关注新政权自身的财政开支情况，"那些说这话的人，看过国民议会自身的开支了吗？看过各市镇政府的开支了吗？看过巴黎市的开支了吗？看过两支军队日益增长的军费开支了吗？看过新的警察部门的开支了吗？看过新的司法部门的开支了吗？他们仔细比较了新旧年金表（pension-list）了吗？这些政客们残酷而不节俭"。伯克对革命政权财政开支的评价是："将挥霍的前政府及其相关岁入与新政权的开支（开销之大与新国库状况形成鲜明对照）对比，我相信，不管怎样比较，目前状况更应该受到指责。"

在这一段关于新政权的财政状况的分析之后，伯克做了一个注释，提醒人们关注前财政总监卡隆的著作，其中，卡隆分析了情况发展到如此危机状态的前因后果。伯克对作者的真知灼见予以高度评价，"我蜻蜓点水地触及法国财政状况及与之相关的需求（我没计划打算深入）。如果真打算深入研究的话，手头资料不够。我推荐读者参考卡隆的著作。他极大展示了新政权愚蠢和无能之上的胆大妄为、自以为是的良好意图，是如何给法国的公共财产乃至一切事务上造成浩劫与巨大破坏的。那样的原因必然会造成当前这样的结果的……我相信人们将会发现，对比当前法国承受的代价这个教训，一个更有益的教训——警惕发明家们无畏的冒险精神，任何时代都没有向人类提供过"。"发明家""理性的独裁"——这是伯克对革命派最常用的讽刺语。

150年以后，我们在经济学家哈耶克这里听到了这一思想的回响（哈耶克把伯克视为自己思想的先驱之一）。哈耶克说："这些最渴望对社会进行计划的人们，如果允许他们这样做的话，将使他们成为最危险的人和最不能容忍别人计划的人。从纯粹的并且真心诚意的理想家到狂热者往往只有一步之遥。"热拉尔·让让布尔（Gerard Gengembre）在"伯克"词条中写道："是的，大革命，这种对大写的人的神化，只会做出非人化的事业来。"在《科学的反革命：理性滥用之研究》中哈耶克进一步寻根问底地找出这种"社会工程师思维"（类似伯克的"发明家"）的根源。"早期近代是科学与理性的时代，当人们沿着给他们带来巨大胜利的道路继续走下去时，他们也可能陷入最深的谬误。对自然科学成就的自豪感，以及对自然科学方法万能的信念，在 18 世纪末期和 19 世纪初期有着无与伦比的正当性，在几乎聚集着当时全部大科学家的巴黎尤其如此……大革命的直接后果在三方面对我们有着特别的意义：第一，现存制度的崩溃，要求立刻运用正确反映着理性的全部知识；第二，原有教育制度被彻底摧毁及全新制度的确立，它对整个下一代的世界观和一般观点造成深远影响；第三，巴黎综合理工学院的建立"。注意哈耶克的《科学的反革命：理性滥用之研究》第 11 章的标题——《科学狂妄的根源：巴黎综合理工学院》。

七、打开信贷扩张的潘多拉盒子

政府筹集财政资金无非征税和举债两条途径，而借助于银行体系靠信贷来获取财政资金则是一种变相征税，同时又是一种通过超发货币实现的收入再分配。伯克重点批评的正是"法国的管理者"以没收教会财产作为抵押发行指券的危险举动。"剩下就是考虑法国目前的管理者们以信贷（credit）增加财政供给的财政能力的证据了。……确切地说，他们毫无信用（credit）可言。旧政府的信用的确不是最好的，但是他们在某些条件下不仅能从国内筹集到资金，而且能从积累了剩余资本的大多数欧洲国家那里筹集到资金。旧政府的信用在逐日增进。一套自由体制的建立当然被认为有望为其注入新的活力。当然，如果自由体制果真建立起来的话，实际上确实会做到这一点（即注入新的活力）。他们假冒的自由政府用他们的纸币来交易，从荷兰、汉堡、瑞士、日内瓦和英格兰那里得到了什么供应了吗？"而事实是，法国新政权很快就引起了欧洲诸国的警觉和恐惧。这个革命政权哪里有什么信用可言！伯克指斥法国革命政府："这些商业和经济之国为什么会同这样一个企图颠倒事物本性的国家进行任何金钱交易呢？这些欧洲国家看到，一个债务人把刺刀架在债权人脖子上的民族，一个拆东墙补西墙（discharging one of his engagements with another）的民族（这里的背景事件是新政权剥夺教士的什一税收入，取而代之为所谓宪法教士领取国家薪俸，以及当时战争筹款的利息支出巨大，不得不借新债还旧债），一个以贫困当财力的民族，一个用破烂支付利息的民族——他们如何能与这样一个民族做任何金钱上交易呢？"这些连续的讽刺句都有所指，新政权在筹集财政资金上不合情理、不合道德，只合乎他们新颁布的法律，最要命的当然是指没收教会财产发行指券这一公然掠夺行径。

伯克对新政权发行指券进行了酣畅淋漓地批评："他们对于掠夺教产有万能的狂热信心，导致这些哲学家们忽视一切对公共地产的关照。就如人们受到哲人石的诱骗一样，人们在更动听的炼金术的幻觉之下，忽视了所有增加财富的合理手段。在这些哲学财政家看来，这种由教堂木乃伊制成的万能药能够治疗这个国家的一切弊病。这些先生也许不相信虔诚敬神这一套，却对亵渎神明怀有不容置疑的信念。"

为了解决当时迫在眉睫的财政危机，国民议会讨论的最终方案是没收教会财产和地产（革命一开始一些高层贵族开始流亡，新政府借机没收了流亡贵族留下的地产）为"国有土地"。按照威廉·多伊尔统计，1789 年 12 月 12 日，国民议会设立"特种金库"，存储国有土地和爱国税，凭借这些措施，国家发行与基金总价相等的指券。国家得以用指券向债权人支付债务，指券持有者可以用指券购买国有土地。指券从一开始并不是严格意义上的纸币，但几个月以后（1790 年 4 月 17 日）被官方确认为合法流通货币。税收不断减少，赤字不断增加，财政总监内克尔被迫受命不断增发指券，1790 年 4 月到 6 月，新政权至少发行 6 次指券。到 9 月 29 日，指券发行总额达到惊人的 12 亿锂。伯克对这种不顾后果滥发货币的行为予以大声斥责："他们不是有债务压力吗？——发行指券。不是要对那些因为自身职位而被抢劫了不动产的人，或从公职岗位上驱逐的人给予补偿吗？——发行指券。不是要装备一支舰队吗？——发行指券。如果强加在人民头上的 1600 万英镑的指券，依然使这个国家如之前一样万分窘迫的话，有人会说，发行 3000 万英镑的指券吧，另一个会说，还是发行 8000 万英镑的指券吧。他们在财政派系争议上的唯一差异是，强加于公众苦难（publick sufferance）上的指券多一点还是少一点。他们都是指券方面的教授。那些没有被哲学抹杀自己天生具有的商业判断力和知识的人们提出了反对这种妄想的决定性论证时，他们最终还是建议发行指券。我想他们一定只谈指券了，因为除此之外的语言没人能懂。他们所有失败的经验都不曾使他们产生丝毫气馁。先行发行的指券不是在市场上贬值了吗？如何补救？发行新的指券。（伯克还故意用一段蹩脚的拉丁文模仿喜剧大师莫里哀的《无病呻吟》："病成这样，怎么办？发行指券！再发行指券！发行更多的指券！"）。如今的治国医生们的拉丁文水平，或许比旧时喜剧的要好，而他们的智慧和方法种类却别无二致。他们的歌声中的音符不会比布谷鸟的更多，他们的歌声不像夏天丰收的预告者那样柔和，他们的嗓音就像乌鸦叫声那样刺耳和不吉利。"

伯克为什么对新政权发行指券如此大加鞭笞？主要基于两大原因。第一，发行指券的"准备"是没收而来的教会地产和财产，从根源上是不道德的，违反了财产权不可侵犯原则。其后果是毁灭性的，因为新政权似乎发现了一笔取之不尽用之不竭的金矿，他们能支付一切（一个穷了很久的人突然手里有钱了），因此他们敢于随心所欲地废除和破坏一切。第二，他们鲁莽地废除了什一税，这场"外科手术"的实际结果是给赤贫阶层减轻 3000 万锂的负担，同时给富裕资产阶层增加 3000 万锂收入。因为土地原本就一直在流转中，土地流转交易时买入者都要承担相当于买入价的 1/7 的什一税，现在因为废除了什一税，等于增加了买入者的收入。泰纳认为，"这一无偿的、出乎意料的管理，以如此巧妙的方式，以至于越富者获得的好处越大。这就是抽象原则的后果"。结果发行指券引发的问题远远大于它解决的问题。

总之，作为世俗社会国家机构的议会攻击宗教、篡夺和僭越宗教，它事实上宣称自己就是宗教，然而议会终究无法履行宗教机构"慈善、教育和信仰"三大功能。一种"合法性迷恋"（弗朗索瓦·傅勒语）让新政权企图包揽一切，但这是任何政权都办不到的，特别是，世俗政权取代不了传统宗教的角色。对于坚定捍卫宗教价值，反对无神论，反复强调审慎、约束、节制的政治和反完美政治的伯克来说，这一激烈批评是必然的。

在教会地产国有化以及随后发行指券的问题上，伯克最痛恨的是前者，当然后者也是极不明智的举措。在这一过程中，甚至一些高层教会人士背叛了自己的阶层助纣为虐，塔列朗就是其中的典型人物。伯克说："除了这些哲学和财政上的冒险家以外，还有谁会想到摧毁作为公共信用唯一担保的国家固定岁入，然后再寄希望于没收的财产作为原材料来重建它呢？然而，对国家的过度热忱，竟然会让一位备受尊敬的主教（塔列朗）去掠夺自己所属的阶层，并为了教会和人民的利益而让自己成为一名专管没收的大财政家，登上亵渎神明的审计官的职位，那么在我看来，他和他的助理们随后一定会以行动来表明，对自己所承担职务的职责是有所了解的。既然他们决意要将所征服国度（指教会）相当一部分地产留给国库，那么如何给他们的银行提供一笔真正的信用基金（a real fund of credit，即随后发行指券的"准备"），只要这个银行能做到这一点，这就是他们自己的事情了。"因为伯克对大革命反宗教立场的强烈批评，当然对作为反宗教的操盘手塔列朗主教十分不客气了。在《教士公民组织法》颁布以后，教会等级中 134 位高级教士拒绝宣誓，但有 4 个宣誓了，其中 3 个早就不信教了，而且以品德败坏为人所知，这 3 人中就有塔列朗。

塔列朗有政治洞察力和远见，但品性极差。就在西耶士发表第三等级代表整个法国的挑唆性号召以及米拉波在"网球场宣言"后宣布不离开以后，塔列朗觉察到形势不妙，国王有生命之忧，整个王国君主制度有被推翻的危险，于是他去找国王，国王和王后都很讨厌他，国王让弟弟阿图瓦伯爵接见了塔列朗。塔列朗要求国王必须尽快采取强硬行动，恢复国王的主动权，由国王果断控制局面；同时明确此次行动以及事成后自己要当内阁大臣（内阁最高行政长官），国王基本同意塔列朗的意见但拒绝了塔列朗的职位要求。此后，塔列朗甩下话："每个人都自己想办法吧。"很快，塔列朗调转了枪口，作为一个老奸巨猾的投机分子，他的策略是谁上台就跟谁。

伯克对塔列朗的批评不是针对其个人品行上的，而是针对他的政治活动后果。也许伯克过早地洞悉了宗教信仰是一个社会拥有较高社会资本、个体间联系以及制度性关联的必要条件，也是个体层面上个人作为某个道德共同体成员，使个人生活于一个充满价值和意义的世界，而不是一个充满反常、反社会和失序的世界的必要条件。因此，大革命中一切为反宗教"事业"作出"积极贡献"的人和事都是他毫不留情的批评对象。

八、如何以符合商业原则的方式发行债券

伯克不支持国民议会以国有化没收的教会地产为抵押发行债券。伯克的本意是，退一万步讲，如果政府想要把这些来路不正的赃物处理好（没收教会地产），也应当以符合公共和私人信贷的商业原则、理性，有序地进行操作，这是为债券发行方和债券购买方双方的利益和财产安全考虑所必须的。

伯克指出："无论在何种情况下，想要以土地银行为基础建立货币流通信用，迄今为止都已经被证明是困难的。这种尝试往往都以破产告终。当国民议会从蔑视道德原则被引向走到拒绝服从经济原则，他们自己是不会取消这种有助于减少困难和阻止向破产方向恶化的东西。可以想象，为了你们的土地银行能够被容忍，在抵押物说明中他们会采用一切能够展示公开和坦诚的事物，以及利用一切可以帮助恢复需求的东西。从最有利于它们的角度来看，你们的处境就是——一个为了偿还债务及为支付某种服务而开销，想要出售大宗地产，但由于不能立即售出，你们就希望能抵押出去。一个有着公平意图、有着一般清晰理解力的人，在这种情况下将会如何做呢？他难道不是首先确定这笔地产的总价值、处置和管理所需费用，以及可能影响它的各种永久或暂时性的产权负担（encumbrances，不动产负担，指不动产所有

人以外的人对此土地所拥有的任何权利或利益，虽不足以改变产权但会对产权产生影响，例如按揭、租约、法庭判决、抵押契约、担保契约、信托契约、不动产税等），然后得出一个净剩余，以计算该抵押品的公道价值吗？当这个净剩余（债权人唯一的担保）一经确定并妥善授予信托人之手后，他就应当表明拟出售地块、出售时间以及出售条件。在这之后，他应该允许做出了选择的公共债权人将自己的股本划入新基金（土地银行），或者接受那些愿提供预付款购买这种抵押品的买家的指券。"伯克这一长段是要说明，设想事已至此，真要把没收的教会地产抵押以发行指券，一种妥善的、符合商业规则的技术操作过程应该如此这般。因为伯克压根儿就不认同没收教会地产与财产的合道德性和合法性，但是事已至此，往后的操作也应当按照常理和商业规则来操作。

按照商业规则来操作的好处，伯克说："如此则就像一个实干家那样，遵照公共和私人信贷中既存的唯一原则，理性而井然有序行事了。如此，则交易方知道自己所购买的究竟是什么，而他心中唯一担心的是，这笔赃物哪一天可能被收回的恐惧（或许还有额外的惩罚）——因为来自一群无耻之徒亵渎神明的抱怨，而正是这群人可能成为无辜公民们（教会）拍卖会上的买家。"伯克的这种推测不无道理，而且具有先见之明。发行指券解决财政赤字就像吸毒，国民议会从首次发行指券 0.8 亿锂，第二次发行 2.94 亿锂……短短六个月里发行了至少六次指券，第六次发行量达到 12 亿锂。国民议会仿佛发现了一座取之不竭的金矿，国家债务和财政开支似乎从此不成为问题了。但是如此大规模的指券发出去（债权人获得指券以后主要是买地），各种问题和衍生问题紧跟着就来了。威廉·多伊尔指出："从此，是否支持指券变成了是否认可革命的考验。"这为社会撕裂埋下了祸根，更不用不说大量纸币（1790 年 4 月 17 日国民议会投票决定指券为法定货币）流通引发通货膨胀造成的对经济秩序的冲击和对人民基本生活用品消费的冲击。

伯克强调规范发债的操作规程上的要求，"一份关于拟出售地产的明确价值、时间、条件、地点的确切而公开的说明，对于尽可能清洗掉已经印在每种土地银行上的污点，是完全必要的"。同时，伯克提出第二项要求，即请国民议会一定要信守承诺——所获款项一定要留出一部分保障教会各项支出。"由于之前对此事做过承诺，他们的诚信可能随着第一个约定的遵守而确立。他们最终决定把从教会掠夺来的赃物作为国家财源的时候，1790 年 4 月 14 日，国民议会就这一问题做出庄严决议，并对他们的国家保证：在每年公共开支的报告陈述中，应当有一笔充足的款项用于支付罗马天主教会的开支，用于支持教坛牧师、济贫、僧俗两界男女神职人员年薪，以使国家支配下的地产和财物得以付清所有开支，以及由代表们或立法机构用于国家最重大、最紧迫的需要。就在同一天，他们进一步着手决定次年（1791 年）的必要数额。"教会改革看似在有条不紊地推行，实际上国民议会的意图是创建一个贯彻人民主权原则、由选举产生、由政府发工资的国教会，并利用国教会巩固新政权，但革命政权对宗教的摧毁性行动，罗马天主教皇对《教士公民组织法》予以公开谴责。这种全面改组宗教的鲁莽行动引发国内宗教分裂，效忠新宪法的教士（宪法教士／爱国教士）与继续效忠罗马教廷的教士（旧教派）分裂。马迪厄说，这种分裂甚至延伸到了家庭，"法国分裂为二"。

九、这是一场掠夺，又是一场欺骗

　　当时的财政危机的确迫在眉睫，到期债务必须偿还，政权运转的日常开支必须支付，但是财政危机只能靠没收教会地产来解决吗？从国民议会 1790 年 4 月以后的种种行为，从财政总监卡隆的报告，从此后事态的发展来看，的确如伯克所言：这一切不过是一场欺骗。阿克顿总结得鞭辟入里："现在已经看得很清楚了，解决财政问题只是表面的考虑，在这个考虑的背后还有更深层的设想。有些人希望打碎那个强大的组织，解除那些具有贵族气派的主教的武装，让孤零零的教士们都服从这场革命。……他们的做法不仅拿走了教士的生活依靠，也拿走了穷人的依靠。……在革命者看来，只要还有一个法国人在挨饿，就不允许任何人有剩余。"托克维尔这位 19 世纪的孟德斯鸠也认为大革命对宗教攻击之恶劣："法国大革命最初措施之一是攻击教会，在大革命所产生的激情中，首先燃起的并最后熄灭的是反宗教激情。……人们有理由将 18 世纪哲学视为大革命的一个主要原因。的确，18 世纪哲学带有深刻的非宗教性。……18 世纪哲学家的另一部分信条是与教会为敌；他们攻击教士、教会等级、教会机构、教义，而且为了更彻底推翻教会，他们还想将教会的基础连根拔掉。……大革命的结果不仅是要摧毁个别社会秩序，而且要摧毁一切社会秩序；不仅要摧毁某一政府，而且要摧毁社会权力本身。……法国大革命的目的不仅要变革旧政府，而且要废除社会结构，因此它攻击一切现存权力，摧毁一切公认的势力……用官吏取代贵族，用统一的规章取代地方特权，用统一的政府取代五花八门的权力机构……他们甚至动用穷人反对富人，平民反对贵族，农民反对领主。"大革命所带来的，是民众以人类的名义，罔顾法律而进行的残酷激烈的破坏，这种破坏在欧洲是独一无二的。这就是托克维尔的结论。

伯克从国民议会随后的行动中发现一些端倪：这可能是一场欺骗。原因在于：（1）他们没有提供一份不动产的租金账簿，没有为指券提供一份所没收地产的财产清单;（2）他们没有做过对地产价值及其产权负担的评估;（3）没有如承诺所言，清楚地说明出售教会地产、清偿所有债务后的净资产;（4）他们没有确认教会地产的价值和各类支出的数额。

如果真实基于一笔巨大地产作为抵押发行债券的话，这些细致而复杂的技术活是必须做的，然而他们没有做；结合财政总监卡隆的报告，伯克发现这是一场可耻的骗局，"最终他们直说了，他们全盘揭示了他们卑鄙的骗局——把教会地产作为不管什么样的债务或支付何种服务的抵押"。原本是专款专用，教会地产抵押所筹集的资金只用于所谓他们改组后新教会运转支出和神职人员工资，而实际情况却是，"他们列出的账目显示他们的目的在于其他，如扩充他们的武力和行骗的装备"。伯克运用财政总监卡隆的报告佐证了这一事实。卡隆说："……我并非针对整个议会，我只针对那些包藏祸心、把议会引向歧途的人。……你们并不否认，你们的目的是教士的一切希望，造成他们的毁灭。……但是你们关怀的人民呢？他们从中得到什么好处？你们不断地利用他们，你们为他们做了什么？什么也没有做，绝对是什么也没有做。相反，你们的所作所为只是加重他们的负担。你们还损害他们的利益，拒绝了一笔4亿锂的捐款，而接受它的话是可以有助于他们喘息的；你们用一种毁灭性的不公正取代了那种合法又有利的财源，结果为国库，也给人民增加每年至少5000万支出以及1.5亿的债务……可怜的人民！就是这最后一招——没收教会的土地带给你们的好处了，严酷的征税法令代替了一个仁慈宗教的牧师们的关怀。从此你们就要养活他们了，他们的善款救济了穷人，而你们则用交税来养活他们。"财政总监卡隆无疑是知情人，所言事实可信度高。卡隆提到的 4 亿锂捐款，是在 1789 年 12 月 29 日教会地产国有化法令公布以后，教士们眼看自己的财政管理权要被移交到市政府手里，眼看剥夺成定局，于是试图想尽一切办法维护自己的财产的举措。对于此事，历史学家米涅说："教士们使出最后一招——他们主动提出认购 4 亿锂的公债。但这事被拒绝了，因为如果不拒绝，就等于确定教士不是财产的主人以后，又承认他们是财产的主人。"骗局昭然若揭。这哪里是解决财政赤字，这分明就是要消灭教会地产，让他们无立锥之地。

伯克对国民议会的欺骗行径予以激烈谴责："这是对 1790 年 4 月 14 日公告的公然违背。替代方案所费巨大。维持已经缩减的教会机构的费用、其他宗教服务人员的费用、男女神职人员（在职和退休）工资开支，以及与此性质相同的其他相关开销——这费用是由他们发动的这场财产大震动产生的，总额超过了从地产中获得的一年 200 万英镑之巨的收入，外加 700 万以上英镑债务！这就是欺骗的计算能力！这就是哲学财政学！这就是促使一个悲惨民族投身于叛乱、谋杀、亵渎神明，并使他们充当毁灭自己国家的便捷而狂热的工具的所有妄想症结果。"财产权、正义、自由和人道是伯克一直捍卫的价值。国民议会的所作所为践踏了财产权、正义、自由和人道，"无论在任何情况下，绝不会有哪个国家靠没收自己公民的财产而富裕的。这个新实验'成功地'步了所有此类实验的后尘。每一个诚实的心灵，每一个真正热爱自由和人道的人会欣慰发现，不正义永远都不会是好政策，劫掠不是通往富裕的大道"。

图 21-2　夏尔·亚历山大·德·卡隆子爵（1734 年 1 月 20 日—1802 年 10 月 30 日），法国国务活动家、财政总监（1783 年 11 月—1787 年 4 月任职），政治光谱上属于君主立宪派

　　大革命初期，国民议会其实玩了一个精妙的文字游戏。据米歇尔·布吕吉埃（Michel Bruguiere）的研究，法文中有转让证书（assignation）一词，意思是旨在让一名会计人员在固定期限中支付一定数额钱款的命令或通知。而指券则完全是另一种东西。在法国南方条例所使用的古老语言中，"assigner" 是指设立一笔年金或嫁资，同时冻结资金作为收取的担保。因此，"转让证书" 意味着一种期票，一种临时性货币符号，而一张指券则代表着财产，是对未来支付的具体而可靠的抵押。国民议会就这样把转让证书巧妙地变成了 "指券"。国民议会将教会财产收归国有，这样教会地产就像从天上掉下来的馅饼——一笔巨大财产，作为发行指券的抵押。伯克坚定为教会和财产权辩护："为了使世人相信教会财产是取之不尽的财源，国民议会还对其他公职人

员的不动产采取了没收行动。如果不予补偿的话，以普通的幌子对地产进行如此大规模没收是不可能完成的。他们给这笔基金即扣除了所有费用后的剩余，又增加一项任务，即给被解散的整个司法机构、被取消了公职和没收了地产的所有人以补偿……多达数百万法国货币单位。此外还有需按日支付的 48 万英镑第一期发行的指券利息开支（如果他们愿意守信用的话）。"可见，国民议会压根儿就没有将没收行动限制在教会地产；也没有将没收来的财富限制用于替代制度的运行费用和人员工资开支，相反，国民议会发现没收是一笔只赚不赔的好买卖（无本万利，取之不尽用之不竭）。果然，没收行动扩大化了。革命是要花钱的。没收财产成为革命政权的基本财源。

在推行大肆没收行动时，革命政权不认为自己有义务向被没收者说明财产的用途和管理，就是强制无偿没收。伯克质问道："他们可曾劳驾自己清楚地说明过管理教会地产的开支？这些没收来的土地交给了各市镇政府及手下一大批无名之辈手中，他们选择这些人来管理没收的地产，这些财产的使用完全依赖于这些人的照管、技能和勤勉，至于后果如何，南希（Nancy）主教亨利·德·拉法尔（Henri de La Fare）已经精辟地指出了。"国民议会大规模没收财产的行动指向教会和贵族，实际上是在与一个风车作战，与一个已经失去内容的符号和标签作战，因为启蒙运动、工业革命初现端倪，阶层流动早就已经涌动，国民议会打击的与其说是特权阶层，不如说是法国正在形成中的新精英阶层。革命没收来的财产转手交给了"一大批无名之辈"。伯克提到亨利·德·拉法尔系南希教区主教（任职时期为 1787 年到 1816 年），1789 年当选南希教区教士代表参加三级会议，他反对法国大革命，但有幸躲过了恐怖统治时期的大屠杀。拉法尔主教对地方政权如何管理没收的教会地产的批评性评论无从查考，但从其政治主张来看，应与伯克一致。

图 21-3　亨利·德·拉法尔（1752—1829），系南希教区主教

伯克继续历数新政权滥发货币、不守信用、透支未来、欺骗公众的恶劣行径，以及狂飙突进的法国大革命正在殃及池鱼，对欧洲，特别是对英国构成威胁，而揭示后者也正是伯克写作《法国革命论》的重要关切之一。没收来的教会地产在没收交割时刻总是处于土地使用状态，每宗地产总是处于各种契约中，因此必然存在各种情形的产权负担（产权负担一般会降低所有者的地产价值，但不影响所有者交易）。（1）"他们可曾对全国和各地方政府的各类产权负担做过清点工作？他们可曾把地产收入与国家常规性税入做过比较？"由于当时财政税收政策极为混乱，社会秩序趋于崩溃，旧税取消了，新税又收不上来，在整个混乱的转换期，支持新政权的财政资金主要靠没收地产（甚至包括没收敌国公民财产），"除了这笔没收，没有其他支柱能够避免整个国家坍塌了"。但是新政权不会让人民知道革命把国家推向混乱和危险境地。（2）"他们故意用厚厚的帷幕把本来应该清楚呈现的事务

（主要指财政收支）掩盖起来。然后他们就像遮住驱赶的公牛的眼睛一样遮住自己的眼睛，同样他们也遮住奴隶们的眼睛，用刺刀驱赶他们，让奴隶们接受他们虚构的钞票。"（3）"并吞下一剂 3400 万英镑的纸药丸（paper pills，一次发行相当于 3400 万英镑的指券。据统计废除指券前，督政府建立前期的 1795 年 1 月发行 70 亿锂；1795 年 5 月发行 300 亿锂）。"（4）不守信用。没收到的地产净剩余价值不足以抵押原来第一期发行的 4 亿锂的情况下，而且过去的所有偿付约定都还没有兑现，现在居然又骄傲地宣称发行这一笔新信贷。然而，来自国民议会内部的对拉开这场骗局的洪水泛滥的闸门的反对意见没有得到回应。（5）英国邓迪的俱乐部（即"自由之友"俱乐部）为国民议会的行动喝彩，苏格兰银行的主管们或许也为他们唱赞歌。

　　在揭示国民议会以上鲁莽行径以后，伯克总结道，"这就是这些形而上学数学家计算出来的数字。这就是法国哲学公共信贷所的宏伟运算。他们不能增加供给，但是他们能增加暴民"。爱国党们究竟在做什么？伯克揭露了他们的行动本质，"他们的智慧和爱国主义就是如此将掠夺公民以服务国家"。米歇尔·布吕吉埃说，"指券实际上充当了大规模革命式转移财产的工具。指券保藏的是大革命与其最终的支持者之间的共谋"。

十、通货膨胀摧毁国家信用

　　1790 年初，国民议会又发行了 1600 万英镑（约 4 亿锂）纸币，货币几乎立刻贬值 5%，很快贬值 7%。存在两套货币的情况下，人们必然会规避贬值货币、保留良币。财政总监内克尔发现征税人接受货币但支付给国库时却用指券，因为这样一来，征税人轻易就赚了 7%

（缴给国库 100 锂指券实际等于 93 锂）。于是这名大臣向国民议会提议命令征收税款的人收什么币就上缴什么币，而国民议会并未重视这位大臣的提议。这样，政府就发现自己处于两难境地。伯克指出，"如果他们继续接受指券，国库的旧币现金就会减少；如果他们拒绝接受这些纸护身符（指券）或者表现出任何轻微程度的反对，那么必然摧毁他们这唯一财源的信用"。面对这种两难困境，国民议会做出了选择：第一，他们通过使用它而赋予这种纸币一些信用；第二，他们发出公告称，传统金属货币与他们的指券在价值上没有任何区别。在伯克看来，第二项举措超出了国民议会的立法权限。伯克以其特有的文学风格讽刺指券的信用，"这就是由这个哲学式宗教会议的可敬神父们（指国民议会的议员），在一种诅咒下宣布的一种良好而坚固的信心的证明"。

指券通胀与"密西西比泡沫"性质上差异甚大，伯克对此做了一番比较。当时，指券通胀引发人们议论纷纷，"当得知有人把他们在财政上的魔幻神灯秀，比作劳先生（Mr. Law）的欺骗性表演，一股高贵的愤慨在你们的群众领导人心中升起。他们无法容忍将劳先生的密西西比的沙子，与他们的体系奠基于其上的教堂的岩石相提并论"。伯克指出，实际情况恰恰相反。这里有必要简要了解约翰·劳与密西西比泡沫事件。密西西比泡沫事件被认为是世界金融史上最为著名的三次泡沫事件（荷兰的郁金香狂热、法国的密西西比公司泡沫和英国的南海公司泡沫）之一。

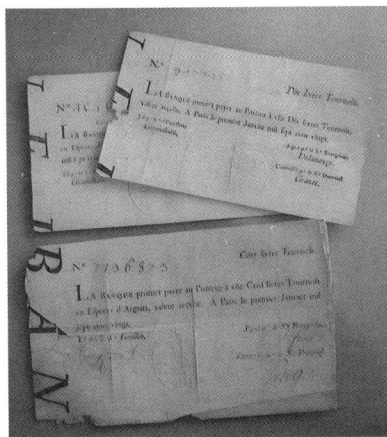

图 21-4（左），约翰·劳（1671 年 4 月 21 日—1729 年 3 月 21 日，奥尔良公爵摄政时期法国财政总监）　图 21-5（右），1720 年通用银行发行的纸币

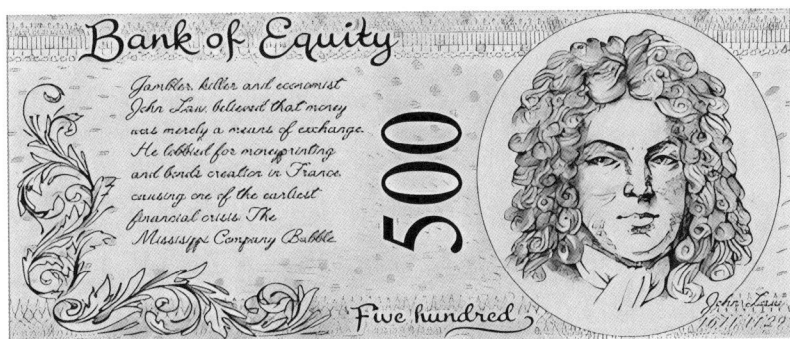

图 21-6　印度公司 1719 年 4 月发行面值 500 锂的股票，半年之内飙升至 18000 锂

约翰·劳最早提出信用货币与纸币本位概念，并付诸实施。他认为，国家信用的唯一基础其实就是公众信心，只要公众具有信心，纸币与金属货币完全等价。而信用的本质就是动员资源的能力，扩张信用不仅可以化解通货紧缩，更重要的是能促进经济增长与增加政府税收。人类以往的金融体系不过是一个简单的支付系统，他设计的金融体系却是一个环环相扣、相互支持的信用和财富创造机器，每一环节

都源于牢不可破的基本原则。从现代经济学来看，约翰·劳的说法是有道理的，货币的本质就是一种经济系统中的"社会科学事实"（或者用约翰·塞尔的概念"社会实在"），它值钱不值钱完全取决于共同体全体同意或不同意，或者接受不接受它是货币，而这种货币的物质载体是金银铜等金属还是纸张是无关紧要的。

18 世纪初，路易十四连年发动战争使得法国国民经济陷于极度困难之中，通货紧缩、国库空虚、债台高筑，国家危机重重。在此关头，约翰·劳出现在人们视野中。1715 年，法国摄政王奥尔良公爵正在为法国的财政犯愁。约翰·劳的理论好像向他抛出了一个救生圈，似乎法国只要建立一个能够充分供给货币的银行就可以摆脱困境，解决国债的资金融通问题。经法国政府特许，1716 年约翰·劳在巴黎建立了一家私人银行——"通用银行"（Bangue Genarale）。通用银行拥有发行货币的特权，其货币可以用来兑换硬币和付税。通用银行建立后经营成功，资产总额迅速增加。

1717 年 8 月约翰·劳取得在法国殖民地路易斯安那的贸易特许权和在加拿大的皮货贸易垄断权。随后约翰·劳建立了西方公司，该公司在 1718 年取得了烟草专卖权。1718 年 11 月成立了塞内加尔公司（Senegalese Company）负责对非洲的贸易。1719 年约翰·劳兼并了东印度公司和中国公司，改名为印度公司（Compagnie des Indes），垄断了法国所有的欧洲以外的贸易。1718 年 12 月 4 日，通用银行被国有化，更名为皇家银行（Banque Royale），皇家银行在 1719 年开始发行以锂为单位的纸币。约翰·劳在贸易和金融两条战线上同时出击，声名鹊起。

约翰·劳希望能够通过货币发行来刺激经济，解除法国沉重的国债负担。1719 年 7 月 25 日，约翰·劳向法国政府支付 5000 万锂取得

皇家造币厂的承包权。为了取得铸造新币的权力，印度公司发行了 5
万股股票，每股面值 500 锂，股票价格很快就上升到 18000 锂。1719
年 8 月，约翰·劳取得农田间接税的征收权。约翰·劳向政府建议，
由他来承包法国的农田间接税实行包干，每年向政府支付 5300 万锂，
如果征的税赋收入多于这个数字，则归印度公司所有。在约翰·劳的
主持之下，印度公司简化征税机构，降低征税成本，尽力扩大税基，
取消了对皇室贵族的免税待遇。在 1719 年 10 月印度公司又接管了法
国的直接税征税事务，其股票价格突破了 3000 锂。1719 年约翰·劳
决定通过印度公司发行股票来偿还 15 亿锂的国债。为此印度公司连续
三次大规模增发股票：1719 年 9 月 12 日增发 10 万股，每股面值 5000
锂；1719 年 9 月 28 日再增发 10 万股，每股面值也是 5000 锂；1719
年 10 月 2 日再增发 10 万股。股票价格一涨再涨，持续上升。印度公
司的股票面值在 1719 年 4 月为 500 锂，在半年之内飙升至 18000 锂。
1720 年 1 月，约翰·劳被任命为法国的主计长和监督长。他同时掌管
政府财政和皇家银行的货币发行和法国海外贸易与殖民地发展。随后，
印度公司接管皇家银行的经营权。印度公司的股票猛涨吸引了欧洲各
国大量资金流入法国。约翰·劳宣布其股票的红利与公司的真实前景
无关，这种深奥的说法进一步鼓励了民间的投机活动。空前的投机活
动极大地促进了对货币的需求。于是，只要印度公司发行股票，皇家
银行就跟着发行货币。约翰·劳坚信：增发银行纸币，换成股票，最
终可以抵消国债。1719 年 7 月 25 日皇家银行发行了 2.4 亿锂货币，用
以支付印度公司以前发行的 1.59 亿锂的股票。同年 9 月和 10 月皇家
银行又发行了 2.4 亿锂货币。

　　大量增发货币之后经过了一个很短的滞后期，通货膨胀终于光
临法国。在 1719 年法国的通货膨胀率为 4%，到 1720 年 1 月上升为

23%。通货膨胀动摇了民众信心，1720 年 1 月印度公司的股票价格开始暴跌。为了维持印度公司股票价位，约翰·劳动用了手中所掌握的财经大权。1720 年 3 月 25 日货币发行扩张 3 亿锂，1720 年 4 月 5 日扩张 3.9 亿锂，1720 年 5 月 1 日扩张 4.38 亿锂。在一个多月的时间内货币流通量增加了一倍。为遏制通胀，1720 年 5 月约翰·劳发布股票贬值令，分 7 个阶段将股票的价格从 9000 锂降到 5000 锂，同时降低纸币面值。约翰·劳和印度公司制造经济奇迹的神话突然破灭了。贬值指令马上导致民众恐慌，他们为了保住自己的资产争先恐后地抛售股票。股价在 1720 年 9 月跌到 2000 锂，1721 年 9 月跌到 500 锂，重回 1719 年 5 月的水平。

亚当·斯密评价约翰·劳这个不平凡的计划是以下列两个原则为基础的：国家的富裕在于货币，货币的价值可由人们的同意加以决定（一切社会科学事实都是基于这一原则而确立）。按照这两个原则，他认为如果能够把货币的概念和纸币结合在一起，他能够很容易促进国家的富裕，而且能够使政府实现货币所能产生的任何成就。约翰·劳的计划绝不是卑鄙龌龊的计划，他的确相信他的计划，他自己受自己的骗。

伯克认为将"那场伟大骗局原型"与国民议会后来"拙劣的模仿"相提并论并不公允，说约翰·劳的公司仅仅是建立在密西西比公司的投机上并不是事实。伯克对比了密西西比公司发行股票和货币与国民议会发行指券二者之间的本质差异。（见表 21-2）

表 21-2　密西西比公司发行股票和货币与国民议会发行指券的比较

对比项	密西西比公司发行股票和货币	国民议会发行指券
发行的准备或基础	密西西比公司、东印度的贸易、非洲的贸易、法国农业税税收	没收来的教会地产
目的	促进法国的商业增长	解决财政危机，摧毁传统教会制度
准备或基础涉及范围	两个半球的全部商业领域，而不仅是以法国自身的资产喂饱法国	法国国内的教会地产和财产
欺骗的方式	保持着人的大自然之维，一种光明正大的欺骗	基于可耻而卑鄙的哲学的低俗欺骗
价值理念	高扬自由价值	公开侵犯财产权
是否涉及暴力	未掺杂暴力	借助于暴力实施，"暴力留给了我们的时代，熄灭可能划破这个启蒙时代深重黑暗的微弱的理性之光"

十一、其他财政计划

在爱国热情的喧嚣声中，教会教堂里的金银器皿、圣器和钟也被用来铸币还债。伯克说："一项引起轰动而最终未被国民议会采纳的财政计划，能够显示出这些先生们的财政能力。这项计划是为巩固纸币通货的信用而提出来的，关于它的实用性和优点，人们已经说得太多。我指的是把管制的教会里的钟用来铸造钱币的计划。这就是他们的炼金术。这太愚不可及、太荒谬绝伦了，只能激起人的憎恶之情。"我们能感受到伯克话中带着某种悲愤的讽刺和幽默。因为掠夺教会土地还没完，还要掠夺教会的财产，甚至要把教堂的钟掠夺来铸币。泰纳说："宗教世界的合理性，乃是长期以来向其成员提供服务，是这个世界履行其职责时的热忱和效力，是社会成员对这个世界的感激，是他们赋予它的意义，是他们对宗教世界的需求和依恋，人们能在这里找到灵魂永远得救的希望。"在迈斯特心中，"我们大家全都被一根柔韧的链条拴缚在上帝的御座下"，而革命派竟然掠夺教堂的钟来铸币，此种行为简直就是十恶不赦的疯狂之举。在这个议题上伯克与泰纳和迈斯特这两位后辈是惺惺相惜的。

伯克还揭示了国民议会在财政上实施的种种规划和再规划。拔高为"国策"的"古老的商业欺诈诡计"，为了拖延罪恶之日来临而实施的货币流通（指券货币化），在国库与贴现金库之间的游戏（贴现金库在国库告急时发行流通券为国库提供现金支持，财政总监内克尔曾提出将贴现金库改设为可发行纸币的国家中央银行未获国民议会同意）。自从首期指券发行，国民议会尝到了甜头，从此他们似乎把指券当作唯一的财政来源，而国家正常的税收反属其次了。

税收即国家。伯克说："岁入是不能掉以轻心的。空谈人权不能作为购买哪怕一块饼干或一磅弹药的支付。他们的财政能力被证明是失败的，他们就靠发信贷作为仁慈之举。岁入已经在他们手上败光了，可是他们还自认为给了人民以救济。他们并没有缓解人民的疾苦（事实上很大程度是他们带给人民疾苦）。是人民自己救济了自己，而不是国民议会。"

大革命打断了历史进程，把法国推向混乱和无政府状态，而革命派却说自己正在拯救人民。伯克认为自己必须揭露这个谎言，揭露革命派以救济功劳自居的虚伪性。这些人真给了人民以任何形式的救济了吗？以巴黎市为例，我们从市长贝利先生的所言所为，可以看清这种救济的本质。贝利是天文学家、法兰西科学院院士，共济会成员，因其巨大的科学家声望和积极参加革命运动入选国民议会议员、国民议会首任议长、1789年到1791年任巴黎市市长。贝利是法国大革命早期领袖人物之一，由于在处理群众示威（与国民卫队总司令拉法耶特将军一道支持向骚乱群众开枪）时引发练兵场惨案被免职，后因被

激进左派马拉等人指控背叛革命，在恐怖统治时期被推上了断头台
处死。

图 21-7　贝利是法国大革命早期领袖人物之一，国民议会首任议长

　　贝利政治倾向总体上看属于君主立宪派，支持革命但同时强调维护社会秩序，在二者之间摇摆。在巴黎市长任上，贝利积极参与指券发行，曾主动接下国民议会 2 亿锂指券的发行任务，要价是巴黎市获得 5000 万锂回报，取得成功。伯克讽刺地称贝利为"一位纸币流通的大经纪人""博学的市长大人"。在整个大革命中，巴黎群众和巴黎公社是急先锋，在伯克看来，巴黎"正在遭受一种错误而冷血哲学的打击"，"如果说巴黎在过去的一年里经受了一场严重的食物短缺和生活必需品涨价之苦，那么不是亨利四世和苏利（国王的朋友）干的，实际上围攻他们的敌人不是别人，正是他们自己的疯狂、愚蠢、轻信和顽固"。

图 21-8　1789 年 7 月 17 日贝利在巴黎市政厅迎接从凡尔赛返回巴黎的路易十六国王

在大革命一周年后的 1790 年 8 月 13 日，贝利在国民议会的演讲中提到如下事实：1789 年巴黎市财政盈余 100 万锂。但在大革命之后，巴黎不得不承担的支出多达 250 万锂，加上免税产品生产大幅下降，导致出现货币全面短缺。伯克指出，"在目前的专制集权统治下，巴黎的特殊优越地位，使它得以从全国各地汲取资源和财源来供养它，这是集权民主共和制不可避免的邪恶"。因为在集权民主共和制下，"专制本身必服从于大众的邪恶"。"在皇帝统治下的罗马，结合了这两种体制（专制和大众民主）的邪恶，正是这种反常的组合成为它覆灭的一个重大原因。"借用古罗马灭亡的例子，伯克直指巴黎公社和法国新政权正在重蹈覆辙。

最后，伯克用一段深刻总结来结束新政权"财政税收制度"的冗长讨论："如果告诉人民，说他们被解救是因为他们公共地产的解体，这简直就是一种残酷而傲慢的强迫接受。政治家在高度评价自己通过摧毁岁入来解救人民之前，首先应该仔细考虑这一问题的解决办法——付出多但同时成比例地得到的多与免除所有税赋的同时却获得很少甚至一无所获。如何选择？我的内心是决意支持第一种主张的。"伯克对此提出一个原理性陈述："一个真正政治家最基本技艺中的一部分，就是在民众应该获得的权利与他应当承担的义务之间保持平衡。民众获取权利的手段在时间和（制度）安排上应当是优先的。"伯克这一深刻洞见告诉我们，不要对人民做那种煽动性、无限制、不现实的许诺——你可以得到所有而无须任何付出，这是不可能的。统治当局在试图获得统治权时以及在统治期间做这种许诺，无异于教唆人民犯罪！事实上也是根本不可能的。事实上，最好的新状态是：你得到你应得的，同时需要承担相应义务。国家是提供公平游戏的平台。但在权力和人民的天平上，掌握暴力潜能的国家处于相对优势地位，因此使民众获取其应得——在时间和制度安排上有必要置于优先次序，伯克说，"好的秩序是一切好的事物的基础。人们为了能够获得，人民必须驯服和服从，但又不能是奴颜婢膝。官员必须有威望，法律必须有权威"。在人民这一端，"人民不可从自己的头脑想象中寻找自然服从原则。他们必须尊重那些他们不能分享的财产。他们必须以劳动获得可以获得的东西。当他们发现，成功与努力不成比例时——正如他们经常会发现的那样——他们必须被教导在永恒正义的最终份额中得到慰藉"。这一"在永恒正义的最终份额中得到慰藉"无疑是"宗教社会"所提供的。正因为一个人的"成功和努力不成比例"是常见之事，而不是什么罕见的例外，那么这种来自宗教社会的慰藉就显得重要和必需了。

在《法国革命论》的前面部分，伯克提到，来自宗教的慰藉不仅对于贫者是必需的，对富人和有权势者同样也必不可少。贫穷、残忍和不幸是事物永恒秩序的固有部分，宗教是对这些灾难的慰藉。同时宗教设施是"公共性的装饰和慰藉，滋养着公共的希望"。"那么谁剥夺了这种慰藉，谁就等于扼杀了他们的勤劳，等于打击他们所获得和保全的所有东西的根基。做此等事情的人，是一个残酷的压迫者，是贫者和不幸者的无情敌人。同时，通过恶毒的盘算，他将（别人）辛勤取得的果实和累积起来的财富暴露给懒散、失意和没落的掠夺者。"伯克认为平等只有一种，那就是道德上的平等，其他方面的不平等是永恒的事实，我们必须接受这个事实，我们必须尊重那些我们不能分享的财产。

"太多职业金融家在国家岁入中除了看见银行、通货、年金、唐提（Lorenzo Tonti，意大利银行家）式养老金、长期租金和店铺中的全部小商品之外，就看不到任何东西了。"然而这些都是建立在一个稳定的社会秩序之上的，又是稳定的社会秩序的结果。伯克提到的这些财政和经济中的相关事物，都是所谓"社会实在"或"社会科学事实"。就常人常识所及，以及日常生活所需，人们只需要懂得社会实在的"功能解释"，所以职业金融家和财政家眼中的岁入难免就是金钱和产品。不过，人类社会的全部社会实在，都存在"功能解释"和"演化解释"两种互补解释。伯克在这种常识的功能解释之外指出其演化解释。"在一个秩序稳定的国家，这些事物不会受到轻视，其中所包含的技巧也不会被轻蔑为雕虫小技。这是有益的，仅当它们是建立在一个稳定秩序基础上并作为稳定秩序的产物才是有益的。"前面所提及诸社会实在，本质上是形成秩序的手段、秩序的表征和秩序的产物，其中，仅就财富（经济产出）而言，它本质是一个联合生产结构的产出结果——"合作剩余"，货币、银行、价格机制当然是产生这种合作剩余的极为重要的手段。这些合作剩余在无数贡献者之间公平分割，而公平分割通过竞争约束予以保障，最终表现为一个繁荣而公正的社会秩序。伯克想要特别指出的是，当这些事物被当作摧毁秩序的力量时，也会摧毁自身："但是当人们认为这些'微不足道的雕虫小技'可以为破坏公共秩序和颠覆财产权原则的邪恶提供资金来源时，他们就会摧毁这个国家，并在废墟上留下忧郁而永恒的纪念碑——作为荒诞政治、恣肆、短视和狭隘心智的聪明的后果。"

政府是人们联合生存、联合生产从而形成合作秩序的必要条件（迄今为止世界上从没有存在过一个无政府但秩序良好的社会）。这一命题的推论是税收是必要的、正当的，因为政府存在需要财政资源支持。这里存在一个常见的误导性且煽动性很强的观点：政府不创造财富，因此每一笔税收都是抢劫。如果这种抢劫以合法暴力潜能为后盾被强制执行，那么每一笔税收意味着强迫劳动，按照罗伯特·诺齐克（Robert Nozick）的观点，强迫劳动就是奴役。保守主义者认为必须将政府置于一个更大的网络结构中来处理，才能看清上述论断的错误所在。

其实政府作为一个特殊分工组织，被置于一个以市场网络为核心的合作秩序之中，因为冲突、战争或者说人性的不完美，人类建立了政府，那么，在这个联合生存和联合生产的结构中，政府因其提供的服务而换取税收，因此与其他商业交换具有本质上相同的维度，即存在于一个交换网络中并提供共同体所需要的服务而得以存在。联合结构运行呈现合作秩序，其中，每一种缺少的角色将在文化进化的进程中涌现出来。合作秩序的产出体现在经济维度上就是所谓的"合作剩余"（共同的蛋糕）。在正义条件下，合作秩序的每一个参与者，都以其对合作秩序的存在和运行所作出贡献分割合作剩余份额。公民和企业在离群索居和合作秩序中比较，他更愿意生活在合作秩序中（当然这是处于分析必要的非现实假设，其实离开合作秩序就无法定义"人"本身），因此他就需要承担相应义务，这种义务之经济维度就是纳税义务。当然始终存在一个纳税多少、份额分配、税制设计等问题，这是一个在现实政治和政策实践中调整和优化问题，而不是有与无的问题。

在财政税收议题上，保守主义支持适度、符合正义的国家税收，反对税收长久而直接服务于某种再分配的外在目标。保守主义政治家将税收视为财政收入的主要合法来源——其用途限于维持政府职能，而不将其当成社会控制工具。引导保守主义者这样看待财政税收议题的另一思想源头在于：重视社会连续性和合作秩序。

第 22 章

伯克：一个保守主义者的自画像

人类之所以变得聪明，是因为从文化中学习到了诸多认知能力，拥有群体智慧并在文化演化进程中不断适应。文化演化构建出一个充满工具、经验与系统学习机会的发展性世界。人类取得成功的秘密在于"群体智慧"。群体智慧是综合了我们的文化与社会性质共同形成的，在文化上表现为我们从别人（同时代和以前时代的人）那里学习东西；在社会性质上表现为我们自我驯化，我们在规范下，生活在相互交往的大群体之中。个人之间信息共享形成的协同效应产生了人类群体智慧。群体规模和社会关系紧密程度对群体智慧和文化演化至关重要。人类能够生活在大规模群体中的能力很大程度上取决于社会规范。在群体选择压力下，社会规范维护了更大规模群体内部协调。扩展人类交易和交往半径，通过社会规范和法律建立广泛的人际联合，就扩大了我们的群体智慧。

　　　　　　　　　　　　　　　　——约瑟夫·亨里奇（Joseph Henrich）

　　社会科学真理必须通过其代码而被界定为一种在互动主体的关系脉络中令人信服的确定性，光是个体提供的经验证据是不够的。

　　　　　　　　　　　　　　　　——尼克拉斯·卢曼（Niklas Luhmann）

　　人类适应各种各样不断变化的环境，主要不是通过运用个人智慧来解决问题，而是通过"累积文化适应"，以及长期在具有不同社会规范和道德价值观的文化中进行的达尔文选择。不仅人类是自然界的一部分，人类文化也是自然界的一部分。文化使我们成为"一种不同的动物"。"文化是人类生物学的一部分，就像我们独特的盆骨或覆盖白齿的厚牙釉质一样。""……人类利用了我们不理解的洞见和适应性。我们常常不是通过弄清楚事情是如何运作的，而是通过模仿那些在当地有实用性'诀窍'的人来学习。……选择青睐'一种导致大多数人接受信念的心理，仅仅因为其他人持有这些信念'。……即使是最简单的狩猎—采集社会依赖的工具和知识也过于复杂，个人无法靠个人经验独立获取。"文化是缓慢积累的、局部的、典型的缄默知识宝库。"累积文化进化"是人类伟大而独特的优势。

——罗伯特·博伊德（Robert Boyd）

在《法国革命论》的结尾，伯克就自由、英国君主宪政制度和作为保守主义者的自己作了一个素描式概括。上面有一段引文是当代"人类演化和社会变迁"领域的领军人物罗伯特·博伊德有关人类独一无二性及其根本原因的论述，对我们理解伯克深刻的思想特别有帮助：主要不是个体智能，而是"累积文化适应"、长期中施加于不同社会习俗和道德价值构成的文化之上的文化群体选择，让人类成功征服环境。作为生物存在的人和他的文化都是自然世界的组成部分，文化是人类必不可少的组成部分。人类能够利用其并不理解的洞见和适应，在我们并不知其然之前，就可能通过模仿而学习那些知道"如何做"局部知识的他人。即使在最简单的狩猎—采集时代，早期人类生活所依靠的工具和知识也很复杂，以至于远远超出个体经验。文化是一个"知识—工具仓库"，"累积文化进化"是人类最大、独一无二的优势所在——如果我们理解了罗伯特·博伊德的这一关键命题，伯克在《法国革命论》中阐述的那些嵌入于特定历史事件和语境中的惊人洞见，似乎突然让人豁然开朗了。

一、国民议会不是自由的真朋友

作为法国大革命的激烈批判者，作为一个保守主义者，伯克也是一位伟大的自由价值捍卫者。伯克捍卫何种自由？有德性的、宽容、审慎和秩序下的自由。对此伯克予以了清晰的阐释："共和国的所有伟大人物所表现出来的无能，都被自由的'全面补偿的名义'掩盖了。在一些人身上，我的确看到了伟大的自由；在另一些人身上——如果说不是大多数的话，我看到的是一种压迫性和可耻的奴性。没有美德和智慧的自由算什么自由！那是所有可能的邪恶中最大的邪恶，因为它愚蠢、堕落、疯狂、没有教养和约束。但凡知道'有德性的自由'的人，都不忍看到它因这种无能头脑以他们嘴里冠冕堂皇的言辞而蒙羞。我确信自己并不鄙视伟大而强烈的自由情操，它们温暖人心，扩展和解放我们的心智，在纷乱的时代里激发我们的勇气。"自由必然是宽容的，自由从来与责任相联系，高雅低俗各有所爱，小情调、下里巴人的大众艺术等都应在宽容之列。伯克自己年纪这么大了还在带着极大的愉悦阅读卢坎（Lucan）的诗歌作品、高乃依（Corneille）的悲剧作品，"但我也不谴责流行性的把戏和小艺术，它们促进了时下许多观点的传播，它们把民众团结起来，它们滋润着努力的心灵，它们不时在道德自由严峻而凝重的双眉间散布愉悦。每一个政治家都应该献身于神的恩宠，把理性与服从结合起来"。初一看，伯克在此阐释的自由貌似无甚高论，但当我们比照一下大革命之初发布的重要文献《人权与公民权宣言》中关于自由的条款，我们就能发现伯克这种"复杂自由"与形而上学自由之间的巨大差异。

其实刚开始伯克也是欢迎法国大革命的，但当《人权与公民权宣言》发表时，伯克立刻警觉起来，提前嗅出法国大革命血腥的味道。

正如历史学家泰纳指出的，"《人权与公民权宣言》的所有条款都是投向人类社会的匕首，其作用只能是在刀柄上推一把，让刀子扎进社会躯体"。如《人权与公民权宣言》的第四条："自由是指有权从事一切无害于他人的行为。因此，个人的自然权利的行使，只以保证社会上其他成员能享有同样权利为限制。此等限制仅得由法律规定之。"还有第六条："法律是公共意志的表现。"这种自由定义满足了逻辑上和语言表述上的表面严谨性，其实抽象而空洞，特别是引入一个"公共意志"的怪物，这很可能使自由沦为所谓"公共意志"的婢女。《人权与公民权宣言》意味着合法性的重新定义，意味着统治者的更替。别的国家需要数百年、至少数十年才能解决的根本制度结构转型，法国人想通过一份文件在几天或至多几个月内完成。这份文件是伯克所批判的抽象和形而上学概念的忠实表达。法国大革命违背了伯克定义的自由价值。

大革命时的法国沉浸在革命激情和抽象理性的狂热中，伯克批评道："辅助性的情感和技巧趋于无效；组建一个政府不需要巨大的审慎，安排好权力的位子，教导人民服从，工作就完成了；给予人民自由就更简单了，没必要进行任何引导，只需要放开缰绳就足够了。"相反，伯克认为："要组建一个自由政府，也就是缓和自由的相反因素并将其调和进一个连贯的作品中，需要大量的思考、深刻的反思和洞察力、强大而包容的心智。"注意，伯克将"建设一个自由政府"定义为"缓和自由的相反因素并将其调和进一个连贯的作品中"，这是保守主义思想特征鲜明的独创，即自由社会的关键不在于给出一个正面清单意义上的自由项目，而在于精心细致缓和各种与自由相对立的因素，并将其约束进一个连贯的自由社会作品中。这一定义特别关注到了自由的宽容维度。但是，"在国民议会的领导人身上，我没有发现这些组建自由政府所必需的东西"。伯克甚至怀疑国民议会议员们的理解力，是否达到了普通人的水准。这些革命领导人竞相取悦群众（他们是"群众拍卖会上的投标人"），但这样的取悦本领在建设国家方面并无助益。革命领导人一旦绑上群众革命的战车，也将自身置于一种危险境地。因此，"他们将不再是立法者，而是逢迎者；不再是引领人民的人，而沦为群众暴政的工具"。不可否认，投入法国大革命洪流中的人有自由和秩序的真朋友，然而，革命一旦被群众所绑架、一旦被抽象的形而上学哲学所支配，那些低俗、煽动性强的政策方案和革命口号更能征服人心。伯克说："如果他们中有谁恰好要提出一个以合理标准来清晰限制和界定自由的规划，那么他立即会被一个能够炮制出花哨玩意儿的竞争者击败，这反过来就会动摇他对自己事业的忠诚。"这种情形下，我们最能体会"真理有时候并不掌握在多数人手中"的无奈：在多数暴政的情形下，两相对垒中倒下的可能恰恰是正确的一方。正是考虑到抽象人权、抽象人民主权、纯粹民主的危害，伯克预测："温和节制被污名化为懦夫行为，妥协则是变节者的审慎。于是，为了保住他的信用——在某些情况下能起到缓和和节制作用，群众领袖不得不积极宣传革命学说、巩固权力，但这一切，必将在此后挫败他本来想要达到的冷静持重的目的。"阿克顿一针见血地指出，"民众权力之害与个人权力之害是相同的"。

伯克对革命政权的所作所为（截至 1790 年 11 月）总体上持批判和否定态度（《法国革命论》出版后至 1797 年伯克去世期间，伯克反对法国大革命更趋坚定和激烈），但也不是全盘否定。今天的人们回顾历史，也的确不能全盘否定它。正如更有条件、更后见之明地总结法国大革命的托克维尔所说："大革命并不像一些人所想的那样，要改变我们迄今为止文明具有的特点，阻止文明的进步，也没有从实质上改变我们西方人类赖以依存的根本法律……这场革命的效果，就是摧毁若干世纪以来绝对统治欧洲大部分人民的、通常被称为封建制的那些政治制度，代之以更一致、更简单、以人人地位平等为基础的社会政治秩序。"

因为承认旧制度存在着大可指摘之处，伯克坦诚地（也略带着讽刺地）为大革命说了一些"好话"："难道我失去理智了，以至于在这个国民议会不知疲倦的辛劳中，竟然没看到一点任何值得称道的东西！我并不否认，在无数的暴力和愚蠢行动中，（法国国民议会）也确实做了一些好事。那些摧毁一切的人也肯定铲除了一些冤屈和不平。那些创新一切的人也会建立一些有益的东西。"这种对法国大革命的积极评价，在伯克的作品中极为罕见，伯克在这里似乎非常吝啬地为大革命增添了一抹亮色。但是紧接着，伯克话锋一转，指出还是没办法原谅革命者，除非情势已经恶化到绝对无法避免的地步（革命才是必要的）。伯克说："要对他们基于篡夺的权威所做的事情给予信任，或者对他们为获取权力所犯下的罪行予以原谅，那必须是不制造这样一场革命就无法完成那些事情才行。"伯克的基本判断是，如果说革命政权之所作所为中有值得肯定的功绩的话，完全可以不以诉诸一场革命的代价而获得。如果不诉诸暴力革命完全可以实现那些值得做的改革，那么暴力革命就没有合法性可言。

在1789年11月写给杜邦的信中（写信无疑是在《法国革命论》出版之后），伯克谈到在何种情势下诉诸暴力革命是可以接受的、必要的："如果一个政府确实邪恶而滥权，且无法对之加以改革（有时会出现这种情况），那么就应该将其改变，必要时诉诸暴力。"革命的先决条件是"不得不"，而不是"我们想要"。革命的正当性是一个政治判断问题，而不是先验的道德准则。理查德·伯克认为："推翻一个残暴的政府需要两项评估：第一项，被推翻政府的压迫程度，必须是罪大恶极；第二，解散政府的代价也必须考虑进去，责任主要在于那些撕碎整个国家框架结构的人。"就是说，革命要考虑后果，如果后果更糟糕，那革命还有什么意义呢？当时的实际情况是，革命政权所做的一切事情都可以在不诉诸暴力革命的前提下完成。伯克认为："可以极肯定地认为他们可以（在不诉诸暴力的前提下）完成那些事情，因为他们制定的几乎每一项毫不含糊的法规，或者包含在三级会议的国王的自愿让权中，或者包含在三个等级同时达成的指令中。"这是伯克给出的法国大革命原本就是一场不必要的暴力革命的证据。路易十六锐意改革，也确确实实做出实质性让权，三级会议达成的指令得到执行，这些都说明 1789 年的旧制度尚未到"邪恶而滥权到了无法通过改革而改变"的地步，因此革命不具备合法性。我们不无遗憾地看到，"有些惯例以正义的理由被废除了。但是，这些惯例如果像它们过去那样一如既往地存在到永远，也不会减损任何国家的繁荣和幸福（如果摧毁它们则后果严重）"。伯克对国民议会的盖棺定论是：国民议会的改进是表面上的，而他们的错误是根本性的。

伯克定义的自由，前提是认识到"社会性自我"，社会秩序建立在社会性自我的基础上。自由的个人仅存在于社会秩序之内，抛开社会秩序谈个人自由没有意义。因此伯克不时用到"秩序下的自由"概念。分析的顺序应该是假定（事实也如此）社会秩序，再分析个人自由的内容、边界和限度。而不是相反，先假设一个"自然状态"，再讨论抽象的自由和权利清单，然后通过"契约"以进入"政治社会"。自由的个人嵌入在社会秩序之中，这不是比喻而是事实。正如伯克做的关于人的基础行为假设之一：社会交往所隐含的重要意义在于，离开互联的人际联合，人无法获得定义，从发生学上也无法解释人的产生。

从这个基础行为假设出发，自由必然是秩序下、与秩序兼容的自由；当然，支持和保护自由的秩序才是文明的秩序。

二、一种基于悲观人性和理性假设的审慎政治范式

英法两国一衣带水，隔海相望，相互影响。然而在发生大革命这种足以影响、改变人类历史进程的重大事件的时候，伯克最为警惕法国大革命向自己的祖国和整个欧洲蔓延。伯克不仅要阻挡这种蔓延势头，还要向法国人民推介英国君主立宪政体，"不管国民议会如何认为，我都希望我们的国人将英国宪制推介给我们的法国邻居，而不是英国人为改善自己而学习法国模式。通过前者，他们已经获得了无价之宝"。在爱国主义和民粹主义肆虐的地方，人们难免抵触伯克这种直言不讳地向别国推荐自己国家政体的行为，但是，我们看到的却是伯克一贯的坦诚和审慎，而看不出一丝一毫的阴谋和傲慢。伯克在写《法国革命论》的时候始终依托和参照的正是英国的君主立宪政体。这里伯克首次集中深入谈到他心中的英国君主立宪政体，特别是1688年光荣革命：

（1）整体的宪制。"我们的幸福境况归因于我们的宪制，而且是归因于作为一个整体的宪制，不是宪制的某个部分；在很大程度上归功于我们在若干次修正和改革保留下来的以及我们改变或增加的东西。"

（2）财产权。"我们的人民发现（应当）充分运用一种真正爱国的、自由的、独立的精神来保卫他们的财产免于暴力的侵犯。"

（3）改革、传承与补救。"我不排斥改变，但是即使是在改变时，也是为了保存。巨大的冤屈和苦难引导我们去做补救的工作。在做这

些工作的时候，我们应当遵循我们祖先的先例。我们对大厦进行修补时尽量保持这座建筑的风格。"

（4）审慎。"我们祖先在多数决定性行动中，起主导作用的原则是一种政治上的谨慎、考虑周详的慎重、一种道德上而非表面上的小心。法国的先生们告知我们，说他们已经享有如此丰富的光明，而我们没有被这种光明所照亮。他们（英国的先辈们）实际上是在人类无知和易于犯错的强烈影响之下行动。上帝不能保证人类不犯错，他会对依照人类本性而行动的人给予报偿。"

以上四条，可以视为伯克对英国宪制的一个简要总结：一种基于悲观人性和理性假设的审慎政治。而被激进启蒙运动之光照亮的法国大革命则采取了与英国宪制精神背道而驰的改造社会的方式。

伯克告诫英国的同胞们，同时向法国人民喊话："如果我们想要配得上他们（英国先辈们）的财富或保留他们的遗赠，让我们仿效他们的谨慎吧；如果我们愿意，就让我们保存他们留下来的东西。"

三、"两个伯克"

伯克说："我已经坦诚地向您道出我的观点。不过我们不认为能改变您的观点。我也不知道是否应该去改变您的观点。您尚年轻，您不能引领国家，而只能跟随祖国的命运沉浮。不过不管你们的共和国将来采取哪些形式，这些想法可能对您有些用处。目前它几乎难以维持。在它最终确立之前，它将不得不经历——正如一位诗人说过的——'大量未经检验的多样性存在形态'，在其所有轮回中经历血与火的洗礼而净化。"伯克坦言，目前法国采取的一院制议会（立法、行政、司法合一，实际是一种专制政体）不会稳定持久，他希望法国在经历可能的混乱之后，回到类似英国君主立宪政体的某种政体形态。最负盛名的伯克传记作家约翰·莫雷点评道："伯克会不会偶尔陷于片刻的惊诧，诧异于自己也许不知不觉中反对了真理。在他炽烈激愤的字里行间，我们有时能感到一股近乎忧郁的、陌生而冷峻的气息。……他在自己愤愤不平的情绪中或许还是觉察到，被他视为纷扰不息的乱局，其实是一场孕育着秩序、有着更丰富含义的斗争。"伯克这位有着30多年从政历史的政治人物兼思想家，置身于一场可以说对人类历史进程都影响深远的重大事件中并做出评论，是难能可贵的。绝大多数人只知道旁观，甚至压根儿没有意识到当时正置身一场影响深远的历史事件中。

伯克知道，暴力会结束，革命会结束，人世间没有不散的筵席。革命结束以后，法国还在，法国将获得新生，它不可能彻底摆脱欧洲文明的基础，但这也许是经历多少个轮回以后的事情了。我们注意到法国大革命爆发以后，法国前前后后历经国民议会—制宪议会—国民公会—雅各宾恐怖统治—督政府—执政府—路易十八复辟……直到20世纪初期才稳定下来，这不正是伯克1790年就道出的"在它最终确立之前，它将不得不经历大量未经检验的多样性存在形态，在其所有轮回中经历血与火的洗礼而净化"吗？

伯克以一贯的谦卑和审慎，给这位伯克家族的年轻的法国巴黎朋友杜邦（时年23岁）写信。这位先生询问伯克对法国大革命这件大事的看法。伯克谦虚地说："我个人的观点不值一提，推荐给您的，都是基于长期的观察和无偏的公正。"同时，作者在《法国革命论》的最后提及这位杜邦先生，也是因为《法国革命论》的缘起就是一封私人信件，尽管书中观点"已经发展到更大范围，而且关注方向也发生了变化"。这封信写于1789年10月，考虑到可能给杜邦带来危险，伯克迟

至 1790 年初才发出。此后，伯克进一步拓展了这封信后，作为著作于
1790 年 11 月公开出版，出版时仍然保留了书信体，原书信可以被认
为是《法国革命论》的初稿。

在结束这封信时，作者给杜邦描绘了一幅自我画像。伯克的传记
无数，但这里留下来的寥寥数百字却是伯克的"自传"。这封信中的观
察和看法来自这样一个人——"不阿权贵，不做权力的工具的人。""在
人生最后的行动中不愿辜负自己人生宗旨的人。"

《法国革命论》是伯克一生最后的高潮之作。然而，伯克这本书
的出版却引发了激烈的争论，伯克甚至因此与多年老朋友分道扬镳，
例如与福克斯首相长达 20 年的友谊因此破裂。此书的观点与其 20 年
前发表的名篇《论当前不满情绪的根源》存在表面上的冲突。然而全
面准确理解伯克的人才会知道，贯穿伯克一生的伟大思想旋律就是对
不正义和滥用权力的憎恶和批判。贯穿伯克一生的，不是捍卫哪个机
构或派别，而是捍卫和平、秩序和自由，一句话，捍卫欧洲从中世纪
中诞生出来的新文明。

"几乎整个公共生活（政治生涯）都是一场为别人的自由的斗
争"。伯克在他长期的议会生涯中，在他一生中精力最旺盛的时期，为
爱尔兰天主教徒、为遭到王权（乔治三世）侵蚀的议会（英国下议
院）、印度人、美洲殖民地人民、法国大革命中被羞辱和处死的王室及
教士和贵族而战，为了所有这些人的权利和自由而战。

"他的胸中除了他认为的暴政以外从来没有点燃持久而强烈的怒
火。"伯克在下议院任职时发起旷日持久的对印度总督黑斯廷斯的弹劾
案，为爱尔兰被压迫的天主教徒辩护，为美洲殖民地人民的权利（注
意不是独立的权利）辩护，激烈批判法国大革命狂妄而激进的行为，
这些行为无一不伴随着压迫、腐败、不正义，它激起伯克对受害者的

同情和对权势的强烈愤怒。

"善良的人们竭力对法国存在的重大压迫进行质疑时，他从自己的事务中分出一部分时间用于你们国家的事务。在这样做时他认为并没有脱离职守。"

"他对功名利禄没有多少渴求，可以说根本不对这些抱有期待。"《伯克传》作者约翰·莫雷说。1782 年伯克担任军队主计长，长期以来这个职位上的官僚都会利用手头掌握的巨额公款结余为自己牟利。由于审计程序烦琐，主计长手头经常掌握大量结余款项。伯克的上一任主计长霍兰（Baron Holland）男爵就利用这个职位赚了 25 万镑。伯克上任以后，将巨大收益交给了国库，并把主计长的薪金固定在 4000 英镑，他自己就是第一个接受这种大幅缩水的薪金的人。

"他不鄙视社会名望，也不惧怕诋毁谩骂。"约翰·莫雷认为，伯克作为平民出身的政治人物活跃在当时的英国政坛上，以正直诚实和超党派的姿态而独树一帜。在政治斗争中伯克遭到无数诋毁、攻讦和谩骂，辉格党人托马斯·佩勒姆·霍利斯首相说伯克是潜伏的爱尔兰耶稣会士，贝德福德公爵对政府发给伯克的合理退休金横加指责。

"尽管他大胆发表意见，却避免争论。"伯克在议会的长期从政生涯中，一开始他感到议会受到法院和王权的压制和侵蚀，他反对王权和法院；紧接着，英国宪制又面临群众运动大潮（体现为议会力量）在法国泛滥肆虐，伯克将其视为英国和欧洲文明颠覆性严重威胁，而为王权、贵族和教会辩护。一来二去，伯克面临两个阵营的敌人。此外，伯克的很多思想，可以说常识让人无法理解，仅仅基于当事人自身的利益关切也无法理解，抑或是因为超越时代太多而不被人理解，这引发很多争议。

他希望保持一贯的思想，"但是他愿意通过变化不同方法以确保目的完整。而且，当他驾驶的船因为一侧超载而使另一侧失去平衡、面临危险时，他会把理性的一小部分重量搬到船的另一侧以保持平衡"。

关于最后一条，人们对伯克有颇多争议：一些人认为存在所谓不连贯、不一致的"两个伯克"。我们用三组相近的对比来描述：支持议会主权的伯克与支持王权的伯克，支持民主、自由和权利的伯克与支持"绅士的事业"的伯克，作为革命派的伯克与作为反动派的伯克。在一系列政治和经济政策主张中，他被视为约翰·洛克的接班人，是宪制主义者和自由市场经济的鼓吹者，卡尔·马克思因此批评他是大名鼎鼎的诡辩家和谄媚者，彻头彻尾的庸俗资产阶级分子。另一方面，伯克明确为传统、社会等级、世袭权力和特权、习俗、偏见辩护，把社会视为体现神授之道德秩序的有机体，因此他作为王权、贵族和教会的真诚朋友，乔治三世和欧洲的国王们纷纷感谢他。他的《法国革命论》被视为抵抗法国革命瘟疫的一剂良药。从政治站队上看，1770年伯克是革命派（不留情面地反对国王、国王之友和试图给自由套上严苛枷锁的法院，保卫光荣革命以来君主立宪政体下的议会权利）。1790年伯克是反动派（反对群众民主浪潮，捍卫王权）。

伯克到底是革命派，还是反动派？都不是。约翰·莫雷这样评价伯克："当宪法的任何一个伟大组成部分受到威胁，他作为整部宪法的拥护者，都会用一切必要手段去维护被攻击的部分……不应该认为，今天他为公众权益保驾护航，意味着接下来他会赞成废黜国王；也不能因为他保卫了王冠，就认为他已经背叛了民权。"我们看伯克最早公开发表的《为自然社会辩护》一文的中心论点，与其1770年发表的《论当前不满情绪的根源》以及晚年《法国革命论》中的中心论点何其相似，可以判断所谓"两个伯克"并不成立，"两个伯克"说是一种误解。

在《为自然社会辩护》中，伯克提出关于人的"社会性自我"事实本体，社会科学分析的初始状态就要从社会性自我的事实而不是什么"自然状态"开始，翻译为今天的语言，即个体存在于一个文化进化的河流之中，人是基因继承和文化继承的双重继承系统的表达，人是社会动物，人是文化物种。一个成功的社会秩序保障个人权利与自由，同时施加义务。这种权利依附于具体的历史语境，以传统和惯例紧密联系在一起的，全然不同于法国大革命提出的抽象的"人的普遍权利"。早在 1756 年，实际上是基于演化论，伯克已经断然驳斥了博林布鲁克子爵将怀疑论、经验主义应用于宗教和政治社会，驳斥了博林布鲁克反对启示宗教、反对文明人以及其他社会建构论。伯克对哲学上的极端怀疑论提出了挑战，坚持文明社会（休谟的"政治社会"）立论反对自然社会立论。习俗和偏见是许多代人寻求合作以及适应环境（自然和社会的）的产物，我们应遵从，而不是依从我们的傲慢和愚蠢，强迫自然体系的整个（人类社会）秩序遵从人为的准则。正是对这种秩序的遵从，我们发现了目前所知的几条真理。我们从伯克身上看到他同时代友人休谟的影子：道德不是理性的结果，相反，遵从道德使我们获得了理性。伯克思想表面上的不一致性掩盖不了其深层的一致性。

充分体现于伯克晚年《法国革命论》一书中的哲学思想，我们甚至可以追溯到更早的《关于我们崇高与美观念之根源的哲学探讨》（1747 年动笔，1757 年第一版）。在此书中我们惊奇地发现，伯克提出了一种远比今天大学教科书上所提出的更完整、更符合实际、更具有分析性价值的"人的行为假设"。第一，人有痛苦和愉悦两种基本感受和情绪，我们可称之为"情感能力"。这两种基本情感能力被"设计"（进化）出来是何种目的或为何种功能服务的呢？第二，人的基本行为倾向是两个，即"自我保存"和"社会交往"，而社会交往又包括两种行为倾向：一是维持生命繁衍的性关系，二是一般社会交往。痛苦的情感能力是为自我保存服务的，愉悦是为社会交往服务的。我们感受和理解到两种基本对象：崇高和美。其中崇高与第一种情感能力——痛苦以及第一种行为倾向自我保存相联系；美与第二种情感能力——愉悦以及第二种行为倾向社会交往（性关系和一般社会交往）相联系。《关于我们崇高与美观念之根源的哲学探讨》提供一种作为社会科学分析基础和前提的"行为假设"。

关于基础行为假设，与伯克同时代的苏格兰启蒙运动思想家亚当·弗格森（Adam Ferguson）的描述值得参照。亚当·弗格森认为，"研究人类应该用群体的视角，因为他们一贯如此存在。个人的历史只是其在人类视野下的情绪与思考的一个细节，每个与这一主题有关的实验，都应该在整个社会中进行而不是针对个体的人"。所以以还原论的视角盯住自己或任何独立的个体是无法得出真相的。弗格森从个体和整体的双重发生出发，得出这样的结论："对人类而言，其整体与个体均有一个发展过程。他们的发展都是建立在前一阶段的基础上，随着时间的推移，逐渐发挥、完善自身的才能，而这需要长期的经验积累和许多代人的共同努力。"基于这一网络结构的、演化的理解，亚当·弗格森对人性的总体特征或者"基础行为假设"做出如下表述：第一，自我保护的行为倾向；第二，结盟或联合的行为倾向；第三，战争与派系纷争的行为倾向。这三项基础行为假设的前两项与伯克的假设完全一致。

我们注意到（伯克和弗格森的）这种行为假设的特别之处：在本

能、情感、理性的人类进化适应器的连续谱上的理性，竟然在伯克的行为假设中隐而不现，做了淡化处理，这与他所处的高扬理性和科学的启蒙运动时代可以说格格不入。然而，这个关于社会科学的基础行为假设伴随了伯克一生的著述。关于"两个伯克"不同观念的对比见表22-1。

表 22-1　"两个伯克"比较

区分维度	标签 A	标签 B
哲学	自然法论者	功利主义者
政治学	等级制捍卫者	自由主义者
	王权支持者	议会支持者
	支持社会等级、支持"绅士的事业"	支持民主、自由和权利
	反动派	革命派
	反对法国革命	支持美国革命
经济学	—	支持自由贸易、反对管制

对著名思想家的误读并不罕见，伯克同时代的亚当·斯密被误读为"两个亚当·斯密"：一个主张自利，另一个主张道德情操。其实这是亚当·斯密在更高的维度洞察了"大自然的深谋远虑"和这种深谋远虑在世俗人间的运作。同样，伯克也经常被人误读：一方面伯克被宣示为自由的首要倡导者；另一方面他又被称为权威的可怕鼓动者。一个是权威的伯克，其实是强调"秩序"的伯克，另一个是追求和坚定维护自由价值的伯克。"秩序下的自由，自由的秩序"反映的是坚持正统保守主义的同一个伯克。20世纪政治家丘吉尔首相评价道："适用到这个人物身上的政治不一致性的指控显得微不足道。……这些源自同一深刻心智与真诚的精神，它们构成了完全相反的证据。他的灵魂

抗争着暴政，无论这种暴政显示为一个刚愎自用的君主、一个腐化的宫廷与议会系统，还是关于某种乌有自由的满口空话，在残忍暴民和邪恶教派的独裁之下，他的形象更显高大。没有人在认识到如下事实之前能够读懂自由的伯克和权威的伯克：这是同一个人，追求着同样的目标，寻求着社会与政府的同样理念，同时捍卫着它们免遭时而此端、时而彼端的各种攻击。"

伯克，是保守主义至高无上的老师；伯克，是为数极少的伟大政治理论家中的佼佼者；伯克，是辉格党最伟大的作家。历史学家阿克顿如是说。

阿克顿又说，"法国大革命最初获得了人类普遍的认可……伯克开始的时候也曾叫过好"，因为人们以为那是自由的胜利。然而，随着事态的发展，"后来伯克曾说，《人权宣言》才让他睁开了眼睛，看清了真相"，因为那是对社会秩序的全面颠覆。秩序下的自由，这是伯克一贯的追求。

第 23 章

保守主义：一种演化社会科学的解释

人生活于其中的文化传统，是由一系列惯例或行为规则复合体构成的：这些惯例或行为规则之所以胜出并得以盛行，是因为它们使一些人获得相对成功；它们之所以最初被人们所采纳，并不是因为人们事先知道它们会产生想要的结果。从经验中学习，主要不是一个推理的过程，而是一个遵循、传播、传递和发展那些因成功而胜出并盛行的惯例的过程——胜出的惯例之所以胜出不是因为给予行动者可识别的益处，而是因为它们增加了该行动者所在的群体的生存机会。这是一个演化发展过程的结果。

——哈耶克

在完成这本《传统与秩序：伯克、法国大革命与西方政治的演化》后，最强烈的感受是：英国是一个盛产伟大心灵的国度，18世纪尤其是一个群星灿烂的世纪，埃德蒙·伯克毫无疑问是其中一颗闪耀的巨星。伯克去世后的第三年（1800年），伯克传记就出来了，迄今为止已有至少14本严肃的伯克传记。在伯克林林总总的伟大著作中，有哪一本值得我如此倾心关注，精心调校每一句译文以力求准确，并在这个过程中带着自己的知识背景传达巨人思想不一样的侧面？毫无疑问，是他的《法国革命论》！以我的心智能力、理解水平和学养储备，本不足以写一部解释伯克、与伯克对话的作品，但考虑到伯克这位极富洞察力的保守主义者所留下的这部作品将永存人类史册而其在中文世界的影响力又远不尽如人意的事实，便不揣浅陋写下了这本书。

一、保守主义是人类社会秩序的一般原理

轴心时代以来，在人文学科和社会科学领域产生了无数种"主义"，有自由主义、社会主义、保守主义、历史主义、民族主义、理性主义、激进主义、浪漫主义、功利主义、法西斯主义、唯科学主义等。近现代以来，自由主义、社会主义、保守主义被认为是三大主要政治思潮。说保守主义是众多主义中的一种，这就犯了相对主义的错误。而作为当代保守主义代表的塞缪尔·亨廷顿认为保守主义思想本身是对特殊社会情势的反映。在亨廷顿看来，现代保守主义是18世纪法国的一个现象，因时而异、因地而异。这种观点夸大了保守主义自身缺乏连续性和一般性的不足之处。相反，我们认为保守主义是迄今为止最具有洞察力和原创性的、关于人类秩序的一般原理。其他各种主义从某个侧面解释了人类社会秩序，但与保守主义不是并列的关系。伯克保守主义的核心思想（假设、倾向、主题、论证和隐喻）如下：

（1）对环境响应的因果联结、情感系统、理性是人类适应性进化的三种适应器，至少在人类社会秩序中理性并不具有至高无上的审判者地位。基因继承设置的硬联结所支持的功能行为是本能；情感系统所支持的功能行为是对包括习俗、习惯、传统、偏见、宗教信仰等在内的文化继承系统的遵从；理性能力所支持的功能行为是理性评估和理性设计。

（2）社会性自我和社会秩序：基础行为假设和社会科学分析的初始状态设定。伯克认为社会科学分析的初始状态是文明社会秩序而不是各种版本的"自然状态"。使政治社会／文明社会成为可能的，不是想象中的一纸契约，相反，所谓自然权利和社会秩序各组成部件都是一个缓慢的进化的产物。个体的人与文明社会是相互依存的关系，因

为置身于社会秩序之中，个体的人获得人的规定性，因此从一开始个体的人就存在于社会秩序之中。

如果说作为生物的人类个体拥有的生物学性状称为人的第一天性，那么社会性自我就是人的第二天性。社会性自我的含义中被定为"人"的个体存在于这样一种时空下：人际互联的结构中（空间结构）与文化继承的文化之河中（时间结构）。人的第二天性通过后天无意识和有意识习得的习俗、习惯、文化传统而获得。通常，家庭和社会教化是获得第二天性的两种主要途径。基于社会性自我和社会秩序的初始设定，相应的关于人的基础行为假设是"自我保存"和"社会交往"。自我保存不能理解为一个鲁滨逊式个体为自我保存展开的种种行动，而是作为社会性自我的个体嵌入各种社会组织，通过遵循习俗、惯例等而获得自我保存（鲁滨逊式的自我保存是不现实的，也是不可能的）。社会秩序的重要性在于各种继承而来的组织和制度存储代际累积进化的知识仓库，是群体智慧的存储库，可以改良但不可能摧毁，不存在全盘摧毁后从零起点创造一套全新知识存储库的可能性。

（3）理性不完美性和理性不及。一种制度或实践（如一夫一妻婚姻制度、君主政体、市场等）在历史中存活很长时间，证明了它满足了人类的某种需求，这种需求可能是制度外显的目的，也可能有异于制度外显目的。其实在生命演化和社会演化中，"无设计师的设计"现象普遍存在。社会秩序的结构、功能和演化中存在"我们现在无能力理解的所在"，我们需要尊重我们尚未理解的事物，例如，多数的意志与他们的根本利益经常是很不相同的。如果多数对他们的根本利益的因果机制有完全正确的理解，那么他们的意志就和他们的根本利益是一致的。因为存在理性不及，所以试图用理性来证明每一种制度的合法性，拒斥不符合抽象正义原则的所设标准的制度，要求重建社会秩序以符合抽象正义的行为是一种危险的心态，可能带来灾难性的政治和社会后果。不仅理性（和认知）是不完美的，人类的本能、情感、理性三种适应器都不完美，总之人性是不完美的。三种适应器是互补关系，过分夸大其中任何一种都是不明智的。关于人性不完美特别是认知有限的推论是，任何制度革新都能看到设计者的认知局限。对理性不完美和理性不及的认知，保守主义反对理性的自负、理性的滥用，反对政治中的理性主义、唯科学主义和理性建构主义。

（4）审慎是世俗世界的上帝。审慎是所有美德的最好指导者，也是所有美德中占据第一位的美德。审慎对所有理论上的权利或形而上学的原则具有支配力。审慎是日常聪明和明智之上的聪明和明智，是一阶的明智。例如英国宪制保证了审慎对理论的支配。基于审慎理论，人类道德的本质是自我限制，而不是做出选择。

对于政治家而言，审慎是所有美德中的第一美德。审慎是低等世界的上帝。审慎不是自私的精明，不是聪颖和灵巧。审慎的法则不是数字的、普遍的理性化的。作为审慎的反面，就是将思辨哲学、抽象的自然权利带入政治实践，罔顾传统、环境和实际经验，强行落实抽象权利。宗主国对美洲殖民地具有征税权并不顾一切地要强行落实，就是不审慎；将人民主权原则无限制落实到社会秩序的方方面面，甚至落实到军队内部的管理中，就是不审慎。审慎要按照"成长的（演化的）自然原则"行事。法国大革命就是粗暴地中断"成长的自然原则"的极端表现。

（5）秩序自由价值。"秩序自由"是有勇气、有道德、有节制的自由，是与审慎的美德相联系的自由。自由的道德内涵和实现机制高度依赖于社会秩序，保守主义因此赞同秩序下的自由、有节制的自由、与责任承担相联系的自由和高贵的自由。

（6）财产权原则。以多数或任何名义，为一己之利或一己之快而剥夺他人（的财产权）的人是人类的公敌。安全、稳定和可兑现承诺的财产权是政治秩序的一项主要功能。统治权威派生于统治权威对财产权的维护。

（7）社会秩序中的不平等、等级、权威和服从。社会秩序稳定的必要条件是保证真实精英在位、在场（而不是"精英失灵"），社会普遍形成对精英的真正的权威认同。财产、智慧和美德是精英的标志。社会变迁导致财产权调整，精英构成也需要跟随调整，权威、等级和服从的格局做相应调整。不信任基于抽象权利平等的民主的至上价值，基于自然原因的不平等有正面积极意义，推崇精英统治。民主不构成一种政体，假如每一个人来统治，每一个人承担的责任与他的诉求是极不对称的，完全的民主是世界上最无耻的事情，人民只能由真正的精英所领导。政府与其说在统治，不如说在变革、改革、平衡和调整。因为"社会契约"并不是针对一代人而言的，相反，它默认一个远长于个体生命周期的伙伴关系，因此个人没有权利退出这种社会契约。非自愿义务、责任和服从是文化继承和社会秩序运行的前提条件。

（8）代际正义和群体智慧。反对一代人所认同的狭隘正义观。法律、正义、秩序和智慧是活着的人、死去的人、将来出生的人的共同财产，是许多代人实践经验和知识累积进化的群体智慧。在保卫群体智慧的问题上，"帷幕和面纱"比"光和透明"更重要，甚或说，启蒙的"光和透明"经常是群体智慧的破坏者。人类社会中长期存在的组织、制度、习俗、惯例中存在着群体智慧，或者说它们是群体智慧的载体。与群体智慧相联系的一个重要问题是，我们不会清晰地意识到和理解它，也不能完美地解释它。出于降低认知负载的原因，人们也不必要完全认知和理解它。

（9）反对抽象的、形而上学的理论付诸政治实践。对启蒙运动以来以理性、科学和技术进步为基础的进步主义持高度怀疑态度，同时，社会秩序不是外在于人类活动的客观事实，不可能由人对其任意改造。因此对任何激进主义的全盘性社会方案持批判态度，强调保持理性的谦卑绝对必要性。这一论点的最典型运用是"自然权利"。仅仅通过假设自无限遥远的过去就一直存在自然权利，忽视权利是社会秩序成长的产物是有害的。权利不能通过任何抽象规则来假设它的存在，它设定了一个无时间、可逆性的静态人类社会秩序，"没有比通过规则来讨论权利更傻的了"，而以自然权利保障不健全为由全盘拒斥现存制度（关于暴力革命的门槛条件见第 12 条）更是有害的。

（10）国家是一种跨代际伙伴关系契约。建立国家的"社会契约"不同于一般商业交易契约，而是跨代际演化的所有科学的伙伴关系、所有艺术的伙伴关系、所有美德的伙伴关系、所有完美事物的伙伴关系。建立国家的"社会契约"是活着的人、死去的人和将来出生的人之间订立的"契约"。每一代人都搞一套自认为最能代表正义、最有利于公共和每个私人的福祉的"社会契约"是不可能的。下一代人要尊重先辈，正如将来出生的人要尊重当下的我们一样。零起点建设社会秩序完全是对上述契约粗暴地中断，是妄想症和狂妄症发作的表现。死者、生者、后人都是演化社会秩序的建设者和参与者。

（11）议员和政党代表公共利益和公共福祉。议员是所在选区的代表，但首先是整个国家的代表。从人的信仰、偏见以及他所紧密联系的家庭和团体的多样性这个原初事实出发，党派是必然存在的，所谓"党外无党，帝王思想；党内无派，千奇百怪"，政党政治通过制度化方式在政治斗争中以坦荡取代了阴谋。政治家无须宣扬超自然美德，政治家合乎原则的行为必然是党派性的，党员身份在现代政治的一般运作中是有益和值得尊重的。

（12）政体变更与暴力革命的条件。"成长的原则"支配着国家政体，每个国家的环境的传统决定其政府形式，当环境改变时，形式也要跟着改变。1688 年英国光荣革命和 1776 年美国革命都是特定环境下、暴政肆虐到迫不得已时诉诸暴力的合道德革命。判断暴力革命的必要性、合法性在于，暴政肆虐到人民迫不得已只能采取暴力反抗的地步；它必须是消极的、迫不得已的行动，而不是积极地"选择我们自己的统治者"的主动行动。因为道德的本质是自我限制而不是做出选择。当革命具有积极的做出选择的性质时它就失去了"合道德性"。

（13）时效性法则。时效性造就财产权、合法性和权威。自然法是超越人类立法的法律，时效性法则是自然法伟大的基本组成部分。时效性法则意味着，通过长时间延续使用，没有证书也可以被授予财产权；同样，长期延续不用的情况下尽管有证书也可以将其合法剥夺。在公法领域时效性法则同样适用。私有财产和统治权都适用时效性法则。变化是最有威力的自然法，我们能做的、人类的智慧所能胜任的就是做好准备，变化将以最缓慢的程度进行。缓慢的变化使得已创立的法律或宪法免遭质询，使变化合法化。神圣的时效性法则使在开创之初具有暴力性质的政府成为合法的政府。一个政府的合法性不能，也不需要从它的源头去寻找。所有人类事物都处于变动之中，但并不是所有变动都是暴力或革命性的，那些伟大的人类成就不是暴力或革命性变动毕其功于一役的产物，例如语言和货币。神圣的时效性法则否认"人类有权利制造他们喜欢的法律"，是理论包裹起来的审慎。

（14）习俗、习惯和偏见中隐藏着智慧。习俗、习惯和偏见不是理性的对立面，而是理性的盟友。赤裸裸的理性是浮浅的，习俗、习惯和偏见提供了使理性充满光彩的自然的情感。习俗、习惯和偏见的产生是长时期人际互动的产物，创造偏见不是人的权力（和能力）所能及的。

（15）赞美绅士。绅士是美德、智慧和财产的综合表达。美德、智慧和财产在人群中天然不平等分布，因此接受作为结果的不平等是合道德的、必要的。

（16）善和恶是制度合法性以及政治 / 政策评价标准。在结果上产生恶，政治上就是错误的；结果上产生善，政治上就是正确的。这里的恶和善是在多数人、在长期或文化进化时间尺度上的观察结果。保守主义的制度和政策评价标准是远期、制度、多数功利主义。

（17）对审慎宗教的尊重。是否承认存在一个超验的"设计者"并不重要，重要的是，审慎宗教（与各种派别的激进主义宗教相区分）使国家合法化；有奖赏与审判的信仰给人以动机去做有道德的行为；为人们在现实中经受的苦难、不确定下的焦虑提供慰藉。审慎宗教的这些社会功能的实现无关信仰是否为真。

（18）重视非意图后果、制度的潜在功能和制度间的相互依赖性。建构、革新和改革这样的有目的行动必须十分谨慎，因为有目的社会行动既可以带来正面的非意图后果（例如亚当·斯密的"看不见的手"），也可能带来负面的非意图后果。这种负面非意图后果的出现是因为，首先，社会秩序中的诸多因素之间存在网络结构的复杂因果链条，主事人无法在试验之前予以把握；其次，现存实践和制度存在潜在功能，在改革或废除时并未意识到其潜在功能。社会秩序中的制度集中，各项制度在功能上相互依赖，相互支持，改革或废除其中一种制度的企图可能会对其他有价值的制度带来意想不到的负面影响。看起来有偏见的制度实际运行很好；合理的制度有很好的开端，长期下去却出现可耻和可悲的结果；看起来模糊的、不重要的事物对国家的繁荣和

自由却极端重要，这只有在反事实假设或现实中的极端情形下才可能
观察到。

（19）夸张的人本主义与人类合作秩序的真实因果联系之间的冲
突。人道、同情、好意这些有关人性的主观感知与社会的真实因果关
系存在潜在冲突的可能性。人类的救世心态和人道动机，如果与抽象
的权利和自由理想相结合，落实为立法和政策实践则可能摧毁奠定社
会繁荣和自由的制度基础。

二、保守主义：一种演化社会科学的解释

传统上有关保守主义的学术争论聚焦于三个方面：保守主义的真
理性，哪种保守主义才是正统，正统的保守主义到底包含哪些具体内
容，在中文世界，有关保守主义的争论基本停留于此。然而，一种新
的、很可能对保守主义思想发展本身具有重大意义的争论正在兴起：
形而上学保守主义与演化论保守主义异同及作用。这种新的争论目前
在中文世界还比较陌生，相关主题的论文和著作极少。

写作本书的目的有二。第一，作为《法国革命论》的讲稿，向中
文世界用通俗易懂的语言讲述伯克的保守主义思想，旨在普及和传播
伯克的主要思想。第二，为保守主义做一种演化社会科学的解释，旨
在深入研究。显然，二者存在紧张关系。本书对这一对紧张关系的处
理是普及和传播优先，深入研究放在次要位置，因为《法国革命论》
写作的文体、修辞、思想、历史背景等诸多原因，能够读懂的人是极
少数，所以，本书只是在较浅的层次上用现代演化社会科学特别是演
化经济学来解释伯克的保守主义，更为专业、深入的研究将在下一本
书中进行。

我们认为保守主义并不能视为众多主义中的一种，它是人类社会秩序的一般原理。保守主义所触及的终极问题、靠近形而上学的问题，现代科学也不敢妄言已经解决，于是我们的处理办法是搁置。我们的工作是将研究推进到现代演化理论所能解释的前沿处，也就是说，传统上的哲学争议，现代演化理论已经有坚实的证据和理论能够解释的，就按现代科学的解释。当触及是否存在一个终极的创造者、设计者、上帝这样的问题时，就是我们研究止步的边界，否则，容易抛弃传统哲学思辨而采信现代科学的解释。我们认为，这样处理是践行真正的科学精神（非具体专业分工的科学研究的"科学"含义，而是一种实事求是的探究精神）。我将保守主义称为人类社会秩序的一种演化社会科学解释，即"演化论保守主义"。演化论保守主义视人是一种生物基因—文化基因双重继承系统；人是一种道德、习俗和文化存在物；人是严格群体合作以生存和繁荣的物种；认为人类社会大厦之秩序、自由两块基石起源于人性和人类习俗的自发秩序以及理性有意识建构的秩序。后者嵌套于前者之上且前者居于主导地位。

第一，基本事实认定和基本假设。如果保守主义分为形而上学保守主义（metaphysical conservatism）、神权保守主义（theocratic conservatism）与演化保守主义（evolutionary conservatism），主要代表包括拉塞尔·柯克、哈耶克和拉里·阿恩哈特（Larry Arnhart）等，那么我们赞同演化保守主义，即我们认定如下基本事实：人类是演化的产物，更确切地说，是基因—文化共同进化的产物。就这一基本事实认定上，我们与解释人类和人类社会秩序需要引入一个超验设计者的"设计论"分道扬镳了。这一事实认定基于现有科学研究进展所能解释的限度以及"对于未知我们承认未知"的原则所做出的判断。这里需要指出的是，这一事实认定丝毫不含有反宗教信仰的暗示，相反，宗教信仰是演化保守主义的必然推论之一。（1）关于人的独特性状，以及由此推出基础行为假设和初始状态设定。（2）人类社会演化的二元本体界定：复制者和载体。复制者是适应性的经验、知识和信息，它们因响应环境而生并由环境所定义。复制者就是文化遗产跨代继承。复制者的跨代继承和传递首先面临的问题是保证复制者在代际复制中具有相当程度的保真性。关于人类独特性状的一般共识：人是文化动物，人是语言符号动物，人是合作的动物而且是"超级合作者"。

第二，作为一种独特物种，人类演化起源的两个机制是：基因—文化共同进化和多层级选择。正是基因—文化共同进化和多层级选择塑造了我们置身其中的"社会秩序"先决条件的人类先天心理机制和趋社会偏好。

第三，关于人类社会秩序的刻画。简单地说，人类自身和人类社会秩序是基因进化和文化进化共同作用的结果，受到基因进化和文化进化共同的约束。对人类秩序的全面描述需要一个包括本能秩序、习俗秩序和理性秩序在内的三种秩序嵌套层级，这一层级关系见图 23-1。其中，习俗秩序被本能秩序约束、理性秩序被习俗秩序约束。这里的本能秩序有性、亲子关照、家庭纽带、财产权、公平、信仰、理智能力等。拉里·阿恩哈特将这种理论称为"达尔文保守主义"，等同于"科学取向的"保守主义（以区别于"神学取向的"保守主义）。对保守主义做一种达尔文演化论的解释，就是我们所谓的"演化保守主义"。

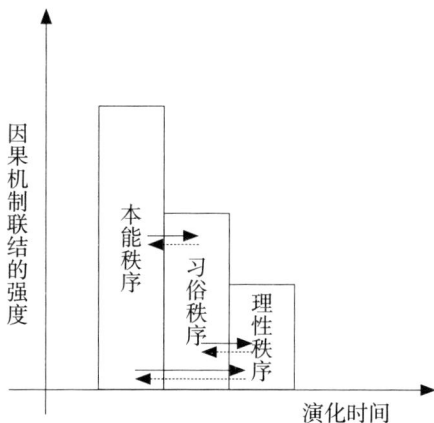

图 23-1　刻画人类秩序的三个秩序及其嵌套层级关系

　　第四，塑造人类社会秩序的演化机制。文化（继承信息包）是一种适应性，文化适应过程比人类本身特别是特定个体更具有智慧。这一命题是一种群体思维、演化论和过程事实的必然结论。人是文化动物，因此人类具有双重继承系统——生物学意义上的基因继承和文化进化意义上的文化继承。一个严格意义上的文化继承的文化定义是：文化是能够影响个体行为的信息，这些信息通过教学、模仿和其他形式的社会传递从物种中的其他成员那里获得。[①] 这些信息我们通常用语义和方言、食物偏好、各种分类、观念、知识、信念、经济策略、价值观、信仰、社会规范（禁忌、礼仪或习俗）、技能和诀窍、态度、奖惩标准、八卦等来指称。文化进化开启了除生物学基因进化轨道之外的另一条轨道，其重要性不言而喻：文化进化使得我们这个物种应对自然选择的方式发生了根本性转变，人类的择偶和性、抚养、信号

---

① 彼得·里克森，罗伯特·博伊德.基因之外：文化如何改变人类演化 [M].陈姝，吴楠，译.杭州：浙江大学出版社，2017:6.

传递、分工和合作无一例外不被文化所包裹。即使是被认为更大程度
受制于生物学基因的人类心理机制——恐惧、羞愧、崇敬、模仿、爱、
嫉妒、仇恨、悲伤、愉悦也强烈地受到文化影响。文化进化学家彼
得·理查森和罗伯特·博伊德认为文化是人类行为的根本原因，文化
使我们独一无二，是我们独有的性状。文化是一种独特的物种适应性，
是人类的衍生特征。

　　第五，群体、群体智能与群体代际更迭中的累积文化进化。说到
文化，我们离不开群体思维，因为个体或个体离群索居状态下的社会，
不可能产生文字和文化现象。语言和与语言紧密联系在一起的文化现
象，一定是一个群体和群体迭代累积进化的现象。在文化进化中，文
化基因与群体的关系是复制者—互动者的关系，其中文化基因——复
制者恒久地存在于不断迭代的群体中，而每一代群体则是相对短暂存
在的搭载文化基因的载体——互动者。群体不仅重要，而且群体太小
还不足以支持文化进化。考古学和人类学认为"阿舍利手斧"是人类
进化史上的里程碑，它存在于 170 万年前至 10 万年前。在更新世（约
260 万年前—1.2 万年前）时期人类的脑容量增加了一倍多，然而，科
学家却发现这一段时期的石器工具几乎没有改变。显然，工具的改善
和新工具发明不仅仅由单个大脑的脑容量决定，原因是更大的技术突
破需要基于群体智能，或者需要分工或者需要更大群体才能支撑专门
的技术专家。

　　第六，文化进化的复制机制。文化进化中的复制机制我们通常用
"文化传递"来解释。复制机制在基因进化和文化进化中都是至关重要
的机制之一，因为在累积进化中，如果下一代对上一代的继承信息做
了太大的修改的话，会导致互动者本身无法生存下去而直接被淘汰。
所以"高保真"的复制机制对进化的连续性十分关键。我们知道达尔

文学说经常被简称为"基于有修饰复制的自然选择"，说明"高保真"复制并非子代与父代的继承信息保持 100% 不变，而是有微弱的改变。在文化传递过程中，经常发生细微的改变，但关键信息会得到保留，这些在千万次传递中得到保留的元素我们称为"文化吸引子"。考古学和人类学研究人员发现，那些对生存繁衍有重要价值的有关环境、高的生产效率（例如更有效捕鱼、更安全的独木舟）、潜在威胁和生殖策略的信息构成文化吸引子。社会信息偏差也会影响那些信息构成文化吸引子。"社会脑假说"发现人们在日常交流中对家庭、择偶标准和婚姻、性、友谊、背叛、社会地位、诀窍和技术、人际冲突、欺骗等信息最感兴趣。在文化传递中，人们并不是随机、平均地从一切信息源获得有价值信息，而是有偏差地获得信息，这种偏差的一个自然来源是亲选择，以及基于社会声望差别——越是具备道德性、知识性和惩罚性的榜样个体越被人们认同并被仿效。文化传递的变异方面，研究发现，在语句的传话实验、真实社交媒体（例如 Facebook）中流行语句的传播中的突变率大约在 11%（基于一个语句的 10 多万个版本的 100 多万条更新的研究中发现）。①

第七，权威地位、声望地位、不平等与文化学习。文化进化中的复制最主要的方式是文化学习或社会学习。作为文化物种，那些有关生存、繁衍和更幸福的宝贵经验和知识总是存贮在特定某代互动者（人群）中。基因—文化共同进化的选择压力甚至导致了"幼态持续"和更年期（绝育）后数十年的存活时期两个重大进化适应，这两个进化适应显然有助于累积文化的代际传递。识别出向谁学习至关重要。

---

① 亚历山大·本特利，迈克尔·奥布莱恩. 从祖先到算法：加速进化的人类文化 [M]. 北京：中信出版社，2019:47-48.

选择压力很快将学习对象锁定到有声望地位的人或有权威地位的人。在体力相对重要的较早人类社会时期，体力、攻击性、侵犯、自我中心者和高压政治更可能获得权威地位。而在知识或专业化分工更发达的人类社会时期，那些知识和经验丰富的人、长者、相对聪慧者更容易获得声望地位而成为学习对象。

无论是面对权威地位还是声望地位，地位较低学习者也具备强大的先天模仿倾向和能力，模仿和学习地位较高者的知识和经验，甚至还模仿地位较高者完全没有优势的其他方面，出现所谓"名人效应"。至少在绝大部分人类社会时期，权威地位和声望地位拥有者与后代数量之间存在显著正相关，因此选择压力塑造出人类追求权威地位和声望地位的心理倾向非常强大（正如亚当·斯密曾引用英国谚语："眼睛大于肚子。"）。即使在当今时代，权威地位和声望地位拥有者在离婚以后也更容易获得再婚和生育机会。作为表征权威地位和声望地位的间接线索，财富是最直观的指标，此外还有慷慨的慈善捐赠行为。除了文化学习，权威地位和声望地位的出现与人类作为合作性物种有关。合作意味着在人群中建立分工结构和监督、奖惩安排。这时，最合适的人选是那些权威地位和声望地位拥有者，他们是分工合作的组织者、指导者、监督者和合作剩余分享安排的决策者。力量、智慧和美德，尤其是后二者，在人类进化的后期所发挥的作用越来越重要，这既是文化学习所需，也是更复杂专业化分工协调所需，更是创新和企业家精神在不确定性环境中探索所需。因此我们必须看到，在财富和地位不平等背后，其实隐藏着复杂的文化学习、人际合作和不确定性下探索的机制。

第八，宗教信仰。宗教信仰标识一个人类文化群体，宗教信仰即在个体层级发挥作用，又在群体层级发挥作用。宗教信仰的主要功能是作为一种群体层级上的适应（group-level adaptation）。前者是宗教信仰的"近因解释"或"理性选择理论解释"，后者是宗教信仰的"远因解释"。首先我们分析宗教在从人类采集—狩猎时代至今所展示出来的全部功能[①]：第一是因果关系推论的解释功能；第二是缓解个体面临必死性和生活环境中的不确定性而带来的焦虑；第三是给予人以慰藉；第四是构建标准化组织；第五是使人遵从组织角色，遵从权威；第六是颁布对待陌生人的行为规范；第七是发动战争的理由。贾雷德·戴蒙德罗列的这七大功能在全部人类历史进程中并非发挥同等程度的作用，有些在早期发挥了重大作用而在现代社会式微，或者相反。

以上七大功能，前三种我们可以归结为近因解释，后四种可以归结为远因解释。我们集中分析一下最容易被人们所忽略的远因解释，也就是作为远因解释的功能对于个体而言并没有直接收益而个体为什么同意和采纳？第一，许多资源和有价值物品只能通过个体间协调合作才能获得，此情形下，这个合作群体是一个适应性单位；第二，群体层级合作不能经由自然选择而轻易达到，因为趋社会行为（prosocial behavior）对个体而言，在群体内部竞争中不会增加自身相对适应度，此情形下群体选择（group selection）过程在群体间竞争中开始起作用；第三，人类文化群体作为一个适应性单位运作主要基于一套在群体内部规制行为的道德系统；第四，道德系统通常被表达为宗教话语。许多宗教的特征，例如超自然主体以及它与人类的关系，被解释为一种适应性设计以使人类文化群体作为一个适应性单位来运作；第五，有些情形中，宗教的适应性特征由盲目的变异—选择—保

[①] 贾雷德·戴蒙德. 昨日之前的世界：我们能从传统社会学到什么 [M]. 廖月娟，译. 中信出版社，2014:283.

留来实现，有许多社会试验，其中一些成功了；第六，其他情形中，宗教的适应性特征是有意识设计或模仿等心理过程的直接产物，然而，这种心理过程自身必须被理解为多层级选择（multi-level selection）操作在更遥远过去的产物。①

①　D.S.Wilson. *Darwin's Cathedral:Evolution,Religion,and The Nature of Society*, Chicago: The University of Chicago Press. 2003: 51.

第 24 章

演化论与伯克的保守主义

基于对人类合作秩序复杂性的洞察，伯克倡导人类理性的谦卑和对传统的尊重。今天的人们遇到的真正困境是，在那些以类似法国革命方式建立和维持已久的"新"社会，如何在伯克保守自由主义意义上重建秩序。

——题记

一、用演化论理解保守主义

　　埃德蒙·伯克（1729—1797）生活于18世纪，是那个时代以来的保守主义代表人物。他捍卫等级制度、传统规范、习俗偏见和世袭权利；他捍卫世袭贵族制度和传统并视之为财产权和社会安定的真实基础；他捍卫宗教，反对无神论。他是自然法的信徒，反对社会事务领域中的抽象观念和机械推理；他把社会视为神授道德秩序的有机体，认为对社会事务领域过于简单化的主张会导致文明社会的毁坏；他看到人的希望高远但视野短浅；他立基于辉格党革命原则为美国革命辩护而无情攻击法国革命。

　　表面上，伯克所赞成的和所反对的看似冲突，其实伯克的维护与反对行为内在统一于他的保守主义思想。保守主义与演化论存在深刻的联系，几乎所有的保守主义主张都可以得到演化论的解释，而演化论在社会事务领域的规范结论很大程度上呈现为保守主义特征。毫无疑问，演化论有助于我们理解伯克的保守主义思想，其基本观念可以追溯到以弗格森、休谟、孟德维尔和亚当·斯密等为首的苏格兰道德哲学家。社会科学领域中的演化研究广泛分布于演化生物学、演化心理学、演化经济学、文化人类学、系统论和复杂性科学、网络社会科学等。在演化经济学领域，马歇尔、马克思、凡伯伦、熊彼特四位被视为古典演化论者。现代演化经济学深受凡伯伦的影响，第一个使用"演化经济学"的正是凡伯伦。受生物学达尔文革命影响的古典演化论者凡伯伦在《经济学为什么不是一门演化科学》和《有闲阶级论》中系统阐述了正反馈与累积演化变迁理论、制度变异和选择、下向因果等演化思想。但就现代演化经济学而言，1981 年肯尼思·博尔丁的《演化经济学》、1982 年纳尔逊和温特的专著《经济变迁的演化理论》以及 1982 年赫舒拉发（Hirshleifer）的《经济学和法学中的演化模型》（*Evolutionary Models in Economics and Law*）的发表标志其开端。更具综合性的演化社会科学源于对"社会如何可能"这一社会学基本问题的解答，它的学术渊源有三个方面：（1）生物演化科学，包括演化心理学、神经社会认知理论等，脑科学也包括在此，因为只有在人与自然关系给定的情况下，才能讨论人与社会的关系；（2）社会理论，讨论社会情境中人的行为，包括三个部分：经济学、社会学、政治哲学（法哲学）；（3）文化演化理论，因为基因—文化是共生演化的。有迹象表明，20 世纪 80 年代以来，演化经济学和演化社会科学正在经历第二波复兴，经济学正在面临一场范式转变，一门更具一般性质的"演化社会科学"正现端倪。

演化论的基本论点如下：（1）解释现象时既看到机制上的原因或近因（proximate causation）又看到远因或终因（ultimate causation），演化论认为新古典经济学严重忽略了后者。演化生物学严格区分了远因和近因，很不幸，目前这一原则在社会科学领域没有得到一致地遵循。（2）社会科学真理并不独立而先验地存在某处等人去发现，事实上没有人可以宣称一劳永逸地找到了终极真理，相反，在社会事务领域，试错或证伪是最根本的逼近真理的不二法门。人类可以通过排除错误的方式无限逼近真理，但任何理论都只能合法地被称为"假说"。（3）历史连续理性。任何意义上的理性都不是从零开始的。理性包括当前时代人们的理性，更包括此前无数时代累积精炼留存下来的理性——传统。伯克说，理性"就不仅只是一个时代心灵"的产物。传统在最广泛意义上可以理解为一切人工制品世界（如伯克所说，民族理智和时代理智的全部库存和资本）。传统的要义在于它是适应性演化过程的产物，是有意识、有理性的人类在适应性学习中积累下来的经验及其制度化或器物化。（4）心智与文化传统共同演化。个体通过浸入传统、经由人类特有的幼态持续期而习得理性。个体的人生活在传统和时空连续之中，它具有时间连续性，又具有空间网络特性。个体能够理性思考、创造、设计，但造就理性个体的是社会文化传统，或者说是由传统、组织、制度组成的一种延续结构。一个人一出生就必须也必然被抛入由人类文化传统和当前的各种家庭、组织和制度之中而习得理性，为此生物演化和文化演化"设计"出一套精致的所谓"幼态持续"适应。人类个体从传统中习得理性，传统、当前时代的组织和制度把作为"动物个体"的人塑造成"文明社会中的人"。社会由理性个体组成，但个体必须置身于个体间联合之网又处于传统之流，没有"社会"和"文化传统"便没有理性个体。个体组成社会不是按照麻袋装土豆的方式，而是按照复杂的文化继承和结构组成。理性个体和社会文化传统存在复杂的双向因果关系。这一论断丝毫没有否定个体行动对传统、组织和制度进行边际改造的能动性。个体与整体的关系，演化论承认上向因果（upward causation）和下向因果

（downward causation）的共同作用。（5）复制—变异—群体选择的演化因果逻辑。不同人类文化群体因为特定的生存环境和各种偶然性发展出具不同特征的行为规则系统（例如语言多样性），其中规则系统构成"复制者"，人类文化群体构成"互动者"，复制者自身以及复制者池塘中的频率分布在对环境变化的适应演化中不断改变。人类文化群体之间的竞争压力最终施加在复制者上，这种竞争压力驱动群体选择的演化。主要是通过模仿和学习，文化传统得以在群体间、群内个体间以及代际间传播。具备理性能力的人可以修改和改进规则系统——表现为复制者变异——但不可能整体设计或改造文化传统，因为心智和传统共同演化。

二、伯克的演进理性观和秩序观

伯克崇尚自然秩序（近似哈耶克的自发秩序），认为好政体和好制度是效法自然的幸运之果，视大自然为智慧之源。伯克心仪的英国宪制，正是在管理国家中保持自然的方法。"我们改进了的东西从来不是全新的，我们保留的东西从来也不是过时的。"这是一种相当新近的演化思路——理查德·道金斯称之为"添新补旧"。伯克的保守思想深刻体察到社会事实的时间连续维度和空间网络特性，因此他说国家不是一个地域与个人短暂聚集的概念而是一个在时间上、人数上和空间上延伸的连续性概念；这不是一天或一群人选择的结果，而是若干世纪、若干代人慎重选择的结果，是由独特的环境、时机、民情以及只有在长时间内才显露出来的道德习惯、政治习惯和社会习惯造成的结果。国家是一种有组织的人类结合，国家的本质不是一种物质性事实而是一种道德存在，它的产生和存续直接而充分的原因是（绵延的时间长河中）人类心灵的决断，其政体形式绝不是可随意走马灯式地改换的。因此不能想象有人怎么能达到那种程度的臆断，竟然将国家视为一张空白纸，可以在上面随心所欲涂写。一个真正的政治家，总是考虑怎么最大限度地利用国家现存的种种材料，把一番保留的心情和一种改良能力接合在一起；反之则属拙劣、危险之举。

伯克在多处道出了演化的因果逻辑，那就是继承—改进—选择必然引发社会演化现象。"英格兰人民很懂得世袭的观念提供了一条确凿的保守原则和一条确凿的传递原则，而又一点也不排除一条改进的原则"。演化观下，事物永远都不是全新的，同时又永远都不是一成不变的。从方法论角度，伯克明确指出纠正、灵活、变动的重要性。底层的创造和纠错，以及先前的经验对后来的启发对秩序都极其重要。"我从未看到过任何计划是不曾被那些其理解力要比领导他们事业的人低得多的人们的观察所加以修正的。经历一个缓慢而维持良好的过程，每一个步骤的效果都被人们注意到了，第一步的成功照亮第二步，这样我们就在整个的系列中安全地被引导着，从光明走向光明。""一个国家没有某种改变的办法（指王位世袭在某些特殊情况下需要灵活处理继承问题），也就没有保全它自身的办法。保存和纠正是两条原则，都在'复辟'和'革命'这两个关键时期强烈地起过作用。"当然伯克认可的"纠正"一如演化论中所说的"添新补旧"式的纠正，是补偿、调和、平衡，而非"摧毁旧世界好画新图画"式的纠正，这是伯克保守主义的关键特征之一。这种补偿、调和和平衡式纠正以及行动的审慎，在伯克《法国革命论》一书末尾，他用调整一艘不平衡的船来生动比喻："当他驾驶的船因为一侧超载而使另一侧失去平衡、面临危险时，他会把理性的一小部分重量搬到船的另一侧以保持平衡。"

伯克把文明社会中的国家视为一种特殊的契约，这种契约与买卖胡椒、咖啡、布匹和烟草等为暂时利益签订的契约不一样，它是一切科学的、艺术的、道德的合伙关系契约，这种契约关系是生者、死者和后人之间的契约关系。这种观点直接驳斥了"点人头计算的多数人"为特征的抽象人权和民主为所欲为的权力。真正要讲多数民意的话，我们也无法找到纳入时间因素的多数，在活着的人、死去的人和将来出生的人之间达成"点人头计算的多数人"的同意，于是继承和尊崇传统成为我们的必然选择。其中财产权原则无疑是最持久、最显著的传统，伯克避开"点人头计算的多数人"原则，坚持才智和财产权原则才是真正代表多数人的权利和持久利益的原则。这与制度经济学家道格拉斯·诺斯（D.C.North）提出的"开放社会秩序"不谋而合，开放社会秩序的典型特征是财产权原则、政治机会和经济机会开放；我们同样可在罗尔斯的正义原则中找到这样的回响，即在自由优先前提下的机会向才能敞开。伯克所说的财产权原则不仅仅是保障财产权不受侵犯的狭隘意义，还要保护真正的贵族精神，他认为天然贵族指导、引领和统治国家是最好的安排，他们首先必须是财富殷实的人，他们是贵族、绅士、有闲者、受过教育的人，总之，是真精英意义上的真正贵族。

伯克开始其政治生涯之前出版的一本哲学著作《关于我们崇高与美观念之根源的哲学探讨》对以后政治哲学思想和政治实践有深刻影响。伯克认为，在我们的崇高体验背后存在着恐惧，因对象模糊而产生的神秘感、巨大、无限、不确定性、富丽堂皇等十多种来源因素。例如黑暗能加大我们的畏惧；钦慕之情由我们的无知引起；力量能使我们的情绪受到感染，因而来自自然的或制度的强力也成为恐惧的渊源。真正的宗教都必须有巨大而健康的恐惧成分，而虚假宗教只有恐吓成分。伯克把这一早期思想应用于其政治实践和政治哲学，他指出一切政府的开端都需要投盖一层面纱。而时间，给长期存在的政府的起源投盖以神圣面纱，也给晚期建国活动投盖上某种相同的纱幔，这是谨慎和周全的需要。与此类似，最初的财产权也许是凭借武力取得的，但那是古老的暴力，在开始时可能是错误的事情，经过时间的洗礼和神圣化过程而合法。伯克的务实与保守发挥至此，"不愿被启蒙和净化"，直至碰触到启蒙运动所高扬的诸价值底线。

在一个稳定而正当的秩序里，不可以教唆民众轻视他们与统治者达成的约定，教唆民众轻视信誉、真理和正义就是毁灭他们。契约中的民众和统治者都要受到约束。公共社会的存续系于一种默示契约，虽然每个个体并没有做出任何真正自愿的表示，但这是人类事务的一般现实所认定的，源于人类的总体意识。人们以这样的联合获得（不一定直接感知和意识到的）合作收益。不需要明示的自愿选择，人们就涉入某种事实上的义务关系中去了——那些最为重大的道德义务根本不是我们自愿选择的结果。家庭、习惯法、社会规范、货币和语言，都是这类契约性事实。伯克心中的"神奇的创造者""上帝"正如亚当·斯密心中的"NATURE"，安排了我们的职责和义务。人们的当期理性订立的任何契约都是有前提的，就是以"先在的责任"为依托，后者是不可以选择的，而前者是可以自愿选择的。正如结婚对象可以自愿选择，而由此引致的家庭责任是不可以自愿选择的。的确，每个人一出生就不可选择地被抛入一个先于他而存在的古老秩序、原初约定和诸多社会纽带之中。只有在承认这种背景前提下谈论"自由选择""权利"才有意义。

伯克貌似反理性，其实他恰恰是健全理性的守护者。伯克痛恨的是理性主义，或者哈耶克所谓"唯理性主义"和"唯科学主义"。伯克热情地求助于非严格界定的道德原则；他坚持运用一般原则时也总是注意当时常见的复杂情况和人类脆弱的本性；他从实际观察和历史事件中概括出经验性通则，作为他抵制源自抽象原则的演绎推理的证据。18 世纪激进革命者对普通民众的道德水准及他们利用科学和理性去解决问题的智慧抱有很大的信心，而伯克则深感我们"赤裸而颤抖的人类本性"离不了传统提供的支撑，人类易错的理性需要与大自然保持一致的制度来弥补。任何一代人其个体当下的理性只是人们谋生和追求福祉"微乎其微的小本钱"，而礼俗、宗教和传统则是"公共银行和资本"（所以那些踢开传统的改革或者革命是"做没有本钱的生意"）。这一论断是真实的但却很难诉诸直觉，因此理解它的人少之又少。拓展我们的视野，就会发现唯理性主义其实是反理性、是"零起点理性"。

唯理性主义从先验的前提推导出整个观念体系，对此伯克主张，组织社会的原则必须建立在社会经验之上。作为经验主义者的伯克尖锐指出，总是盯着抽象方法乃是一种神经质的表现，某种程度上也是懒汉用以逃避获取经验的辛勤的计谋。抽象化是疯狂行径的温床，如果总是用逻辑范畴进行思考，最终就会遗忘人民。建构理性的经典例子莫过于伯克详述的法国大革命新政权国民议会议员的选举产生办法。这种立法机构代表选举办法依照三个相互矛盾的原则：几何原则——地域基础，算术原则——人口基础，财政原则——赋税基础，以落实新政权标榜的人权与平等。第一、三项原则明显与第二项原则相冲突。单看第一项原则就十分荒唐，把全法国领土划分为 83 个相等正方形，即 83 个省；省以下又平均分为 1720 个小正方形区域称为"公社"，再往下细分为 6400 个更小正方形的"区"。很显然，这种区域面积标准与人口数量、财税贡献标准肯定是背离的，而且财政基础标准与他们标榜的平等人权显然矛盾。按照这种分级选举制度，最初的选民和最终选出的代表之间没有任何联系，国家的命运最终被交给那些对它最没有认识又最没有兴趣的人。这种凭借头脑中的平等观和人权观为立法机构代表组成创造的全新的理性设计，这种貌似精确的政治数学和政治几何学，其实割断了历史联系、文化传统、地缘联系，扫荡了一切习俗和惯例，必然存在内在冲突，是极不理性的。"他们企图尽力把各种公民都混为一个均一的群体，然后又把这混合物分成许多不想连贯的共和国。他们把人贬低为仅仅是单纯计数用的零散的筹码。"

伯克反对抽象人权概念而对真正的人权则予以支持。何谓真正的人权？伯克再一次展现其社会演化和迂回因果思想，"如果公共社会的建立是为了人的利益，那么建立社会带来利益便是人的权利"，而社会、法律乃是一种好（hào）利制度和条款。这里我们看到伯克是一个广义功利主义者，不过这里的功利不是当下人们盘算的短期利益，而是社会演化意义上的"适应"（adaptation），适应——无疑是一种"种群"（用演化论的概念即"人类文化群体"）的福利，惠及种群内的任何个体。人们不能借口人权而与审慎的美德分庭抗礼、胡作非为，高谈免于匮乏的权利、用药的权利。法国革命高唱的所谓人权到头来成就了一场劫难就是明证。伯克的一句讽刺语常为人们所引述，"法国革命哲学的理论家们对于人类有着深深的爱，而对具体的人却很不耐烦，甚至索性将其忘掉"。疯狂者之所以诉诸暴力，因为他们依据某个原则认为某一阶级成员应当灭绝。抽象化的做法是把具体的人加以分类，然后让他们抛弃他们仍然是人类的想法，"让我们把贵族消灭掉""清算资产阶级"。牺牲一群人、一代人（牺牲今天以实现明天也是冷酷的）以实现某种理想和目标的革命从来是冷酷的反文明行动。历史上狂热地牺牲今天以成全明天的运动后来几乎都被证明是谎言，对此伯克提醒我们——"今天是明天的过去"。

唯理性主义的危险在于以先验的既定原则去面对经验，而这些原则原本不是经验的结果。伯克信奉自然法，认为原则只是一般性的指南，检验社会和政治问题的背景只能是"合乎道德"、只能是"历史的"。政治应该适合人性而不是人的推理，而理性只是人性中相对小的一部分。有必要在社会事务领域和自然科学领域之间做一个区分：在后者，可以进行隔离分析或单一因果关系地分析；而前者，属于哈耶克所谓"复杂现象领域"，变量之间呈现多因多果的关系十分常见，结论很大程度上依赖于观察者截取的观察片段，任何隔离法的单一因果分析都只能导致谬误。关键是，我们的理性很难把握社会事务现象中存在的肯定性的因果关系。在筹划改革制度的过程中，遇到如何选择的问题，我们必须从对历史的反思而不是抽象的理论教条中寻求指导，那正是汲取人类经验的正确途径。人民的幸福是国家政策的唯一标准，如何得到它呢？只能取决于尽心费神地观察经验，即观察政府过去种种政策带来的幸与不幸，那些不幸正是指引我们前进的路标。这是演化论中的试错与证伪方法论在公共政策中的恰当运用。

法国大革命的唯理主义者否认理性寓于历史经验中、理性存在于社会网络中，他们在单个"伟大的"头脑中寻找理性。伯克不信任没有情感和道德滋养的理性，一如他对脱离经验的抽象理性心存戒心。因此不难理解，伯克甚至对习俗和偏见持有必要的尊重，因为他反对抽象理性。礼俗乃是一个国家恒久的智慧。从社会演化理论的视角看，传统是文化演化进程中存贮适应工具的仓库。健全的理性是与情感和经验联合在一起的，它尊重现实世界的多样性和复杂性。在本能、情感、传统和理性的连续谱系中，情感本身就是适应的产物和适应工具，使得那些重大决策需不经思考地作出，这便是演化选择过程划分给情感的适应作用，也是传统的作用。面对多样性、复杂性和不确定性的现实世界，最大的抽象之善立即变成邪恶。抽象的理性、唯理主义不像情感那样根植于具体事物并受着我们对于所产生反应的节制。理性动物如果不受到情感和传统、礼俗和道德的约束，就容易变得异常暴戾。

心智与文化传统共同演化，伯克对区别于动物的文明社会中人的理解与当代社会演化理论的演化本体研究非常接近。他认为人从自然状态步入文明社会和国家，并不是因为便利，相反是因为人的本性只能在世俗社会中才能得以形成和完善。不存在脱离社会的"人"，脱离社会的"人"只是人形生物。"人就其本性而言是一种理性存在，除非当他被置入那种最大培育理性、最能发扬理性的环境中时，否则他不可能完美地处在自然状态中。……文化是人类的本性。"

伯克把法国大革命据以展开的哲学基础称为"法国革命哲学"（"法国新式样的自由""人权先生"），其核心特征是抽象原则（"抽象诡辩的迷宫"），而法国大革命正是全面接纳抽象原则的政治实践。伯克逐一驳斥了理查德·普莱斯牧师对1688年英国光荣革命和《权利法案》的误解，即所谓"选择我们自己的统治者""因其行为不端而罢黜他们""为我们自己建立一个政府"的抽象权利。相反，伯克指出，英国在那个时候（指1688年光荣革命）为了他们自己和千秋万代，极其庄严地否定和放弃了这一权利，"不列颠民族完全相信，那次革命的原则并没有授予他们随意选举国王的权利，或将政府古老的根本性原则置之度外"。王位世袭在英国民情中是属于权利中的东西，而不是一个错误，是一种惠益而不是痛苦，是自由的保障而不是奴役的标记，是宪法和各个组成部分稳定性和持久性的保证。伯克认为与"法国革命哲学"所要求的抽象权利不同的、植根于传统的权利，是那种"超越理论的实践智慧的原则"，一种实在的、有记载的、世袭的、对所有人都珍贵的东西的权利；从《大宪章》到《权利法案》，都将自由当作祖先留给我们且会转交给我们后代的遗产，与"先验的权利"毫无关系。伯克强调《权利法案》是一项宣布臣民的权利与自由和确定王位继承的法案。在这个法案里，王位继承与臣民权利与自由合为一体，二者不可分割。在我们的逻辑和推理中，两种看似矛盾和冲突的事物，在真实历史展开中如此和谐并存。王位世袭对王国的统一、和平、安宁和安全是绝对必要的，个中缘由超越了简单的理性直观，这也是伯克一再反对以抽象权利框套现实的原因。伯克以上关于统治合法性的观点直接导致了他对法国大革命的判断。

伯克对任何根据某种抽象权利原则而企图大规模改变产权的法案和集体行动怀着极大的警惕，贫富差异的存在也不能为自由地从财产多的人手里拿走一份既定财产交给另一个财产较少的人提供理由。那种主张不长期稳定占有财产的学说与实践实际是会颠覆教会、国家和人类社会的。对此，伯克对法国大革命的核心指责之一是财产权遭到系统破坏。"法国大革命根除了全部的财产权，因而也就根除了国家的一切繁荣。"在伯克看来，确定、保障习惯性的权利超越所有其他的权利，是组织国家的主要因素，但它们却是一个个无知、迷信的世纪给予的馈赠，与法国大革命哲学家们宣扬的抽象和先验权利格格不入。

伯克视自己为卓有成效的政治经济学家，在《关于贫困状况的思考与辨析》中，伯克系统阐述了自己的经济思想。伯克与亚当·斯密的生活有交集，亚当·斯密说伯克是唯一未经联系而与自己的思想有惊人一致的人。伯克视自由竞争、自我调节的市场经济是理想的经济，是宇宙间自然秩序的必要组成部分。这种经济的原动力是积累财富的愿望，其结构是资本雇用劳动。这种体制自然、必然而且公正。伯克的公正观与哈耶克基于文化演化理论提出的正义观是完全一致的（哈耶克认为那种假设某个超级理性主体根据理想方案专司社会公正只是一个幻象）。

伯克认为资本维持着这个世界，他特别反对通过掠夺富人救济穷人的再分配，尤其不能容忍救济强壮的穷人，因为这样做并不能使穷人分到多少，反而使得财富源泉枯竭。在伯克看来，劳动是商品，其价格根据供需涨落乃是事物的本性，是贸易的法则，是国家也不得违抗的自然法则，是上帝的律令。"不应卡住他们（富人和资本家）的脖子，也不应掠夺他们的仓库。因为他们的身份是劳动者的托管人，他们的库藏是劳动者的银行，不管他们是否有意如此，他们实际上在尽信托的职责。"如果出现工资水平低到无法谋生的情况怎么办？伯克的意见是，这种情况是怜悯和慈善需要照管的事，政府不得干预劳动力价格，如果干预的话就侵犯了政府有责任保护的财产权。伯克给政府界定的职责很明确：保护产权、制止欺诈，其他的事情则干涉得越少越好。正如著名的管理学家和实业家泰勒就他的"科学管理"在国会作证时所说，资本家和工人需要来一场"精神革命"，资本家和工人之间发生的是一场共赢的博弈；地主和雇工的利益也是一致的，处在一种自然而公平的自然秩序之中，地主只有实现雇工的利益才能实现自己的利益，反过来雇工同样如此。在自然秩序中，资本家、工人、官吏各有其位，每一人都需要服从约定俗成的"自然从属原则"，这是资本积累从而使文明进步的条件。试图去挑战和挑拨这些自然从属原则和从属关系，伯克视之为"诱惑人的奸计"，如法国大革命及其英国的支持者所做的那样（指平均主义），这样会打破各阶层间自然、惯常和公正的从属秩序所形成的整个社会结构。麦克弗林认为，伯克珍爱的传统秩序并不仅仅是等级秩序而是指资本主义秩序，或者如哈耶克精辟概括的人类合作的扩展秩序。

三、伯克的保守观

政治是"群"的技艺，政治对人类生活和道德秩序来说是根本的，因为人是社会性生物，人的本性是社会的，离开"群性"则无"人"可言。与道德一样，政治这门学科不能做隔离和可控试验，它应是成熟和智慧的结果。秉持这样的政治观，伯克为改革献身政治，他为当时的美洲事业辩护，为财产辩护，为宗教宽容辩护，为自然权利辩护，痛斥非洲黑奴贸易，不遗余力地与英国当局在印度殖民地的腐败和蹩脚管理战斗。对伯克而言如下传统是值得倍加珍视的："一个世袭的王位，一个世袭的贵族制，从一个漫长的祖先世系那里继承特权、公民权和自由权的下院和人民。"

伯克为贵族辩护，可是伯克真心为之辩护的是"自然贵族"。伯克说，"你们还以为，我试图把权力、权威和荣誉定于血统、名分和称号所圈起来的小天地之中，你们错了！除了美德和智慧，不论是实际的或推定的，再也没有其他东西可以作为当政资格。美德和智慧是人间职位和荣耀的天赋通行证"。伯克肯定社会秩序中精英的巨大作用，但是这里所指的精英乃是有阶层流动性的真正精英，而不是由血统意义上的"精英"。如果与此背道而驰，如果一个国家中具备劣等、狭隘眼光的人反倒有了发号施令的资格，那么灾难必将降临这个国家。一个社会中的职业和地位分层有其自然秩序的原因，如果一个社会出现贬低精英和拔高卑微的现象，那么正是这个国家出现灾祸的征兆。出于一贯的审慎，伯克认为不应该使寒微之境通往显赫和权力的道路太容易但也不该有太多障碍，因为珍稀之优点和德性需要经历某种检验。伯克的保守还体现在他明确地为"财产"和"才能"在国家中的代表权辩护。相对积极的才能而言，大宗财产具有惰性、胆怯特点，容易招致嫉恨引发劫掠，容易受到侵犯，因此其所有者必须在议会得到代表。拥有家庭财富及伴随世袭而来的荣誉是财产时代传承的保障。伯克认为世袭财产和世袭荣誉是共和国这艘轮船的压舱石，因此赋予贵族以有节制的优越性是自然、公正和明智的。

伯克为传统辩护。文明社会是缓慢历史发展中自然的、有机的产物，既存的传统、惯例和制度体现了无数前代人的智慧。传统其实最具理性（"高级的、复合的优越性"），比特定一代人的即期理性更富于理性。"个体理性只是单个人的理性存储，传统是各个时代各个民族（之个体理性）总的资产和库存"，因此长存于群体中的传统蕴含了更高的理性。每个个体所拥有的理性这点私有本钱，与"属于许多民族和许多时代的公共银行和资本"相比是微乎其微的。人类的伟大利益与一代代人组成的长长链条相关联。伯克的理性观完全符合文化演化理论对理性和传统的解释：理性和传统乃是一种进化"适应"，具有累积性的特征，又是演化选择的产物。对传统的尊重提示我们，我们的事业本身要求从更多的心灵那里获得帮助，而不仅仅是从某一个别时代的心灵那里获得帮助。伯克对传统的理解，显然不仅仅是在个体理性与群体理性、短时期的理性和长时期的理性对比中而觉得传统重要，他分明理解到个体互动以及人类理性在长时期对环境的适应过程中的选择性适应过程，传统不是"装在水桶中的知识"以累积数量来论，而是在长长的历史时期经过演化选择拣选和精炼的产物，不是任何单一时刻的个体理性所能及，"每个个人的存储是微小的"，这一思想的运用最恰当地体现在伯克对英国宪制的呵护上，他认为先辈们留下的是"一部奇妙的宪法和形成宪法的格言、原则宝库"。英国宪法维护的是一种君主与上下层人民的控制构成的混合政体，自由和王位世袭共存于同一部宪法之中。然而传统又是常新的，"这部宪法接纳过无数的改进，使原则更好地适应国家环境和人民习俗不断发生的变化"，而每一次改进都是在原建筑物的风格之内的修补。在对宪制传统的呵护上，伯克对进犯的国王、傲慢的贵族，特别是轻率的人民对权力边界的逾越都是反对的。

伯克为不平等辩护。除非在终极道德意义上，否则，人其实都是不平等的。社会秩序是复杂的，总是包括各种阶级、集团、层次，因此差别、等级、领导与被领导是任何文明社会不可避免的特征。伯克为自然贵族辩护，认为自然贵族"并不是国家中某一特别的利益的群体……是任何公众建立起来的社会大团体中的基本组成部分。真正的自然贵族由具有一些合理预设的品质的阶层组成"。伯克罗列了真正的贵族阶层所必须具备的数十项品质特征，包括出生环境、学术思考、担当与责任感、审慎、远见、严于律己、服从、正义和美德等。任何具备良好秩序的文明社会中的领导者一定不是品德低下、目光短浅、才能平庸之辈。伯克说，社会依据自然法整合，在形成公序良俗秩序的过程中，"具备上述品格的人，就会在自然之光的沐浴下成为社会的领导者、指引者和统治者"。伯克对大革命前夕第三等级议会人员组成以及此后革命政府的议会构成表达了严厉批评，认为这些远离自然贵族品格的人会把国家引向危险之途；他认为当时英国下议院"并不向任何阶级的任何人关起大门，但由于各种适当原因的确实运作，就在地位上，出身上，世袭和后天财富上，教养和才能上，军事、民事、海事和政治才能上充满了这个国家所能提供的一切辉煌的东西"。

伯克为偏见辩护。人是本能、情感和理性的造物，因此审慎、偏见、经验、习惯是比理性、逻辑、抽象和形而上学更好的行为引导。真理不在普遍命题中而在具体经验中。在一般的理解中，偏见是需要避免和破除的，但以演化论视角来看，偏见是行为规则多样性来源之一，偏见也可能是未来的适应。伯克提醒人们偏见中或许存在潜在的理性和智慧；偏见有一种使蕴含其中的理性运行起来的动力和持续下去的热情；偏见可以在紧急情况下迅速得以运用而避免犹豫不决和茫然试错；偏见使一个人的美德成为习惯，使一个人的责任成为天性中的一部分。当我们被教导去除偏见而运用普遍有效的形而上学逻辑时，会发现自己处于自相矛盾甚至危险境地。例如按照抽象的平等原则我们甚至无法组建一个普通的企业——企业中的每一个成员有平等的权利轮流担任企业领导人——这样的企业必无法在市场竞争中生存。例如把人权原则和选举原则套用到军队时，伯克发现了自相矛盾和危险性所在。"一旦在你们的国民议会和国家的任何部分出现了任何问题，你们必定得求助于强力……你们制定了带有普遍效果的形而上学命题，然后你们又试图以专制主义来限制逻辑。"伯克按照自己的理论逻辑预见了拿破仑军事独裁的出现，"因为你们已经辛辛苦苦地摧毁了全部见解和偏见，以及你们身上所具有的支持政府的全部本能"。当人们被"开办诡辩学校并确立了无政府状态的形而上学的政客"教导可以人权的名义断然摧毁无数时代以来的财产权和它的继承，摧毁国王和世袭贵族的时候，最后发现，取消一切头衔、荣誉和特权后，迎接人们的竟然是毫无秩序的混乱，结果暴政和军事独裁成为新秩序的鲜明特征。

伯克为宗教辩护。伯克认为人是宗教动物，宗教是文明社会的基础。神的仲裁充分体现在既存的、合法的社会秩序中。伯克视宗教（伯克心中的英国国教）为理性偏见中的一种，反对无神论。在文化演化理论中，宗教对于传统的守护功不可没。宗教还可能对防范理性的自负方面发挥重大作用。伯克出生于英国爱尔兰都柏林，父亲是新教徒、母亲是天主教徒，他本人自幼信奉新教。伯克视法国大革命中对教士阶层的打击及对其财产（尤其是地产）的剥夺是谋害和抢劫，视这些革命者为财产权的敌人。伯克认为宗教的实质是正义和仁慈。伯克强调在王权和贵族之间的宗教独立。教会以其拥有的地产和财富为弱者提供安慰、为愚者提供教育。法国大革命与无神论的传播不无关系，在伯克看来，传播无神论"是向群众灌输一种黑暗野蛮的残暴精神，取代人们心目中一切自然的共同感情以及一切道德的和宗教的情操"。

伯克为财产辩护。在财产和才能之间，由于才能是更积极有生气的事物，而财产则是相对呆滞、迟钝和畏怯的事物，因此需要给财产以更大力度的保护，这一论断在宪制设计特别是议会代表构成设计中具有明确的操作含义。财产继承并延续了社会本身，家庭财富中由世袭而来的财富享有者是这种传递过程天然的保安人员。在谈到贵族院的组成时，伯克说大财产持有者以及他们在立法机构中的地位安排，使他们在最坏的情况下也会成为国家这艘船的压舱石。不是财富本身有什么神秘之处，而是创造财富和保有财富本身就是一种能力检验。在财富和地位的联系中，人们倾向于简单地在财富和地位本身的联系中寻找和挑唆，"这是不自然的和不正义的"，而无视财富背后因素与地位的因果逻辑。伯克严厉斥责法国大革命对教士阶层和土地贵族财产权的破坏，"几乎没有一个野蛮的征服者曾在财产权方面制造过一场如此可怕的革命"。

伯克坚持每一个问题都应该根据公理、正义和人类长远利益准则来解决，而不能仅仅依据法律上的权利或眼前的便利。伯克为自由和正义而战斗，认为法国大革命是财产权的敌人，因为他们褫夺贵族阶级的财产，接着又把财产送给那些最心狠手辣地攫取钱财的人。伯克指出，如果要剥夺人民的生命、自由和财产——那些对其加以保护才能建立社会的东西，那的确是极大的压制和不可容忍的暴政。为了呵护传统，那个承接经验的传统，伯克不惜淡化旧制度的劣迹，这一点与托克维尔有很大差异。但在基本方向上，伯克与 20 世纪的哈耶克一样，都把矛头指向对人类文明有致命伤害的观念。

伯克为自由与秩序辩护：共同体先于个人，人的权利起源于责任，邪恶根源于人性而不是特定制度。伯克珍视的自由不是抽象的自由——正如他讽刺堂吉诃德所理解的那种自由，而是与政府、军队的纪律和服从，良好的征税制度，财产权的稳定，道德和宗教，和平的秩序，政治和社会的风尚结合在一起的自由。特别是，"要形成一个自由的政府，也就是要把自由和限制两种相反的因素调和到一个融贯的作品中去"，"每个政治家都应该献身于宽容，并且把顺从和理性结合起来"。伯克坚持秩序和自由紧密结合，理性与顺从结合，没有限制和秩序就谈不上自由。全盘性改造社会的暴力革命推崇者必是伯克的死敌，因为以上伯克珍视的种种，在革命者那里毫无价值，他们"把自己的国家（的习俗和传统）视为无物，只不过当一张可以在上面任意涂抹的白纸"。

伯克为经过历史检验的秩序辩护，反对全盘性社会改造的企图。此外，伯克思想中存在这样一个预设，即偏好经过历史检验过的、稳定的政治与治理模式，反对任何未检验过的全盘性改造社会工程。人的希望高远但视野短浅，对既存邪恶的治疗通常导致更大的邪恶。在演化"适应度"而不是"正确/错误"视角下，时间几乎等同于正确。伯克从不反对修正和改进，但对全新的社会工程设计保持最大警惕——从心智和文化共同演化的理论来看，假设文明演化进程之外存在一个超验、独立的理性存在物有能力改变、控制、再造这一进程本身就是一个悖论。至少自启蒙运动以来，新社会、新人、新道德的全新社会工程试验无一不以更大程度的邪恶和暴政告终。

四、世界视角下的法国大革命

伯克以法国大革命的反对者著称，但是他也对革命对象——法国君主专制有所批评，认为它充斥着对权力的滥用，但对此弊端需要做的是除弊、改造而不是剥夺其生存权，但法国革命者的目的是剥夺它的生存权，要立刻把整个旧大厦推翻，建立一个理论和实验的新大厦，结果以加倍的暴虐取而代之。改造还是摧毁，是任何转型时代的人们需要深入思考的问题。伯克是最早真正抓住法国大革命（伯克有时讽称"高卢骚乱"）本质的人。他是一个早熟的"法国革命的反对者"。后来也有"早熟的反法西斯主义者"，如法国的米拉波、俄国的普列汉诺夫，如经济学家米塞斯和哈耶克，他们是一群最早嗅到革命暴政的血腥味并发出警告的人。伯克无情地谴责法国大革命，对被残酷剥夺财产的教士阶层、贵族阶层和王室报以最大的同情和惋惜，视革命暴行是违反自然秩序的迫害行径。在伯克的眼中法国大革命乃是一群"令人作呕"的"野蛮人""粗鄙之徒"，以"粗暴""肆无忌惮""不顾羞耻""邪恶""颐指气使""穷凶极恶""血腥""冷酷"的方式"无耻地"发起的一场"阴谋""屠杀""恐怖""行刺""暗杀""弑君""篡权""抄家""亵渎神明""暴行"，是一场需要躲避的"瘟疫"，一切可尊敬的事物在这场暴行中被摧毁。在革命的暴风骤雨中，"那些值得我们（英国人）和全人类尊重的人正在群众的辱骂和暴虐权力的迫害下挣扎"。伯克最早预料到，法国大革命不仅仅是法国的事情，也不仅仅是欧洲的事情，它将具有世界性影响。"法国革命乃是世界上迄今所发生过的最为惊人的事件。"1789 年 5 月 5 日路易十六召开三级议会，第二天第三阶级代表单独开会，迈出了走向革命的关键一步。10 月，事态发展引起了伯克的警觉。1790 年 11 月，伯克发表了《法国革命论》。恐怖政权领导人罗伯斯庇尔宣称，革命政府就是要用自由的暴政对抗专制。革命政权摧毁世袭，可自己却更爱世袭。专制主义就其本性来说，憎恶任何不接受自己凭一时喜好运用权力的做法，也要消灭在自己的无限力量与人民的彻底无能之间的所有可能。法国大革命的本质，是通过剥夺上层阶级腐蚀人民，用群众专制替代君主专制。革命哲学家和革命者挑唆下层群众把其他阶层看做自己的当然猎物。专制比君主专制更暴虐，因为"在这样一种群众的迫害下，每个受害者都处于一种比在其他任何迫害下都更为可悲的境地……受害者被剥夺了一切外界可能的慰藉。他们似乎被整个人类所遗弃，在他们整个物种的共谋之下被压垮了"。这一切灾难的开端乃是一个错误的观念：有差异的财产权是不可容忍的。"平均派只不过是改变和颠倒了事物的自然秩序而已，他们使社会大厦不堪重负，因为他们把结构的坚固性所需东西放在了空中。"平均派迅速演变为暴徒。暴徒们从抢夺教会的财产是开始的，蔓延至国王、国王的兄弟、贵族的财产，从不动产到货币和动产，最后没有一家普通的店铺还有财产是安全的。财产神圣不可侵犯原则铭记在伯克心中，伯克意识到，如果不揭露和反驳法国大革命破坏财产权的行径，"这种主义就会整个地毁掉他们（英国有产者）的生活方式。它不仅威胁到国王、国教和贵族统治，也威胁到所有有产者。因为法国大革命据以权衡那些阶级和机构要求的'主义'违背公平原则，最终将否定他们赖以维持其地位的财产权"。伯克还引用西塞罗来证明，如果那些拥有资产多年甚至数个世纪的人突然一无所有，而那些一无所有的人突然拥有了资产，斯巴达人因此引发了如此多有害的矛盾和冲突；贵族被放逐出他们的故乡，于是地球上组织最好的共和国被完全瓦解、被带到混乱之中。专制者首先要猎获的是富有者和显赫者，使他们成为被嫉恨的对象、为人们所厌恶，然后予以轻易摧毁，接踵而来的是摧毁参与作恶的多数。"我憎恨专制，但我尤其憎恨多数人参与的专制。多数人的专制不过是扩大了的专制。"

伯克对法国大革命感到深深的不安，他视法国大革命为"瘟疫"，还担心这种可怕的"瘟疫"从法国输出到欧洲其他地区，毁坏那里的传统和自由，因此这种"瘟疫"需要被隔离起来。"伯克对法国大革命的恐惧更为深切。他认为这场革命所依据的原则，如果被成功地输出，将会完全毁掉英国和欧洲其他国家所确认的秩序。"果不其然，法国大革命以文明的名义打开了对抗文明的魔瓶。此后暴力革命连绵不绝。20 世纪是革命的世纪，许多灾难性革命运动与法国大革命不无内在关系。比较一下俄国革命和法国大革命，不能不说俄国革命与法国大革命本质上有一致的东西。俄国革命假借"科学"之名，一如法国大革命假借"理性"之名；俄国革命宣布致力于古往今来的人类理想，一如法国大革命打着"自由""平等""博爱"的旗号。古往今来，反道德反文明的暴力革命的标签没有不美好的。

理解保守自由主义伯克，很多人容易解读为伯克反对一切革命。事实不是这样的，伯克不是一切革命的敌人。伯克反对的是那种从抽象的、唯理主义的几条简单原则出发的革命，此类革命企图根据新的原则拟定全盘社会方案。伯克赞同依循自然权利和道德原则的革命。当统治已经残酷透顶，政府的暴虐忍无可忍，人们就可以诉诸自然权利将其推翻。美洲人民当初发动独立战争，并不是因为大英帝国议会通过法案企图增加征税或实施航海法增加殖民地人民痛苦——其实微乎其微，而是，殖民地人民从中发现了暴政的端倪和不正义的权力之萌芽，这是绝不能容忍和纵容的。激起美国革命的精神正是当初激发所有英国人奋起参加革命的那种精神，正是在这种精神之上，英国宪法确立了那一伟大的根本原理：所有英国臣民未经同意不纳税。美国革命是求自由的革命，是抗拒暴政的革命，因此是一场少有的正义的革命。如果一个社会已经到了根本无法改良的地步，革命就成了最后的手段；如果出现了暴政端倪和不正义权力行使，甚至暴政发展到了极点，人民可以而且理应诉诸自然权利推翻之。一场革命的性质究竟是一场篡夺还是正义之战，衡量准则是革命是否符合道德原则和自然法，毕竟保卫和享有自然权利，是文明社会最大和终极性的目标。英国革命和美国革命建立在传统和理性之上，他们索要的是自由，而法国大革命则试图焚毁一切，以便在灰烬之上建立崭新的地上天国。

伯克显然对启蒙运动有深刻的反思，就此而言，20 世纪的以赛亚·伯林继承了伯克的衣钵。要看透法国大革命，就必须回溯到启蒙运动几个致命理念：人本身具有天赋权利（伯克视抽象人权为文明的敌人）；所有人平等（有些情形下等同于抢劫）；人的理性足以解决他所面临的问题；由于没有哪个人希望邪恶，所以只要知道什么是正确的，人们就会依照实行，理性被推上王位；通过思想人们可以找到真理，通过真理指导行动，人们可以消除数世纪以来的贪婪和祸患造成的后果；利用正义的法律，人们可以从头开始，另起炉灶。伯林的思考与此异曲同工，他将其简化为启蒙运动三命题：一个真正的问题一定存在唯一答案；通过运用我们的理性可以找到答案，也是找到答案的唯一可靠的方法；正确的答案之间是兼容的。果真如此吗？事实是，20 世纪的人类用血的教训和旷世灾难证伪了上述命题。

伯克反对的暴力革命都是那种不珍视历史沉淀、企图设计全新社会、企图抹去任何不完美和邪恶的社会改造运动。伯克发现，法国大革命其实是一场对抗文明的战争，"它是一场欧洲古代的社会、道德和政治秩序的热烈拥护者对抗一帮打算将其全部换掉的狂热而野心勃勃的无神论者的战争"。"你们的独裁者们是用恐怖手段来统治的。他们知道，谁畏惧上帝，谁就对别的东西无所畏惧。于是，他们就把那种唯一能产生真正勇气的畏惧从头脑中斩草除根。"雅各宾主义不同于过去时代中出现过的一般的专制主义，因为它插足生活的各个领域。于是生活泛政治化，每个问题都涉及政治，每个人都扮演一个政治角色。没有任何其他关切有更大优先性，因为包揽一切的政治信仰体系具有超越一切的优先性，"个性旁落在外，国家是一切的一切，为达到它专有的目标，国家拥有至高无上的控制权和镇压权——通过洗脑实现思想控制，通过刀枪实现人身控制"。根据伯克的观察，奉行雅各宾主义的政府控制之手伸向了生活的方方面面，甚至干预到了家庭。"从革命那天起，法兰西就成了一切政权中最彻底、最专断、最有效的政权。迄今为止，在地球上绝无仅有。"

通过对法国大革命的分析，伯克告诉我们一条基本经验，那种铲除一切、重建一切（不是政体上的革命，不是党派对党派的胜利，而是对整个社会的摧毁和瓦解）的任何企图，无论以何种名义出现，都不是追求更高的文明而是对文明根基的毁坏。这种"全盘再造社会式暴力革命"，法国大革命是一个恶劣的开端（这是一场针对人类的"邪恶的首战"），此后波及世界各地，到 20 世纪达到高潮。潜伏在"全盘再造社会式暴力革命"中的哲学原则在理论上是错误的、在实践中是危险的。"全盘再造社会式暴力革命"经常容易取得胜利，因为在策略上革命者通过掠夺占人口少数比例的富人以贿赂占人口多数比例的穷人。指导"全盘性再造社会式暴力革命"的理论基础对文明生长方式的理解是错误的，它无视理性的局限性，也无视那些有助于文明成长而又未进入有意识控制视野的规则条件。它一旦摧毁传统，也就摧毁了理性由以成长的生长环境而走向理性的对立面，最后扼杀文明本身。

保守主义不是解释特定阶级利益、当前政权利益或特定历史事件的理论，它是一套自洽的政治哲学思想系统，其核心价值主张是正义、秩序、平衡、节制。社会科学中一个根深蒂固的误解是，个人即物理上存在的离散个体；理性是一种独立的、先验的存在，它可以反过来检视、审查甚至重新设计长期演化而来支撑文明的规则系统；由多数代表的人民具有至高无上的道德合法性，由此把抽象的个人权利和多数决定作为至高无上的审判者。这一根深蒂固的误解没有看到一个文明社会乃是一个绵延不绝的过程事实、约定事实、结构事实。现代社会以来，理性和科学的辉煌成就以及对这一辉煌成就在社会事务领域不恰当运用进一步强化了这种根深蒂固的误解。作为英美保守主义思想巨擘，伯克毕生与这种根深蒂固的误解针锋相对。他洞察构成文明社会根基的元素和运作机理，为传统、道德、宗教、财产权、法治下的自由不遗余力地辩护，对文明秩序下的社会结构、添新补旧的历史演化进程细致入微地分析，对广泛而长期契约以其即期理性的轻率、粗暴而又不考虑替代物可能带来更糟糕的后果表达了最大警惕。

20 世纪以来，连续两次世界大战和中央计划经济试验给人类带来深重灾难，这些灾难与启蒙运动中所隐伏的危险观念和指导法国大革命的思想观念不无关系。由此看来，伯克不仅属于 18 世纪，也属于当代，伯克的保守主义思想之于文明的维系和捍卫具有超越时代的一般意义。

附录　法国大革命简明纪事

1788 年

8 月 8 日	国王同意召开自 1614 年以后就再没召开过的三级会议。
9 月 21 日	巴黎高等法院建议三级会议延用 1614 年的相同程序。

1789 年

5 月 5 日	三级会议在凡尔赛召开。
6 月 17 日	第三等级宣布成立国民议会。
7 月 11 日	国王撤了受人民爱戴的内克尔的职。
7 月 14 日	攻陷巴士底狱。
10 月 5 日—6 日	"十月事件",一群民众从巴黎长途跋涉至凡尔赛胁迫国王一家回到首都。

1790 年

7 月 12 日	通过《教士公民组织法》。
7 月 14 日	庆祝攻陷巴士底狱一周年，举办全国联盟节。
11 月 27 日	公布教士宣誓法令。
11 月	伯克《法国革命论》出版。

1791 年

6 月 25 日	国王企图化装外逃，在瓦雷纳被截回。
10 月 1 日	新选举的立法议会召开。

1792 年

4 月 20 日	对奥地利宣战。
6 月 20 日	民众进攻杜伊勒里宫。
8 月 10 日	巴黎发生暴动，杜伊勒里宫被攻占，国王被停职。
9 月 2 日	凡尔登被普鲁士军队攻陷。
9 月 2 日—6 日	"九月屠杀"事件。
9 月 21 日	新选举的国民公会开幕，废除王政。

1793 年

1 月 14 日—17 日	就审判国王进行投票。
1 月 21 日	路易十六被处决。
2 月 1 日	对英国和荷兰宣战。
3 月 10 日	成立革命法庭。旺代叛乱开始。
5 月 4 日	通过第一个谷物限价法令。

5月31日—6月2日	暴动导致国民公会中的"吉伦特派"成员被捕。
7月27日	罗伯斯庇尔被选入公共安全委员会。
9月5日	国民公会内发生的群众示威事件促使雅各宾派将"恐怖统治"提上日程。
10月5日	采用革命历法。
10月16日	处决玛丽·安托瓦内特王后。

1794年

2月4日	法国殖民地的奴隶制被废除。
3月13日—24日	"埃贝尔派"成员被批捕、审判和处决。
3月30日—4月5日	"丹东派"成员被批捕、审判和处决。
6月8日	最高主宰节。
7月27日	"热月政变"导致罗伯斯庇尔、圣茹斯特及其支持者被捕（7月28日被处决）。
11月12日	巴黎雅各宾俱乐部被关闭。
12月24日	限价法令被废除。

1795年

4月1日—2日	巴黎发生民众叛乱。
5月20日—23日	第二次民众叛乱失败。
5月—6月	南方"白色恐怖"，反对之前的恐怖统治支持者。
8月22日	国民公会通过共和三年宪法。
10月5日	右翼分子在巴黎发起反对新宪法的暴动，被

镇压。

10 月 　　　　　　　　共和四年选举后产生督政府。

1796 年 4 月—1797 年 10 月拿破仑在意大利之战中连捷

1797 年

3 月—4 月 　　　　　保王党在共和五年选举中获胜。

5 月 27 日 　　　　　巴贝夫被处决。

9 月 4 日 　　　　　　"共和五年果月 18 日政变"，保王党分子被清除出立法机关。

1798 年

3 月—4 月 　　　　　共和六年选举，雅各宾派抬头。

5 月 11 日 　　　　　"共和六年花月 22 日政变"，反对议会中的雅各宾派。

1799 年

5 月 16 日 　　　　　西耶士被选入督政府。

6 月 18 日 　　　　　在新雅各宾主义的推动下议会发动政变。

6 月 28 日 　　　　　对富人强制征税。

7 月 6 日 　　　　　　马内日（Manège）成立新雅各宾派俱乐部。

7 月 12 日 　　　　　发布连坐法令。

8 月 1 日 　　　　　　解除对新闻自由的限制。

8 月 15 日 　　　　　茹贝尔（Joubert）在诺维（Novi）被击败，失去对意大利的控制。

8 月 22 日	拿破仑丢下军队，离开埃及。
8 月 27 日	英俄联军在荷兰登陆。
9 月 25 日—27 日	马塞纳在苏黎世击败科尔萨科夫（Korsa-kov）的俄军。
10 月 9 日	拿破仑在弗雷瑞斯（Fréjus）登陆。
10 月 16 日	拿破仑抵达巴黎。
10 月 23 日	吕西安·波拿巴出任五百人院议长。
11 月 9 日	元老院投票决定将议会迁往圣克鲁宫。
11 月 9 日	共和八年雾月拿破仑发动政变，被任命为第一执政。

参考文献

[英] 阿克顿 . 法国大革命讲稿 [M]. 姚中秋，译 . 北京：商务印书馆，2012.

[英] 阿克顿 . 自由史论 [M]. 胡传胜，陈刚，李滨，等译 . 南京：译林出版社，2001.

[英] 阿克顿 . 自由与权力 [M]. 侯建，范亚峰，译 . 北京：商务印书馆，2001.

[英] 迈克尔·奥克肖特 . 哈佛演讲录：近代欧洲的道德与政治 [M]. 顾玫，译 . 上海：上海文艺出版社，2003.

[法] 托克维尔 . 论美国的民主（下卷）[M]. 董果良，译 . 北京：商务印书馆，1988.

[英] 古德温 . 新编剑桥世界近代史：第 8 卷 [M]. 中国社会科学院世界历史研究所，译 . 北京：中国社会科学出版社，2018.

[英] 艾瑞克·霍布斯鲍姆 . 革命的年代：1789—1848[M]. 王章辉，

译.北京：中信出版社，2017.

[法]托克维尔.旧制度与大革命[M].冯棠，译.北京：商务印书馆，1992.

[法]托克维尔.托克维尔回忆录[M].董果良，译.北京：商务印书馆，2004.

[英]埃德蒙·伯克.关于我们崇高与美观念之根源的哲学探讨[M].郭飞，译.郑州：大象出版社，2010.

[英]柏克.法国革命论[M].何兆武，许振洲，彭刚，译.北京：商务印书馆，1998.

[英]埃德蒙·柏克.法国大革命反思录[M].冯丽，译.南昌：江西人民出版社，2015.

[英]埃德蒙·柏克.反思法国大革命[M].张雅楠，译.上海：上海社会科学院出版社，2014.

[英]埃德蒙·柏克.美洲三书[M].缪哲，选译.北京：商务印书馆，2003.

[英]休谟.人性论[M].关文运，译.北京：商务印书馆，1980.

[英]休谟.自然宗教对话录[M].陈修斋，曹棉之，译.北京：商务印书馆，2000.

[英]休谟.休谟政治论文选[M].张若衡，译.北京：商务印书馆，2010.

[法]达尼埃尔·莫尔内.法国革命的思想起源（1715—1787）[M].黄艳红，译.上海：上海三联书店，2011.

[英]弗里德利希·冯·哈耶克.法律、立法与自由：第一卷[M].邓正来，张守东，李静冰，译.北京：中国大百科全书出版社，2000.

[法]约瑟夫·德·迈斯特.论法国[M].鲁仁，译.上海：上海人

民出版社，2005.

[英] 杰弗里·霍奇森, [丹麦] 托比约恩森·克努森. 达尔文猜想：社会和经济演化的一般原理 [M]. 王焕祥, 译. 北京：科学出版社, 2013.

[美] 汉娜·阿伦特. 论革命 [M]. 陈周旺, 译. 南京：译林出版社, 2007.

[英] 杰西·诺曼. 埃德蒙·柏克：现代保守政治教父 [M]. 田飞龙, 译. 北京：北京大学出版社，2015.

[加] C. B. 麦克弗森. 柏克 [M]. 江原, 译. 北京：中国社会科学出版社，1989.

[法] 斯塔尔夫人. 法国大革命 [M]. 李筱希, 译. 长春：吉林出版集团，2015.

[英] 约翰·莫雷. 埃德蒙·伯克评传 [M]. 刘戎, 译. 上海：上海社会科学院出版社，2018.

[法] 雅克·索雷. 拷问法国大革命 [M]. 王晨, 译. 北京：商务印书馆，2015.

[法] 阿莱特·法尔热. 法国大革命前夕的舆论与谣言 [M]. 陈旻乐, 译. 上海：文汇出版社，2018.

[法] 罗杰·夏蒂埃. 法国大革命的文化起源 [M]. 洪庆明, 译. 南京：译林出版社，2015.

[英] 理查德·伯克. 帝国与革命：埃德蒙·伯克的政治生涯 [M]. 梁雪, 贾丁, 译. 北京：社会科学文献出版社，2023.

[法] 路易·马德林. 法国大革命史 [M]. 伍光建, 译. 长春：时代文艺出版社，2014.

[英] 迈克尔·波兰尼. 经济、社会和哲学：波兰尼文选 [M]. 彭锋,

贺立平，徐陶，等译．北京：商务印书馆，2006.

[法]阿尔贝·索布尔．法国大革命史[M].马胜利，高毅，王庭荣，译．北京：北京师范大学出版社，2015.

[法]马迪厄．法国革命史[M].杨人楩，译．北京：商务印书馆，2011.

[法]米涅．法国革命史[M].北京编译社，译．北京：商务印书馆，1977.

[法]米歇尔·维诺克．自由的声音:大革命后的法国知识分子[M].吕一民，沈衡，顾杭，译．上海：文汇出版社，2019.

[法]伊波利特·泰纳．现代法国的起源[M].黄艳红，译．长春：吉林出版集团，2014.

[法]乔治·勒费弗尔．法国革命史[M].顾良，孟湄，张慧君，译．北京：商务印书馆，2010.

[英]伊恩·戴维森．法国大革命：从启蒙到暴政[M].鄢宏福、王瑶，译．成都：天地出版社，2019.

[澳]彼得·麦克菲．自由与毁灭：法国大革命1789—1799[M].杨磊，译．北京：中信出版社，2019.

[法]路易·马德林．法国大革命人物传[M].冬初阳，译．长春：时代文艺出版社，2016.

[英]威廉·多伊尔．法国大革命的起源[M].张弛，译．上海：上海人民出版社，2016.

[英]威廉·多伊尔．法国大革命[M].黄艳红，译．南京：译林出版社，2017.

[英]威廉·多伊尔．牛津法国大革命史[M].张弛，译．北京：北京师范大学出版社，2015.

［英］威廉·多伊尔.何谓旧制度[M].熊芳芳，译.2版.北京：北京大学出版社，2013.

［美］弗朗西斯·福山.政治秩序的起源：从前人类时代到法国大革命[M].毛俊杰，译.桂林：广西师范大学出版社，2014.

［瑞典］理查德·斯威德伯格.托克维尔的政治经济学[M].李晋，马丽，译.上海：格致出版社，2011.

［法］弗朗索瓦·傅勒.思考法国大革命[M].孟明，译.北京：生活·读书·新知三联书店，2005.

［美］克莱顿·罗伯茨，戴维·罗伯茨，道格拉斯·R.比松.英国史[M].潘兴明，等译.北京：商务印书馆，2016.

［美］弗朗西斯·福山.政治秩序与政治衰败：从工业革命到民主全球化[M].毛俊杰，译.桂林：广西师范大学出版社，2015.

［法］弗朗索瓦·基佐.欧洲代议制政府的历史起源[M].张清津，袁淑娟，译.上海：复旦大学出版社，2008.

［法］弗朗索瓦·基佐.一六四零年英国革命史[M].W.黑兹利特，英译.伍光建，译.北京：商务印书馆，1985.

［美］汉密尔顿，杰伊，麦迪逊.联邦党人文集[M].程逢如，在汉，舒逊，译.北京：商务印书馆，2007.

［美］苏珊·邓恩.姊妹革命：法国的闪电与美国的阳光[M].杨小刚，译.北京：商务印书馆，2017.

［美］卡罗尔·布拉姆.卢梭与美德共和国：法国大革命中的政治语言[M].启蒙编译所，译.北京：商务印书馆，2015.

［德］汉斯-乌尔里希·塔默.法国大革命[M].经轶，吕馥含，译.上海：上海三联书店，2019.

［美］彼得·盖伊.启蒙时代：人的觉醒与现代秩序的诞生[M].刘

北成，译.上海：上海人民出版社，2019.

[美]拉塞尔·柯克.保守主义思想：从伯克到艾略特[M].张大军，译.南京：江苏凤凰文艺出版社，2019.

[英]罗杰·斯克拉顿.保守主义的含义[M].王皖强，译.北京：中央编译出版社，2005.

[美]列奥·施特劳斯，约瑟夫·克罗波西.政治哲学史[M].李洪润，等译.3版.北京：法律出版社，2009.

[美]露丝·斯科尔.罗伯斯庇尔与法国大革命[M].张雅楠，译.北京：商务印书馆，2018.

黄金生.罗伯斯庇尔：信奉恐怖即美德的革命家[J].国家人文历史，2019（14）：62—69.

[法]孟德斯鸠.论法的精神[M].张雁深，译.北京：商务印书馆，1963.

[美]约翰·凯克斯.为保守主义辩护[M].应奇，葛水林，译.南京：江苏人民出版社，2003.

[英]威廉·奥康纳·莫里斯.法国大革命与法兰西第一帝国[M].高苗，译.北京：华文出版社，2019.

[英]理查德·道金斯.盲眼钟表匠[M].王道还，译.北京：中信出版社，2014.

[法]古斯塔夫·勒庞.革命心理学[M].佟德志，刘训练，译.广州：广东人民出版社，2012.

[意]加埃塔诺·莫斯卡.政治科学要义[M].任军锋，宋国友，包军，译.上海：上海人民出版社，2005.

[法]埃马纽埃尔·德·瓦雷基耶尔.审判王后：1793年10月14日—16日[M].曾昭旷，译.上海：上海人民出版社，2019.

[法] 罗伯斯比尔. 革命法制和审判 [M]. 赵涵舆，译. 北京：商务印书馆，1986.

[英] 乔治·鲁德. 法国大革命中的群众 [M]. 何新，译. 北京：北京师范大学出版社，2016.

[美] 詹姆斯·C. 斯科特. 国家的视角：那些试图改善人类状况的项目是如何失败的 [M]. 王晓毅，译. 北京：社会科学文献出版社，2004.

[美] 汉娜·阿伦特. 极权主义的起源 [M]. 林骧华，译. 北京：生活·读书·新知三联书店，2014.

[英] 哈里·狄金森. 英国激进主义与法国大革命 [M]. 辛旭，译. 北京：北京师范大学出版社，2016.

[英] 休谟. 英国史 [M]. 刘仲敬，译. 长春：吉林出版集团，2016.

[德] 卢曼. 宗教教义与社会演化 [M]. 刘锋，李秋零，译. 北京：中国人民大学出版社，2003.

[英] 迈克尔·欧克肖特. 信念政治与怀疑政治 [M]. 张铭，姚仁权，译. 上海：上海译文出版社，2009.

[英] 迈克尔·欧克肖特. 宗教、政治与道德生活 [M]. 张铭，姚仁权，译. 上海：上海译文出版社，2009.

[澳] 斯·茨威格. 断头王后：玛丽·安托瓦内特传 [M]. 张玉书，译. 北京：人民文学出版社，2017.

[美] 尤瓦尔·莱文. 大争论：左派和右派的起源 [M]. 王小娥，谢昉，译. 北京：中信出版社，2014.

[美] 约瑟夫·亨里奇. 人类成功统治地球的秘密：文化如何驱动人类进化并使我们更聪明 [M]. 赵润雨，译. 北京：中信出版社，2018.

[美] 塞缪尔·亨廷顿. 军人与国家：军政关系的理论与政治 [M].

李晟，译 . 北京：中国政法大学出版社，2017.

[美]迈克尔·加扎尼加 . 人类的荣耀:是什么让我们独一无二 [M].
彭雅伦，译 . 北京：北京联合出版公司，2016.

[美]罗宾·邓巴 . 人类的算法：我们卓尔不群的六大特质 [M]. 胡
正飞，译 . 成都：四川人民出版社，2019.

[美]查尔斯·蒂利 . 法国人民：四个世纪、五个地区的历史 [M].
汪珍珠，译 . 北京：北京大学出版社，2019.

[美]卡罗琳·韦伯 . 罪与美:时尚女王与法国大革命 [M]. 徐德林，
译 . 北京：商务印书馆，2013.

[美]迈克·拉波特 .1789 三城记 [M]. 夏天，译 . 上海：上海社会
科学出版社，2020.

[美]达龙·阿西莫格鲁，大卫·坎托尼，西蒙·约翰逊，等 . 从
旧制度到资本主义:以法国大革命的传播为自然实验 [M]. 李增刚，译 .//
贾雷德·戴蒙德，詹姆斯·A. 罗宾逊 . 历史的自然实验 . 北京：中国
人民大学出版社，2020.

[法]乔治·杜比，罗贝尔·芒德鲁 . 法国文明史 [M]. 傅光俊，
译 . 上海：东方出版中心，2019.

[美]谭旋 . 暴力与反暴力:法国大革命中的恐怖政治 [M]. 黄丹璐，
译 . 太原：山西人民出版社，2019.

[美]谭旋 . 路易十六出逃记 [M]. 赵雯婧，译 . 北京：北京师范大
学出版社，2019.

王希 . 原则与妥协：美国宪法的精神与实践 [M].3 版 . 北京：北京
大学出版社，2014.

王建勋 . 驯化利维坦:有限政府的一般理论 [M]. 北京：东方出版社，
2017.

[法] 西耶斯 . 论特权：第三等级是什么？ [M]. 冯棠，译 . 北京：商务印书馆，1990.

[英] 休·塞西尔 . 保守主义 [M]. 杜汝楫，译 . 北京：商务印书馆，1986.

Edmund Burke. Reflections on the revolution in France[M].London: Oxford University Press, 2009.

Gertrude Himmelfarb. Reflection on Burke's Reflections[J]. The New Criterion, 2009, 27(6).

Edmund Burke. Further Reflections on the French Revolution[M]. Indianapolis: Liberty Fund, 1992.

Edmund Burke .The Complete Works of Edmund Burke[M]. John Morley. Delphi Classics 2016.

Edmund Burke. Select Works of Edmund Burke[M]. Indianapolis: Liberty Fund, 1992.

Edmund Burke. The Philosophy of Edmund Burke: Aselection from His Speeches and Writings[M]. AnnArbor: The University of Michigan Press, 1960.

F.A.Hayek. The Road to Serfdom[M]. Chicago: The University of Chicago Press, 2007.

F.A.Hayek. The Counter-Revolution of Science: Studies on the Abuse of Reason[M]. Indianapolis: Liberty Press, 1952.

Louis Hunt, Peter McNamara. Liberalism, Conservatism, and Hayek's Idea of Spontaneous Order[M]. New York: Palgrave Macmillan, 2007.

Herbert Gintis. A framework for the unification of the behavioral sciences[J]. Behavioral and Brain Science, 2007, 30(1).

Russell Kirk.The Conservative Mind: From Burke to Eliot[M]. Washington, DC: Regnery Publishing, 1986.

Adam Ferguson. An Essay on the History of Civil Society[M]. Cambridge: Cambridge University Press, 1996.

Robert Boyd.A Different Kind of Animal: How Culture Transformed Our Species[M]. Princeton: Princeton University Press, 2017.